徐珂編撰

清稗類鈔

第二册

中華書局

第二册目録

禮制類

度支類

屯漕類

教育類

考試類

兵刑類

戰事類

武略類

清稗類鈔

禮制類

皇帝典學

皇帝典學之制，入書房，御寶炕，炕有寶几一，置備應讀書籍，師傅則於炕前設矮几二，矮椅二，俾其坐而教授。每晨功課，以二小時爲度。宣統帝典學禮節，奉監國攝政王諭，酌量變通，皇帝御正中寶座，前置寶案，師傅三人分據二席，面皆北向，與寶案距離二尺許。

皇子典學

乾隆丙辰正月奉旨：「著大學士鄂爾泰、張廷玉、朱軾，左都御史福敏，侍郎徐元夢、邵基爲皇子師傅，著欽天監擇日開學。」旋擇得二十四日吉。是日清晨，皇長子、皇次子到學，總管太監傳旨，皇子應行拜師禮，諸臣固辭，遂長揖，賜賚文綺筆硯之屬，與雍正癸卯同。少頃，召皇子及廷玉等六人進見，面諭曰：「皇子年齒雖幼，然陶淑涵養之功，必自幼齡始，卿等可殫心教導之。倘不率教，卿等不妨過於嚴厲。從來設教之道，嚴有益而寬多損，將來皇子長成，自知之也。」高宗又諄諭皇子：「師傅之教，當聽受無遺。」故高宗御製《懷舊》詩注：「皇考擇徐元夢、朱軾、張廷玉、嵇曾筠四人爲予兄弟之師，命於懋勤殿行拜見之禮，示尊重也。」

上書房課程

自高宗以後，不立太子，皇子與諸王世子同學於上書房，選詞臣教之，與民間延師無異。又有滿文師傅，教以滿文、騎射、技勇。故嘉慶癸酉之變，宣宗在書房，親以鳥銃殪賊。文宗及恭王、醇王，皆善舞刀，有御製刀銘。上書房階下爲習射之所，帝於政暇，輒呼皇子、王子習射，諸師傅善射者亦與焉，輒賜帛或翎枝以爲常課。

講官設坐

順治乙未冬，召日講官五人進講，王文靖公熙講《尚書·堯典》，稱旨。奉諭：「嗣後講官不必立講。」遂侍坐。講官之設坐，自文靖始。

聖祖舉行經筵大典

康熙辛亥二月，肇舉經筵大典於保和殿，以孝感熊文端爲講官，知經筵事。頃之，聖祖以春秋兩講爲期闊疏，遂命其按日進講於弘德殿，每詰旦進講，有疑必問。熊上陳道德，下道民隱，引伸觸類，竭盡表裏。

高宗御經筵

乾隆丙午二月六日，上御經筵，侍臣講《論語》「仁者安仁。知者利仁」，《尚書》「正德利用。厚生惟和」。御論以「安仁、利仁」，朱子引而未發，雙峰饒氏謂與仁一，故曰其仁，與仁猶二，故曰於仁，亦既發之矣。然曷不於顏淵、子貢觀之乎。顏淵安仁，子貢利仁。簞食瓢飲，回不改其樂，是安仁也。賜不受命，非富貴貧賤之命，蓋天命之謂性，率性之謂道，率性卽安仁，不受命卽未能安仁也。貨殖者見有利於仁，如貨殖之生財耳。是日筵宴，特命奏《抑戒之詩》，諸臣隨侍者分東西班，大學士阿桂、嵇璜以下凡三十八人。

曾文正請復日講舊典

文宗登極，曾文正公上言請復日講舊典，部議格不行。次年，咸豐辛亥正月，遂奉特旨，令翰、詹諸臣番上內直，候上親命題目，分日進呈。

高宗擬舉行三老五更禮

乾隆戊午，高宗將視學，擬舉行三老、五更禮，大學士張廷玉奏以典禮隆重，名實難副，恐幾微未稱，不愜觀聽，請停止。

高宗臨雍講學

高宗臨雍講學，蔡文恭公新以大學士兼管國子監，講「天行健，君子以自强不息」二句，賜茶及文綺。先是，御製《三老五更説》，糾蔡邕《獨斷》「父事兄事」、班固《白虎通》「老、更各一人」之謬。至是，御製《臨新建辟雍詩》，中有云：「蔡新或備伯兄行。」註曰：「若今羣臣中，孰可當三老五更之席者？獨大學士蔡新長予四歲，或可居兄事之列，然恐其局趣勿敢當。」舉王導對晉元帝之語耳。

文宗臨雍講學

咸豐癸丑二月上丁，文宗親詣太學，行釋菜禮。越六日癸未，臨雍講學，講《中庸》「中和」一節、《尚書》「皇天無親」四句。自王公大臣以及有司百執事，自先聖、先賢之裔，以及太學諸生，環集橋門璧水之間者，以萬計。是日，特命惇郡王致祭於贈太師大學士杜文正之靈，蓋重淵源，懷耆舊也。

儒臣進講於兩后

同治初，孝貞后、孝欽后垂簾聽政，命南書房翰林録孫嘉淦《三習一弊疏》進呈備覽。既，又命南書房、上書房諸臣取歷代帝王治術足資法鑑者彙纂成書進呈，名曰《治平寶鑑》。光緒癸卯、甲辰間，命南書房翰林撰《書經圖説》，排日呈覽，書成頒行。丁未冬，又派儒臣七人輪班進講，孝欽及德宗每日視朝後，聽講於勤政殿。

祕閣曝書

祕閣曝書，以每年三月初六日，自康熙壬寅始也。

大婚禮節

納采之禮，内務府官備文馬十匹，鞍轡具，甲冑十副，緞百匹，布二百匹，遣正、副使賫送至后邸，設納采宴，后父、后母均與焉。

大徵之禮，内務府官備黄金二百兩，銀萬兩，金茶筩一具，銀茶筩二具，銀盃二具，緞千匹，文馬二十匹，鞍轡具，閒馬四十匹，馱甲二十副。備賜后父、后母，黄金百兩，金茶筩一具，銀五千兩，銀茶筩一具，銀盆一具，緞五百匹，布千匹，馬六匹，鞍轡具，甲冑一副，弓一韔，矢一箙，朝服各二襲，衣各二稱，皆冬一夏一，貂裘各一領，帶一束。至后祖父母、后兄弟及從人亦均有所賜。

大婚日，皇后由邸乘鳳輿入宫，福晉四人，戴大紅鈿罩衣大紅褂罩，敬謹襄禮。坤寧宫東暖閣鋪設龍鳳喜牀，中置寶瓶，所裝爲珠寶、金銀、米穀等物。皇后梳雙鳳髻，戴雙喜如意，御雙鳳同和袍。俟皇上、皇后坐龍鳳喜牀，食子孫餑餑訖，由福晉四人，率内務府女官請皇后梳妝上頭。仍戴雙喜如意，加添扁簪富貴絨花，戴朝珠，乃就合卺宴。是時，有結髮侍衛夫婦在坤寧宫殿外念交祝歌。合卺宴所陳，爲猪羊、烏叉、金銀酒、金銀膳肉絲等項。至晚，皇上、皇后用長壽麵。

大婚禮成，宫中設合卺宴。次日，皇后覲皇太后，行六肅三跪三拜禮。又次日，皇后率妃嬪、内庭主位、公主、福晉、命婦等詣皇太后、皇上前行禮；妃嬪暨内庭主位率公主、福晉、命婦詣皇后宫行禮。

大婚禮應備各項内差男女人員，詳述如下：奉迎結髮福晉八人，皇后陞鳳輿備差女官，左、右扶輿之總管首領太監，后邸伺候朝簾、拏門之首領太監，御前執香、執鐙、執提爐近支王公等六人，皇后降輿、執鐙前導女官，進膳桌女官，合卺、念交祝歌之結髮侍衛夫婦，呈進果茶福晉二人，坤寧宫敬合殿門女官。

大婚時之門禁

穆宗大婚，金吾不禁，凡穿花衣者，可入午門瞻禮，類皆賃借蟒袍即花衣也。混入。正陽門雨衣店向售高麗貨物，遂以高麗紙彩畫爲花衣，買者絡繹不絶。後以宫中失物甚多，襄辦大婚典禮諸臣皆獲薄譴。及德宗大婚，門禁遂嚴。

德宗大婚奩單

光緒己丑正月二十四日，進上賞金如意成柄，進金如意一柄，帽圍一九一匣，領圍一九一匣，帽圍一九一匣，又一匣，各色尺頭九疋一匣，又一匣，又一匣，銅法瑯太平有象桌燈成對，紫檀龍鳳五屏風銅鏡臺一件，大紅緞繡金雙喜字套。紫檀雕福壽鏡支一，隨金卡子燈。金大元寶喜字燈，金福壽雙喜執壺，杯盤成對。金粉妝成對，金海棠花福壽大茶盤成對，金如意茶盤成對，金福壽碗蓋成對，黃地福壽瓷茶盅成對，黃地福壽瓷蓋盌成對，金胰子盒成對，銀胭脂盒成對，銀喜相逢梹榔盒成對，金點翠紅白瑪瑙桂花紅碧玉堂富貴。盆景成對，紅雕漆太平有象餑餑榼成對，脂玉夔龍雕花插屏成對，紫檀座。黃面紅裏百子五彩大果盤成對，古銅獸面雙環罐一件，脂玉葵花御製詩大盌成對，古銅三足罏一件，古銅蕉葉花觚一件，脂玉雕魚龍一件，脂玉雕松鶴山子一件，翡翠大盌成對，漢玉松鶴筆筒一件，碧玉福壽圓光璧一件，郎窰大盌成對，漢玉雕仙人插屏成對，青花白地西蓮大盌成對，漢玉雕和合山子一件，脂玉雕荷葉雙連一件，雕碧玉鑲脂玉乳璧榼成對，漢玉雙環喜字獸面罏一件，脂玉雙獸面喜字有蓋瓶一件，翡翠瓷觀音瓶成對，漢玉獸面方罏一件，脂玉雙環獸面雕坐龍有蓋扁瓶一件，粉地五彩瓷八仙慶壽罇成對，脂玉雕西番瑞草芳彝一件，脂玉獸面雙環有蓋扁瓶一件，古銅周雲雷鼎一件，古銅周父癸鼎一件，金轉花洋鐘成對，金四面轉花洋鐘成對，銅法瑯龍鳳火盆成對，以上均紫檀座。紫檀雕花炕案成對，紫檀雕事事如意月圓桌成對，紫檀茶几成對，紫檀寶椅八張，紫檀琴桌成對，紫檀連三成對，紫檀雕花架几案成對，紫檀書格成對，紫檀雕花洋玻璃大插屏鏡成對，紫檀足踏成對，紫檀雕龍盆架金面盆一，大紅緞繡花披。紫檀雕花匣子二十件，紫檀雕花箱子二十隻，紫檀雕花大櫃成對。以上共百擡。二十五日卯刻，進上賞玉如意成柄，領圍一九一匣，又各色福履一九一匣，又鍼黹一九一匣，花巾一九一匣，又，又，紅雕漆喜字桌燈成對，紫檀雕福壽連三鏡支，大紅緞繡簾。金小元寶喜字燈成對，金油燈一件，金漱口盂成對，金抿頭缸成對，銀胰子榼成對，銀粉榼成對，銀牙箸成對，金喜字羹匙成對，金雙喜字成對，黃地福壽瓷膳盤成對，金漱口盂成對，金爹斗成對，金洗手盆成對，銀痰盂成對，銀漚子罐成對。

選后

選后以正白、正藍兩旗爲最。其應選也，皇太后坐於上，皇帝坐稍次，果中帝意，帝以金如意簪於髮，遂稱后焉。鼓吹送還第。后歸，舉家長跽門外迓之，后微頷之。於是洒掃正室以居后，父母、昆弟遷別室焉。相見，必具冠服，晨、午、夕上食，親黨首承以進，家人之禮盡絶。蓋旗女未出室，與父母坐，輒右女而左父母，殊似西禮。惟西禮待女以賓，旗禮爲備充後庭，不相同耳。后之當選也，裝奩資用，其家若不勝任，則廷命旗籍之充海關監督者分任之。后進宮日，帝出正殿，側兩席，一置勅書，朱緞金字，一置龍節，四大學士侍立殿外。帝檢閲畢，大學士二人捧勅書及龍節行，其餘從之。后輿前導內務府官數十，鹵簿全副，及宮燈百數而已。輿由乾清門進，妃子以下莫能與比。后入選還邸，隨宮婢十人，侍衞十員，爲擁護，稽查門禁甚嚴。后入宮，乃撤之。

選妃

選妃以内務府三旗中小妞妞爲多。其第一次覆選，在景山後之八旗領米官房中 由各該旗參領、佐領等，按各旗官房，分號設座，各旗妞妞均乘騾車，黎明即至。獲選者，彙送内務府大臣揀選，送入宫中，奏請太后、皇帝親自甄拔。獲選者之父母、兄妹，輒攬裾啜泣，以他日之不易謀面也。

選宫女

宫女備選，入大内，由後載門進。達某處，諸女相接如貫珠，侍立，人齊，内監捧牌入宫門告，皇帝親覽焉。駕至，循視良久，某中選，某不中選，略省其姓名、籍貫、父母名氏，爲記之以去。入宫後，除配各宫外，置永巷中，所居屋漏牆圮。巷十室，居十人；一内監領之。内監權甚大，其家有餽贈，必由各門監交進，進一物，非二十金不可。故宫女能生活者，賴女紅以自存，不需家人資助。所用材料，悉巷監代購，購價必昂，製成，由巷監代售，售價必賤，巷監亦從中漁利焉。每餐，置飯木桶，鹹雞、鴨肉二片佐之，臭腐不中食，還之，下餐復進，故宫女姿色多消減。惟衣由内務府進，綢緞至佳，四時更新耳。平時不能見帝。賜環，以二十五齡爲度。帝、后得用，仍留宫承伺十年，蓋三十五齡矣。適人，則妻坐右，夫坐左；死並葬，亦妻柩右，夫柩左。

諭旨誥命

諭旨誥命，其別有四：凡批內外臣工題本常事，謂之「旨」。頒將軍、總督、巡撫、學政、提督、總兵官、榷稅使，謂之「敕」。皆由內閣撰擬以進。凡南、北郊時享祝版，及祭告山川、予大臣死事者祭葬之文，與夫后妃、宗室、王公封册，皆由翰林院撰擬以進。然惟軍機處恭擬上諭爲至要。上諭亦有二：巡幸，上陵，經筵，蠲賑，及內臣自侍郎以上、外臣自總兵、知府以上黜陟、調補，曁曉諭中外，謂之「明發上諭」。誥誡臣工，指授兵略，查核政事，責問刑罰之不當者，謂之「寄信上諭」。「明發」交內閣，以次交於部科。「寄信」密封交兵部，用馬遞，或三百里，或四五六百里，加快至八百里以行。其內外臣工所奏事，經軍機大臣定議，取旨密封遞送，亦如之。

諭旨所用之字

諭旨所見之字，「員」字從「貟」，「屬」字從「属」，皆曾經御筆如此書寫，後遂恪遵不易。

制誥限句

順治甲午正月，始頒文武諸臣制誥封贈八旗勳衛數萬人，祖父之名皆闕失，意不欲制詞。漢官力争之，於是內院擇坊局史官十六人分撰，自一二品始，一品限十二句，二品十句，三品八句，句各四字，不用故實。

撰擬文字

內閣撰擬文字多主於慶，如恩詔、誥命、敕命之類。翰林院撰擬文字多主於弔，如諭、祭文之類。惟南書房應制之作，不在此例。

票擬

內閣日進本章，雖多例行事件，而票擬稍誤，輒須議處。更歷既久，自成例案，因積成樣本四巨册。故事奉行，卽新進之士，亦可援例處分矣。然非熟悉源委，縱繙帑莫得其詳。票擬者不遑他務，而惟揣摹此樣本爲急。有口號二十八字，一時閣員奉之如枕中鴻寶，口號云：「依樣葫蘆畫不難，葫蘆變化有千端。畫成依舊葫蘆樣，要把葫蘆仔細看。」

封贈

文官封贈之典，四品以下，祇准將本身妻室封典移封父母；八品以下，例封本身，不及妻室，是以封不及父母。雍正甲辰，從吏部尚書朱文端公軾之請，四品下，始准移封祖父母；八九品官，准封父母，不封本身妻室。又教授、學正、教諭、訓導，向無封典，至是，教授照知縣，學正、教諭照縣丞，訓導照主簿,一體准封,並繼母、生母與嫡母俱封。皆文端奏准。

德宗咨本生父

醇賢親王爲德宗本生父,光緒某年敕封,例由内閣撰文,其起語曰:「奉天承運皇帝詔曰:咨爾醇親王。」嗣爲王所見,謂以子咨父,終屬不妥,乃令改爲孝欽后口脗。惟「奉天承運」四字上已鈐御寶,不能易,遂於四字下直接「皇太后」云云。醇見之,雖覺其不合,亦無可如何而止。

賜御書

翰林以入直南書房爲最榮。帝至南書房,則供奉者出立門外,呼某入,則入,不呼,則候帝去乃入也。每賜御書,如福壽、嘉祉、松鶴、松壽字,多南齋代筆。其皇帝御殿親書者,則呼某入,跪案前,御書起一筆,則三叩首,至末一筆,亦三叩首,宫監二人捧御書從其人頭上過,然後起立。

郊勞

國家厚待功臣,以振士心,將帥旋歸者,列聖皆行郊勞之禮。康熙中,良親王平耿精忠,安和親王定兩湖,貝子彰泰平滇南,凱旋時,聖祖皆親幸蘆溝橋以勞之。乾隆己巳,傅恆平金川歸,高宗特命築壇於黄新莊,旌其功。後兆惠、富德平回部歸,阿文成平定兩金川歸,亦行是禮。

大臣見諸王不得長跪

康熙丁卯正月二十六日，諸王大臣議禮永康左門，諸王以次環坐，內閣九卿科道議畢，閣臣白其議，向諸王長跪移時，武定李相國之芳年老踣地。華亭高太常層雲時官給諫，抗章彈奏云：「天潢貴胄，禮當致敬。獨集議國政，無不列坐，況永康左門，乃天子禁門，非大臣致敬諸王之地。大學士輔弼大臣，當自重，諸王宜加以禮接。」疏入，交宗人府，吏、禮二部議：「凡會議時，大臣見諸王，不得引身長跪。著爲令。」

嘉慶癸亥，諭：「嗣後凡見親王、郡王，如有仍蹈前轍，長跪請安者，卽著王等自行參奏。如大臣等遇見時，亦卽指名參奏。至侍衞、部院司員，於本管堂官接見禮儀，自有定分，遇有公事，祇應侍立回堂，毋許屈膝請安。」

抱見

滿人相見，以曲躬爲禮。別久相見，則相抱。後以抱不雅馴，執手而已。年長則垂手引之，少者仰手以迎，平等則立掌平執。

請安

請安之禮，始於遼，歷金、元皆然，明代猶未盡革。後則非獨滿、蒙二族有之，漢族亦有行此禮者，而尤盛於北方。《遼志》云：「凡男女拜皆同。其一足跪，一足著地，以手動爲節，數止於三、四。」彼言捏骨地者，跪也。夫一足跪一足著地，卽一足立而著地，但屈彼一足也。以手動爲節，卽垂手近足跗之節也。但言數止三四，似猶有繁簡之不同，固不僅如後之垂右手屈左膝之各僅一次也。惟婦女多請雙安，則以兩手撫兩膝而同時屈之耳。光緒中，稅務、郵政皆外人主持，自釐局、鹽局亦歸西人管轄，於是始與官場中人交涉。皖省有毛某者，首向辦大通局之某西人行請安禮，聞者多非笑之。

端茶送客

大吏之見客，除平行者外，既就坐，賓主問答，主若嫌客久坐，可先取茶碗以自送之口，賓亦隨之，而僕已連聲高呼「送客」二字矣。俗謂「端茶送客」。茶房先捧茶以待，迨主賓就坐，茶卽上呈，主人爲客送茶，客亦答送主人。

内臣召對

内臣召對奏事，主上不冠，則不進見，盛暑除冠，則有小内侍捧立於旁。見臣下亦不用扇，俟一起畢，召見一人爲一起。稍揮數扇，仍納於袖，再見一起。

奏事

內廷奏事之制：每日子正，部院各以筆帖式賫摺至東華門外。少俟，門啓，隨奏事官入，至景運門內九卿房，以摺匣及本衙門印片一紙，同交奏事官，奏事官登之於簿。少頃，乾清門啓，奉之以入，至內奏事處，交奏事太監，以達御覽，時不過丑正也。乾清門石欄上置白紗燈一，遞事者以此燈爲表綴，若燈移至階上，則事下不久矣。少頃，奏事官徐捧摺而出，高呼曰「接事」，則羣集以俟。奏事官呼某衙門，則某衙門人前，奏事官手付口傳曰「依議」，曰「知道了」，曰「另有旨」，雖百十函，無一舛誤，不須開匣視也。然此亦有訣，以指爪劃痕，俗謂之「橫知豎議」。後移西苑，則接事在西苑門外侍衞處檐下。

拜摺

督撫爲封疆大臣，如有要事，例必專摺奏聞，此與題本不同。蓋題本皆常行公事，向由驛遞。若奏本，則定期發行，不由驛遞，而由本轅戈什哈差弁中，挑取老成幹練者，逐站換騎，快馬飛馳，賫送進京，往返程途，亦均有限。當未有汽船以前，江蘇至京，往返僅十有八日耳。任此差者，名跑摺子，連跑三次，卽得以外委把總拔補。督撫將發摺，必先拜摺。是時飭發三梆，步出大堂，屬吏站班，步兵排隊，轅門外放炮三，鼓樓作樂，堂隅設香案，將本箱供其中，督撫面西北，對箱行三跪九叩禮。既畢，捧下，由差弁手接，再高捧頭上，疾趨而出。於是掩門，而轅外又升三炮以送之。然所供本箱，雖封以黃緞，標以硃簽，其實枵然中空，真正奏摺，尚在署中，少時方得領出也。

令藩臬面陳章奏

順治中，徐立齋相國元文請令各省藩臬得面陳章奏，親加咨訪以觀其才，世祖從之。至日，御乾清門，科道官侍班，通政司引藩臬官以次面奏，著爲令。旋詔藩臬勿舉卓異。自立齋掌計典，門不通謁，語人曰：「當考察時，直省大吏皆長跪堂下，自陳履歷，其嚴重如此，使少有所私，不内愧耶。」

遵例自呈

京堂三品以上，外官督、撫，凡不入京察大計者，三年任滿，必舉賢自代，名曰「遵例自呈」。上温旨慰留之，間有更易。乾隆初，始罷。

呈繳硃筆奏摺

臣工奏摺，凡經有硃筆者，雖僅一圈點，俱呈繳，不獨有硃批而後繳也。其在任久者，或每年奏繳一次，或任滿彙繳，則無定。繳進之件，存紅本處，遇纂修實録時，奏明請出，事畢，仍交紅本處奉藏。嘉慶丁卯，以列聖以來積漸既多，始移藏於太和殿東夾室内。其館中請出者，於應繳時，即由本館恭送夾室，不復繳進矣。

預用空白

乾隆庚申四月，始命各省封印後豫用蓋印之空白。

供奉各事

嘉、道以前，車駕出麗正門，隨從百官皆立班。軍機帳房例在幔城之左，凡駕由左門入，在直章京皆立班。宫眷輿輦後扈亦有豹尾，親王以下皆引避，故稱「闢防」。機庭印鑰，例由大臣中行走最前者佩帶取用，以金牌爲合符，始付鑰。凡較射中四矢者，賜帶孔雀花翎。凡詔草，經硃筆更改，例應另紙恭録，惟廷寄諭旨，多命即以硃發，封緘嚴密，由驛傳遞。凡一旨而傳諭數人者，進呈既下，照書各寄，謂之「分寄」。凡御筆增改，遵録他本，謂之「過硃」。機庭總簿，謂之「隨手簿」，檢查舊事，必按各年隨手簿索之。凡直省方面開缺，先由樞臣書缺而空其名，以待御筆填注。凡引見記名各員，吏、兵兩部以緑頭牌交軍機照録，入存記匣，隨時進御。凡直省奏請遷除，當上意者，雖交部議，仍命存記，部本上時議駁，亦擬旨準行。凡行在召見軍機大臣，恆在晚膳後。凡撰擬詔旨六七道以上者，輒命隨成隨進。前引大臣將近宫門，例釋弓箭。凡頒賜軍機章京，例視三品京堂。每車駕在道，當直者例滿、漢各一人，帶要件，先候於尖營，以備承旨。上直有一人最早者，謂之「早門」，散直有一人最晚者，以宫門下鑰爲度。周廬夜直兵弁，統謂之「珠車」。凡圍場，上未發矢，莫敢縱鏑，惟突圍之獸，從官先射。哨鹿者，戴鹿冠作鹿鳴。進哨之後，不許屬車先行，恐橋道有不虞也。滿語以隨豹尾爲「跟穆音」，尖營爲「烏墩」。圍場以西去，以東還。行衣不掛朝珠，還則仍繫。扈蹕初歸，例得休沐七日。凡內直各官，皆進乾清門，惟軍機章京許兼由內右門出入。

伊里

景運、隆宗二門及東、西華門，例有護軍值班，每王大臣出入，高呼「伊里」，滿語云「立」也。蓋示人致敬之意，卽軍禮之高呼「立正」也。

孝欽后變更妃嬪扈從之制

宮人之家庭覿物也，例須多金，故宮嬪家人，多於帝駕抵園還宮，或每年謁陵之日，妃嬪隨宮車外出時，圖一晤語及贈物。帝行有御道，駕至，道旁先張擋子，禁窺伺也。駕前有羽林警衛，雜以宦儀，後爲內務府各旗營，再次爲王公，又次爲閹宦。鑾輿前有警鞭，警鞭鳴，則人知帝將至矣。先帝，次后，再次妃嬪。妃嬪親屬，探鑾輿行過，以餅金屬司擋，父母姊妹等因得入見，匆匆各數語，贈物納之輿中，涕淚未畢，輿行已邈。先是，帝出行，宮妃多乘馬，冠帶、袍褂、脚靴若男子，惟鬢插二彩花爲異。迨孝貞、孝欽二太后臨朝，妃嬪扈蹕，不乘馬而易輿矣。

塞宴蒙古

列聖巡幸木蘭，蒙古諸台吉及四十八部盟長例於出哨之後，恭進筵宴，習武合歡。有所謂塞宴四事者，扈從諸臣，多有賦詠。一曰詐馬，選六七歲以上幼孩，文衣錦襮，銜尾騰驤，散鬣結鬉，不施鞍轡，而追風逐電，馳騁自如，別樹大纛於數里外，先至者受上賞，餘亦恩賚有差。一曰什榜，番樂也。葦籥，有上古遺音。酒半，王公更迭獻技，侏𩍐佅𠿫，自有節奏。一曰布庫，相撲爲戲也。徒手搏擊，分曹角力，伺隙蹈瑕，不專恃匹夫之勇，勝者有卮酒、羊臛之賜，立飲無算。一曰教駣，馴名馬也。凡達䮘之産，初入牧羣，不受羈鞚者，蕃王子弟，輒執長竿，攜緪索，或躍而登，或超而過，馨控酣呼，疾如風雨，必使調良馴習而後已。逸羣奔踶，馭之者愈衆，剽悍神勇，頗爲壯觀。

大蒙古包宴

乾隆中，廓充新疆，回部、哈薩克、布魯特諸部長争先入貢，高宗宴於山高水長樓前，及避暑山莊之萬樹園中。設大黄幄，可容千餘人，其入座典禮，咸如保安殿之宴，宗室王公皆與焉。高宗親賜卮酒，及新降諸臣、貝勒、伯克等，示無外也，謂之大蒙古包宴。嘉慶癸亥，以三省教匪蕩平，亦循例舉行。

青海蒙古會盟之禮

會盟禮：朝旨居中，文武長官率蒙、番行謝恩禮，凡九拜；次蒙、番謝長官主盟，凡六拜；次蒙、番團立團拜，行相見禮，凡三拜。階上設兩几，文武長官左右席地坐，南面兩廊列矮桌二十餘，爲蒙古王公席，左翼居左，右翼居右，每桌前陳生羊一，蒸餅大如盂，纍如塔，肴、果八碟，皆高裝，酒滿斟。番目設席於下，北面坐，席前陳列各物皆如之。擊鼓淵淵然，音樂雜奏，主盟官舉杯，勸酒三巡，蒙、番飲三爵。門外陳兵衛，漢、蒙、番兵隊依次鳴砲爲禮。

蒙長先起，謝恩，領賞：左、右翼正副盟長四人，每人袍褂料全套，鼻煙瓶一具，箸刀一副；其餘王公、台吉等，各緞帛一端，烟瓶、箸刀稱是。次番目趨而前，謝恩，領賞：每人紅布一端，銀牌一面，茶甎二封，酒一桶，總管與千户均一律。東科寺香錯亦然，因駐節其地也。其他寺僧來會者皆無賞。蒙長退，備良馬一，及嗜嚕、紅花、藏香數事，以獻主盟官，盡地主誼。主盟官起節，各部落恭送如儀，而後依次回藩。青海會盟之典，實始於雍正乙巳，訂定青海大臣每年出口祭海，會集各札薩克會盟一次。迨河南八族番子安插近邊，着其同蒙古一體來盟。當時俸緞、犒賞，皆支取內帑，嗣歸甘庫支銷，從未扣及蒙、番俸金。其後舉行此典，一切祭物、賞物，及沿路驛費，有增無減，漸覺不支。當事議兩年一舉，乃蒙、番堅請仍照舊章，謂旗民散落，已無歸宿，盟長之令諸多隔閡，全憑歲舉令典，使遠氓常瞻漢官威儀，以資聯絡，倘再展期合舉，殊不足以副遠氓之嚮望，更足令彼輩生心，如恐經費不敷，願於俸金內捐籌鉅款，以襄盛事而維大局。當事允其請，照常每歲舉行。宣統庚戌，丹廳奸民因鹽斤加價生變，青海大臣某捕犯甚急，丹民深憾之。

俸薪

國初，滿洲官員支俸不支薪，漢官則俸、薪並支。順治甲午，停秋冬二季俸。有以停俸不停薪請支折薪銀者，以薪侈於俸也，如四品官，季給薪三十金，俸纔二十金。內院不許，謂滿洲方在此論薪俸，何得濫也。明年，漢官但給俸，不給薪。

養廉

養廉始於雍正時，世宗因官吏貪贓，時有所聞，特設此名，欲其顧名思義，勉爲廉吏也。

奏定州縣陋規

英煦齋協揆和，奏定州縣陋規，汪瑟菴廷珍、湯敦甫金釗兩文端公，蔣勵堂攸銛、孫寄圃玉庭兩節相俱上章奏阻。宣宗手諭曰：「朝有諍臣連章入告，使朕胸中黑白分明，無傷於政體，朕不勝欣悅之至。」

准帶護衛僕從

康熙辛亥，奏准王公、文武大臣官員，凡進午門、東華門、西華門、神武門，其所帶護衛、僕從，親王、郡王，准令帶十人；貝子、貝勒、公及一品文武大員，准令帶八人；二品文武大員，及三品京堂，准令帶六人；四五六品京堂官，准令帶四人；文職五六七品，武職三四五六品官員，准令帶二人；文職八品以下，武職七品以下，准令帶一人。

外官准帶家人

康熙丙寅，議准外任官員，除攜帶兄弟、妻子外，漢督、撫准帶家人五十名，藩、臬准帶家人四十名，道、府准帶三十名，同知准帶二十名，通判、州、縣准帶二十名，州同縣丞以下官員，准帶十名，所帶婦女，亦不得過此數。

官吏儀衛

鹵簿之設，自古有之。州、縣官出行，前導有肅静、迴避牌，銜牌、金鑼、傘、扇六、銜清道旗、紅黑帽繼之，從者除書差外，尚有民壯、家丁，前後亦數十人。道員、知府則更有飄檐傘、飛虎旗、劊子手、護勇、頂馬等，而人數又增。欽差大臣，督、撫儀衛之繁，愈不可以僂指，即就前驅之營兵以觀，大旗一隊，關刀一隊，虎叉一隊，洋槍一隊，迤邐可半里。

傘蓋

《大清律例》載職官傘蓋：一二品，銀葫蘆杏黃羅表、紅裏；三四品，紅葫蘆杏黃羅表、紅裏；以上皆三簷。五品，紅葫蘆藍羅表、紅裏；六品以下八品以上，用藍絹；皆重簷。庶民不得用羅絹涼傘，許用油紙雨傘。又《禮部則例》載：總督以下至知府，用杏黃傘；府佐貳以下至縣丞、教官，用藍傘；其雜職以下無傘。又武官，自提督以下至都司，用杏黃傘；守備不用肅靜、迴避牌，餘視都司。其後文官府佐貳皆用紅傘，武官千總亦然，不自知其僭矣。

武職上司不得笞辱屬弁

俗稱武職一級管一級，謂都司可棍責守備，守備可棍責千總，此無稽之談也。康熙己卯，奏准武職上司將所屬末弁如有事故並不揭參任意笞辱者，罰俸一年；笞辱守備以上者，降二級調用。

標題太平無事

樞廷事件皆書於册，標曰「隨手登記」，元旦則裝訂新册，敬書「太平無事」四字於册端。

牌子檔子

官中册籍，謂之「牌子」、「檔子」。溯其始，蓋國初八旗無册籍，有事，恆記於木，往來傳遞者，曰「牌子」，以削木片若牌故也。存貯年久者曰「檔案」，曰「檔子」，以積累多，貫皮條掛壁，若檔故也。至其後，則文字之書於紙者，亦呼之爲「牌子」、「檔子」矣。

圖片册檔

八旗人家生子女，例須報明本旗佐領，書之於册。及長而婚嫁，亦如之。又必須男女兩家受轄之佐領互出印結，曰「圖片」。三年一比人丁，使各列其家人名氏而書於册，謂之「册檔」。及歿，而削其名氏於册。故旗人户口不能增減，姓名不能改移。

禁婦女裹足

崇德戊寅七月，奉諭旨，有效他國裹足者，重治其罪。順治乙酉，禁裹足。康熙甲辰，又禁裹足。戊申七月，禮部題爲恭請酌復舊章以昭政典事都察院左都御史王熙疏内開：「順治十八年以前，民間之女，未禁裹足。康熙三年，遵奉上諭，下議政王、貝勒、大臣、九卿、科道官員會議：元年以後，所生之女，禁止裹足，其禁止之法，該部議覆等因。於本年正月内，臣部題定：元年以後，所生之女，若有違法裹足者，其父有官者，交吏、兵二部議處；兵、民則交付刑部，責四十板，流徙十。家長不行稽察，枷一個月，責四十板；該管督、撫以下文職官員有疏忽失於覺察者，聽吏、兵二部議處在案。查立法太嚴，或混將元年以前所生者，捏爲元年以後誣妄出首，牽連無辜，亦未可知，相應免其禁止」云云。裹足自此弛禁。

喪儀

禮爲天子斬衰。國朝喪儀：王公、百官持服二十七日，孝袍以毛邊布爲之，夏則涼帽去纓，冬則煖帽去纓。屆期除服，易玄青布袍，百日而止。衣若玄青，則冠用纓。惟恭理喪儀之大臣、派出穿孝之大臣並殯前守衛執事人員，亦百日除服。嘉慶庚辰七月二十五日，仁宗龍馭上賓，八月十二日，梓宫由避暑山莊啓行，二十二日至京，距初喪僅二十七日，遽行除服，且几筵前舉行祭典，理應仍持喪服，留京王大臣始奏請以大祭禮後除服。其各衙門文移、奏疏，向以二十七日内用藍印，及每日陳設法駕、鹵簿，例於滿月禮後停止者，均改至大祭禮後。欽天監擇吉九月十六日大祭，始除服。

滿洲喪禮

滿俗喪禮：斬衰止百日，期服六十日，大功三十五日，小功一月，緦麻二十一日。然其居喪也，衰服不去身，不聽樂，不與宴，居室皆用素器、木几、素席，以終三年。期功各以其等降行之，無敢逾。戚友家之喪，有服者往弔時如其服；無服者，男去纓，女去珥。喪主人奉男腰絰，奉女首絰，拜而進，受者亦拜。

旗員丁憂

舊例：八旗漢軍文職官任漢缺者丁憂，任旗缺者不得丁憂。又滿洲任督、撫、藩、臬者守制，而京朝官三月後即出供職。順治中，徐立齋相國奏謂宜一體丁憂，以崇孝治，且言外官聞訃者，宜即日奔喪，毋得治事候代，並申士庶居喪釋服從吉之禁。皆報可。

然旗員親喪丁憂之例，最爲紛歧糅雜。中外武職各員，皆給百日假，穿孝，假滿，服官任事。舉人、生員與漢人同，非二十七月服滿，不得應試。而部、院、署司官，則於百日孝滿後，照常入署當差，惟停止給俸及升轉，不得引見，著玄青外套，不許服補褂蟒袍。京堂以上至大學士，則百日孝滿以後，改實缺爲署任，遇有慶典，免其進內朝賀而已。至外官守孝之制，則更歧出。州、縣、佐雜，丁憂守制三年，與漢員無異。府、道之由翰、詹、科、道簡放及由州、縣升轉者，與州、縣同；若由六部司員外放，則俟百日孝滿，仍回本衙門當差。郎中、員外，各視其簡放時班次行走，二十七日後，仍由吏部帶領引見，分內用、外用二種：外用，仍以道府記名；內用，則仍以郎中、員外候補。至兩司以上，則守制二十七月，又同漢員。若督、撫，則與京堂以上同制，改實缺爲署任矣。嘉慶間，裕靖節公謙任漕運總督，丁憂百日假滿，論應詣宮門請安，裕獨不可，乃稱疾不出。俟禫祭後，始出補官。既受命，即上疏請令滿洲文職官員無中外尊卑，凡有父母喪者，皆丁憂守制二十七月爲服滿，一律與漢員同，疏詞肫摯。奏上，奉嚴旨駁斥，謂其沾染漢人習氣，詐僞欺飾，失人臣致身之義，而變滿洲純朴之風。此後遂無敢繼言者。

旗奴爲旗主喪事司鼓

旗人中之各項包衣及隸下五旗者，滿、蒙、漢皆有之，或奴籍，或重僕，例不得與宗室覺羅抗禮。若不得已，必先屈一膝而請曰求賞一坐，俟允，乃坐。又聞旗主每有貧無聊賴，執賤役以餬口，若途遇其奴之高車駟馬者，必喝其名，使下車代役，奴再三請安，賄之，始免。道光朝，大學士松文清公筠秉政，宣宗甚倚重之。忽請假數日不之，異也，次日，軍機召見，奏對畢，上忽問軍機大臣以松筠請假之故，滿軍機以該旗主家有喪事例往當差爲答。宣宗卽命往催其早日銷假。及往，見其冠摘纓，衣白布袍，司鼓於門外焉。次晨入直，白其狀，宣宗大怒，謂該旗主有意侮辱大臣，卽日降旨，擡松旗，免其奴籍。下五旗者，正紅、鑲紅、正藍、鑲藍、鑲白也。

武職無三年終喪之制

武職無三年終喪之制。康熙間，四川提督何傅以夔州副將孫斌詳請回籍守制上聞，疏奏沈痛，得旨，遂爲定制。乾隆乙亥，江蘇千總傅振邊丁母憂，泣請上官，求奔喪守制，不許，則慟哭求去，上官不能留。時尹文端公繼善督兩江，爲之入告，蒙特恩準其回籍，並著爲例。

馮柯亭以禮事親

馮孟亭侍御爲伯陽司寇之嫡孫，司寇庶子柯亭中丞鈐撫安徽時，將葬其生母曹夫人，祔於其父伯陽司寇之塋，相與並列，侍御持不可，曰：「是並嫡也。」柯亭曰：「有子之妾，禮當祔，何並列之疑。」孟亭退而考之，得韓魏公葬所生母胡其覆後於嫡夫人尺許，魏公自爲誌銘曰：「棺槨之制，悉用降等，安神之次，卻而不齊，示不敢瀆也。」柯亭無以難，議乃定。然孟亭亦守禮嚴甚，嘗入覲高宗，詢及家事，諭曰：「汝母有賢子，今封夫人矣，將不爲正室乎？」孟亭叩首謝，敬對曰：「臣父未有遺命。」上霽顏曰：「是也，汝父未有命。」遂已。

李鴻藻兩請終喪

咸豐中，高陽李文正鴻藻以編修視學河南，按試未周，特旨召入弘德殿授讀，爲穆宗傅。夙受知於孝貞、孝欽兩后，擢至户部侍郎兼軍機大臣。同治丙寅，文正丁太夫人憂，奉懿旨開去侍郎缺，守孝百日，仍在弘德殿及軍機處行走。文正累疏固請終制，同時授學諸臣如倭仁、翁同龢、徐桐亦代乞終喪，存教孝之風，故卒得終喪。至光緒初，文正復遭本生母憂，時以兩朝師傅，倚任益重，而文正仍請守制，謂本生之房無喪主，並具呈禮部，請終三年喪制，盡人子職。部議從之。故文正守禮終喪，服闋乃起。

供忌辰牌

帝、后升遐之忌辰，謂之「國忌」，居官例穿素服，各署儀門外必供一忌辰牌，凡供此牌，則儀門不開。中設一桌，桌上一牌，牌書「忌辰」二字，供至下午，則撤去而門開。官於此日，往往託忌辰以謝賓客。

帝后忌辰禁嫁娶

帝、后忌辰，向不禁嫁娶作樂。雍正丁未，古北口游擊劉繼鼎於聖祖忌辰婚娶，爲提督郭成功所劾，革職治罪。通行時憲書，於列祖、列宗、列后忌辰，不載宜嫁娶事，世宗命欽天監詳議，後永爲定例。

孝全后謚號

孝全成皇后，初由皇貴妃攝后宫事，旋正中宫，數年暴崩。時孝和睿皇后尚在，家法森嚴，宣宗亦不敢違命也，故特謚之曰「全」。宣宗既痛孝全之逝，遂不立他妃嬪之子，而立文宗，以其爲孝全所出，且於諸子中年齒較長也。

給謚鄭重

國朝優卹臣鄰，恩禮醰渥，惟身後給謚，最爲矜重。故自開國至道光朝，膺易名之典者，僅四百餘人，有生官極品而歿不得謚者。自同治初，兩宫垂簾訓政，凡階一品者皆予謚，後遂爲定制。

擬謚

臣下謚典，由禮部奏准後，行知内閣撰擬，舊隸典籍廳。咸豐初，卓文端公入閣，改歸漢票籤，令兩侍讀司之。凡奉旨給謚者，侍讀遵諭旨褒嘉之語，得謚文者，擬八字，由大學士選四字，不得謚文者，擬十六字，由大學士選八字，恭請欽定。惟「文正」二字則不敢擬，悉出特恩。

特謚

凡遝由上諭發表，曰加恩予謚某某者，謂之「特謚」，如張之洞之「文襄」，孫家鼐之「文正」等是也。

謚重文字

國朝謚法，惟由翰林授職之員，始得冠以文字。若官至大學士，則雖不由科目，亦得謚文。惟康熙丁未，領侍衛内大臣一等公索尼，既未與金甌之卜，亦不由玉署而來，予謚「文忠」，實爲異數。其後周文忠公天爵，亦非翰林，漢臣得此，尤爲僅見。

謚重正字

有上書房師傅資格者，照例可得「正」字之謚。

謚重襄字

諸臣謚法，「襄」字爲最隆重。咸豐癸丑十月，壽陽祁文端公雋藻面奉諭旨：文武大臣或陣亡、或軍營積勞病故而武功未成者，均不得擬用「襄」字。自是無敢輕擬矣。

謚文正者八人

宣統己酉十月，大學士壽州孫家鼐薨，特旨予謚「文正」，飾終之典，備極哀榮。國朝謚「文正」者，自睢州湯斌、諸城劉統勳、大興朱珪、歙縣曹振鏞、濱州杜受田、湘鄉曾國藩、高陽李鴻藻與孫而八矣。

小臣得謚

陸隴其以御史贈閣學，賜謚「清獻」，爲小臣得謚之始。至馬忠勤公玠，以知縣贈布政使參議，强忠烈公克捷，以知縣贈知府，劉忠節公欽鄰，以知縣贈太僕寺少卿，及楊延亮以知縣謚「昭節」，方振聲以縣丞謚「義烈」，俱照知府例卹，則皆出自特恩也。

婦人得謚

嘉慶時强克捷河南滑縣知縣。子逢泰之妻徐氏，道光朝方振聲福建嘉義縣縣丞方振聲、臺灣鎮標千總馬步衢、臺灣北路協把總陳玉威殉節臺灣，均特旨賜謚，並有「覽奏墮淚」之諭。振聲謚「義烈」，步衢謚「剛烈」，玉威謚「勇烈」。凡特旨予謚悉出睿裁，不由閣臣譔擬。之妻張氏，陳玉威之妻唐氏，均蒙特旨予謚「節烈」，婦人之得謚者止此。

謚上冠八字

雍正朝，和碩怡親王薨，賜謚曰「賢」。世宗眷念勿替，特旨以王生前所賜「忠敬誠直勤愼廉明」八字冠於謚號之上。

壇班

舊制：南郊大祀，皇上先一日蒞壇，軍機大臣入直於西天門外直廬，章京各備短几坐褥列坐帳房，略如扈從之儀，謂之「壇班」。光緒間，凡遇郊祀，皇上先一日在宮辦事，後蒞壇，次日禮成，還宮辦事，軍機大臣仍入直於隆宗門內直廬，無所謂「壇班」矣。

坤寧宮祀神

坤寧宮爲神版所在，每歲二月初，帝、后同在坤寧宮喫肉，妃嬪以次咸入座，且分賜散秩大臣、侍衞，皆行一叩首禮而跪。俟肉熟，人各一大塊，佐以椒鹽，食後進茶，不設筯，手劈之，故侍衞多懷紙入內，以備拭手。乾隆季年，首領太監私偷整肉，以冷肉及瘦殘皮骨充數，高宗怒，令總管太監劉成專管，每日食肉，加派御前、乾清門侍衛各一員，與喫肉者一體分食，如有仍前弊端，據實具奏，務將總管太監全行治罪，太監劉成亦加倍治罪。

射牲

古禮：王祭於廟，親射牲以獻。坤寧宮祀神，犧牲入，皇上迎出户，俟牲進，皇上隨入，跪視庖人執鸞刀屠割畢，方叩頭興，卽古「射牲」遺意。

遣官祭告嶽瀆

康熙丙子正月，天子爲元元祈福，遣大臣分行祭告。二十七日，上御保和殿，頒賜册文、香帛，給御蓋一，龍纛二，御仗二，凡四海、五鎮、五嶽、四瀆、闕里、長白山、帝王陵共五十九處。遼東廣寧混同江北海之神，山東萊州府東海之神，山西蒲州府西海之神，廣東廣州府南海之神；遼東廣寧北鎮毉巫閭山之神，山東青州府東鎮沂山之神，陝西鳳翔府西鎮吴山之神，山西平陽府中鎮霍山之神，浙江紹興府南鎮會稽山之神；山東濟南府東嶽泰山之神，陝西西安府西嶽華山之神，河南河南府中嶽嵩山之神，湖廣衡州府南嶽衡山之神，山西大同府北嶽恆山之神；四川成都府江瀆之神，河南南陽府淮瀆之神，河南懷慶府濟瀆之神，山西蒲州府河瀆之神；至聖先師闕里；兀喇地方長白山之神；河南開封府太昊伏羲氏陵，陳州商高宗陵，西華周世宗陵，陳州河南河南府漢光武陵，孟津宋太祖陵，鞏縣太宗陵，鞏縣真宗陵，鞏縣仁宗陵，鞏縣湖廣衡州府炎帝神農氏陵，酃縣湖廣永州府帝舜有虞氏陵，寧遠九疑山山西平陽府女媧氏陵，趙城商湯王陵，榮河陝西延安府黄帝軒轅氏陵，中部陝西西安府周文王陵，咸陽武王陵，咸陽成王陵，咸陽康王陵，咸陽漢高祖陵，涇陽文帝陵，府城東宣帝陵，長安唐高祖陵，三原太宗陵，九嵕山憲宗陵，涇陽後魏文帝陵，富平山東兗州府少昊金天氏陵，曲阜帝堯陶唐氏陵，東平直隸大名府顓頊高陽氏陵，滑縣帝嚳高辛氏陵，滑縣商中宗陵，内黄直隸順天府金太祖陵，世宗陵，明宣宗陵、孝宗陵、世宗陵俱天壽山，塞外起輦谷元太祖陵、世祖陵俱在順天府望祭，浙江紹興府夏禹王陵會稽山，江南江寧府明太祖陵鍾山，遼東廣寧遼太祖陵木葉山。

救護日月

日月之蝕，官署例當救護。每屆期，官必於大堂行禮，則公服升堂，望空叩拜，陰陽生喝報初虧某時，食甚某時，復圓某時，是時伐鼓、鳴金，雜以砲仗爆竹，喧嚷不絶，直至過時而止。

光緒庚子拳亂，天津爲八國聯軍所據，尚未交還，值日食，直督在保定，欲舉行救日禮，乃照會八國聯軍都統，其略曰：爲照會事：照得赤馭經天，普照萬物，乃天道之常。兹查有一巨物，其形如蛤，欲於某月某日大張其口，將日鯨吞。屆時必天地幽閉，人物不生，實屬異常慘變，本部堂不忍坐視，至時將躬率所部，鳴金放砲，以使此蛤形怪物，驚懼而逃，不至重爲民害。誠恐貴部下軍士人等，耳目未經習慣，難免疑慮驚皇，爲此合行照會貴□□，請煩查照可也。須至照會者。

禱雨

定制：久旱、久雨，宫廷、官署無不致禱。然遣員恭代者爲多，間有帝、后親禱者。康熙某年孟夏，久旱，上虔誠祈禱，由乾清門步禱至天壇，諸王大臣皆雨纓素服從，未至天橋，濃雲驟合，立降甘霖。乾隆己卯，旱，上屢禱於三壇、社稷，雨不時降，乃步禱於天壇，次夕，澍雨普被，歲仍大稔。上詠《喜雨詩》誌之。

乾隆壬戌，特旨每歲巳月擇日行常雩禮，如冬至郊壇之制。皇帝躬詣行禮，衣服、旗幟皆用皁色。如常雩未得雨，先祈天神、地祇、太歲三壇，次祈社稷，遣官各一人，皆七日一告祭，各官咸齋戒陪祀。如仍不雨，還從神祇等壇，祈禱如初。旱甚，乃大雩。皇帝躬禱昊天上帝於圜丘，不設鹵簿，不除道，不作樂，不設配位，不奠玉，不飲福受胙，三獻樂止，用舞童十六人，衣玄衣爲八列，各執羽翳，歌高宗御製《雲漢詩》八章，餘與常雩儀同。祭後雨足，則報祀。

乾隆間，京師大旱，孝聖后於御園龍神祠內，步行親往禱雨，旋卽渥沛甘霖。宮中禱雨之文，謂之《木郎詞》，三十餘句，以三四五七言爲句，類漢時郊祀樂章。

光緒戊寅，晉、豫奇荒，畿輔亢旱，朝廷議蠲、議賑，大沛恩施，下詔責躬，至有「天降鞠凶何不移於宮廷」之語。二月初五日，諭內務府，將宮闈應用之需，力加裁節，減省浮費，以益賑需。孝貞、孝欽兩后率德宗露禱，長跽三四小時，仰望星月皎然，至於慟哭。舊例：祈雨疏文，由翰林院撰擬。此次特命南書房恭進，辭語迫切，幾踰桑林之禱，具名稱臣某某氏、某某氏率子男某某，亦創舉也。南齋撰進稱「妾臣」，御筆去「妾」字。

光緒壬寅，晉省自春徂夏，亢旱異常，祈禱不應。先是，四月二十六日，巡撫命設壇南關外。二十七日黎明，傳諭閉南門，升大堂，斬旱龍一條，率司道步出西門，至關帝廟拈香畢，命司道入城辦公，巡撫宿廟内，虔禱三日。二十七八日連得小雨，二十九日略大，巡撫即於二十九日入城。五月初一日，雨稍大，夾冰雹，初二三日連得雨甚小，四鄉均未霑足。巡撫率司道詣關帝廟謝降，派員至邯鄲迎鐵牌，至忻州楊娘娘廟迎神來省祈禱。自是厥後，迄未得雨，而農田望雨尤切，四鄉有一種名油旱蟲者，食穀苗幾盡。祇四十餘州、縣略有水田，尚有庶幾之望，此外則異常乾旱，不能種植。近省城設壇二十四處，地方官每日拈香。南關外另設七龍壇，壇内糊紙龍七，形狀奇偉，並捉獲旱龍如蝦蟆、蚊豕之類殺之，以民間龍軍所生幼孩十二，衣赭衣，祈禱諷經，壇上置母豬，以鐵器熱火烙豬尾。各神廟咸焚冥幣，諭民間能捉獲旱魃，即俗名「墓虎」者，予以重賞。沿街鋪户，皆淘井汲水注缸内，種柳枝，供奉水神。或遇天陰，則譙樓鳴鐘、擊鼓，以迓雨神。種種方法，皆優爲之，迄不應驗。

光緒辛丑，長安苦旱，孝欽后命大臣禱雨太白山，果獲甘霖。御製申謝之文，泐石山巔，碑首全題皇太后徽號，前代碑碣文字無此例也。

宮庭有祈雨之事，后妃、宮眷皆沐浴齋戒。德宗禱於宮壇，佩一三寸高之玉牌，上鐫「齋戒」二字，凡皇帝從官皆佩之。孝欽后妝飾，不御珠玉，服淺灰色衣，無緣飾，巾履亦然。飲食僅牛奶、饝饝二物，宮眷則食白菜煮飯。禱之前，孝欽方入殿，有一太監跪呈柳枝一束，孝欽折少許，插於髻，宮眷等皆然，德宗則插於冠。插柳畢，太監李蓮英跪奏諸事已備，乃羣從孝欽步行，至孝欽宮前之一室。室中置方案一，上置黃表一折，玉一方，硃砂少許，小刷二，旁案列甆瓶，中插柳。孝欽之黃緞褥鋪案前，案置香爐一，燃炭，孝欽取檀香少許，投之爐，乃跪於褥，宮眷皆後跽，默誦禱詞。詞曰：「敬求上天憐憫，速賜甘霖，以救下民之命，凡有罪責，祈降余等之身。」默誦三過，行三跪九叩畢，乃出。

國初祭儀尚右

凡祭祀，明堂禮儀皆尚右，神位東嚮者爲尊，其餘昭穆分列。故禮親王以宗老，孔定南以藩長，皆居右班。

祫祭捧帛爵用近支王公

乾隆中，高宗定宗廟執事禮，悉用近支宗室，駿奔襄贊。故歲暮，太廟祫祭捧帛、執爵諸執事官，皆
聖祖以下宗室諸王公、將軍充之。先期由宗人府傳知各執事員，俟具奏後，應於十二月之三六九日，敬赴太廟演禮，并特賜花翎以優寵之。後凡各員有未經賞賜翎支者，即令屆期借戴。若有託故不到，即將該員並該管學長，一併嚴參。

皇后入廟

古制：后先帝崩，則祔祀於廟，設位於其姑下。然遇行祫祭之禮，動多闕礙。至明世宗，預祧仁宗，以方后入祔，益非法矣。國朝定制：后先崩，暫奉安神主於奉先殿夾室中。孝敬后、孝賢后、孝儀后皆沿是制也。

祧廟

自商、周尊契、稷爲始祖，歷代追崇四親帝號，供奉太廟，而開創之君轉居其下。及親盡，祧廟時，太祖始正南向之位，非歷有百年，其典不備。如唐之憲、懿，宋之僖、宣，屢經罷復，識者譏之。本朝太祖肇基東土，撫有寰區，追崇原廟四聖神主，卽安奉於太廟後殿。遇四時祭享，遣親王一人爲之攝祭；元旦令節，萬壽節日，遣官致祭；每歲祫祭，則命覺羅官恭捧四聖神主，合祭於太廟中，禮成，仍安奉於後殿。時享之日，既不預九廟之數，復不壓高廟南向之尊。

致祭賜奠之儀

蒙古外藩王、貝勒及呼圖克圖死，皆遣官致祭，或賜奠。致祭者有祭文，使者行一跪三叩首禮；賜奠者，使者至，立奠三爵而已。然賜奠之禮，隆於致祭也。使回，有私覿羊幾頭、馬幾匹、駝幾隻，或佐以銀者，使者反其銀與駝，或取一、二羊，或取一、二馬而已，貧者猶不能也。

清稗類鈔

度支類

足國帑

世宗綜覈名實，罷諸不急之務，河防、海塘等巨費外，皆罷不修。特置封樁庫於内閣之東，一切贓款、羨餘銀。兩咸在焉，末年至三千餘萬，國用充足。每令直省將各省正供糴米隨漕而入，故倉庾實積，可供二十餘年之用。

同光度支瑣聞

同治丁巳、戊午間，穆宗嘗手批至户部取銀，户部見條付銀，不敢覆也。

寧、蘇、杭之織造，每歲發五百萬兩。

光緒中，度支竭蹶，户部當時不過存銀二百萬兩。每月須放八旗兵餉四十八萬兩，虎神營等一百餘萬兩，而所存之銀，僅足發三月兵餉，司計之臣，時時仰屋興嗟。庚子聯軍入京時，頓有五百萬，蓋彼時以軍需緊急，各省餉銀一時湊集故也。

建頤和園，其款多出之海軍經費，約計銀三千萬兩。其修理費，則出於土藥稅。土藥稅每年有一百四十餘萬，歸户部撥款者僅三十餘萬，餘均歸頤和園。孝欽后駐園時，每日須用一萬兩。醇親王薨，修祠、造墳諸費，皆由部撥，約共用五百萬。祠中九蓮燈開銷九萬兩，户部接内務府咨，即付，不敢駁詰。

州縣雜款報銷，尤不可究詰。有曾任直隸之淶水令者，言淶水每年收牛羊稅，計共六百兩，報銷僅十三兩，而藩司署費二十四兩，道署二十兩，州署十四兩，餘皆官所自得。又月領驛站費三百兩，其由縣給發，不過五十兩，則每年獲數千矣。又稅契一項，年可得數千金，而向祇報一百兩，布政使廷杰欲悉數入官，縣官苦之。使人詢天津之成法，某乃往津説直督裕制軍曰：「天津每年收稅契三萬，而報銷只列數百兩，以津地之衝繁，公私各費皆取給於此，今若悉歸官，將以何給費？」裕曰：「藩司欲如是，吾亦莫能爭，今略增舊額何如？」某曰：「願增爲八百，可乎？」裕曰：「可矣。」於是淶水亦援例祇增二三百金云。

光緒甲午、乙未之中日戰費，粮台報銷費八萬兩。

凡京師大工程，必先派勘估大臣，勘估大臣必帶隨員；既勘估後，然後派承修大臣，承修大臣又派監督。其木廠由承修大臣指派，領價時，承修大臣得三成，監督得一成，勘估大臣得一成，其隨員得半成，兩大臣衙門之書吏合得一成，經手又得一成，實到木廠者祇二成半。然領款必年餘始能領足，分多次交付，每領一次，則各人依成瓜分。每文書至户部，輒覆以無，再催，乃少給之，否則恐人疑其有弊也。木廠因領款煩難之故，故工價愈大，蓋領得二成半者，較尋常工作祇二成而已。

大工如祈年殿，至一百六十萬，太和門至一百二十萬。

内務府經手尤不可信，到工者僅十之一，而奉内監者幾至十之六七。戊戌，以德宗將至津閲操，南苑亦預備大閲，造營房若干，報銷一百六十萬，而李蓮英得七十萬焉。

孝欽后嘗命内務府大臣某購燈數百盞，某恃有慈眷，未納賄。燈入，内監故污之，以示孝欽曰：「某所辦差乃若是。」孝欽亦怒，命毁之，即時數百盞燈狼藉滿地。宣某入，令其拾碎玻璃，拾盡始已。

大内費用，由户部撥交内務府者，同治乙丑一案，定爲三十萬兩。戊辰，又加三十萬兩。後内務府每年時向户部支取二三十萬不等。至光緒癸巳，户部堂官奏參内務府堂官不能撙節，時福錕爲户部尚書兼内務府堂官，出奏時，照例迴避，後均得處分。已而忽降旨，以後每年再添五十萬兩。

粤海關每年供用三十萬。殺虎口、張家口、淮安關所收税課，亦歸内用。

户部歲奉孝欽后十八萬，德宗二十萬，名曰「交進銀」。德宗之二十萬，二月初繳。孝欽后之十八萬，則每節交五萬，年終交八萬。端節銀於四月杪交入，中秋銀於八月初交入，其年終銀則於十二月初交入。

大内銀庫存一千六百萬兩，孝欽后處尚有黄金三萬兩。

孝欽后發内帑銀，惟戊戌春賑四川災五萬兩，飭由户部先墊，准在撥内務府款時扣回者，餘雖名内帑，實仍由户部發出。

光緒辛丑回鑾之直隸用款

辛丑回鑾皇差，共用一百九十餘萬，內由外省協解七十八萬，由賑捐項下提用五十餘萬，善後局支出二十餘萬，南三府地丁銀三十餘萬。每尖站報銷，二萬八九千至三萬餘四萬不等。宿站報銷，三萬八九千至四萬餘五萬不等。尖站者，日間用膳、休憩之站也。

賠款八十萬，暫向賑捐項下借撥。

陵差請部撥六十萬。

省外撫卹教民款，共請二百萬兩，由京餉及北洋海防公費劃撥。實津貼各州縣一百餘萬，餘七十餘萬，以十萬作課吏、校士之需，以十餘萬安置降匪，十餘萬還借地方公款。

范文肅定賦稅

國初，范文肅公文程仗劍謁軍門，文肅爲宋范忠宣公裔，太祖曰：「名臣後，宜厚待。」大兵入關，參帷幄。初定賦稅，有司欲以明末練餉爲標準，范曰：「明代酷苛小民，激成流寇，豈可復蹈其誤。」因以萬曆中徵册爲準，歲減數百萬兩。

減賦

雍正初年，用怡賢親王言，減蘇松一道地丁銀四十五萬兩，南昌一道十七萬兩。乾隆丁巳，又減江、浙兩省地丁銀二十萬兩。乾隆一朝，凡蠲七省漕米者三，普蠲天下地丁銀者亦三，前史未有也。且定制，丁統於地，非計丁出賦。有漕省分并地丁，計爲什一；無漕省分，祇計地丁，尚未及三十分之一。同治甲子，東南大定，江蘇巡撫李鴻章又奏減江蘇蘇、松、太三屬漕米五十四萬餘石，浙江巡撫左宗棠又奏減浙江杭、嘉、湖漕糧三分之一，朝旨悉允所請施行。

朱文端請永杜加賦

大臣遺疏，多子孫賓客爲之，卽力疾手定、彌留口占者，亦敍述恩遇，泛論治體者居多。獨朱文端公軾疏云「萬事根本君心，而用人、理財尤宜鄭重。君子、小人，公私、邪正，判於幾微，在審察其心跡而進退之。至若國家經費，本自有餘，異日儻有言利之臣倡爲加賦之議者，伏祈聖仁乾斷，永斥浮言，實四海蒼生之福」云云。

免租税漕糧

高宗自奉儉約，不許街市用金銀飾，禁浙江組繡，代以刻絲；御膳房日用，屢加覈減，至末年，歲用僅二萬餘金。惟關民間大計者，則不計。西域、金川用兵至一萬萬零四千餘兩，河工、海塘以億萬計，丙寅、丁酉、乙卯，普蠲天下正供租税三次，辛卯、庚戌、丙辰，普蠲五省漕糧四次，初不吝也。

范承勛奏除蒙番賦籍

吴三桂開藩雲南，嘗割麗江邊界地賂蒙番，賦籍尚留。尚書范承勛督雲貴，奏除之。

耗羨歸公

雍正間，耗羨歸公，定直省各官養廉，其端則發於山西巡撫諾岷、布政司高成齡。蓋先是，州縣徵收火耗，藉資日用，上司所需，取給州縣，不無貪吏藉口上司容隱之弊。雍正甲辰，諾岷請將山西一年所得耗銀提解司庫，除抵補無著虧空外，分給各官養廉，而成齡復請倣山西例通行直省。上以剔除弊竇，必更定良法，耗羨必宜歸公，養廉須有定額，詔總理王大臣九卿會議。會各省皆望風奏請，議遂定。

沈端恪力争耗羨歸公之議

沈端恪公嘗争耗羨。蓋耗羨歸公之議，剏自田文鏡、諾岷。世宗已許行，而猶召九卿議之。衆以上意所向，不敢争，沈獨争之，力言今日正項之外，更添正項，他日必於耗羨之外，更添耗羨，他人或不知，臣起家縣令，故知其必不可行。世宗曰：「汝爲令，亦私耗羨乎？」沈曰：「非私也。非是，且無以養妻子。」世宗曰：「汝學道人，乃私妻子乎？」沈曰：「臣不敢私妻子，但不能不養妻子，若廢之，則人倫絶矣。」世宗笑曰：「朕今日乃爲沈近思所難。」是日，衆皆爲沈危，然上雖不用其言，亦不怒也。

西康糧稅

西康糧稅，土司、呼圖克圖徵收實無定章，亦多寡不一，百姓耕地栽種一斗，年出産十餘斗者，徵糧數升。若土司、呼圖克圖之公地有與百姓之地相連者，則免百姓耕地之糧，命百姓備籽種，代耕公地，秋收時，土司、呼圖克圖但收公地所産之糧。其徵固輕，而徵銀卽較糧重一二倍。每年徵糧之外，若婚嫁、兵事，則另派百姓納銀，一年數事，則派數次。一二年無事，則以三年朝貢之事派之。且徵收糧稅，係頭人經手，土司徵糧一斗，頭人加徵一升或半升不等。於牧場則徵馬、牛、羊，或羊、牛肉，或酥油，其派銀仍與耕地者同。至光緒乙巳、丙午間，裏、巴兩塘改流，另定糧賦章程，征收雖較前加重，毫無雜派，百姓聞風，咸恐土司、呼圖克圖苛虐，極願改流。惟改流之事不利於土司、呼圖克圖及頭人等，若輩故動輒阻撓耳。

田法

四川成都北門外昭覺寺，田業張廣，歲所盈積，更以置田。某縣令新涖任，聞而惡之，謂：「若任其添置，則成都之田，將被購盡。」乃定自後寺中不得置田。於是歲所入租金悉埋諸地下，每歲約得五六十萬。又上海人置田過五十畝者，輒被舉爲保正，雖隱寄不能避也。故凡富户購田，均不敢過五十畝。又揚州富人購田，輒被捐勒，不能得顆粒租，故揚州富人獨不置田。

關稅

各省關稅，以乾隆癸酉奏銷册籍稽之，共四百三十三萬，當時各省最爲富饒，商賈通利。後司事者冀久其任，歲增盈餘，至乾隆乙卯，則加至六百四十六萬有奇，故不免虧缺。司事者重征以飽私囊，虧缺數目，仍歸正供銷算，徒有賠補之名，從無傾其私囊者。至嘉慶甲戌，滸墅關虧缺二十餘萬，他稅稱是。藉虧缺爲名，日加苛歛，以致商賈不前，物價昂貴，民大有損。使輕其征收之款，而覈其實入之數，雖不及乙卯之豐，亦必以乾隆癸酉爲則，年銷年款，國課不致虚懸，貿易亦沾實惠，誠上下兩便之術也。

海關常關

康熙乙丑，就沿海貿易省分，設江、浙、閩、粵四關，稱海關監督。道光壬寅，與外國訂約，開五口通商，設關征稅，後漸開至三十餘口，並增三十餘關，即世所稱海關隸於稅務處者是也。海關任洋員，諺有「洋關」之稱，又或求别於常關而稱「新關」，皆非也。海關、常關性質既殊，稅率亦異，所稅船貨，其類尤别，宜乎自爲統系，無聯屬之關係。而五十里内外常關之區别，則沿光緒辛丑和約而來也。辛丑賠款，常關亦列抵押，通商口岸之關，應歸海關兼管，厥後，遂以口岸五十里內者屬稅務司，五十里外者仍屬監督。其後制定兩權並立，計有海關四十處，分關、分卡一百零三處，常關二十二處，分關、分卡六百四十五處，名稱固甚複雜也。

梧州關

梧州一關，扼左、右江之衝，百貨往來，榷征極重。監督所入，大率歲贏十萬，酬應開銷均在其外，丁役陋規亦在其外。全省官場，指爲第一肥缺，無不沾其餘潤。

花子關

淮安關久有花子關之目，以其搜括無遺，形同乞丐也。

重征洋米稅

國初，洋米入海口，重征其稅，阮文達公元官粵督，始奏免之。阮有詩云：「西洋夷船來，氈罽可衣服。其餘多奇巧，價貴等珠玉。持以示貧民，雖巧非所欲。田少粵民多，價貴在稻穀。西洋米頗賤，曷不運連舳？夷曰船稅多，不贏利反縮。免稅乞帝恩，米船來頗速。以我茶樹枝，易彼島中粟。彼價本平常，我歲或少熟。米貴彼更來，政豈在督促。苟能常使通，民足歲亦足。」

活税死税

直隸州縣，多恃騾馬税，雖號稱由州縣承辦，而往往分給一二處於巡檢、典史，數目各縣不一，且時有改爲活税者。活税，每價一百千抽一千。死税，則騾馬八百一十，牛四百五十，驢三百有零。以上皆係外收之數。交官則騾馬三百六十，牛一百六十，驢一百二十。計南宫一縣，外收至三四萬，而交官不及半，至報部不過數百金而已。

粤東税契

粤東州縣交代，仿照山東辦法，各清各任。實任出差調簾或别有事故，委員代理者，代理期間，歸併前任統算。每有因流攤各款彼此互争者。其實交代局中，祇問正部及解司三項，如已解者結報，未清解者嚴追。交代册内有解長别款，或款爲代墊者，雖盈千累萬，不計也。其最無理者，爲短征税羨一款。州縣税契，由於民間買賣田産，然不能一定，其置産之人，多因省費，匿不投税過割，白契管業。圖利之徒，平日收受契據，伺州縣官卸任時，減價招徠，始行投税。州縣官臨交卸時，祇求有契來税，不問真僞，不論年月，來者不拒，即予印發。迨騰印後，因此纏訟，轇轕不清，而定章，州縣短征税羨，即須賠繳。蓋由於同治間某方伯曾下一檄，謂各牧令如能將税羨長解者，分别調劑，於是各州縣紛紛解長，甚有解私囊而見好上官者。次年，方伯又下一檄，謂即以上年所解之數作爲定額，於是害民之事，又變而害官矣。後改爲三聯税契，不用契尾，又將契價酌留二成辦公，官民始交受其益焉。

揚州鹽課

揚州繁華以鹽盛，兩淮額引一千六百九萬有奇，歸商人十數家承辦。中鹽有期，銷引有地，謂之「綱鹽」。以每引三百七十斤計之，揚價斤衹十文，加課銀三釐有奇，不過七文，而轉運至漢口以上，需價五六十文不等。愈遠愈貴，鹽色愈雜，鄉曲貧民，有積日累旬堅忍淡食者矣。此非正課致之，商人積弊累之也。諸商所領部帖謂之「根窩」，有根窩者，每引抽銀一兩，先國課而坐收其利，一也。運脚公用，額定七十萬，其後十增其五，而用不及半，二也。漢口岸價，每引又派一兩有奇，三也。即此三項，已倍正課而過之。加以鹽院供億，各大憲緝捕、犒賞，又豢養乏商子孫，月支萬計。最奇者，當時有春臺、德音兩戲班，僅供商人家宴，而歲需三萬金。又總商謁見鹽院，一手版數十文耳，而冊載一千兩。率由總商妄立名目，取諸衆商。委員王鳳生查請裁革焉。

王文恪整理鹽綱

兩淮鹽務，積弊甚多，虧正、雜課以鉅萬計，歲盡而前歲綱未集。王文恪公往勘，疏請節浮費，革根窩，定桶稱，編船號，疏運道，散輪規，弱帶銷。大旨謂商本輕則鹽價自賤，私販不緝而自消，舊欠輕則新綱可清，積壓無因而藉口。且疏銷巡緝，責成州縣汛弁，而鹽政非所屬，令沮不行，請裁鹽政，由總督兼轄。朝旨允之。

李仲昭劾辦舞弊鹺賈

李御史仲昭，番禺人，少生海隅，洞知鹽筴利弊。長蘆鹽課有易稱弊，每引浮數百斤，致壅滯難銷，動損國課，鹺賈查氏富逾王侯，交結要津，人莫敢攖。李補官旬日，露章劾之，枚舉其弊，仁宗怒，命留京王大臣審訊，皆引服。查有圻論戍，其餘降革有差。

陶文毅整頓兩淮鹽法

自陶文毅公澍改兩淮鹽法，而鹽商頓變貧户，凡倚鹺務以衣食者，無不失業，一時謗議蠭起。揚州人士爲作葉子戲，乃增牌二張：一繪桃樹，拈得此牌，雖全勝亦負，故得者無不詬駡；一繪美女，曰陶小姐，得此者雖全負亦勝，拈得之，輒喜而加以謔詞，其褻已甚。文毅聞之大恚，即具摺力辭鹽政及江督之職，廷旨未允。一二年後，其風始息。

釐金

釐金之起，由副都御史雷以誠幫辦揚州軍務時，江北大營都統琦善爲欽差大臣，所支軍餉，皆部解省協，雷部分撥甚寡，無計請益，乃立釐捐局，抽收百貨，奏明專供本軍之用。行數月，較大營支餉爲優。運使金安清繼之，總理江北籌餉局，爲法益密。各省亦起而仿之。然上不在軍，下不在民，利屬中飽，鄂撫胡文忠公林翼精思熟慮，法劉晏「專用士人理財」一語，加以章程，課法詳明周至，遂立富強之效，全局賴以振興。東南各省，繼起日盛。大率皆秉其法，民亦相與安之，幾若丁田之有賦役矣。文忠嘗言釐金之設，專取於商，不取於農，較加賦爲優。其法，凡諸賈人積貯諸物及商以取利者，出入一錢，官取其釐，分別城市大小，居者立局，行者設卡，窮民小本經紀者免。故商賈不病，而大有裨於餉，軍興十餘年，賴以源源不竭，卒成勘定功。其事雖創行於雷，而其議實倡始於烏程監生錢江也。江字東平，嘗客廣東，坐法戍新疆，遇赦回籍。粵寇亂時，往邵伯埭投雷，歷言用兵、理財諸法。雷大悅，辟置幕府，佐雷辦理糧臺，遂立釐金之法。嗣江與雷積不相能，雷竟戕江，於是人但知雷創行釐金而知江者少矣。然釐金之法行之既久，官吏待缺者視爲利藪，設局日多，立法日密，胥吏、僕役，一局數十人，大者官侵，小者吏蝕，甚至石米、束布，搜括無遺，則非立法之苛，而奉行者不盡善也。雷既用此策，軍用日饒，公私交裕，又使江與同幕五人親赴下河，督勸捐納，不從者脅之以兵，時人畏之，目爲五虎。

金安清辦釐捐

金安清字梅生，秀水人，由佐雜起家，洊至兩淮鹽運使，長於理財。咸豐末，江蘇全省淪陷於粵寇，所完善者僅江北十餘州縣，時金以兩淮鹽運使駐泰州，督辦後路糧臺，設釐捐局以供軍餉，歲有贏餘，所用綜核之員，最著者爲杜文瀾、宗源瀚、許道身三人。方開辦之始，召諸員入談，詢以月薪若干金始不絀於用，所對者或多或少，次日授檄，則皆如其言而倍之。且謂之曰：「諸君但計日用，未計有意外事，今並意外事亦足辦矣。若更有一文染指者，當以軍法從事。」衆人無不懍慄，踴躍從公。故得以一隅之地，而供給數萬大軍，使無脱巾、譁潰之虞者，金與有力焉。

法越戰前之粤西釐税

粤西之西南，距桂林較遠，爲通滇要隘者，曰百色廳，右江鎮駐思恩府，近資控制。沿江市易，以木簰爲大宗，由右江轉入府江，南下東省，關征釐榷，頗有可觀。惜無專司之人，仿湖北新關、江寧下關木税章程切實辦理者，故全省一歲所入地丁雜項不過二十萬金，釐税則有四十餘萬，惟米捐爲最鉅。當法越事起，東省水災，恃西米以濟，中外合詞奏免米釐，西餉因以大匱。朝廷特允西撫之請，撥粤海關税、四川鹽課濟之，僅可自保。蓋西省邊區，向由部庫、鄰省協撥，軍興而後，協撥十不得一，亦惟倚釐税一項而已。

洮南貨幣

洮南之蒙人交易，全用現銀，而自他處購辦貨物，以奉省鈔票爲宜。但奉票太少，不敷市面之用，故兼行吉、黑官票。且又有本城商家所發紙幣約十六萬元左右，然以準備不充，信用缺乏，較奉票差至一角有餘，商、民交困。而生銀真幣既不可得，所屬各縣，仍通用此項紙幣，以爲本地糧米等土貨之通幣。

甘肅貨幣

甘肅圜法極敝，制錢銅鐵雜用，同、光間，軍務倥傯，庫款益不給，藩司印錢幣以濟乏，每紙值錢千枚，按時值銅鐵錢各半。久之，幣價寖絀，至左文襄督關隴時，鈔法益敝，每紙僅值大錢六文，官私充用，束幣盈橐，益不便。左謀發庫藏悉收之，商之藩司某，某有難色，曰：「盡償幣值，須金數百萬，懼不給，奈何？」甘人聞之，喜而奮曰：「公肯收幣，公施惠甘人多矣。請仍按時值，每紙予錢六文，綜計需金數十萬，可畢收矣。」左喜，發庫金收幣，甘人亦有私燬義不取值者，既訖事，僅用銀二十餘萬兩，而甘幣之困紓矣。

新疆貨幣

光、宣間，新疆錢幣有白銀、即塊銀。天罡銀元、市銀之別，以紅錢四百枚爲一兩。貿易用市銀，白銀、天罡例須貼水。紅錢不便取攜，故紙幣風行，載明紅錢四百文。紙幣四種：一老官票，藩司發行一百萬兩，南路最信用，價與白銀等，北路亦較市銀價高。一新官票，亦藩司發行一百萬兩，價較市銀爲高。一興殖銀行票，一油布票。商家所出，卽市銀也。

西藏貨幣

藏人習用雜銀，與廓爾喀貿易，即用廓幣。高宗以中外一統，通用制錢，藏地不宜轉用外番貨幣，且廓部所鑄之錢，易回純銀，又攙銅鼓鑄，是藏中純銀，爲廓易去，因禁止廓人貿易。至民間買賣，以哈達、茶、黄油等交换，非價之高者，不用銀幣。達賴所鑄銀圓曰藏圓，重一錢，銀六銅四，形圓而薄，名曰「唐加」。向無輔幣，市中貿易，非翦破不可，一唐加，可以翦之爲二爲三爲四爲五爲六，名曰「卡扛」。藏、印通商後，印度盧比通行藏中，原值銀三錢二分，當未暢行時，僅作二錢數分，後因商旅之往來印藏者非用盧比不可，遂增漲至四錢左右，每歲漏卮不可勝計。四川造幣廠爲抵制盧比計，特仿其制，鑄三錢二分之銀圓，行銷邊藏，並有重一錢六分及八分者，爲之補助，藏人始頗争用。然其地土貨少而外貨多，以川圓購外貨，外人不用，即用矣，亦必故抑其價，作二錢八分或三錢不等，印度盧比，則仍作四錢。於是販售川茶之商，多用川圓，販售印貨之商，仍用印度盧比。故察木多一帶，川圓多而印度盧比少，拉薩一帶，仍印度盧比多而川圓少。銅圓則由川運往，恩達以東，亦暢行矣。

錢法源流

國初，錢法屢經更定。始以滿、漢文分鑄天命通寶、天聰通寶，錢幕皆無字。迨鑄順治通寶，則專用漢文。嗣於錢幕之左，鑄漢文「一釐」二字，紀值銀之數也。與古半兩、五銖等錢紀銅之輕重者異。其右，係户部者鑄「户」字，係工部者鑄「工」字。後又改定京局，錢幕分鑄「寶泉」、「寶源」二字，皆滿文。其各省鎮局亦分鑄各地名。江南江寧府局鑄「寧」字。安徽局鑄「安」字。蘇州局鑄「蘇」字。江西南昌局鑄「江」字，後又鑄「昌」字。浙江杭州局鑄「浙」字。福建福州局鑄「福」字。漳州局鑄「漳」字。臺灣局鑄「臺」字。湖廣武昌局亦鑄「昌」字，後又鑄「武」字。長沙局鑄「南」字。河南開封局鑄「河」字。山東濟南局鑄「東」字，後又鑄「濟」字。山西太原局鑄「原」字，後又鑄「晉」字。陝西西安局鑄「陝」字。甘肅鞏州局鑄「鞏」字，後移蘭州，仍用「鞏」字。密雲鎮局鑄「密」字。薊州鎮局鑄「薊」字。宣府鎮局鑄「宣」字。大同鎮局鑄「同」字。臨清鎮局鑄「臨」字。四川成都府局鑄「川」字。廣東廣州局鑄「廣」字。廣西桂林局鑄「桂」字。雲南雲南府及臨安府、大理府、禄豐縣、蒙自縣各局俱鑄「雲」字。貴州貴陽府局鑄「貴」字。畢節縣局鑄「黔」字。皆滿、漢文各一，滿文居左，漢文居右。至雍正初年，又定各省錢幕俱照京局例，以「寶」字爲首，次鑄本地方一字，皆用滿文。蓋於錢面鑄年號，以昭王制，於錢幕鑄滿書，以示同文。

當十大錢

咸豐時，造當十大錢，出京即不可用，價日落。外省人入京者，猝不易辨，或戲釋之曰：凡當十大錢，手中僅取一文，其錢面却寫十文，市中通呼爲二十文，如用以購物，實準作平常制錢二文。

咸同光宣四朝錢法之變更

國朝制錢，以康、乾兩朝所鑄爲最，皆取給於滇銅。逮咸豐初，軍旅數起，國庫匱乏，滇銅亦因道梗不至，於是刑部尚書周祖培、大理寺卿恆春、御史蔡紹洛先後請鑄大錢以裕度支，時祁文端公嶲藻方長户部，力贊成之。癸丑三月，先鑄當十錢一種，重六錢。八月，增鑄當五十一種，重一兩八錢。十一月，復增鑄當百、當五百、當千三種，名曰「鈔錢」。當千者重二兩，當五百者重一兩六錢，銅色紫，當百者重一兩五錢，銅色黄。而減當五十錢爲一兩二錢，當十錢爲四錢四分，繼而又減爲三錢五分，再改爲二錢六分。甲寅正月，增鑄當五錢一種，重一錢二分。三月，鑄鐵當十錢。六月，鑄鉛制錢。其時盜鑄鈔錢之案蠭起，嚴刑不能禁，官中既艱於收兑，民間亦不復流通，先後奏請廢止，惟留銅、鐵當十錢。後鐵當十亦廢，僅留銅當十一種。諭令大錢與制錢並行，而京城乃不用制錢，出城數十里，又復不用大錢，紛紛擾擾，圜法大壞。至光緒戊子，閻敬銘爲户部尚書，請廢當十，仍用制錢。遂奉旨以三年爲期，所有交官之項，以制錢出，以大錢入，期於三年内收盡。然大錢在市，雖名當十，僅作制錢二文，相沿已久，此令既下，市肆大擾，貧富交困。先是，咸豐初年，銀一兩，易錢七千餘，同治初，易至十千，光緒初，至十七千。戊子以後，漸減至十二千，丁酉以後，更減至十千零，大錢漸絶，市面乃稍定。壬寅、癸卯間，鄂省首鑄當十銅元，粤省最初設銀元局，張文襄公蒞鄂，招粤工匠來，改鑄銅元。各省豔於大利所在，相率繼起。間有鑄當一、當二、當五及當二十者，以利率不厚，迄不多見。於是銅元充斥，圜法又壞。當銅元未行時，東南各省洋價每元八百餘文，後漸增高至一千二三百文。所鑄銀元，雖標明每當十銅元百枚易銀一元，然市間迄不遵從，甚有以銅元作七折、八折行使者。各處互異，上下騷然，漏卮外溢，而幣制遂成一極大問題矣。

諸寇錢文

開國以來之諸寇，皆嘗竊大號，鑄錢文，鄭成功曰「常平」，孫可望曰「興朝」，吳三桂曰「利用」，耿精忠曰「裕民」，迤西土酋王耀祖曰「大慶」，洪秀全曰「太平天国」是也。

鈔票

咸豐朝，以制錢缺乏，京師嘗行鈔票。既而價漸低落，至不能直半價，户部猶不肯廢罷。而入市買物，無人肯收受者，遂相率以此充戚友婚喪之餽遺品。

吉林官帖

吉林官帖之發行，自永衡官銀號始。永衡官銀號之創設，自吉林將軍改爲巡撫之時始。永衡貿易宗旨在發行市錢之紙幣，吉人呼爲官帖。嗣因吉林官銀號賠累甚鉅，乃改名爲永衡久官銀號。營業年餘，頗獲厚利，紙幣之信用亦大著，每羌洋一元，僅換官錢二吊上下耳。於是增加擴張，設立分號二處，一在長春，一在哈爾濱。是時新發行之紙幣，猶不過市錢四百萬吊而止。未幾，疫症蔓延，防疫無款，則發行紙幣以充之。吉林大火，建築市場無款，又發行紙幣以充之。

洋錢名稱不一

乾隆以前，粤中所用之銀，曰「連」，曰「雙鷹」，曰「十字」，曰「雙柱」，此四種來自外洋，統稱之曰「洋錢」。其後又有「花邊」之名，來自墨西哥。又有「鬼頭」之名，來自英吉利，亦謂之「公頭」。福康安節制兩粤，爵嘉勇公，有司以公頭之名犯公爵，禁之，令民間呼爲「番面錢」。以其像如神，故又號「番佛」。仁和周南卿詠洋錢句云：「一總假情留半面，十分難事仗圓光。」

禁用日本寬永錢

寬永爲日本年號，其錢文曰「寬永通寶」。乾隆間，以沿海地方行使寬永錢甚多，疑爲私鑄，諭令江蘇、浙閩各督撫窮治開鑪造賣之人。經江督尹繼善、蘇撫莊有恭疏奏：「此種錢文乃日本所鑄，由商船帶回漏入中土。」因定嚴禁商舶攜帶倭錢及零星散布者官爲收買之例。

令民稱貸公家

光緒朝，揚州陳六舟京兆彝，巡撫安徽，條陳便民如干事，有令民稱貸公家春借秋還一條。得旨中飭，謂直是宋臣王安石青苗法矣，以是改任浙江學政。當是時，合肥李氏族人某擅殺人，知縣宋某必欲置之法，李氏大譁，宋竟罷屏。陳適於是時改官，人咸謂得罪巨室使然，而不知其別有爲也。

左文襄倡借洋債

光緒初年，新疆用兵，左文襄公倡議借用洋債，此爲政府募集外債之始，商人之欠洋款由來已久。道光壬寅中英《江寧約》第五款「酌還商欠三百萬兩」，此爲國家代還商欠，非國家自身之欠款也。委道員胡光墉主其事。此事傳之滬上，西報略有諷譏，謂借債募兵，非計之得；又有謂國際用兵，新疆兵事頗涉中俄關係。第三國不宜有所資助。此等論調，看似忠於爲我，其實此次借款，劃出若干爲購買槍礮之需，債權者得兩重利益，故得之者欣然，旁觀者遂不免發爲妬詞也。及華字報稍稍登載，事爲左所聞，左即致書某友云：「江浙文人無賴，以報館主筆爲其末路。」蓋卽指此事而言也。

捐輸始於開國

捐輸，粃政也，開國卽行之。順治己丑，户部奏軍旅繁興，歲入不給，議開監生、吏典等援納，並給僧、道度牒，准徒、杖折贖。康熙丁巳，侍郎宋德宜奏稱捐輸三載，所入二百餘萬，知縣最多，計五百餘人，與吏治有礙，請停。未幾，噶爾丹戰事起，又開，且加捐免保舉各例。御史陳菁奏請删捐免保舉一條，增捐應升先用，陸隴其亦以爲言，部議不允。乾隆丙辰，下詔停止，又留户部捐監一條。壬辰，川督文綬奏請暫開，奉旨申飭。嘉、道以後，接踵又開，始而軍務，甚而河工、振務，亦藉口開捐，一若舍此無以生利者。貪官墨吏投貲一倍而來，挾貲百倍而去，吏治愈不可問矣。

王文簡處置貲郎之意見

自滇、閩、二廣用兵，開捐納之例，始猶不至過濫。其後陝西賑荒、出塞運饟等事，則漸汎濫矣。始商人巴某等初捐即補知府，言官論之，因革去。其後，于振甲爲運饟都統，則不由户部及九卿集議，徑移吏部銓補，於是僉事方面顯官亦在捐納之列，初任即得補授矣。後左都御史張鵬翮疏言州縣守令、教職捐納宂濫，九卿集議，遂欲通改幕職、佐貳等官。尚書王文簡公士禎時貳户部，曰：「朝廷不可失信於天下，已往可勿論，但當慎之於將來耳。」衆以爲然，遂罷議。

阿五捐米助餉

阿五者，安坤奴也。坤死，五逸去。吴三桂反，五欲挾還水西地，亦稍爲之助。適將軍穆某提大兵恢復新疆，五乃翻然出迎，捐米三十石，約矢將軍以爲功。先是，安坤妻禄氏，烏蒙女也，安坤既誅，禄氏逃入烏蒙，垂二十年。三桂滅，阿五乃奉禄氏歸舊巢，謂禄氏有遺腹子名勝祖。康熙甲子，朝廷念捐米功，授勝祖宣慰司銜，阿五六品長官司銜。

開捐免保舉例

康熙辛未，户部以大兵征噶爾丹，軍用浩繁，奏行有輸運糧草者，准作貢監並免保舉例。陸清獻公隴其時爲御史，奏謂督撫舉人，必曰清廉方爲合例，若保舉可捐，是清廉可捐而得也。又疏稱捐納一途，賢愚雜錯，惟恃保舉以防其弊，不敢謂保舉盡公，然猶愈於竟不保舉云云。下九卿議，並言事例已行，不必更張。其後，軍功、捐納兩途，到省一年，由督撫察看才具，出具考語，卽當時保舉遺意。

餉生

康熙戊午，以四方多事，令童生每名納銀四兩，得入院試秀才；每名納銀一百二十兩，名曰餉生。經御史奏止。明福王時，縣考童生，提學奉功令納銀三兩二錢得入院試。此事殆沿其制耳。

衡州九釐餉

湖南衡州府有九釐餉，洪承疇用兵時擬設額也，後遂沿爲例，衡民苦之。乾隆初，休寧黄興仁守是郡，上牘請免之，議格不行。

張澄齋發藏粟

道光中，英船入江，金陵戒嚴，兵民乏食，山陰張澄齋爲白下僑舊，慨然發藏粟三千石，傾家財七萬有奇，悉以供軍糈，振民饑。城完寇退，口不言功，大府上其義，行有詔褒録，留江南以知府用，並賞孔雀翎。

索還捐銀

道光間，有西幫票某商甲號，遵例報捐知府候選，未幾得缺。引見時，宣宗詢其出身，以捐班對。問向作何事，曰開票號。宣宗不懌，斥之曰：「汝原係做買賣的，做官恐做不來，還是去做買賣的好。」甲見事不諧，亦憤然曰：「既不許咱做官，如何收咱們的捐銀，不是欺騙咱們嗎。」宣宗怒其貪鄙，而又憐其愚戇，揮令退出，卽降手諭，將其革職，命户部發還捐銀。

空白部照

錢江既佐雷以誠辦理糧臺，創釐金之法，然以江北兵勇萬餘，儲胥孔棘，雷雖以轉餉爲職，實無所措一金。江復爲畫策，疏請空白部照，勸民捐輸，隨時填發，鉅款可以立集。先是，百姓報捐，或輸年不得護符，往往意興索然，至是，朝納白金，暮榮章服，富商巨室，遂無不踴躍輸將矣。

咸豐朝諸臣奏請開捐

咸豐癸丑，户部尚書孫文定公瑞珍奏請捐納舉人，禮部侍郎陶樑請仿康熙年間例，報捐生員，文生每名一百兩，武生減半。甲寅，户部侍郎羅文恪公惇衍奏稱粤東大姓，往往聚族而居，積有公産，請令一姓捐銀至萬兩者，將該族子弟每遇歲試，永遠取進文武學額各一名。侍郎何彤雲請開各省舉人進士捐免停科之例。皆奉旨斥駁。

馬草生員

同治時軍興，馬多乏食，江南府縣紳民，有請輸馬草捐以廣學額者，鮑花潭學使奏其事，朝旨嘉允焉。然繇是江南秀才，驟增十之一，故時人爲之語曰：「鮑花潭有名學士，馬草捐無限生員。」鮑蓋咸、同間名宿也。

捐納流品之雜

捐納一途，至同、光之際，流品益雜，朝入貲錢，暮膺章服，輿臺厮養無擇也。小康子弟，不事詩書，則積貲捐職，以爲將來噉飯地，故又美其名曰「討飯碗」。至若富商巨室擁有多金者，襁褓中乳臭物，莫不紅頂翠翎，捐候選道加二品頂戴並花翎也。

永遠停止捐納

光緒庚子，兩宫西狩時，江、鄂督臣會奏：「捐納實官，最有妨於新政，蹦亂吏治，阻閡人才，莫此爲甚。今欲整頓變法，請即下詔永遠停止，庶幾人人嚮學。」兩宮深以爲然，閱日而永遠停捐實官之詔下。蓋是時以官爲市，鄉里小兒咸動官興，且即無官者，亦可任意戴各色頂戴。稍能餬口之家，決不自認爲白丁，人亦不以白丁疑之。當時又有種種勞績保舉：所謂半層之保舉，補缺後以應升之階升用是也；所謂一層之保舉，免補本班以應升之缺升用是也；所謂一層半之保舉，與以升階，俟過班後再與以某升銜是也。有人家小康，冒稱縣丞職銜，人咸信之。會以訟事到官，官追究其捐納之執照，乃知其分文未付，但意想耳。舊例，捐官必先捐監，是人并監而無之，或爲之題銜曰「俟捐監生」，俟捐監生後俟捐縣丞。

畢秋帆發庫銀賑濟

畢沅撫河南，乾隆丁未，湖北荆州府江水暴漲，隄潰城決，淹没田廬，人民死者以數十萬計。七月朔，得襄陽飛信，即日先發藩庫銀四十萬兩，星夜解楚賑濟，並即奏聞。高宗大加獎賞，不數日，擢兩湖總督。

清稗類鈔

屯漕類

營田事例

怡賢親王總理水利營田時，與大學士朱文端公軾彙奏營田事例四條：一，自營己田者，照頃畝多寡，予九品以上五品以下頂帶；一，効力者，酌量工程難易、頃畝多寡，分別録用；一，降革人員効力者，准開復；一，流徒以下人犯効力，准減等。從之。

陝省屯田之利

陝西提督王進寶平蜀亂後，駐節固原，大興屯田之利，身先士卒，力耕百畝，將校以是爲差，於是西邊無曠土矣。

伊犁屯田

伊犁屯田，有兵屯，有回屯，有户屯，初無旗屯。兵屯者，緑營兵丁之屯，回屯者，回子之屯，皆創自乾隆庚辰。時初設兵駐守，高宗以武定功成，農政宜舉，特命辦事大臣阿桂專理屯田，由阿克蘇率滿洲、索倫驍騎五百名，綠營兵百名，回子三百名，越木蘇爾，達巴罕，至伊犂，鎮守辦事。搜捕瑪哈沁，招撫潰散之厄魯特，即以綠營兵築城，回子乘時興屯，開渠灌溉，是爲伊犂屯田之始。辛巳至己丑，陸續由內地增調屯田兵至二千五百名，五年更替，五百名差操，二千名屯種。戊戌，將軍伊勒圖奏准，改爲攜眷，定額三千名，以五百名差操，二千五百名屯種，分爲二十五屯，仍視倉儲之多寡，隨時增減屯種。此兵屯也。回屯，自阿克蘇原帶回子三百名於伊犂河南海努克之地分撥墾種。次年，調取伯克，並由烏什、葉爾羌、和闐、哈密、吐魯番等處陸續增調回子，至戊子，共有六千三百八十三戶。內除彥齊回子彥齊者，除伯克品級給與服役之回子。三百二十三戶種地所收之麥爲大小伯克及挖鐵回子十戶養贍口糧外，奏定種地回子六千戶，分屯耕作於固勒札建寧遠城，設阿奇木伯克管轄。此回屯也。戶屯者，商民之屯，創自乾隆癸未，至辛丑，將軍明瑞等先後奏明，商民張子儀等三百三十三戶，以無礙屯土之隙地，請撥令開墾，按例升科，永爲土著。此戶屯也。以上兵、回、戶屯行之有年，惟旗屯則前此所未有，至嘉慶壬戌而始興。先是，乾隆甲申、乙巳、庚戌，疊次奉旨，以駐防官兵生齒日繁，諭令種地，用資生計，歷任將軍皆因灌溉乏水，未及籌辦。嘉慶壬戌，將軍松筠奉命督飭所屬，履勘地勢，相度泉源，奏明於惠遠城東伊犂河北岸，濬大渠一道，逶迤數十里，引用河水灌田。又於城西北覓得泉水，設法疏濬，築隄岸，開支渠，引溉旗屯地畝。又於城東北，就渠畔擇可種善地分授惠遠城官兵播種，而以前此綠營裁撤之屯授惠遠城八旗官兵，均令閑散餘丁代耕，並雇人佃種，永爲世業，得旨允行。嗣又濬大渠一道，與前所濬之渠通名通惠渠。並於其東阿齊烏蘇地方濬大渠，引闢里沁山泉之水，灌田數萬畝。此旗屯所由始也。

哈密屯田

哈密所屬塔爾納沁、蔡巴什湖兩處設屯田，例額有種地遣犯一百八十名，隨兵耕種。乾隆癸巳，陝甘勒制軍爾謹以遣犯絡續撥充各省，改發新疆人犯，俱擬烏魯木齊安置，哈密並無續發之犯，因請於發遣伊犁二處人犯經過哈密時，擇其年力精壯堪任力作者，截留備補，五年期滿，其原擬爲奴者，仍發原配爲奴，原擬種地當差者，仍發原配種地當差。得旨，只准截留情罪本輕之人，重者不准。癸丑，屯田缺額，遂於加重改發新疆爲奴人犯內，擇其情輕者截留。後以發遣新疆情輕人少，不敷耕作，遂議除洋盜被脅服役發往回疆爲奴各犯不准截留外，其情重人犯內有年力精壯者，暫准截留補額，俟有情輕者到哈密，再將所留重者更替，照原擬發落。蓋從僧保住之請也。

富俊開墾雙城堡

嘉慶間，蒙古富俊歷官盛京等處將軍，居邊徼垂四十年，撫養士卒，無異家人父子。建議雙城堡開墾地畝，築立堡舍，歲徙京中閑散旗户以充塞下。

青海墾務

長白某鎮青海，甫下車，擬大興屯政，廣闢利源，以改設行省。上書當道，微探朝旨，時光緒丁未也。綏遠、歸化適以邊屯啓釁，興大獄，邊吏方以覆轍爲戒。某乃力排羣説，就商於武進蔣康。蔣熟習邊務，精地理學，隴西良吏也，力贊某議。某遂疏陳屯田便利，略謂預備設省，自墾殖入手，畜牧既繁，土質自肥，地利既闢，人種自聚，由屯防而設軍衞，由軍衞而改郡縣，不出十年，遐荒可頓易舊觀，期以三十年，或可遍於全境。部議從之。先訂開墾簡章，兹録其要者如下：一，查地、放地約分四路：近邊一帶抵於海西岸，周海四面三百里以內之地爲一路，由丹噶爾、巴燕峽出口，循湟水而進；柴達木以北極於西北境爲一路，由大通之永安、俄博出口，緣海北面而進；柴達木以南巴顔拉哈剌山以北爲一路，由丹噶爾正西日月山出口，至下郭密，循黄河北岸而進。此三路皆在黄河以北。黄河南岸，西至巴顔拉哈剌山以南極於西南境爲一路，由貴德西三屯出口，至上郭密，循黄河南岸而進。一，蒙、番游牧地，寺院香火地，令其開報四至八到界限，會同查勘明白，由公家按段接收，取具呈請開墾切結，所有蒙古之王、貝勒、貝子、公、台吉，各率各級章京，番族之千户、百户，各率百長，寺院之呼圖克圖、僧綱、法台，各率香錯，均依次畫押鈐印。凡游牧、香火之地，除將園寢、寺塔、鄂博、聖泉等仍行劃還，及沙漠、磽确、低窪、鹹鹼等，一律剔除外，餘如平原、山坡，再留十之二三，作該地民人畜牧之場。一，近邊一帶游牧、香火地開已成熟者，類皆錯雜不成段落，内有各地主，或招漢、蒙、番民承種，或典與漢民開荒，甚有輾轉出典者，如棼絲之不可治，未便澈底澄清，致生墾務阻力。初次開辦，所有成熟地畝，一律認各地主，令其報明，隨同員役丈量，塡給執照，如有出典未贖者，另於照尾註明，以免典主受累，該熟地臨時仍不起征，亦照墾荒例三年後升科。一，歷次所辦蒙荒丈法成案，均以二百八十八弓爲一畝，十畝爲一垧，四十五垧爲一方，每毛荒一垧，作爲熟荒七畝，收價升科。此次墾户承領荒地，三年成熟後，但計畝升科，不取地價。征糧數目，復照邊地賦額，再行核減，不征草束。糧賦以六成歸公，四成給各地主，作爲租課。一，青海土壤雖饒，寒瘴頗厲，招徠外省客民，既恐經費不敷，又虞水土不合。惟甘肅人民風土性情，易於習慣，先由本省招民開墾，而後推行於他省。一，青海河道、湖泊及山泉甚多，其大河兩岸，及近湖近山之處，水味足以溉田者，可以相擇地勢，開濬溝渠，以興水利。倘有淤湮故道未没者，因勢開通，更屬事半功倍。一，青海地面，除郭密、柴旦略有房屋外，其餘盡恃帳幕以蔽風雨，數遷其居，殊非久計，亦不足以堅墾户之心。沿途應擇要地，道路四通，水草最富，及墾户最多處所，各建土房數十間，以便屯軍。軍能久戍，墾户可安居樂業，未來者亦不至視爲畏途。宣統己酉春，乃設立青海墾務總處於西寧。

漕弊

漕政首禁浮收，其弊實由於旗丁之索加幫費。旗丁之索費，又由於沿途公用，且通倉胥役、催趲員弁索費於旗丁。故歷屆兑漕，州縣有協濟之款，積久視爲應得，更思逐漸加增，以倡率停兑爲挾制之端，以措勒通關爲刁難之具。水手出入淮境，不虎而鼠，首尾帖然，及至江南，則玩易官府，欺凌民船，霸道横行，莫敢正視。蓋水手實爲旗丁之爪牙也。衞官在淮，奉法惟謹，不率，則漕督褫其章服而扑之。既至江南，挑米色，促兑期，互爲狼狽。蓋水手又旗丁之羽翼也。此輩既託詞多取於州縣，州縣亦必藉口浮收於小民，加五加三，風篩雨耗，蠹書差保，朘削無藝，此在民之害也。州縣一年支用在此，通省攤捐亦在此，又奏明彌補津貼各款，漕米一石，協濟銀三四錢不等，合計已及數萬，此在官之累也。在顢頇之州縣，未必諒百姓之苦，在顓愚之百姓，亦無由悉州縣之難，下怨上尤，互相詬病，而皆不爲無因。其病民、蠹官大爲漕害者，則相沿之陋規是已。或田無一畝，包漕至數十百石，或米無升合，索費至數十百金，人數多者三四百名，陋規竟至二三萬兩，沿習已久，殊駭聽聞，豈州縣虚報爲支銷地耶。

蔡襄敏除漕弊

漕政之壞，在順治初年吴惟華、沈文奎二督時。至乙未，蔡襄敏公自撫遷漕督，承吴、沈之後，力反弊政，首議卹軍，行計田起運之法。漕法，每船十丁，一旗、九甲，郡佐僉點衞軍充之，各州縣船若干爲一幫，運弁領之，事皆主旗甲。明季，屯政久弛，貧軍多以田典質於僉點。時富軍營脱，貧軍充運行，月糧又不時給，漕胥陋規甚多，軍每稱貸以應之。及抵水次，横肆需索，猶不足以償所貸，侵蝕糧米，甚至有虚舟者，填入土石，蓋米其上，過淮時，行賄求免盤驗，以致漕欠日積。襄敏下令僉點，運丁必擇其有田者，家既饒足，糧可無逋，亦免貧軍承運之累，軍皆稱便。再請行派定水次之法：蘇、松、常、鎮四郡，糧多船少，例派江寧諸衛三十三幫輪運，歲有更易，而淮、揚諸衛亦效之，舍近就遠以濟其私。每年八月初，派單赴次，必行賄胥吏，營求善地。是時漕胥豪横，有趙、項、毛、曹四天王之號，而趙華陽者專司派單，尤恣，軍患苦之。襄敏上疏派定水次，令各衛所就近運糧，江寧各幫派定四郡水次者，不復更易，永著爲令，遂免派單之費，尤稱便。而淮、揚間猶有稱不便者，安淮大河尤甚，蓋二衛率多胥吏之親故，每避本鄉而求善地。至是，襄敏以淮地糧少船多，而山東船少，歲常僱募民舟，乃公撥二衛餘船協運山東。又令每歲南北更番，以均勞逸。二衛以不得遂其私，未免怏怏，而淮、揚縉紳亦有陰和之者，乘襄敏歸，新督亢得時至，將圖變法。會順治己亥上海之變，亢赴水死，襄敏再起督漕，法乃定。庚子，御史馬騰陞按部至松，見松民之困於糧役也，建議請行官收官兑之法，會商於襄敏。襄敏詢之王勝時，王力言其便，襄敏贊成之。疏上，報可。先是，松江漕法，縣令僉典當户爲糧長，收之於民，而兑之於軍，名曰「收兑」。承斯役者，官吏誅求，運丁勒索，無不破家。民多棄田以避役，地荒賦逋，勢將不支。馬下採輿議，聽民輸糧官倉，官兑之於軍，使軍民不復相見，民乃大悦。運丁以不得行其勒索也，過淮，膚愬於襄敏，斥去之。馬旋以他事株連坐法，民皆痛之。

蘇漕

明初，虐待吴人，民田每畝，於丁糧之外，別徵冬米，後謂之漕，官書尚稱米，所謂正兑米、改兑米是也。又有白糧，以供皇帝玉食。其始，宫府、親藩、大官、閹宦皆食白糧，後漸減省，不令厮養同享精鑿之奉，乃改若干白糧之額爲米。明初徵米之重，畝徵數斗，由後觀之，若可駭詫，其實當時米價，每石值銀數錢耳。《上海縣志》：法華鎮當明季時，以其地産棉不産糧，改徵米折，折銀每石四錢。其時銀價又每兩不及千文，俗尚以六百文爲兩，皆銀賤時之所遺傳。乾隆時，尚以銀、錢並徵，銀一兩與錢一千文等。而雍正《硃批諭旨》，載當時始定功令，專摺奏報米價，恆不准米石價逾四錢，則亦四百文購米一石耳。明初徵米，每畝三斗，亦不過值錢百文以内，值銀一錢左右而已。豈料米價、銀價俱漲，如近代厲民之甚哉。

折漕

道光末季，户部籌庫儲，王大臣議遣使釐積欠，開礦税，折南漕，期在必行，有異議者以莠言論。兩江總督李文恭公沅力持不可，再上章開陳利害，於折漕尤剴至，宣宗轉圜納之。

汰除蘇屬漕規

蘇屬漕規，向有官、儒兩户，類多詭奇，弊竇叢生。雍正甲辰奉旨，悉數汰之。

楊勤愨理漕

楊勤慤公錫紱，江西人，任漕督二十年，以清介稱，高宗信任之。時漕運通暢，旗丁富庶，天庾賴之以濟。謝薌泉御史巡南巢歸，告禮親王曰：「見公所定條例，每項皆有寬饒餘利，使人樂於從事，故所理井井，久而易行。」後某議撙節，國課所省無幾，而諸事叢脞，至私貨滿艙，官米遂虧絀遲滯矣。

縣官不願收漕

嘉慶間，張南山維屏官黃梅知縣，素著循聲，值大水，乘小舟勘災，往來不息。一日，舟被急溜衝去，得樹免於溺。調廣濟，漕務非折色，規費無所出，張曰：「理不直則氣不壯，吾寧舍官以伸氣。」引疾去。汪文端公廷珍語人曰：「縣官不願收漕，世所罕見也。」

胡文忠祛百年漕弊

益陽胡文忠公林翼撫湖北，當漕政刓弊時，爬梳釐剔，歲爲人民省一百四十萬，爲帑項增四十餘萬，提存三十餘萬於庫。文宗謂其祛百年積弊，甚屬可嘉。

漕變

皖北州縣差役，每遇詞訟，納錢請票，而數倍取償於民，歷任官吏皆以爲肥，由是差役橫行甲於他省。皖人周某官於楚，以楚無是利，謀加漕價，石至十千外。崇陽諸生鍾人傑，富而好善，民感戴之，遂奉人傑爲首，抗糧不完，聚衆至二萬人，兵械、火器甚盛。大吏得報，罷周某官，解散黨羽，調兵縱諜，擒首亂數人。事甫定，而有耒陽之變。耒陽人楊大鵬者，小有才，亦以漕價太重，集衆數千人作亂，知府高人鑑乘其部署未定，襲斬數十人，平之。大鵬亦諸生，家小康。同時江、浙均有抗糧案，幸未起事而平。

海運

全漕之歲，糧艘渡黄者九十餘幫，凡四千五六百船，期以夏初報竣。乾隆間因挽運漸遲，京倉支放漸絀，英相國和乃通籌漕河全局，請暫僱海船，以分滯運，酌折漕額，以備治河。胡御史長庚請預籌積貯，招商買米，接濟通倉。事下督撫會議，大吏以采買多弊，窒礙難行，乃先將蘇、松等郡冬漕由海道運送天津。事屬創行，剔奸、防弊與夫水師巡哨備禦洋盗之策，立法甚周。海船畏淺不畏深，畏礁不畏風，惟元代新道最善，後估舶所行者是也。就沿海州縣測驗大洋，合計四千餘里，約分六段：自上海至崇明爲一段；第二段曰佘山，爲東出大洋之標準；第三段北向偏東，至海州鷹游門，是爲蘇省洋面，中經黑水洋，深碧無底，黄河入海，自成一線，雖風濤衝擊，與海水不相雜也；第四、五段，北至廟島，屬山東；六段西北止天津。佘山一名南槎，與文登北槎相對，海行至此，始見島嶼。山東百有五島，居民稠密，雞犬相聞，以榮城之石島爲最。生其間者，耕種桑麻，男女婚嫁，與他地渺不相通，令人有世外仙源之想。倘所謂十洲三島者，即此類耶。大洋中以鍼盤定向，以更香計時，而深淺尤恃水托；範鉛爲錘，繫以長繩，橫如兩臂，爲一托，自十托至五十托不等。時關仲因參戎奉檄護送，是爲試行海運之始。

浙江向例，全省各州縣供漕糧七十萬石，後皆由州縣自派人運至上海，交海運局，由沙船運至天津。又全省供白糧共二十八萬石，内有白粳、白糯二種。白粳供二品官以上禄俸，白糯則供朝廷祭祀之用，向皆由各州縣自碧。同治改元以後，因自備碧坊，爲費不貲，乃統向上海之元益、彙興二米店購辦。然二店即糧道署中人所設，獲利極厚，如海斛每石不過六元二角，而該店用漕斛反需七元五角。每年並須報効糧道數千金。糧道某某並自有股分在内，如不由二店承辦，則收米時必肆行挑剔。然各州縣曾奉糧道諭，謂坊中所碧，恐不潔淨，必須自碧爲便。後經各州縣聲明，謂由坊碧較便，而每年糧道仍必下文書責令自碧，並謂不得任令奸商市儈把持。又各州縣運米至申，向皆用袋，至海運局换袋運津。後各州縣改爲散裝船中，其由申運津之袋，由糧道辦，而派各州縣每袋銀二分。後改用洋綫袋，則徵銀一錢二分。然此費業經糧道報銷，故下各州縣，不用公事而用公函也。

海運道里

海運道里：自淮安府至安東縣九十里，安東至馬洛關五十里，馬洛至蘆浦四十里，蘆浦至楊寨四十里，楊寨至白沙關二十里，白沙至雲梯關二十里，雲梯至淮河套六十里，淮河套至大海東洲山百二十里，東洲山至高公島三十里，高公島至鷹游山三十里，鷹游山至蘆溝所十五里，蘆溝所至青口六十里，青口至興莊五十里，興莊至東流所一百里，東流所至濤洛場三十里，濤洛場至信陽場百二十里，信陽至齊堂島四十里，齊堂至靈山島九十里，靈山至竹槎島五十里，竹槎至浮島四十里，浮島至灣島六十里，灣島至黿山管島三十里，管島至田橫島七十里，田橫島至欽島十里，欽島至青島百二十里，青島至海洋所灰島七里，灰島至炕兒島十八里，炕兒至元城島百二十里，元城至雙駝埠二十里，雙駝埠至寧津所八十里，寧津至成山衞五十里，成山至青鷄島六十里，青鷄至羅山所五十里，羅山至威海衞四十里，威海至劉公島五里，劉公至寧海州七十里，寧海至空空島五十里，空空島至奇山所三十里，奇山至海山縣三十里，海山至登州新海口八十里，新海口至沙門島六十里，沙門至桑島五十里，桑島至萊州峼屺島四十里，峼屺島至三山島八十里，三山島至夫容島五十里，夫容島至海倉一百里，海倉至魚兒鋪十里，魚兒鋪至白浪河五十里，白浪至八溝河五十里，八溝至小清河二十里，小清河至清河五十里，清河至絲網口十里，絲網口至江岔十里，江岔至大口子四十里，頭寨十里，唐頭大口子至大清河十里，大清河至塘寨至小沙河五里，小沙河至渾水汪十五里，渾水汪至降河三十里，降河至久山河十里，久山至大沙河二十里，大沙河至泊油河十五里，泊油河至套河十五里，套河至沙頭河十里，沙頭河至大溝河三十里，大溝河至桑句河三十里，桑句至徐家溝十里，徐家溝至乞溝河七十里，乞溝至大沽河二十里，大沽至天津衞一百五十里，天津至張家灣一百八十里。通計淮安至張家灣，海道水程共三千三百九十里。

海運視河運爲省

安化陶文毅公澍撫江蘇，適河運大梗，詔江南大吏議海運，北倉、南漕交口撓之。陶毅然不顧，首致六十萬石，由海達天津，視河運費省一倍。

倉米

倉場侍郎署在通州，其管倉之吏謂之「倉耗」。某爲倉場侍郎，欲除其弊，嘗親往檢視一廒，謂明日放某倉米。既去，倉吏夜雇人將某倉米移入他倉，而易以他倉朽米。次日放米，則皆紅朽不可食，仍由倉吏收回，每石僅值銀三、五錢，即易取倉中佳米以售之，獲利無算。

清稗類鈔

教育類

列聖重學

順治間，定國子監彝倫堂爲視學御講之所，本監堂上官，不得中堂而坐及中門出入，王以下文武各官，亦不得由中門出入。甲申，定八旗官學。康熙甲子，定琉球官學。癸巳，設算學於暢春園之崇養齋。雍正戊申，定入監讀書俄羅斯學。即會同館設學教之。辛亥，奏准將毗連國子監街南官房一所賞給本監，是爲南學。乾隆戊午，於欽天監附近設算學，唐古忒學亦歸國子監。諭：「武英殿録書需人，著國子監於肄業正途貢生内，擇其年力少壯，字畫端楷，情願效力者，選十人送殿，以備謄録。其在監每月膏火之費，照舊給與。」癸巳，諭：「《永樂大典》，其中每多世不經見之本，而外省奏進書目，亦頗裒括無遺，合之大内所儲，朝紳所獻，不下萬餘種，特詔詞臣詳爲考覈，釐其應刊、應鈔、應存者，系以提要，輯成總目，依經、史、子、集部分類聚，命爲《四庫全書》。摛藻堂向爲宫中陳設書籍之所，朕每憩此觀書，取攜最便，著於《全書》中，擷其菁華，繕爲《薈要》，其篇式一如《全書》之例。」甲午，諭：「現辦《四庫全書總目提要》多至萬餘種，卷帙甚繁，自應於《提要》之外，另刊《簡明書目》一編，祇載某書若干卷，註某朝某人撰，則篇目不煩，檢書較易。」乾隆庚戌，御製集石鼓所有文，成十章，製鼓重刻，鼓凡十，在戟門外左右分列。辛亥，諭：「我朝文治光昌，崇儒重道，朕臨御五十餘年，稽古表章，孜孜不倦，前曾命所司創建辟雍，以光文教，並重排石鼓文，壽諸貞珉。而《十三經》雖有武英殿刊本，未經勒石，因思從前蔣衡所進手書《十三經》，曾命內廷翰林詳覈舛譌，藏弆懋勤殿有年，允宜刊之石板，列於太學，用垂永久。」

世宗設宗學

雍正中，特設宗學左、右翼各學於京師，簡派王公專管，歲時，欽派大臣考其殿最，以爲王公獎罰。左翼在金魚衚衕，右翼在簾子衚衕，皆設宗室總管、副管各一人，以司月餉、公費等事。三歲考績，授七品筆帖式。覺羅、八旗各設學一，其總管、副管，如宗學之制。滿教習用候補筆帖式，漢教習用舉人考取，皆月有帑糈，四時特賜衣縑。

世宗設八旗官學

雍正中，設八旗官學三於京師。咸安宮官學在京師西華門內，擇八旗子弟聰慧者充弟子，月有帑糈，不計歲月，入仕後始除其籍，特派大臣綜其事，教習用進士、舉人。景山官學在景山內，皆內務府子弟充補，其制與咸安宮同，爲內務府總管所轄。八旗官學，每旗各設學一，擇本旗滿洲、蒙古、漢軍子弟充補，十年爲期，已滿期未中式者，除名另補，爲國子監祭酒所司，亦附於太學之意。

國子監立經義治事齋

孫文定公嘉淦管理國子監時，條奏大學事宜，令諸生於時藝外，各明一經，治一事，倣宋胡瑗立經義治事齋例，俾爲有用之學。部議從之。

琉球遣子弟來學

乾隆中，琉球遣其子弟來肄業於國子監，凡四人，四年一更，隨貢使返。

汪文端訓士

汪文端公廷珍仕仁宗朝，在内則長成均，直上齋，洊充總師傅，在外則安徽、江西、浙江，連任學政，始終委寄，皆爲文學侍從之任。嘗選刊《成均課士録》，教學者以義法。三省試牘，皆曰「立誠編」，猶前志也。又嘗撰《學約五則》以訓士。一曰辨塗，謂喻義、喻利，人心之分盡於此，爲己、爲人，學術之分盡於此，有志者當立辨乎毫釐千里之差。一曰端本，謂士者四民之首，天下事皆吾分内事也，自公卿至一命之吏，皆讀書人爲之，故貴通古今，達事變，相期爲有體有用之學。一曰敬業，時文者古文之一體，猶之碑、誌、傳、記、表、疏、論、序云耳，以摹擬剽竊者之不足言文，乃並時文而小之，過矣。一曰裁僞，謂昌黎論文，惟其是，吾論文，惟其真，蓋必能真而後是非可得而論也；申、韓、莊、列，異乎吾道者也，而朱子以爲先有實而後託之文，非以其真耶。一日自立，文之不能不變者，時也，挽其變而歸之正，或因其變而愈益神明於正學者，事也；苟非克自樹立，隨風氣爲轉移，取已陳之芻狗，沾沾然倣效之，庸有冀乎哉。其因文見道，大恉不出乎此。宣宗在青宮，文端盡忱啓迪，非法不道。登極後，獻納尤勤。道光癸未，宣宗降手勅，稱汪廷珍於師道、臣道之義二者兼備。

山西大學堂

英人以我國應出某教案賠欵，建山西大學堂，規模宏壯，爲西北教育界之鉅觀，分中、西二齋，卽由教士李提摩太董其事。中齋重國學。西齋重科學，儀器、書籍庋藏至富。山西青年多棄而就中齋。外省亦有附學者。計宣統辛亥以前，留日本學生三百人，大都爲先肄業大學之西齋者。

水師學堂

江寧水師學堂有駕駛教習，初開堂時，卽延英人彭迺爾，月薪銀四百八十兩；管輪教習爲英人何利得，月薪銀三百六十兩。光緒庚子，爲第三期學生卒業期，已能製造陸地之機，海中之機，並魚雷、水雷等件。學生初不慣力作，錘鍊終日，夜卽大困，掌皮爲裂，十日卽如不覺矣。先是，預估須三月畢工，後僅二月，西教習咸大嘉奬。請駐寧各國領事觀之，至拍掌稱善，而華官反視如無事也。

蒙古教育

蒙人不重教育，男婦老幼皆委身於游牧，雖各旗王公府中設有學校，然肄業者爲王公、官吏之子弟，亦惟求識字能書，爲將來服官之地而已。王公、官吏子弟而外，僧徒間有就讀者，平民子弟不與也。其有志求學者，須就讀富家，或由其父兄、戚友傳授。學師輾轉相聘，一學師可教數十人。初學，讀《察漢脱魯格》，漢名「十五頭」，拚音法也。字母類頭僅十五，變化無窮，拚音與滿文略同。蒙字多鋸齒，滿字多點圈。繼習蒙文《三字經》、《名賢集》、《四書》等，程度至高，讀至《安士林格》、《聖諭廣訓》。而止，蓋皆奉《安士林格》爲圭臬也。所讀書籍，或自歸化城土默特文廟中購之，或由戚友處借鈔。

纏生以入學堂爲當差

新疆各縣，凡有回纏之處，必有回教阿渾教授回經。至回纏之讀儒書者，則以爲與宗教相反，輒相引爲戒。光、宣之交，開辦學堂，因學生難於挑選，遂向教授回經之學堂挑取學生。於是回纏不第不入漢學堂，並不敢入回纏教經之學堂，甚或向鄉約納賄，或投入外籍，以求免充官立學堂之學生。蓋以纏民誦習回經，貿易登記賬項，田宅典賣，書寫字據，與訟告狀，投遞稟詞，均用纏文，通纏文者無往不利，易謀衣食。至通漢文之回纏，則直同廢人，竭十數年之力以爲學，反不如通纏文者之有用。當新疆設省之初，開辦纏民義學，纏民入塾者，謂之當差，其中亦有曾讀《四書》、《五經》者，往往不通文義，不適於用。卽間有文理明通者，又囿於風氣，限於資格，毫無出身，不足以資鼓勵。開省數十年，新疆漢人之服官外省者無一人，何論回纏。提學司杜彤乃將畢業之纏師範生，作爲各縣鄉約，曾經奏咨有案。

川邊關外學務

川邊關外學務分五區：鑪城、河口、裏塘爲東區；江卡、乍丫、昌都、鹽井爲西區；鄉城、稻壩爲南區；甘孜、道隖、德格、三岩爲北區；巴塘爲中區，學務局卽設於此。至學堂辦法，凡地方官所在，多係初等學堂，而地方官卽爲總理。鄉間概係官話學堂，蠻頭人充任校長。此外巴塘則有陶器、農業、警察、喇嘛等學堂，裏塘亦有農業及喇嘛學堂，其餘未有也。初等學堂之教授與内地同。官話喇嘛學堂則專授漢語，學生概係通學，所需紙墨、筆硯、教科書悉由公家供給。如當道或地方官所在之學堂，無論男女學生，均給操衣，遇有官員經過，則整隊迎送，以壯觀瞻而博賞犒。

雲南土司轄境之教育

滇沿邊土司，除臨安府屬外，普洱鎮邊順寧、永昌、騰衝各屬，當宣統己酉，設立沿邊學務局，已開辦土民簡易識字學塾百二十八所，卒無成效。其故一因學塾甫立，學務局卽撤銷；一因原定經費，年由邊防要需項下籌撥二萬金，爲數有限也。

瑜妃論女學堂

穆宗之瑜妃，聰慧能詩，解音樂，知歐美事，所居之屋甚隘，陳設簡陋，僅宮女太監數人事之，藏書極富。詩多感傷之作。光緒間，嘗語宮眷德菱女士，謂甚望開設女校，使國中女子讀書，惟不願以教會中人爲教習。意謂教會設學，非徒無益，轉使人有反對學校之心也。

臺灣社師

雍正甲寅，臺灣南、北諸社熟番始立社師，擇漢人之通文者，給館穀，使教番童。巡道按年巡歷南、北路，宣召社師及各童至，背誦經書。其後，有歲科與童子試，背誦《詩》、《易經》無訛者，作字亦有楷法，且皆薙髮冠履，衣布帛，如漢人，惟有番姓而無漢姓。

南洋公學

何梅生，毘陵名士也，爲諸當道所倚重，最後於光緒丁酉、戊戌間，就武進盛宣懷之聘，籌建南洋公學於上海。草創經營，規模宏遠，實開江南教育界之先聲。辛丑春間，爲某大吏代擬摺稿，以耗腦力過多，患腦充血而逝，年僅五十有九也。

葉成忠興學

慈谿葉成忠既以居積致富，自恨早歲失學，慨然有啓迪童蒙之志。爰於上海張家灣捐地一區，都二十九畝三分八釐，值銀十萬兩，並出現銀十萬兩，謀建校舍，俾寒畯子弟咸來就學。方庀材，忽逝世，資用不給，長子貽鑑復出金十萬續之。校舍始構，貽鑑弟六人，復出金十萬，佽常年經費。即以成忠之字，名曰「澄衷學堂」。經始於光緒庚子九月，落成於辛丑二月。當是時，學部未立，風氣未開，人人以學校爲詬病。有志之士，建學舍以獎勵後進者，雖踵相接，以貲不繼而卒垂成垂敗者，又復前後相望。成忠獨毅然決然，出鉅款以導風氣之先焉。

澄衷學堂創始之初，僅辦蒙學，繼增商學，又增師範生。繼乃增中學，輟蒙學，又輟師範生並商學。其間又輟中學，專設小學。宣統辛亥，復置中學並置初、高等小學校，學生常數百人，歷屆畢業，爲世効用者踵相接。

楊斯盛興學

楊斯盛，字錦春，川沙人，幼孤，業圬於滬。光緒中葉，江海關建新屋，税務司揭最新之西式招華人構築，羣匠愕視，斯盛毅然應之。巍峨鞏固，大爲西人歎賞，業遂日盛。家本寒素，三代皆淺厝未葬，至是，始購地營窀穸，復葬親族貧無後者二十七喪。旋建祠墓旁，置祠田四百五十畝，歲收租息，盡以賙恤族里。弟斯茂，生而瘖啞，斯盛爲之營室娶妻，給田百畝，使終其身得温飽。常以識字不多，欲培植貧寒子弟，以彌平生之恨。先建義塾於祠中，又於川沙城内捐銀六百元，置産以充義塾常年經費。壬寅，川沙建兩等小學，捐銀三百元充開辦費。甲辰八月，上海蔓盤路新室成，即設廣明小學於内。復慨然捨金十餘萬，議建校舍於浦東，以初等小學之未足也，議增中學；以初等教員之缺乏也，議設一年畢業之師範簡易科。乙巳，購校地於六里橋南。丙午，築校舍。四月，江蘇學政來滬視學，奬給匾額，並奏請獎勵，部咨飭縣查取銜名，謝不復。丁未，浦東校舍落成。正月，行開校式，特懸「勤樸」二字爲校訓。戊申四月，訂中學總章程，及校董會規則，戒後世子孫不得干涉校務。增中學基金額十二萬兩。蓋先後捐充學費者三十餘萬金矣。性嗜義，知無不爲。乙巳秋，海濱大風潮，居民溺死甚衆，議修海塘，以工代賑，慨捐銀三千元，又募得同業捐三萬元，悉付經董，而不居其名。江浙將借外債築路，斯盛斥萬金購路股，徧勸同業，驟得數萬股。又嘗出資助義士鄒容葬，尤爲人所難爲。至晚歲，養痾六里橋别墅，對於浦東公益，尤具熱心。築石路，自南碼頭迄艾家墳，長二千八百餘丈。浦東鄉民貪得重利，争以地售與洋商，沿浦洋棧林立，漸入内地。紳董議築路以限制之，設路政局，抽渡捐以充費。輿情拂然，毁局所，碎官輿，且與兵抗，斯盛力疾登高阜，喻衆使散。乃議止渡捐，而自築洋涇至陸家渡路，以示大信。計路長十餘里，費近萬金，皆募自同業者，不取鄉民一文。嚴家橋垂圮，謀新之，而自任經費銀六千元。橋身純築塞門德土，以鋼鐵爲骨幹，日往工所指揮羣匠。未一月，積勞病故。羣匠奉承遺法，不半載告成，爲我國新發明之建築物。宣統庚戌，江蘇巡撫程德全以傾産興學專摺請奬，辛亥，贈鹽運使銜，國史館立傳。

武訓興學

武七，名訓，堂邑人。家貧，乞食村落間，長而有力，恆爲人轉磨負繩。以己不識字，每伺兒童入學，隨其後，羣兒爭厭侮之，於是發大願，欲廣立義學。行乞所得錢，積不用，數年，得一百餘串。有黠者爲謀曰：「汝蓄錢無利，盍放母生子？他日不可勝用也。」武韙其人，黠者乃自薦，願爲代。武盡以予之，仍作苦自食，不用一錢。黠者以其樸拙，從而乾没之。武屢索不得，憤極而病。同邑歲貢生楊樹坊哀其誠，謂曰：「義學非可赤手辦，此後有錢，我爲代存，決不負汝，毋聽匪人言，一再誤也。」病痊，仍日行乞，且爲人傭。又數年，積錢數百千，悉付楊，兼收子母，其數日增。楊勸令娶婦，爲嗣續計，武不可，曰：「吾所志未一刻忘，今將以此錢設義學也。」楊議令設於本莊，武莊距柳林尚數里，武嫌本莊涉於私，且慮奸人侵蝕，不如柳林莊大，乃購腴田，建學舍。近莊聞其義舉，皆捐助。儲蓄既富，租粒出納，均有定章。次第設經、蒙二席，蒙童延諸生訓之，經席請舉人主講，脩豐隆，禮待尤優異。入學日，武先向塾師叩頭，次徧拜諸生童，具盛饌，請邑紳陪塾師飲，自立門外，屏息以俟讌罷，而啜其餘瀝，自以乞人不敢與塾師抗也。既開塾，武來往塾中，一日，見塾師晝寢，長跪床前，久之，塾師醒，見而驚起，自是不晝寢。或遇學生嬉戲，亦向之長跪，學生遂相戒不敢出位。人有樂施，無多寡，必叩頭謝，口喃喃爲祝詞，俚而有韻，蓋天籟也。邑令聞而義之，呼至署，問之，不言，與之食，不食而去。武之首常蓄髮一握，蓄左則去右，蓄右則去左，貌寢身肥，蠢蠢然鄉愚也。行乞，與之蒸餅，食碎者，留其整賣之，以助學費。延之入坐，不可。或命至明倫堂小憩，從之，俯仰四顧，逡巡出。所設義學，始於柳林，次臨清、館陶，凡四所。遠近皆呼爲武善人，年五十餘卒。邑人感其義，爲立祠於柳林，祀之。此光緒庚子以前事也。

李鳳林興學

光緒末，濟南有李鳳林者，生而貧，爲車夫以自給。顧性至孝，痛父母早亡，每與人言，輒流涕霑襟。繼與其伯母楊氏同居，事楊如母，每出推車，必懷甘旨歸，以奉伯母。伯母亦鍾愛之，劬勞不啻所生。李雖目不識丁，然熱心學務，嘗以車資別儲一分，縮減口腹，助購買學校用品，以獎學生之勤學者。某年冬，曾備書籍、筆墨等物，捐助濟南西關簡字學堂。後又捐備草帽、紙扇種種，以供獎品。事爲山東提學使羅正鈞所聞，大獎許之。及夏，李目覩無教育者之多，風氣之閉塞也，乃創宣講所。應用物品均備，顧難得講師，乃親跪請宣講員沈公臣、張玉生等五人，每月按三、六、九日，分班蒞所宣講。跪與要約，且曰：「君輩既邃於學，宜出其緒餘，以智衆庶。衆皆成材，以捍衞國家，禦外侮，否則横目蚩蚩，不明理，國安賴乎？」言時，淚涔涔下。張沈等諾，李復爲衆叩謝。以諸事既辦，惟須官保護，乃赴巡警道署，稟請立案出示保護。又於府學門前獨創簡字學堂，即以車資捐充常年經費，堂内諸事悉完備。其伯母楊氏，亦出十數年來晝夜紡織或爲人傭作針黹所得資，備辦學堂應用器具。然仍有餘，乃交紳耆爲之經理，以備不足之需。亦稟縣存案。縣令批奬之，并給李鳳林「見義勇爲」、楊氏「急公好義」匾字各一方。

女尼誠修興學

揚州明月庵有田數十畝，女尼頗足自給，有誠修者主庵事，梵唄之暇，輒以興學爲念。言於某紳，願以庵屋改女校，僅留西楹三椽爲奉佛長齋之所，且以田租所入充常年經費，並任校長。某紳允之。及女校成立，誠修爲之管理，規則嚴肅，遐邇稱之。且於治事、奉經之暇，輒假朔望佛會日，邀集城内外老少婦女，演講天足，聽者頗多。

順天書院金臺書院

明之首善書院在京師宣武門内，天啓初，鄒元標、馮從吾所建，及東林難作，遂廢。其後西洋人借地修曆，名曰曆局，至國朝，稱時憲局。聖祖御書門額，爲「天文曆法，可傳永久」八字。道光間，西洋人不復來京師，無人居之。

自首善廢，而七八十年，京師無復有書院。康熙庚辰，順天府尹錢晉錫設大興、宛平二義學以教士。宛平附於宣武門外長椿寺，大興則僦屋於洪莊。洪莊者，洪文襄公承疇之賜園也，在崇文門外金魚池。嗣是，宛平之學并歸大興，延王崑繩主其事，從游者衆。順天府尹欲市莊内隙地構堂，孫文襄公奕沔不可，乃上疏，託言奕沔願割其地以建學。聖祖嘉其請，書「廣育羣材」額以賜奕沔。孫聞之大驚，而無如何。王崑繩爲之記，備敘其經營之始。乾隆庚午，改名金臺書院，肄業生徒甚衆，籍隸他省者亦附焉。

正音書院

閩中郡縣皆有正音書院，即爲教授官音之地。雍正戊申上諭：「凡官員有蒞民之責，其言語必使人人共曉，然後可以通達民情，熟悉地方事宜，辦理無誤。是以古者六書之訓，必使諧聲會意，嫻習言語，皆所以成遵道之風，著同文之盛也。朕每引見大小臣工，凡陳奏履歷之時，惟有閩、廣兩省之人，仍係鄉音，不可通曉。夫伊等以現登仕籍之人，經赴部演禮之後，敷奏對揚，仍有不可通曉之語，則赴任他省，又安能宣讀訓諭，審斷詞訟，皆歷歷清楚，使小民共曉乎？官民上下，言語不通，必使胥吏從中代爲傳遞，於是添設假借，百病叢生，而事理之貽誤者多矣。且此兩省之人，其言語既不可通曉，不但伊等歷任他省，不能深悉下民之情，即身爲編氓，亦不能明悉官長之言，是上下之情，扞格不通，其爲不便實甚。但語言自幼習成，驟難更改，故必徐加訓道，庶幾歷久可通。應令福建、廣東兩省督撫，轉飭所屬府州縣有司教官，偏爲傳示，多方訓導，務使語言明白，使人易通，不得仍前習爲鄉音，則伊等將來履歷奏對，可得詳明，而出仕地方，民情亦易達矣。」各處正音書院，上諭所建。無如地方官悉視爲不急之務，日久皆就頹廢，乃至嘉、道時僅存邵武郡城一所，然亦改課制藝矣。

雷翠庭創鼇峯書院

副都御史寧化雷翠庭，名鋐，以乾隆癸酉督學浙江，專以表章正學爲己任。嘗訪蕺山遺集於其後人，得而刊行焉。又刊陸清獻年譜以教士，碣張楊園之墓，一再序其遺集而又爲之傳。蓋自張清恪撫閩，剏鼇峯書院，以正學訓士，蔡文勤公實主講席，雷實少時肄業而有得焉。

葉南雪主講越華書院

番禺葉南雪，名衍蘭，詩、古文、詞、書畫，皆名其家。以軍機章京告歸，主講越華書院二十年，足跡不入官府。榜聯於院之講堂云：「吾亦澹蕩人，常時不肯入官府；名豈文章著，諸君何以答昇平。」

唐確慎主講金陵書院

善化唐確慎公鑑，爲理學名臣，宣宗登極，詔大臣各舉所知，諸城劉文恭公鐶之薦起之，敭歷外臺，垂三十年。開藩江左，以疾告歸。文宗踐祚後，詔召赴闕，進對十有五次，時政利弊，靡所不罄。上以其力陳衰老，不復羈以職守，令還江南，矜式多士，時方主講金陵書院也。其官京師，相從講學者，爲倭文端、曾文正、何桂珍、吴廷楝、竇垿數人。

黄彭年主講蓮池書院

黄彭年主講保定蓮池書院，手定堂規，廣置書籍，課以時文、經、史、詞章，著弟子録者甚夥，乃請於李文忠公鴻章，以官貲購各省局刻書於院中發賣，僅加運費之半。暇時，卽召諸生談藝。黄無志出山，由文忠密保簡放襄陽道，諸生入賀，黄笑曰：「吾守節多年，今日不免嫁人，奈何！」院地本元張柔故宅，規模宏敞，爲北方書院之冠。繼黄爲院長者，武昌張廉卿裕釗、桐城吴摯甫汝綸。

萬劉主講龍門書院

上海龍門書院，創自應寶時，地在城西幽處，陂塘蘆葦，頗似村居。講堂學舍，環以曲水，規制亦甚嚴肅。學生名額限二十人，課程以躬行爲主。萬清軒、劉融齋先後主講，甚負時望。每午，師生會堂上請益考課，寒暑無間。誦讀之外，終日不聞人聲。有私事乞假，必限以時，莫敢逾期不歸。劉主講最久，士論尤協。途遇其徒，望而知爲院中人也。劉没後，一顯宦告休寓此，大府薦主是院。學生執業以請，則告以生輩高材，何煩日課。乞假以出，則告以生輩植品，何煩定假。積日既久，院中出入無禁，日夕在外者有之，課試一事，等諸尋常校藝，昔之良法美意，蕩然盡矣。應初意，欲駕學海堂而上之，專講躬行，輔以文術。然學海堂定制，用意極精：以廣東物力之富，道光全盛之時，而公費歲入不過五百金，僅可自給；但立學長，不立山長，學長若缺，卽由學生推補。阮文達公當時創建，其儉如此，上以杜貴要挾薦，下以杜游閒請託，而專爲真讀書之士，謀一下帷地也。龍門大旨與學海相類，而主講者束脩優厚，予人以覬覦之端，未及二十年，時移而事遷矣。

李胡曾建書院之用意

李文忠公議建求忠書院於皖，聘侍郎吳廷棟主之，吳辭曰：「書院之設，從俗校文則可，別立名字則不可。」胡文忠公建箴言書院於鄉，聘孝廉汪士鐸主之。曾文正公議謂宜擇精帖括制藝爲師，不宜求古。

廣雅書院

廣雅書院爲張文襄公之洞督粤時所設。時粤士皆沈溺帖括，罕有留意經、史者。文襄爲聘通儒主講，復延名宿，令司分校，月課經、史、詞章，旁及輿地、格致、算術，課程精密，膏獎優渥，士風爲之一變。院在西城外數里，近彩虹橋，風景清幽，花木葱蔚。文襄政暇輒詣，與諸生論文，盤桓竟日。院有一池，未及種蓮，文襄倚欄憑眺，偶言及之，爲院中支應某員所聞，密爲佈置。文襄翌日再過，則數畝方塘，芙蕖盛開，文襄詫之。召某至，詢以何策，某以實告。蓋池水甚淺，某預收盆蓮數百，投於池中，僅露其半，驟視之，幾疑其爲蓮塘也。文襄大笑。

于蔭霖演講於敬敷書院

光緒朝，于蔭霖爲皖藩時，省城敬敷書院爲寒士肄業之所。于集諸生於堂前，娓娓陳説，多身心性命語，並命諸生於讀書餘暇，作雜誌、日記各一本。定期赴堂校閲，按簿翻覽，無一遺者。某生日記簿内，有「時已夕陽在山」等語，斥其過文，謂宜以時刻爲記。又有某生雜誌簿内，於宋儒語録，登記頗詳，于極嘉尚，提作高才生。突問之曰：「『明德』二字作何解？」某生遲疑不能對。于詳爲解説，至千餘言。

欽派孝廉書院山長

長沙徐壽蘅尚書壽銘，曾面奏德宗，學堂不如書院之善，因力薦孔憲教，言其丰裁峻整，學問優長，如以爲孝廉書院山長，於風俗人心，實大有裨益。旋奉廷寄，令湘撫以孔爲孝廉書院山長。

蔣果敏設義塾

蔣果敏公益澧攻克杭州，自城及鄉鎮村落，無不爲置學塾，一塾一師一僕，年費錢百千，村農子弟皆令就學，力不贍者，更予飲食。

王子江設義塾

王子江，順天人，自少業攻木之工。沈毅敏捷，長於決斷，同儕咸敬服之。未幾，卽長其曹，因集資自設木廠。時值咸、同兵燹之後，陵寢、園囿大興土木，木廠發達，而王之才識又爲同業冠，不數年，遂擁巨資。因慨自幼失學，未能大展抱負，立誓捐產設學，普收貧寒子弟。京城内外，先後設立義塾數十所，各爲置產生息，以給脩脯，費逾巨萬。而其終日孜孜籌畫擴充推廣之方法，十餘年如一日也。光緒初，某京兆上其事於朝，當事者邀虛譽，將其所辦各義塾收歸官辦，遂日見廢弛矣。然庚子以前，各義塾尚有存者。

我鄧先生

贛州鄧慕濂爲當代名儒，家居時，有田在城南，秋熟，視穫，挾小學書坐城隅，見貧人子拾遺穗者累累，招之曰：「來，吾教汝讀書。能背誦書者，吾與汝穀。」羣兒爭暱趨之，始導以識字。既使諷章句，又以俚語譬曉之，羣兒咸踴躍稱善。既卒穫，羣兒嘷曰：「穫卒，先生且歸，奈何？」有泣者。自是每秋穫，羣兒則就學焉。故城南人無少長智愚，咸稱之曰「我鄧先生」。

北學南學闕學

孫夏峯奇逢講學蘇門，號爲北學。餘姚黄梨洲宗羲教授其鄉，數往來明、越間，開塾講肄，爲南學。

關中之士，則羣奉西安李二曲顒爲人倫模楷，世稱關學。

學約戒約

南海勞潼，字潤之，號莪野，乾隆中，領鄉薦，官國子監學正。家居奉母，絶意仕進，從學者歲常數百人。立學約八則，戒約七則，曰：「苟犯此者，勿入吾門也。」

施愚山講學

宣城施愚山，名閏章，任湖西道參議時，暇日，與諸生講學，有具牒請質者，施曰：「此講習地，聽訟有官署。」令就坐。講長幼有序，極陳兄弟之恩，且曰：「某少孤，終鮮兄弟，見友恭者固欣然慕，即見鬩牆者亦心動，以爲彼尚有同氣，或猶可轉乖爲和也。」言下涕泣。忽末座二客相持大慟，各出袖中牒燔之，蓋兄弟訟産十年不決者。曰：「吾小人，今遇賢賢而不洗心者，非人也。」遂讓所争者爲祀産。

彭勤止講學

長洲彭勤止，名定求，學宗王陽明，晚年解組，家居講授，益提倡「知行合一」之説。時有作書極詆陽明者，彭見而惆之，以爲人謂陽明倡「良知」之説，病其爲禪，則「良知」兩言，出於《孟子》，豈並《孟子》將病之乎？又謂明之亡，不亡於朋黨，不亡於學術，意以此歸獄陽明，嗟夫！誠使明季臣工以致良知之説，互相警覺，互相提撕，則必不敢招權納賄，則必不敢妨賢虐忠，必不教縱盜戕民。識者方恨陽明之道不行，不圖誣之者，顛倒黑白，至於斯極也。

孫詒經授德宗讀

錢塘孫子授侍郎詒經嘗入毓慶宮授德宗讀。語人曰：「上之天亶聰明，真非常人所及，讀書不三徧即成誦，能熟背；授之講解，未嘗或忘；其或有所疑而垂詢者，則皆講義之所未及，或與他篇有牴牾同異者也。」時聖齡纔十四五耳。

賈楨課恭王

大學士賈文端公楨，宣宗時傅恭王，甚嚴密，嘗課讀《通鑑》三過。及主試江南，宣宗手書與之曰：「自汝出京，六阿哥在書房，又胡鬧矣。」後恭王翌輔穆宗，成中興之美，皆由此也。

道人教年羹堯

年遐齡有子曰羹堯，七歲時，遐齡輒攜之游山。一日，遇道人，遽撫其頂曰：「是兒奇貴。惜欠後福。」又曰：「能從我學，或可變化氣質。」遐齡遂延道人館其家。既至，擇高樓，與羹堯共居，索桌凳數十具置樓上，飲食便溺，以繩上下，約三年乃下樓。遐齡從之，有時至樓下竊聽，但聞樓上步履聲，踊躍聲，揶移桌凳聲，指揮進退聲，隱若演陣。逾年，則聞書聲琅琅，徹夜不息，書語隱奥不可解。又逾年，寂然無聲，從他樓窺之，則兩人相對瞑坐而已。會遐齡妻病劇，亟欲見子，遐齡不可。妻搥牀哭泣，不得已，覓梯呼羹堯。道人張目曰：「敗矣，學備而養未至，他日必以氣償命也。」歎息辭去。自後遐齡屢戒羹堯養氣，羹堯不悟。禍發，并欲逮遐齡，朱文端公軾争之而罷。

淩曉樓爲塾師

淩曉樓名曙，嘉慶間江淮大儒也，治《何氏春秋》、《鄭氏禮》尤精審。其少時讀書之苦，有與牧豕、負薪相仿佛者。十歲就塾，年餘，讀《四子書》未畢，即去香作，雜傭保。然停作，輒默誦所已讀書。苦不明瞭，鄰之富人爲子弟延經義師，乘夜，狙其軒外，聽講論數月。其師覺之，乃閉外户不納。憤甚，求得已離句之舊籍於市，私讀之達旦，而日中傭作如故。年二十，乃棄舊業，集童子爲塾師。童子從之游，則書必熟，作字正楷，以故信從衆，脩脯入稍多。益市書，遂博通嫥壹，學以大成。

秋水園改家塾

伊墨卿名秉綬，福建寧化人，以名進士出守廣東惠州，歷官多稱職。後遭父喪，還閩，營秋水園，供母夫人游憩。未成，母卒，改家塾，榜其柱曰：「未能將母園何用，且望成才塾有靈。」

太祖教訓諸公主

天命癸亥，太祖御八角殿，訓諸公主以婦道，毋陵侮其夫，恣意驕縱，違者罪之。

高宗訓十一阿哥

乾隆丙戌，諭：「昨見十五阿哥所執之扇，題畫詩句，款爲『兄鏡泉』三字，詢知爲十一阿哥手筆，此非皇子所宜。皇子讀書，惟當講求大義，有益立身行己，至尋常琢句，已爲末務，何可效書生習氣，以虛名相尚乎。十一阿哥方在童年，正宜涵養德性，尊聞行知，豈可以此浮僞淆其見識乎？朕在藩邸，未嘗私取別號，猶記朕二十二歲時，皇考因辦當今法會一書，垂詢有號否，朕敬以未有對，皇考即命朕爲『長春居士』，和親王爲『旭日居士』。朕之有號，實皇考所賜，未嘗以之署款，此和親王所知也。我國家世敦淳朴，所重在國書、騎射，凡我子孫，自當恪守，烏可效書愚陋習流入虛謾乎？設相習成風，其流失必至羽林、侍衛以脫劍學書爲雅，相率入於無用，甚且改變衣冠，更易舊俗，所關非小，不可不防其漸。着將此諭實貼上書房，俾諸皇子觸目儆心，勿忽！」

高宗教孫

高宗之教誨皇孫、皇曾孫、皇玄孫也，嚴厲異常。然皇孫輩皆不喜讀書，泰半曠課，而上書房各師傅遂有間六日不到者。高宗乃降旨申飭，略謂：「皇子等年齒俱長，學問已成，可毋須按日督課。至皇孫、皇曾孫、皇玄孫等，正在年幼勤學之時，豈可稍有間斷？總師傅嵇璜年已衰邁，王杰兼軍機處行走，情尚可原，著從寬交部議處。劉墉、胡高望、謝墉、吉夢熊、茅元銘、錢棨、錢越、嚴福、程昌期、秦丞業、邵玉清、萬承風，俱著交部嚴加議處。至阿肅、達椿，身係滿洲，且見爲内閣學士，毫無所事，其咎更不能辭，均著革職，各責四十板，留在上書房效力行走，以贖前愆而觀後效。」

宫訓圖

乾隆間，繪歷代后妃之有德者，爲《宫訓圖》，凡十二幀：曰《燕姞夢蘭》、《徐妃直諫》、《許后奉案》、《曹后重農》、《樊姬諫獵》、《馬后諫衣》、《西陵教蠶》、《姜后脱簪》、《太姒誨子》、《婕妤當熊》。每歲終，張於東西六宫，平日收藏於景陽宫後之學詩堂。

孝欽后講詩書

孝欽后在宫，每日午後，輒集主位宫中妃嬪也。及宫女等講解史書及《詩》，旬考一次，有獎。小内監亦有受課者。

八旗家庭教育之禮法

八旗之家庭教育，於禮法最嚴。子弟入諸長上之室，朝夕問安，皆侍立，命之坐，不敢坐；所命，聳聽不敢怠；不命之退，不敢退。路遇長上，拱手立於旁，俟過而後行；賓至，執役者皆子弟也。其敬師也亦然。子弟未冠以前不令出門，不得已而出，命老僕隨之，懼其隕越也。

張楊園家教之嚴

桐鄉張楊園名履祥，有子名維恭，字默斯，未冠時，命暫以幅巾禦寒，默斯不欲。隆冬盛寒，囚首露頂，家人患之，託門人姚瑚告楊園，瑚難其辭。一日，寒甚，始致辭曰：「默斯頭凍如此，恐或多疾，奈何？」則厲辭曰：「與之幅巾，彼既不肯，此頭何妨凍落。」因言：「年前太福僕陸慎乳名也。小時，出鎮私買一帽戴之，予見之怒甚，投之於廁，可以待子不如待僕乎？」

朱竹垞析產時之家教

朱竹垞晚年有析產券，其文如下：「竹垞老人雖曾通籍，父子只知讀書，不治生產，因而家計蕭然，但瘠田荒地八十四畝零。今年已衰邁，會同親族，分撥付桂孫、稻孫分管，辦糧收息。至于文恪公祭田，原係公產。下徐蕩續置蕩七畝，析荒地三分，均存老人處辦糧，分給管墳人飦米。孫等須要安貧守分，回憶老人析箸時，田無半畝，屋無寸椽，今存產雖薄，能勤儉，亦可稍供饘粥。勿以祖父無所遺，致生怨尤。儻老人餘年再有所置，另以續析。」

王匡廬教子

王與勅，字匡廬，家居，不以時義程督子弟，詩、古文各徇其意。親串或諷之曰：「諸郎君幸早露頭角，何不令鋭力場屋，顧爲爾耶？」匡廬怡然曰：「君勿言，彼伏獵侍郎，詎是寧馨物耶。」

韓旭亭教子

韓旭亭名是升，司寇崶父也。年四十，棄儒冠游四方。其語人曰：「天下事多矣，未有驕盈而不敗者。」故謙抑自居，雖僕夫、老媪，必接以温顔。子任封疆而旭亭樸素如故也。嘗寄書司寇云：「余今年秋收頗佳，所植菽粟，頗足釀酒，筆墨足以代耕，儘有餘享。汝所獲廉俸，養妻孥猶有餘貲，切勿貪分外財，致使七十垂盡之翁被累也。」司寇謹守父教，故始終以敬謹受仁宗知遇。屢登高位，皆秉家範。老遊燕、粤、吴、越，愈輕健，如三四旬人。甲戌春，壽八十，仁宗賜匾旌之。越二歲，無病終。

鄭板橋教子

鄭板橋嘗誡其子曰：「一捧書本，便想中舉、中進士作官，如何攫取金錢，造大房屋，置多田産。其不能發達者，鄉里作惡，小頭鋭面，更不可當。」又云：「新招佃地人，必須待之以禮，彼稱我爲主人，我稱彼爲客户，主客原是對待之義。」又云：「古一夫受田百畝，若再求多，便是占人産業，窮民將何所措手足乎？」

阮文達教子

阮文達公元之子賜卿名福，生於粵督署，一時僚屬餽獻悉令卻去。文達占絶句，書小紅椾示之曰：「翡翠珊瑚列滿盤，不教爾手一相拈。男兒立志初生日，乳飽飴甘便要廉。」

炳半聾教子

炳半聾，光緒間，官都察院筆帖式，有子年十五，晝夜課之讀。盡《十三經》矣，更以《國語》、《國策》、《史記》督責之，子不堪其苦，嘔血死。妻痛子，亦殞。乃大悔，以所居在京師南城外龍樹院之天倪閣，因繪《天倪閣圖册》以悼亡。

萬承蒼受胎教

雍、乾朝士，主張陸象山之學者二人：一臨川李侍郎紱，一南昌萬學士承蒼也。承蒼有賢母李氏，方孕時，每默祝於影堂曰：「不願生兒爲高官，但願負荷先世之學統。」以萬先祖如明刑部侍郎虞愷、光禄卿汝言，皆講學於陽明、念庵之門，號爲碩儒者也。承蒼少入塾，果喜讀宋人講學之書，論者謂得之胎教。

崑山三徐受母教

崑山三徐之太夫人，顧亭林女弟也，世稱其教子極嚴，課誦恆至夜午不輟。三徐既貴，每奉命握文柄，太夫人必以「矢慎矢公，甄擢寒畯」爲勗。太夫人未六十，立齋已登九列，持節秦中，所識拔多知名士，健庵以編修總裁北闈，果亭以編修典試浙江，皆母教也。

汪文端受母教

山陽汪文端公廷珍，年十二而孤，母程太夫人撫之成立。值歲凶，母子日一食，或終日不得食，太夫人終不肯使人知。曰：「吾非恥貧，恥言貧耳。言貧則疑有求於人，故不爲也。」歲除無米，使僕索舊逋城外，抵暮歸，無所得，各飲茗一甌，嘗鹽菜數莖，就臥。及汪貴，風裁嚴峻，正色立朝，造次必於禮法，太夫人教也。

尹元孚母作女訓

博野尹元孚侍郎會一母李太夫人，憫民俗怙侈，嘗作女訓質言，爲高宗所聞，因御製五言律一、堂額一、楹聯一以賜之。

錢文端母夜紡授經

嘉興錢文端公母，知書，工繪事，自號「南樓老人」。貧時，嘗鬻畫以供饘粥。文端承母訓，嘗奏呈《夜紡授經圖》，御題二絶句，有「嘉禾欲續賢媛傳，不愧當年畫荻人」句。又進呈太夫人畫册，每幅有其父綸光題句，御題詩十二章，有「子昂題句仲姬畫，頗有今人似昔人」之句。御製《懷舊詩》列錢於五詞臣中，有云：「少年困場屋，賢母授之經。故學有淵源，於詩尤粹精。」

畢秋帆母訓子詩

閨秀之能詩詞而學術淵純者，當以太倉張藻爲第一。藻字子湘，秋帆制府之母也。秋帆之撫陝也，留居山東，以詩寄之曰：「讀書裕經綸，學古法政治。功業與文章，斯道非有二。汝久宦秦中，洊膺封圻寄。仰沐聖主恩，寵命九重賁。日夕爲汝祈，冰淵愼惕厲。譬諸構櫨材，斲小則恐敝。又如任載車，失誠則懼躓。捫心五夜慚，報答奚所自。我聞經緯才，持重戒輕易。教勅無煩苛，廉察無苛細。勿膠柱糾纏，勿模棱附麗。端己厲清操，儉德風下惠。大法則小廉，積誠以去僞。西土民氣淳，質朴鮮靡費。豐、鎬有遺音，人文鬱炳蔚。況逢郅治隆，陶甄綜萬類。民力久普存，愛養在大吏。潤澤因時宜，撙節善調理。古人樹聲名，根柢性情地。一一踐其真，實心見實事。千秋照汗青，今古合符契。不負平生學，弗存温飽志。上酬高厚恩，下爲家門庇。我家祖德詒，箕裘罔或墜。痛汝早失怙，遺教幸勿棄。

歎我就衰年，垂老筋力瘁。曳杖看飛雲，目斷泰山翠。」其卒也，高宗賜御書「經訓克家」四字以褒之，故秋帆遺集以「經訓堂」名。

洪稚存母機聲燈影圖

洪稚存太史亮吉，幼孤貧，母夫人教之讀書。一日，稚存從受《儀禮》，至「夫者妻之天」，慟絶良久，呼曰：「吾何戴矣！」遂廢此句。稚存貴後，繪《機聲燈影圖》，徧求名輩題詠以表揚之。

張姜氏教子

陽湖張蟾賓妻姜氏，年二十九而寡，卽惠言及琦之母也。時惠言四歲，琦方在孕中，女已長，姜氏與女同作女工以自給。及惠言九歲，出依世父學，一日，歸已暮，無所得食，遂寢。翌日，餓不能起，姜曰：「兒不慣餓，憊耶。吾與而姊弟時如此也。」夜作針黹，並課二子讀，輒至漏四下始寢。事姑能得其歡。年五十九卒，時二子已皆知名矣。

鄂文端誡弟

鄂文端公爾泰當國時，其弟鄂爾奇亦位躋正卿。一日，退朝，過爾奇書齋，見陳設都麗，賓從豪雄，甫掀簾，不入而去。爾奇急詣問故，庭立責之曰：「汝記我兄弟無屋居祠堂時耶！今偶得志而侈泰若是，吾知禍不旋踵矣。」爾奇跪泣謝罪，始已。嗣後伺文端往，先藏珍器，屏燕朋，乃敢見。然卒爲李衛劾奏，以侈敗。

清稗類鈔

考試類

以科名奔走天下士

國家以科名奔走天下士，童子誦習經書，而通其句讀文義，能敷之爲文。每歲，所在郡縣，羣聚而試之，其文之明而切、才之秀而可底於成者，則次第其名，以升於州縣若府，州縣若府又試而先後之，上督學使者。使者至，則以校而去取之，按其額以補學官弟子。其舊爲學官弟子者，亦試於使者。試有歲有科，歲分文與武，而科試惟文士而已。使者歲、科試，凡三歲而徧，其子、午、卯、酉之年則有鄉試，取於新舊學官弟子，中是科者，號爲舉人。又進於禮部，則有會試，取於鄉試之舉人，中是科者曰進士。丁、辰、戌、丑、未之年，其鄉、會試皆天子簡京朝官之翰、詹、科、道、部曹嫻文者及九卿大員主其試，大抵踵明之故。而士之懷才抱器，毅然思有所表見於當世者，靡不由是以進矣。

萬壽開科原始

康熙壬辰，各省士子以聖壽六十請開恩科，事下禮部，部臣以舊例所無難之。太倉尚書王掞曰：「以萬年之聖主，當六旬之大慶，此豈有成例可援乎？若以糜費爲嫌，則民間家長生日，子孫僮僕尚不惜出所有以宴飲娱賓，矧富有四海，而區區計及於此乎？」遂如所請以上，得旨舉行。

考試用五言八韻詩

大小考試皆用五言八韻詩，卽試帖也。洪北江嘗謂此於諸體中又若別成一格，有作家而不能爲八韻詩者，有八韻詩工而實非作家者，如郎中項家達、主事貴徵，雖不以詩名家，而八韻則極工。項於某年考差，題爲「王道如龍首」得「龍」字，五六云：「詎必全身現，能令衆體從。」貴於某年朝考，題爲「草色遥看近卻無」得「無」字，五六云：「緑歸行馬外，青人濯龍無。」可云工矣。祭酒吴錫麒於諸作外，復工此體，然道光庚戌考差，題爲「林表明霽色」得「寒」字，吴頸聯下句云：「照破萬家寒。」時閲卷者爲大學士伯和珅，忽大驚曰：「此卷有破家二字，斷不可取。」吴卷由是斥落。

科場加恩大員子弟

科場定例，現任京官三品以上及翰、詹、科、道，外官藩臬以上，武官提鎮以上之子孫，同胞兄弟、同胞兄弟之子出應鄉試，別編官卷，號曰官生。凡二十人取中一名，較尋常見舉者，登進差易。又道光以前，凡禮部會試及順天鄉試之主考、房考，其家人族黨有應試迴避者，每别派試官閲卷，或封卷進呈，擇尤録取，獲售者遂益多。

雍正戊申，各省鄉試後，上諭大學士、尚書、侍郎、都御史、副都御史各大員，有子弟在京闈及本省鄉試未經中式年二十以上者，著各舉文理通順可以取中者一人，開送内閣請旨。尋開列大學士蔣廷錫子溥，吏部尚書嵇曾筠子璜，都御史唐執玉子少游，吏部侍郎史貽直子奕簪，户部侍郎王廷揚子鏐，禮部侍郎錢以塏子鋆，禮部侍郎鄂爾奇子鄂倫，兵部侍郎楊汝穀子綏，刑部侍郎繆沅子櫺，工部侍郎張大有子鴻運，侍郎署理倉場事務涂天相子士炳，副都御史謝玉寵子升等，具奏。得旨：「俱賜舉人。」户部侍郎劉聲芳子俊邦，因病未應鄉試，亦賜舉人，一體會試。

考試功令之嚴

考試之功令至嚴，凡倡優隸卒之子弟及有刑傷過犯者，皆不得預，歧考冒考者亦禁。

搜檢

考試功令，不許夾帶片紙隻字，大小一切考試皆然。康熙庚子順天鄉試，特命十二貝子監外場，露索搜檢也，見《大金國志》。綦嚴。朱竹垞之孫稻孫預試，披襟而前，鼓其腹曰：「此中大有夾帶，盍搜諸？」體貌瑰偉，意氣礌落，衆皆目屬，貝子亦爲之粲然。

道、咸前，大小科場搜檢至嚴，有至解衣脱履者。同治以後，禁網漸寬，搜檢者不甚深究，於是詐僞百出。入場者，輒以石印小本書濟之，或寫蠅頭書，私藏於果餅及衣帶中，並以所攜考籃酒罏與研之屬，皆爲夾底而藏之，甚至有帽頂兩層鞾底雙屜者。更或賄囑皂隸，冀免搜檢。至光緒壬午科，應京兆者至萬六千人，士子咸熙攘而來，但聞番役高唱搜過而已。及壬辰會試後，搜檢之例雖未廢，乃並此聲而無之矣。

考試送關節

考官之於士子，先期約定符號，於試時標明卷中，謂之關節，亦曰關目。大小試皆有之，京師尤甚，每屆科場，送關節者紛紛皆是。或書數虚字，或也歟或也哉或也矣，於詩下加一墨圈者銀一百兩，加一黄圈者金一百兩。

某科題爲「子謂子夏曰」全章，某生與考官暗通關節，令於破題中連用四個一字，某破曰：「儒一而爲不一，聖人一勉之一誡之焉。」榜發，果掇高魁。又某科詩題爲「所寶惟賢」，某卷以水烟袋三字散見於點題中，以爲關節，句曰：「烟水瀟湘地，人才夾袋儲。」可謂湊泊無痕。又某科一卷，於試帖詩第一句用一謹字，題爲「江涵秋影雁初飛」，捉刀者固吳中名下士，句曰：「謹步司勳句。」後雖薦而未售，然與約者已服其心思之巧矣。

考試送詩片

凡進士之朝殿試及京官之考試差時，預揣某官可派閲卷，則先呈字體，以便別認。既出場，即寫前四句飛遞朝房中所曾託情之人，謂之送詩片。其後科舉雖廢，而東西洋留學生之殿試，亦有倣效之者。

考官惡觸家諱

光緒時，尚書裕德屢充主試或閱卷，見字句中有犯其家諱者，即起立，肅衣冠行致敬禮，畢，將卷閣置，不復閱矣。故遇裕主試時，有知其家諱者，恆戒所親勿誤觸之。

文武互試

康熙癸巳十一月甲寅，諭大學士等：「文武考試雖曰兩途，俱係選拔人才，拘於成例，不得通融應試，則不能各展所長。嗣後文童生生員舉人內有情願改就武場考試者，武童生生員舉人內有情願改就文場考試者，應各聽之，惟一次不中者即著停止。」甲午，准文武生員互鄉試一次，文武舉人互會試一次。

乾隆丙辰，准監生入武場。辛酉，福建武生某以懷挾文字，預藏試院，竟以五經中元。事發，科罪，因停互試及文監生入武場例。

老年科目

老年得科目者，康熙朝，陳檢討維崧舉宏博，年踰五十。丁丑，姜西溟宸英七十三中探花；癸未，王樓村式丹五十九得會狀。又宮恕堂鴻歷五十八，查他山愼行五十四；己丑，何端惠世璂五十八；壬辰，胡文良煦五十八；乙未，裘璉七十二；辛丑，陸坡星奎勳五十九；俱入翰林。乾隆丙辰，劉起振八十授檢討；己未，沈歸愚尚書六十八入翰林。張總憲泰開六十二；癸丑，吳種芝貽詠五十八中會元。嘉慶丙辰，元和王嚴八十六中式，未及殿試卒；己巳，山東王服經八十四入翰林。

宗室科舉始於康熙

康熙丁丑，宗人府、禮部奉諭旨：「嗣後八旗宗室子弟，有能力學屬文，奮志科目者，應令與滿洲諸生一體應試，編號取中。」

八旗科舉始於天聰

天聰己巳，試儒士，取二百人。甲戌，合試滿、蒙、漢，取舉人十六名。崇德戊寅，賜舉人羅碩等十名牛彔章京品級，一二三等生員十八名護軍校品級，此爲八旗科第之始。而順治辛卯始見明文，蓋吏部奏，滿洲、蒙古、漢軍各旗子弟有通文義者，提學御史考試取入順天府學，鄉試作文一篇，會試作文二篇，優者准其中式，照甲第除授官職，報可。至壬辰，滿洲子弟廷試，與民籍分榜，頭場四書文二道，二場論一道而已。麻文僖公勒吉爲廷試首選。至丁酉，停止。康熙癸卯，復准滿洲、蒙古、漢軍生員鄉試。丙辰，又停止。丁卯，又復之。

禮部議定，滿洲、蒙古識漢字者，繙漢文一篇，不識漢字者，則作滿文一篇。漢軍文章篇數，如漢人例。會試中額，滿洲二十五名，蒙古十名，漢軍二十五名。各衙門博士筆帖式俱准會試，考取文字篇數與鄉試同。

禮部奏，八旗鄉試，滿洲、蒙古繙繹滿文一篇，或作滿文一篇，漢軍舉人試藝。本年鄉試，明年會試，第一場《四書》文二篇，經藝一篇，如未通經者作《四書》文三篇，二場論一篇，三場策一道，自後試藝，以次加增。順治甲午鄉試，乙未會試，第一場《四書》文三篇，經藝二篇，二場論一篇，判五條，三場策三道。順治丁酉鄉試，戊戌會試，第一場《四書》文三篇，經藝四篇，第二場論一篇，表一篇，判五條，第三場策五道。

壬辰，内院議覆吏部給事中高辛允疏奏，慎選庶常，拔年青貌秀聲音明爽者，二十名習學滿書，二十名習學漢書，屆期奏請考試。其滿洲進士取四名，蒙古進士取二名，漢軍進士取四名。俱選年貌聲音合式者同漢進士一體讀書。

八旗童生無縣試，僅有府試、院試，得儁後，隸入府學管理。亦有廩生、增生，鄉試則以三十人中式一名，且旗卷與官生卷同，凡與試者無不呈薦主試，迨鄉薦後，則併入各省旗籍舉人，一體會試矣。

旗漢考試同場

康熙丁未，命滿洲、蒙古、漢軍准赴考試。先是，八旗生員、舉人、進士停止考試，至是，復命滿洲、蒙古、漢軍與漢人同場一例考試，其生童於鄉試前一年八月内考試，從御史徐誥武請也。

土司子弟得與考試

兵部議覆兩廣總督于成龍疏言土司子弟中有讀書能文者，注入民籍，一體考試。從之。

苗人得與考試

康熙甲申，禮部議覆湖廣學政潘宗洛疏言湖廣各府州縣熟苗有通文藝者，准與漢人一體應試，應如所請。從之。

畲客得與考試

處州畲客，有能文者得應科舉。嘉慶癸亥，儀徵阮文達公元撫浙時，會同學使奏明，一體准與考試。其散居温州者，道光丙戌，亦援例稟學使求考，惟在金華者無聞。

麼些得與考試

雲南麼些種人，自設流官以來，俱極恭順畏法，讀書識文字者多有之。光緒時，准其考試，因而有補弟子員者四人，中武舉者一人。

隨場去取

光緒戊戌六月，德宗從鄂督張之洞、湘撫陳寶箴奏請，定鄉、會試隨場去取之法，並推行於生童歲科考，又停止朝考。

聖祖諭出各種題目

康熙癸巳，聖祖諭大學士等曰：「《五經》、《四書》，俱係聖賢之言，考試出題，專意取冠冕者則題目漸少，士子易於揣摩，甚有將不出題之書，删而不讀，尚得言學問乎？經書内有不可出之題，試官自然不出，其餘出題之處，須以各種題目試之，則懷才實學之士，自無遺棄矣。」

張文和阻廢制義

雍正時，有議變取士法廢制義者，上問桐城張文和公廷玉，對曰：「若廢制義，恐無人讀《四子書》講求義理者矣。」遂罷其議。

舒赫德請廢制義

乾隆辛亥，兵部侍郎舒赫德請廢制義，事下禮部。時鄂文端公爾泰爲尚書，議駁曰：「謹按取士之法，三代以上出於學，漢以後出於郡縣吏，魏晉以來出於九品中正，隋唐至今出於科舉。科舉之法，每代不同，而自明至今，則皆出於詩文。三代尚矣，漢法近古而終不能復古，自漢以後，累代變法，而及其既也，莫不有弊。九品中正之弊，毁譽出於一人之口，至於賢愚不辨，閥閲相高，劉毅所云『下品無高門，上品無寒士者』是也。科舉之弊，詩賦則紙上浮華，而全無實用，明經則專事記誦，而文義不通，唐趙匡舉所謂『習非所用，用非所習，當官少稱職吏』者是也。時文之弊，則今舒赫德所陳奏是也。聖人不能使立法之無弊，在乎因時而補救之。蘇軾有言：『觀人之道，在於知人。知人之道，在於責實。』蓋能責實，則雖由今之道，而振作鼓舞，人才自可奮興。若專務循名，則雖高言復古，而法立弊生，於造士終無所益。今舒赫德所謂時文經義以及表判策論皆爲空言勦襲而無所用者，此正不責實之過耳。大凡宣之於口，筆之於書者，皆空言也，何獨今之時文爲然？且夫時文取士，自明至今，殆四百年，人知其弊而守之不變者，非不欲變，誠以變之而未有良法美意以善其後。且就此而責其實，則亦未嘗不適於實用，而未可一概訾毁也。蓋時文所論，皆孔孟之緒餘，精微之奥旨，未有不深明書理而得稱爲佳文者。今徒見世之腐爛抄襲以爲無用，不知明之大家如王鏊、唐順之、瞿景淳、薛應旂等，以及國初諸名人，皆寢食經書，冥搜幽討，殫智畢精。殆於聖賢之義理，心領神會，融洽貫通，然後參之經、史、子、集以發其光華，範之規矩準繩以密其法律，而後可稱爲文，雖曰小技，而文武幹濟英偉特達之才，未嘗不出於其中。至於奸邪之人，迂懦之士，本於性成，雖不工文，亦不能免，未可以爲時藝咎。若今之勦襲腐爛，乃是積久生弊，不思力挽末流之失，而轉咎作法之涼，不已過乎？即經義表判策論，苟求其實，亦豈易副？經文雖與《四書》並重，而積習相沿，慢忽既久，士子不肯專心肄習，誠有如舒赫德所云『數月爲之而有餘』者。今若著爲令曰『非工不録』，則服習講求，爲益匪淺，表判策論，皆加覈實，則必淹洽乎詞章而後可以爲表，通曉乎律令而後可以爲判，必有論古之識、斷古之才而後可以爲論，必通達古今明習時務而後可以爲策。凡此諸科，内可以見其本源之學，可以驗其經濟之才，何一不切於士人之實用？何一不見之於施爲乎？必變今之法，行古之制，則將治宫室，養遊士，百里之内，置官立師，獄訟聽於是，軍旅謀於是，又將簡不率教者屏之遠方，終身不齒，毋乃徒爲紛擾而不可行。又況人心不古，上以實求，下以名應。興孝，則必有割股廬墓以邀名者矣；興廉，則必有惡衣菲食敝車羸馬以飾節者矣。相率爲僞，其弊尤繁。甚至借此虚名以干取，及乎蒞官之後，盡反所爲，至庸人之不若，此近日所舉孝廉方正中所可指數，又何益乎？若事無大更改，而仍不過求之語言文字之間，則論策今所見行，表者賦頌之流，是詩賦亦未嘗盡廢。至於口問經義，背誦疏文，如古所謂帖括者，則又僅可以資誦習，而於文義多致面牆，其餘若三傳科、史科、名法、書學、算學、崇文、宏文等，或駁雜蕪紛，或偏長曲技，尤不足以崇聖學而勵真才矣。則莫若懲循名之失，求責實之效，由今之道，振作補救之爲得。我皇上洞見取士源流，所降諭旨，纖悉畢照，司文衡職課士者，果能實心仰體，力除積習，杜絶僥倖，將見數年之後，士皆束身《詩》、《禮》之中，潛心體用之學，文風日甚，真才日出矣。然此亦特就文學而言耳，至於人之賢愚能否，有非文字所能决定者。故立法取士，不過如是。而治亂盛衰初不由此，無俟更張定制爲也。」

考試改策論

光緒戊戌五月，德宗命自下科爲始，鄉、會試及生童歲科各試向用《四書》文者，改試策論。

考試復用四書文

光緒戊戌八月，德宗奉孝欽后懿旨，命各項考試，仍用《四書》文、試帖、經文、策問。

考試用策論

光緒辛丑七月，德宗命自明年爲始，鄉、會試等均試策論，不准用八股文程式。

廢科舉

自日俄戰役告終，日本遣外相小村壽太郎至我國議約，朝命袁世凱與議。乃密陳孝欽后，謂宜乘日俄之憊，亟變法以圖强。孝欽韙之。時端忠愍公方爲湖南巡撫，入覲，倡廢除科舉制，孝欽遂下詔廢科舉，設學堂，時光緒乙巳七月也。蓋鄉、會試及各省歲科生童考試，至是均一體停罷矣。

時仁和王文勤公文韶在政府，遇事模稜，不置可否，獨於廢科舉一事，則力阻之。而張文襄公之洞方自鄂督入朝，留京師，亦力謀廢科舉。榮文忠公祿當國，張言於榮，榮自以非出身科目，不敢力主廢。王謂：「老夫一日在朝，必以死爭之。」及王出樞垣，端又以江督入覲，乃約張聯銜上疏，遂得請。後乃加入考優拔與舉貢考職兩段，科舉仍未絕也。然張以力倡廢科舉，而光緒甲辰會試，其姪壻林世燾以候補道中進士，欲請歸原班，張乃一日五電，責其必取館選焉。留學生殿試授官，亦張在樞府時力主行之。

和尚之孫應舉

文和尚，名果，字園公，衡山裔也。聖祖南巡見之，命入京師，居玉泉精舍，寵眷殊厚。和尚一日攜其孫入見，上問何事來此，和尚奏曰：「來此應舉。」上曰：「應舉即不應來見。」蓋防微杜漸，慮其希望非分之恩寵也。

潘襄易名應試

上海潘明經襄於十三歲入庠，十七歲食廩餼，年方壯，序貢赴都，兩任教職，一署縣篆。六十後罷官歸，久之，家貧落魄。年逾古稀，忽易名應童子試，復三入棘闈，壽八十三矣。手抄口誦，銳氣不衰，或叩其故，曰：「吾聞登科第者，須仗慧根。今生總無成，冀來生或當早達耳。」

謝金圃各項考試之得士

嘉善謝金圃侍郎墉好甄擢名士，三元錢棨，鄉、會試皆出其門，殿試亦與讀卷。高郵李進士惇，嘉定錢進士塘，山陽汪文端公廷珍，陽湖孫觀察星衍，甘泉焦明經循，皆由其識拔以成名。經術文行，表表稱江淮間。阮文達公始應童子試，亦極口奬勵，召入第讀書，卒爲鉅儒賢相。

楊沂秀考試必第五

楊沂秀者，貴州定遠人，嘉慶甲戌進士。幼時應童子試，縣府院考俱列第五，後鄉、會榜亦俱中第五，挑選陝西鄠縣知縣，掣籤亦第五名，人稱爲「楊第五」。

穆彰阿之對於薦卷

穆彰阿屢主文衡，其心亦甚細。每置薦卷於几，焚香一爐，望空遥拜。衣袋中常置煙壺二，一琥珀，一白玉，款式大小相等，取一卷出，即向衣袋中摸煙壺，得琥珀則中，白玉則否。額滿，則將餘卷一律屏之。

童試

直省士子之試於郡縣及提學，爲童子試，俗謂爲小考，或小試。應試者曰童生，明《選舉志》已有此稱。雖壯丁老叟，但與試，皆得以童稱之，未冠者曰幼童。

童試有一條葱

粵東科場積弊至多，槍替，其一也。有某觀察者，當其爲諸生時，尤優爲之，故雖已入泮多年，而縣試、府試、院試皆往，往必售，蓋包辦也。粵人謂之一條葱，猶一條鞭也。彼之冒名頂替，歲以爲常，幾於一歲易一姓名焉。

道考院考

各郡童生之試於學政也，就學政按臨之地而應之。曰道考，以學政之職，初爲提學道也。曰院考，以學政非實官，大省由各部侍郎簡放，其簡稱爲督學部院，中小省由翰詹等官簡放，其簡稱爲提督學院，而試士之地又曰試院也。俗亦稱之曰學臺考。學臺者，學憲也。世俗於方面大員以上皆稱之曰某憲。各省學政之本職，雖有六七品者，以其出於欽命，儀同欽差，故以憲字臺字稱之也。

廩生保童生

國朝沿明制，凡各直省府廳州縣學生員，由學使在歲科試列一等者，設額給餼，以次序補，謂之廩生。歷科優貢、拔貢均出其中，各省鄉試，每科中式廩生人數，亦必視增廣附學生爲多。各州縣文童武童應試時，必由廩生領保，謂之認保。又設派保，以互相稽查而慎防弊竇。如該童有身家不清，匿三年喪冒考，以及跨考者，惟廩保是問；有頂名槍替，懷挾傳遞各弊者，惟廩保是問；甚至有曳白割卷，犯場規，違功令者，亦惟廩保是問。其責任如是之重。故凡廩保之與童生，必與同里閈，誼屬戚友，深知其爲佳子弟，勿貽先生長者羞，而後爲之具結單焉，簽花押焉，臨場則唱保焉，出圖則看號焉。而其緊要關鍵，則在學院招覆之後，塡造覆試册結之時，介新進諸童以謁學師，而定其贄儀之多寡。大率稱其家貲之厚薄，務使獻者受者，皆得自慊於心，而諸童生獻廩保贄儀，則視學師所得，以次遞減。

童翰林

湖南桂陽縣處萬山之中，層巒疊嶂，四圍匝匼，其地無市鎮，有墟落兩三處，欲購花豬肉，不可得。士風獷悍，多業耕鑿，讀書者絕少，偶有一二生監，其尊無對，物稀爲貴，此定理也。某令嘗撰一聯紀其實曰：「魚龍雜鳳鴨孔雀，貢閣廩尚童翰林。」以童生而儗之以太史，可見應試者之絕無僅有矣。

老童入場賣警句

青浦鄒閒齋垂老矣，未青一衿，然每屆小試，無論縣試、府試、提學試，必入場，輒自標於桌曰：「出賣警句，每句錢七文，不二價。」凡觀場者多倩之。其入場也，攜大籃，内盛醃菜數莖，冷飯半盂，蟋蟀盆一枚。日暮，盆中錢滿，繳卷逕出。某年，初覆題爲「不日白乎」，合下節，束比，襲劉公行人子羽文曰：「士馬芻糧，昔所遇之情形，俱是言中之涅淄。山川草木，昔所歷之境界，盡成今日之匏瓜。」再覆題爲「雖執鞭之士」，中有句曰：「但論鞭之執不執，無論士之雖不雖。」皆自謂爲警句也。

宗室小考試滿語弓馬

乾隆時，上召見宗室，公寧盛額不能以滿語應對。高宗以滿語爲國家根本，而宗室貴胄至有不解者，風俗攸關，因增宗室十歲以上者小考之例。於十月中，欽派皇子、王公、軍機大臣等，考試滿語弓馬。先命皇子較射，爲諸宗室遵式，諸宗室視其父之爵以次考試。優者帶領引見，輒賜花翎緞匹以獎之。

鄧廷楨屢躓童試

江寧鄧嶰筠制府廷楨少貧，屢躓於童試。讀書瓦官寺，攻苦彌甚，曾於室中署聯以自警云：「滿盤打算，絶無半點生機，餓死不如讀死；仔細思量，仍有一條出路，文通卽是運通。」未幾，補博士弟子員，旋舉於鄉，聯捷成進士。

縣府考有覆試

縣府考均有覆試，有初覆、二覆、三覆、四覆之多。例如試者七百人，正場出案案卽榜也。凡小考者皆稱之日案，而不稱之日榜，示謙也。取五百人，則五百人入初覆之場，初覆出案，則取三百五十人，以次遞減，至四覆，寥寥若晨星矣。

縣試文破題

國初時，嘉興縣縣試全案已定，惟甲乙二人文筆並佳，不能定案首。屢試之，皆然，以致全案未能出。最後乃以《四書》之〇，命各作一破題，甲所作破題曰：「聖賢立言之先，得天象也。」乙曰：「聖賢立言之先，無方體也。」乃定甲爲案首。後二人咸貴，甲官至大學士，以功名終。乙官至巡撫，緣事伏誅。

潘文恭應縣試

吴縣潘文恭公世恩，試童子時，終日端坐不離席。吴縣令李昶亭逢春異之，拔置前列，因出對云：

「范文正以天下自任。」潘對：「韓昌黎爲百世之師。」又云：「青雲直上。」潘對：「朱紱方來。」李決其必貴。後爲狀元宰相，或贈以聯云：「大富貴亦壽考，蓄道德能文章。」

李申耆應縣試

陽湖李申耆，名兆洛，少即絶特嚮學。初應縣試，縣令陳某以其年最稚，而投卷最先，疑而詰之，李應答如流。令曰：「汝即歸，不招覆汝矣。通場必無及汝者，招覆非第一不可。汝髫年，初試即蓋一邑，非吾之所以期汝也。」遂在廳事書聯爲贈曰：「他日定成名進士，乃翁真有好兒郎。」

譚玉生應縣試

番禺陳蘭浦徵君澧，南海譚玉生舍人瑩，皆阮文達公學海堂弟子也。徵君所著叢書，樸茂精碻，學湛於經，舍人《樂志堂集文詩略》亦多胎息六朝之作。相傳文達節制兩粤，以生辰避客，屏騶從，至山寺，見舍人題壁詩文，大奇之，詢寺僧，知爲南海文童，方應縣考者。翼日，南海令來謁，文達諭之曰：「君治下有博學童子，我不能告汝姓名，恐近於奪令長之權，代人關説，君自捫索之可耳。」令歸，加意物色，首拔舍人，自此文望日起矣。

縣試題爲莫春在

曹益三以山東歷城縣令閽人起家，入貲爲知縣，分發江蘇，權吴令。某歲縣試，索題於幕賓，爲書莫、春、者三字與之。曹點名畢，提筆寫題紙，乃誤書者字爲在，衆大譁，幾至罷考。

王述庵重遊泮水

青浦王述庵侍郎昶於乾隆辛酉入泮，至嘉慶庚申，適當花甲一周，時年七十有七。錢黼堂學使樾送其重遊泮水，簫鼓鸞旂，徧遊城市。王乘八人肩輿，花翎蟒服，率領新生詣聖廟，槃辟雅拜，邑令盧某謹隨於後而扶掖之。

縣試題指焉爲馬

開封武生某少有膂力，好拳勇。咸豐時，粤寇變起，隸左文襄部下，積功至參將。嗣以求改文職，授江蘇華亭縣令。蒞任甫三月，值縣試，屆期，點名扃門畢，高坐堂皇，禮書以出題請。先是，某以不讀《四書》，早倩幕友擬題，置之靴筒。至此，徧覓無著，殊懊喪，而應試諸童復索題急。禮書私詢之曰：「公尚憶題紙爲何字様乎？」曰：「餘多忘，僅記有匹馬在其中。」禮書乃遍翻《四書》，問是否「百姓聞王車馬之音」，曰：「非此馬。」問「至於犬馬」是否，曰：「亦非此馬，我卻記此馬字不在中不在下乃在頂上。」禮書憬然曰：「得之矣。」乃大書「馬不進也」四字。某令端詳審視，仍不識，曰：「我記得跟在馬後者，尚不止此數字。」禮書於是計窮，姑妄詢之云：「頃見公搜題紙，右靴筒尚未檢點，題或在内。」令頓悟，摸之，果得一紙，乃相與展視，則爲「焉知來者之不如今也」一句，始知其誤焉爲馬也。

孔憲教爲縣試老童

長沙孔太史憲教年四十餘時，尚應縣試，人呼之曰老童。

易三短子不得應縣試

長沙易某，曾充善化門丁。長沙、善化兩首縣同城。有子曰易三短子，佚其名，能文而狂。光緒時，擬出應縣試，邑人將攻之，開會議於長邑學宮，短子亦至。衆有揚言者曰：「長沙一邑，應考者將及三千，苟今歲能得一通秀才，亦未始非一邑之光也。」衆以其爲易道地，且譏諷也。愈忿，争欲毆之，短子跳而免。衆推孔憲教爲首，聯名傳檄通邑，約定童生不出互保結，廩生不填册保送，短子因冒其族人名人場。案出，短子竟冠軍，衆偵知，復控之學院。時督學使者爲陸總憲寶忠，賞其文，令仍入場覆試。是日文題爲「有不虞之譽有求全之毁」合下一節，慨短子之被毁，責諸生之失言也。短子乃爲得意語曰「倘不遇宗臣賞識，幾遭不白之寃」云云。時衆怒已不可遏，羣覆卷而起，衝擊栅欄，意欲罷考。陸不得已，懸牌除短子名，衆乃歸座畢試。短子隨遁往武昌，爲郡守某司書札，即陸所介紹也。

胥吏子應縣試

鉛山某富翁起家胥吏，其子將就試，格於向例，雖縣署中人均受請託，無他言，而諸生童持不可。百計圖之不可得，乃徧與諸出入公門者計之，咸無策。一日，有老訟師踵門請曰：「與我二千金，吾爲子成之。」翁大喜，乃與爲約。訟師則榜門曰：「某人胥吏子，乃赴縣試，吾輩必効死與理論，吾願爲之首。有藏得某胥差票者，悉以來，驗畢仍給還，並當酬錢三千文。」於是遠近義其事，悉以所藏差票呈驗。數日，票來略少，增酬五千，已而增至十千。又數日，無有送驗者，遂走告吏曰：「汝子出試，無他慮矣。」比頭場案發，諸生童咸譁然，至縣署，羣謂某胥吏子宜斥去，且以舊有差票爲驗。縣官顧其子曰：「是有驗，無如何？」其子徐自陳家實清白，被人污衊，請詳驗之，如實然者，甘受罰。於是令取諸票詳驗之，則吏名咸係挖補後所填者，乃拍案謂諸人誣陷。諸人持票復自驗之，果然，無可置辭，乃皆退。其子遂得終試事，而以二千金酬訟師。

縣試題解

考試改用策論，而應試者於所出之題，大率茫無所知，蓋若輩本未讀書也。某縣正場首題爲「李廣程不識治軍繁簡論」，有父子同應試者，子問父以題解。父曰：「李廣程者，其人姓李名廣程。不識治軍繁簡者，不知治軍繁簡之道也。」

姚石甫府試第一

桐城姚石甫觀察瑩少貧，不能應試，其家惜抱老人給貲，使入場。時童生中惟劉孟塗有名，已縣試冠其曹矣。郡試日，太守命詩題，爲「大觀亭懷古」，姚作五言律百韻，太守大驚，曰：「吾知桐城有一劉開，不知又有一劉開也。」遂以爲榜首，入郡庠。

彭剛直應府試

仁和高人鑑螺舟，道光間，以翰林出知衡州府。時彭剛直公玉麟方應童子試，高見而才之，招至署，教以讀書作文法。衡陽應童試者千餘人，入泮頗不易。彭是歲縣試正場及初二覆皆前三名，咸擬正案第一，彭亦自謂然。及終覆日，黎明，諸童集縣署前，忽府吏持柬請縣令，令匆匆去，未久即反，點名給卷如常，至正案發，乃第三。越數日，召而語之曰：「以文論，汝宜第一矣。亦知不得之故乎？」謝不知。曰：「府尊意也。終覆之日來召我，即爲此。府尊曰：『彭某他日名位未可量，一衿之得失遲早，皆可不計，今歲在吾署讀書，若縣試第一人，必謂明府推屋烏之愛，是其終身之玷矣。』」是歲，竟未入庠。後數年，始隸諸生之籍，然彭以此感高甚。

府試趣題

某太守試所屬邑，集《四子書》，爲十一真韻五律詩以命題，「君子篤於親，家之本在身。仁民而愛物，修己以安人。子服堯之服，君仁莫不仁。得其心有道，膏澤下於民」。

府試文限三百六十字

漢軍楊霽，字子晴。光緒丁丑探花，楷法頗峻整，工試帖而不工文，雖制藝亦非所長。嘗守高州。某歲，舉行郡試，文以三百六十字爲程式，三字斷句，謂之三字經，多一字不録，少一字亦不取也。文童楊斯藩者，揣摩三百六十字文，至爲純熟；復有莫如松者，下筆千言，輒忤楊旨。楊大怒，硃書三字句於院壁曰：「童試文，貴簡潔。三字經，有定式。楊斯藩，可法也。莫如松，則誤矣。」通場譁然。

楊又好割裂四子句命題，每至文義不通，且半出於《論語·鄉黨》之篇，如「雷風」迅雷風烈必變。「手衣」，左右手衣前後。「食不多」，不撤薑食不多食。「中不内」車中不内顧。之類。某童冠軍「手衣」破題云：「手有二，衣一也。」又「中不内」起講云：「嘗思中與内一也，又安有中而非内者哉？」獨此非三字經，蓋破格也。

黄祖顓應浙江院試

黄祖顓，字項傳，太倉人。少時讀書，一目數行，有聖童之目，其文汪洋浩瀚，不名一家。張某視學江南，拔項傳第一，手其卷，謂諸生曰：「此子今歲不發解，吾不相士矣。」既而項傳試鎖院，不遇，而適有奏銷之事。

先是，項傳居太倉，諸生有籍隸長洲之富而狡者，借其名以避役，項傳不知也。及歲試，竟以新例見斥。項傳訟於有司，有司漫不省，則走之浙，應童子試。學使金某賞其文，亦寘第一，有忌者，毆之於途，匿絮中以免。

康熙朝旗童應院試之多

蔡修撰視學順天，八旗子弟應院試者五百人，入泮者六十餘，旗人過其半。修撰語給諫查培繼曰：「初謂旗下無文章，不意成章者二百餘卷，取之不盡，尚有三十卷，皆遺珠也。第二名蔡某，乃漕督士英孫，侍郎毓榮子，真神童也。年十二，通《五經》，日可成十餘篇，莫謂旗下無才也。毓榮課子甚嚴，經史日有程，偶誤，則檟楚立施。旗人課子如此，吾輩有子不教，可恥也。」

院試文之快短明

督學使者按臨各郡，考試生童，每次須分十餘場，往往因公事繁冗，期限迫促，不能從容評閱，悉心搜校。康熙、雍正以前，功令未嚴，格式未備，院試尚無試帖，僅《四子書》題文一篇而已。江蘇爲人文淵藪，有學使以快、短、明三字衡文者，大抵交卷愈快愈妙，篇幅愈短愈妙，而意義則取其明白軒爽。題紙一下，不必搆思，振筆疾書，奔走交卷，取額一滿，則不待終場而出案。往往考者方據案咿唔，研墨潤筆，忽鼓吹聒耳，龍門洞開，則紅案出矣，乃皆踉蹌不終卷而出。

一日，文題爲「山梁雌雉」，有一卷文僅十六字，曰：「《春秋》絶筆，西狩獲麟。《鄉黨》終篇，山梁雌雉。」遂拔取冠軍。又一日，題爲「孟之反不伐」，有一卷文曰：「不矜功，良將也。夫伐，情也。反不然，良將哉！春秋時不伐者二，一介子推，一孟之反，之推不貪天功以爲己功，之反不假人力以爲己力，吁！良將哉。」亦拔之冠軍。蓋以其僅五十五字，而全篇規模已具，文乃劈分兩比格也。又有塾童五六人同赴試，一送考之傭工，年近四十，蓋習舉業未成，改讀而耕者也。好論文，貪飲食，偶見塾師評改諸童文，或試不前列，則亦從而指摘之。諸童使具酒食，每先自飲啖，諸童皆惡之，相與謀曰：「傭工喜自衒其能，當有以困之。」乃用傭工姓名，密爲購備一卷，俾攜考具，若令送考者。既唱名，一童在傭工後代應之，而推傭工使前，傭工不得已，接卷而入，且笑曰：「若輩欲困我乎？當顯我才學矣。」是日題爲「夫微之顯」，傭工猶憶少時在塾讀此題舊文，起講下既承上文接筆曰：「夫然而微矣，夫然而顯矣，夫然而微之顯矣。」提比後用複筆亦如之，後比後之結筆亦如之，因鈔襲之，而其他皆不知所云也。首先交卷，學使見三複筆，卽提筆圈之，亦不暇細閱其他處，拔取冠軍。諸童見已出案，倉皇交白卷而出，傭工已在門外爲接考具，且謝曰：「承諸君厚意，使我遊庠。」諸童皆喪氣垂頭而返。

吴改堂冒籍應院試

吴半松丁母憂，返吴江，其子改堂試於江陰，見斥歸，半松泫然流涕曰：「吾老矣，能及見汝成諸生耶？」改堂慨然曰：「三日後見之矣。」遂復至江陰，冒常熟籍，成諸生。歸久之，移入吴江學，尋補廩膳生。

黔院試自爲府籍

雍正己酉三月，錢塘徐文穆公本督學貴州，條奏學政事宜，禮部議覆各條，中有云：「各省府學，皆取所屬州縣童生撥入，惟黔省自爲府籍。府學額多，即不如州縣童生之卷，亦得充額。州縣額少，即有優於府籍童生之卷，亦爲額限，未免去取不均。嗣後府籍童生儻不足數，請於所屬州縣童生内酌量撥入。」

俞長城背貼院試文

雍正朝，俞長城督學河南，關防頗嚴，操守亦慎。試日，輒禁其僕從出入以杜傳遞。乃其妾與僕勾通，作奸犯科，將傳遞之文，貼其背後補服之上，僕揭之以授試士，俞不覺也。

汪廷璵應院試

鎮洋汪少司空廷璵以第三人及第，初名璿。補博士弟子員。學使桐城張少宗伯廷璐張以第二人及第。奇其文，曰：「他日名位不在吾下。」爲易其名，且加廷字，欲引爲昆弟行也。

彭文勤命院試題

南昌彭文勤公元瑞博學能文，嘗以周興嗣千字文顛倒錯亂，别成一本，一字不易，進呈祝嘏，高宗稱其敏慧。其督學江蘇時，所出之題俱有巧思，如考兩學，則出率西水滸，踰東家牆，有衆逐虎，其父攘羊之類。考三學，則出王之不王，朝將視朝，行堯之行之類，不可枚舉。時適值萬壽，考八學，則出「臣彭恭祝天子萬年」，嵌在八題之第一字，如「臣事君以忠」，「彭更問曰」，「恭則不侮」，「祝鮀治宗廟」，「天子一位」，「子服堯之服」，「萬乘之國」，「年已七十矣」之類。例爲提調官之知府王某，雅號王二麻子，適考四學，遂出「王二麻子」四題：「王何必曰利」，「二吾猶不足」，「麻縷絲絮」，「子男同一位」。考六學，則出「李陵答蘇武書」，嵌於六題之末一字，如「井上有李」，「必因丘陵」，「夫子不答」，「后來其蘇」，「文盡善也謂武」，「子所雅言詩書」之類。一日，考四學，出「洋洋乎，注鬼神之爲德章。又洋洋乎，注大哉聖人之道章。又洋洋也。注師摯之始章。」即欲退堂早膳，學官稟曰：「尚少一題。」文勤沉吟曰：「少則洋洋焉。」堂下諸生，莫不掩口而笑。文勤以童生之多懷挾也，先日牌示云：「明日不考文。」次日，諸童皆挾詩賦，文勤若不知。良久，題不下，學官請命，曰：「昨已命之，首題『明日』，次題『不考文』也。」場中無録舊者。

文勤視學浙省，其試題亦多觸景生情，機趣横溢。試處州日，初場，知府不到，委同知點名，至次場，入謁，文勤曰：「太尊今日纔來。」對曰：「方從省下來，前不獲已，故命同知來。」彭曰：「來與不來，聽太尊自便，尚有童場，太尊能自來，益昭慎重。」知府曰：「敢不遵命。」是日，七學出題，自一字至七字止，「來」，「醫來」，「遠者來」，「送往迎來」，「厚往而薄來」，「不遠千里而來」，「而未嘗有顯者來」。其經題，則《易》爲「七日來復」，《書》爲「鳳凰來儀」，《詩》爲「貽我來牟」，《春秋》爲「郯子來朝」，《禮》爲「禮聞來學」。各題皆有來字，則以是日問答之語多來字也。及試童生，聞郡中適有重案，遂以五刑命題，曰「以杖其徒」，曰「若流」，曰「則絞」，曰「而斬」。考次場，知府奉傳上省，仍委同知點名。文勤笑謂送考之教官曰：「太尊今日不來，真不獲已也。」是日所出題爲「又其次也」，「委而去之」，「同其好惡」，「知其所止」，「來者不拒」，蓋每句之首一字，合成「又委同知來」五字也。次年科試某郡，點名畢，所留監場教官有二人，稟稱今日鄉宦某治喪，與有舊，不能不往。文勤笑而許之。俄頃，題出，曰「伯牛有疾」，曰「康子饋藥」，曰「子路請禱」，曰「充虞路問」，曰「右師往弔」。迨試金華，則九學同場，將命題，教官中偶稟他事，語雜仲四先生。問仲何人，曰：「武義歲貢，設帳郡齋者。」遂連書九題，曰「武王是也」，曰「義然後取」，曰「歲不我與」，曰「進不隱賢」，「士志於道」，曰「仲尼之徒」，曰「四體不勤」，曰「先行其言」，曰「生之者衆」，合讀之，爲「武義歲進士仲四先生」九字也。童生初場，分四仲，「微仲」，「虞仲」，「管仲」，「牧仲」。次場，諸教官耳語云：「今日恐不能再切仲四矣。」彭聞之，卽書四題，曰「太王」，曰「尊賢」，曰「西子」，曰「席也」，補足「設帳郡齋」之語。覆試總題「仲壬四年」。仲聞之，乃謂人曰：「宗師前後試題，不啻爲我作小傳也。」

宋芷灣代人應院試

宋湘，字芷灣。未達時，以貧代人應試，被執。將荷枷示衆，宋求免，學使曰：「汝既能文，可現身說法，擬一破題，當釋汝。」宋應曰：「加乎其身，自取之也。」學使曰：「文尚有乎？」宋又曰：「嘉樂君子，惡其文之著也。」學使頷之，遂得釋。

桂陽瑤人應院試

桂陽州設有瑤學，有盤白鳳者，以博學能文，求試諸生。學使大異之，使入邑庠，給廩餼。

阮文達閱院試夾帶

阮文達公爲學政時，搜出生童夾帶，必自加細閱，如係親手所抄，略有條理者，即予入學，如倩人抄録，概爲陳文者，照例罪斥。見曾文正《諭子書》。文正並云：「作時文宜先講辭藻，欲求辭藻富麗，不可不分類抄撮體面話頭。」又云：「文人不可無手抄夾帶小本，昌黎之記事提要纂言鉤玄，亦皆分類手抄小册也。」

鮑雙五以典故勉院試生

鮑雙五侍郎桂星以言失職，性伉爽。未第時，爲淶水方氏主計，出入百萬，計無遺筴，方氏賴之以富。其視學河南時，督課士子最勤，五更即朝服坐堂，校閱文字，以河南士風弇陋，故命題多以典故，誘士子勉於學也。其敍中州試牘有云：「士子弇陋不已，必至有懷挾代倩之弊，而國法隨之矣！」語雖激烈，亦見其中有苦心也。

李申耆應院試

李申耆應院試，督學仁和胡文恪公既首擢之，復梓其原場及覆試卷。刻成，九學諸生各給一本，曰：「歸家熟讀之，毋薄李生新進，老夫衡文半天下，未見有如李生者也。」

院試之試帖詩

某縣院試詩題爲「多竹夏生寒」，某卷句云：「客來加煖帽，人至戴皮冠。」學使亟稱賞之，謂吐屬華貴，非尋常寒酸所能道。又「潤物細無聲」題，句云：「開門知地溼，閉户鬧天晴。」某名士亦亟賞之，謂無聲二字，熨帖入妙。

七十歲童生應院試

湖北某童年七十，初次觀場，自言功夫純熟。方應試，學使因取《四子書》各首句併作一題，「大學之道，天命之謂性，學而時習之，孟子見梁惠王」，老童應聲曰：「道本乎天，家修而廷獻也。」學使歎服。

吴大澂命院試題

光緒丙子、丁丑間，吴清卿中丞大澂督學甘肅，按試至蘭州。時左文襄公甫率師肅清關内，方布置恢復新疆之策。左固夙以漢諸葛亮自命者，平時與友人書札常署名爲今亮，吴下車觀風，即以「諸葛大名垂宇宙」命題。左聞之大喜。次日，班見司道，故問新學使昨日觀風，其命題云何？司道具以對。左撚髭微笑，不語者久之，徐曰：「豈敢豈敢！」

王西莊隨父應歲科考

嘉定王西莊光禄封翁某，老諸生也。光禄未貴時，每屆歲科試，必與光禄偕赴，惟試輒不利，屢列榜尾，而光禄則翹然首出。某年應試，適父子同場，封翁語之曰：「今將吾與汝文字换謄，一試宗師眼力，何如？」光禄允之。既而榜發，光禄仍前列。迨光禄貴，封翁猶頂戴封銜，扶杖應試。時督學者爲光禄同年，因離座揖曰：「老年伯正當婆娑風月，何自苦爲？」封翁正色曰：「君過矣！大丈夫奮志科名，當自得之，若藉兒輩福，遽自暴棄，我甚恥也。」

歲科考忌翠珠字

溥良之任江蘇學政也，實以奥援而得之。忌諱尤深，歲科考詩中有用翠珠等字様者，雖佳文不録也。幕賓憐多士之無辜被累也，試帖題，或采語録，或用經書，則不避而自避矣。

歲考卷批語

生員歲考卷俱須解部，有一定批語，其一等者批曰清通，二等者批曰平通，三等者批曰亦通。

滿人歲考得賚絹

范文程當國時，滿洲子弟應歲考者分三等，上者賚絹二疋。

歲考文作彈詞體

有士子嗜彈詞成癖，與友朋語，信口動成開篇韻文。一日，學使按臨，歲試題爲「子曰赤之適齊也」，合下一節，某久荒廢，日昃不能成一字，乃草草作一篇韻語以了事。文云：「聖人當下意生嗔，説兩旁弟子聽分明。記得那公西辭别鄰邦去，裘馬翩翩出國門。自古道雪中送炭真君子，錦上添花是小人。漫題子華使齊事，且説那爲官得禄人。九百非多俸米給，不言量數闕疑文。他説道，耿耿此心天可表，師門效力理該應，堅推竟不受半毫分。」案發，置劣等。

夏醴谷拔某生歲考

乾隆時，夏醴谷督學楚中，歲試題「象日以殺舜爲事」，有一生文云：「象不徒殺之以水而并殺之以火也，不徒殺之以火而又殺之以酒也。」幕客大笑，欲置劣等，夏不可。更閲其對，對云：「舜不得於母而遂不得於父也，舜雖不得於弟而幸有得於妹也。」夏以爲通篇奇警，拔置一等。

歲考文杜撰古典

乾、嘉之際，漢學大行，能以《緯書》及《汲冢書》、《穆天子傳》等書入文，輒獲上選。黠者因僞撰典故，以愚試官，試官欲避空疎之誚，不敢問也。江左某生素滑稽，值彭文勤按臨歲試，某生亦赴試，場期前一日，偶與同院生出游，道旁有兩槐濃蔭蔽日，中一井，井畔有石，喜其清潤，因坐石傾談。其生忽有悟，曰：「此本地風光，即吾明日場中文料也。」同院生猶哂之。次日入試，榜發，果冠軍。索試卷觀之，小講起語即曰：「且自兩槐夾井以來」云云。以下皆杜撰語，而評語則極賞其典奧焉。

蔣劍人歲考忘題

寶山蔣劍人敦復，道、咸間名士也，與張文虎齊名。弱冠時，薄制舉文而不爲，其父故老明經，督之彌嚴，欲其取科名以自顯。而蔣入場，喜弄狡獪，所爲文，恆引用僻典，詭不入格，以是屢不售，放蕩不羈，時人咸目爲狂生。某年歲試，其父於場前嚴厲訓誡，謂今科不獲售，將置之死地。蔣入場，得題而忘其上下文，不知所出。時隔案者爲某邑老童生，應試十餘科未售，知蔣能文，徐察之，見其久不下筆，因與作寒暄，並謂之曰：「日旰矣，君何未作一字？殆有腹藁耶？」蔣以實告。某曰：「君如欲予背誦上下文者，則請代作起講提比以爲酬。」蔣諾之。於是援筆揮灑，頃刻成二藝，以其一與某。案發，而二人皆獲雋。蔣詣某謝曰：「微君之力，則嚴父之責將不免。」自是投契，二人遂成忘年交。

張樹聲欠歲考

張樹聲以諸生佐戎幕，積功至封圻。光緒朝，撫某省時，忽得本籍教官來文，謂「歷欠歲考，並未有出學文憑，請來籍應試，以符功令」云云。張知其意，贈以數百金，事乃寢。

黃漱蘭考欠歲考生

黃漱蘭通政體芳督學江蘇時，有桃源諸生欠歲考者，欠至三次，教官已援例申請斥革矣。乃遞稟，歷敍其出省游幕實非有意規避等情，乞准補考，從寬免其斥革。黃允之。補考時，乃以「吾以汝爲死矣」命題。

不葬親不許科考

邵二泉爲江右提學，生員不葬親者不許科考。又生員年少能文者，限其每季讀書若干。

陳文傑應經古試

阮文達試杭州時，適新製團扇成，紈素畫筆，頗極雅麗，遂以「仿宋畫院製團扇」命題，詩佳者許以扇贈。錢塘陳雲伯大令文傑方爲諸生，賦詩最佳，即以扇與之，人稱爲陳團扇。

名廪保試經古

南陽廪生吳某文戰每冠其郡，人以名廪保目之。某年歲考，經古題爲「班馬班固、司馬遷。優劣論」，吳文有「嘗讀詩曰：『有車鄰鄰，有馬白顛。』此班馬也」。吳蓋以班馬作花馬解。且告人曰：「余此作，最能刻劃班字。」

以外國字入經古試卷

黄漱蘭督學江蘇時，有某生者，廪生也，試算學，用數目處，以亞拉伯字書之。黄閲之大怒，即懸牌曰：「某生以外國字入試卷，用夷變夏，心術殊不可問。着即停止其廪餼。」某遂以發狂死。

黄按試某府，得一卷，自始至終，皆書「之」字。時值端陽佳節，與幕客飲酒，因出此卷行令，曰：「有見而笑者，罰一巨觴。」衆諾之。及揭卷，則無不大笑，無不大醉。

李殿林評經古考卷語

光緒時，李殿林督學江蘇，按臨蘇屬，舉行歲試。某生以《四書》義見賞，其評語曰：「機圓調熟。」此與華金壽任山東學政時，評經解，曰：「不蔓不支，有書有筆。」可稱雙絕。某卷內用盧梭二字，李瞠目不知所謂，其幕友有知盧梭出處者，具告之。李軒髯笑曰：「何謂盧梭？此真是嚕囌。嚕囌，猶疙瘩也。」發落日，鄒侍郎福保往謁，李延之入，譚及學堂一事，李曰：「方今異端日亟，公宜力與維持。」鄒對曰：「某擬定一章程，其西學，以蒙學課本當之；其算學，以市間通行之大九九小九九當之，庶幾兩無所背。」李揖之曰：「我公妙論，可謂洞見其微，坐而言者，儻起而行，真能爲士林造福也。」

王篤以默經試士

韓城王方伯篤，文端公孫也。道光朝，出視蜀學，以倫理課其行，以經史文韻考其藝，而尤重默經。舉子之熟習《十三經》者，皆得以自見，由是爭致力於實學，蓋原本於文端督浙學時之節目也。任滿，宣宗召對，以「無忝爾祖」勖之。

考古學之浙東三傑

乾隆季年，朱文正督學浙江，以古學見賞拔者，爲臨海洪地齋坤煊，蕭山王畹馨紹蘭，東陽樓更一上層。三人齊名，稱爲浙東三傑。

鄭祖琛以古學覆試

吴興鄭祖琛，字夢白，四五齡識字達數千。入塾，書過目成誦，年十四，應童子試。先入古學場，學使某，南宫名宿也，試以「蟹斷賦」。是題適爲窗下舊作，時與亡兄某同課，得兩篇，均就業師某名士改正，遂録其一。古學例不出童榜，學使以童年得此，疑非己出，懸牌提覆試。入場，復以「蟹斷賦」試之，鄭又録其一。振筆疾書，須臾納卷出，某歎賞不已，遂拔置第一名入泮。次年逢大比，巡撫以事奏請學使代監臨。舊説，監臨例得送紅封一卷。某以鄭卷進，榜發果前列。明春，連捷成進士，以三甲即用知縣，簽分江西，尋署星子縣，時年十七也。歷任繁劇，所至有聲，由州而府而道，旋擢某省按察。任滿匆遽入京，召見，奏對稱旨。不數日，授廣西布政使。蒞任後，除循例辦公外，每趺坐書室中，喃喃唪經，似皈依三寶者然。而政事廢弛，盜賊竊發，幸屬吏幹練，不至蔓延。迨洪秀全犯案逮獄，經年未結，而鄭已升廣西巡撫，兼署雲貴總督。年老事繁，日益頽唐，戒殺放生，視爲因果。洪案株連甚多，鄭毅然釋之，遂搆成十三省之兵禍，鄭亦不得以功名終。

誤解古學題義

張文襄公之洞督學四川時，按臨某郡，偶試古學詩，題爲「柴」、「米」、「油」、「鹽」、「醬」、「醋」、「茶」七題。有一士所作詩，頗典切，惟所用典，皆切産婦。大怪之，細審其故，蓋緣題下有細注云：「須切家人生産事也。」張見之，軒渠不已。

録遺試題

李芍農侍郎文田嘗任江西學政，録遺日，出一題曰：「千取百焉，不爲不多矣。」又貢監遺場題，則爲「吾欲二十而取一何如」？

陸清獻試儒學諸生

陸清獻公隴其令嘉定時，公暇輒詣庠，集諸生以朱子小學及程氏《讀書分年日程》授之。又擬策問一道，令諸生退而自考，務使爲有體有用之學。試卷不分甲乙，略加評點而已。時教諭爲桐城戴芳，自揣不及清獻，謂公實以親民之宰兼師儒之職，亦可見清獻之勤於敬教勸學矣。

黄漱蘭命優拔監題

黄漱蘭爲江蘇學政時，命題之巧，往往出人意表。光緒乙酉科貢監録科，新優拔貢與監生同場。貢題爲「完廪」，監題爲「捐堦」，皆出《孟子·萬章上》。繹其命題之意，蓋一則貼切新得優拔貢者，已出廪生之缺，一則貼切監生，以一百零八兩庫平銀捐一監照也。

優貢

優貢者，優行貢生之省文也。學使按臨所至，凡歲考名列一等之諸生，不論廩、增、附，得由各學教官擇其文行俱優者，出具考語保送，試於郡城之試院，復由學使甄録其尤，於三年大比之後，試之於省，謂之提優。大省中六人，中省小省遞減。及入京朝考，取中者，一等用知縣，二等用教職，自願以知縣改教職者，聽。

詔舉優生

世祖時，詔天下選諸生文行兼優者與鄉試副榜貢生，咸入國子監肄業。康熙壬寅，給事中晏楚灁奏停鄉試副榜，而優生亦久不復舉。及徐元文爲國子祭酒，始疏請學政間歲一舉優生，鄉試仍取副榜，俾辟雍多經明行修之士，時康熙庚戌也，自是著爲令。

世宗諭學政以舉優

雍正丙午，世宗諭謂：「各省學政奉命課士，黜劣舉優，係其專責。嗣後學政三年任滿，將生員中實在人品端方有猷有爲有守之人，大省舉四五人，小省二人，送部引見，朕親加考試，酌量擢用。」

拔貢

科舉之有拔貢，始於明崇禎乙亥。初場試《四書》文二，經義文一，次場試論、表、策各一。國朝因之，每十二年一考，蓋酉年也。凡諸生皆可自行報名應試，至學使按臨各郡，試以經解、詞章、制藝、試帖。酉年赴省，則巡撫會同學使，扃門考之。其取中者，府學各二人，縣學各一人。及入京朝考，一等用七品小京官或知縣，二等用知縣或教職，自願以教職雜職用者，聽，曰詢問班。欲以知縣請改教職者，亦聽之。

聖祖詔選拔

康熙丁丑，聖祖命直省選拔文行兼優之士，府學二名，州縣學一名，滿洲、蒙古二名，漢軍一名，爲拔貢生。

世宗諭令六年選拔一次

雍正丁未，禮部奉諭旨：「直省拔貢，舊例，十二年題請舉行一次。後因各省學政不能秉公選取，國子監未便照例請行，於雍正元年時，特行一次。朕思各州縣每年歲貢，較其食廩淺深，挨次出貢，內多年力衰邁之人，欲得人材，必須選拔。著各省學臣於科考時，照例，府學拔取二名，縣學拔取一名，寧缺無濫。務取學問優通品行端方才猷可用之人，令其來京，朕將親加考驗，令入國子監肄業。如有學問荒陋人品不端才具庸劣者，將學政嚴加議處。嗣後六年選拔一次，國子監屆期題請候旨。」

世宗諭楊可鏡准作選拔

雍正庚戌，各省選拔生員至京，世宗派大臣秉公考試，分別等次進呈。有内湖北應山縣生員楊可鏡一卷，文理荒疏，經部議，照例革去選拔。奉諭旨：「楊可鏡乃明臣楊漣之玄孫，昔順治四年，楊漣之子楊之易爲江南松江府同知，遭提督吳勝兆之叛，捐軀殉難，凜然忠節，此卽楊可鏡之曾祖也。朕思楊漣父子兩世忠義，其後嗣子孫，若稍能自立，品行無虧，雖文藝不工，亦當格外造就。楊可鏡准作選拔，赴國子監肄業，仍着禮部帶領引見。」

謝金圃識拔汪容甫

謝金圃督學江南，值乾隆丁酉方選拔。所拔如汪容甫中，顧文子九苞，陳理堂燮，程中之贊和，郭職民均，江秋史德量，劉又徐玉麟，宋首端綿初，皆一時通經能文之士。時謗容甫者甚多，金圃違衆論，特拔之。容甫惡聞礮，每來謁，則戒司礮者俟其行遠而後發聲。又嘗薦容甫於鹺使者，容甫偶不合，艴然去，金圃爲之謝罪。嘗語人曰：「予之上容甫，爵也。如以學，予於容甫北面矣。」自是，明經文譽乃大起。

全謝山選拔

鄞縣全謝山太史祖望嘗以選拔入京，應朝考，載書數櫝，行至蘆溝橋，關吏發其裝，皆經、史、子、集也。吏恚曰：「我老矣，從未見此書歟。」停車摒擋。逾日至京，依其在都行醫之叔名蓉者以居。屋狹小，堆書積棟，四方知名士慕其能古文而造訪者，設一長櫈延之。

江西某縣拔貢

江西某縣，自明創科舉以來，向未開科。咸、同間，有以拔貢中舉人大挑二等任某縣教諭者告歸，作拔貢舉人二等教諭牌四對，朝置門外，夕運廳事，日以爲常。

恩貢歲貢

咸豐辛亥，御史王茂蔭奏稱遴選恩貢歲貢，請令學政於當貢之年，就各廩生中歷考優等最多者，選以充貢。禮部駁之。

世祖定鄉會試試題

順治乙酉，定鄉、會試三場試題之制。時合肥龔芝麓尚書鼎孳方爲給事中，上疏論之，禮部議覆，略云：「明代舊制，考取舉人，第一場時文七篇，二場論一篇，表一篇，判五條，三場策五道。今應如科臣請減時文二篇，用時文五篇，於論表外，增用詩，去策改用奏疏。」世祖不允，命仍照舊例。初場，《四書》三題，《五經》各四題，士子各占一經。《四書》主朱子集註，《易》主程傳，《詩》主朱子本義，《書》主蔡傳，

《春秋》主胡安國傳，《禮記》主陳澔集説。二場論一道，判五道，詔誥表内科一道。三場經史時務策五道，鄉、會試同。

鄉、會試日期，乃順治乙酉所定。以秋八月舉行鄉試，初九日第一場，十二日第二場，十五日第三場。先一日，放進點名。次一日，交卷放出。春二月會試，各事與鄉試同，三場試題，俱如舊例。其《四書》第一題用《論語》，第二題用《中庸》，第三題用《孟子》。如第一題用《大學》，則第二題用《論語》，第三題用《孟子》。第一場試題，先將經書分段書籤，公同拈掣，如《論語》分爲十段，主考掣得某段，即令房考於本段内各擬一題，仍書籤拈掣，餘題俱准此例。

欽命會試及順天鄉試題

國初，凡鄉、會試三場，俱由主考出題。自順治戊戌後，會試及順天鄉試頭場《四書》三題，由皇上欽命密封，送内簾官刊印頒發。

鄉會試不重策

鄉、會試雖有三場，實重首場，首場又重首篇，餘亦具文而已。然其弊亦自有由，第三場之策，每道不過三數百言，甚或即就題紙起稿。例如題爲問「班氏《漢書》果何所本？《藝文志》與劉氏《七略》有何異同？《古今人表》何以不列今人可得而言之否？」則對者即曰：「班氏《漢書》實有所本，《藝文》與劉氏

《七略》實有異同，《古今人表》不列今人，皆可得而言也。」諸如此類，不勝枚舉。宋《四朝聞見録》謂高文炳好以藏頭策試士，士不能應，但以也字對者字。此風尤盛行於順天鄉闈。三場之策，但以也字易歟字，餘虛字大抵仿此，謂之勾策題，亦曰「對空策」。故第三場極易畢事也。

光緒癸酉以後，始漸尚實策，蓋自石印書大行，諸士子率以對實策相矜。凡場中可用之書，無不攜入，甚或一人不能勝，則糾合數人爲之。各認一道，互相易换，惟策首數句及篇中諸虛字，略爲改易而已。試官閲至第三場，已昏昏欲睡，況又遇此千手雷同之作，欲其過目，烏可得哉？

鄉會試五門發策題

道光癸卯，兩廣總督祁恭恪公𡎴請於鄉、會試策問五道，定爲五門發題，曰博通史鑑，曰精熟韜鈐，曰製器通算，曰洞知陰陽占候，曰熟諳輿圖情形。禮部駁之。

順天鄉會試薦卷加批

順天鄉試及會試同考薦卷，向不許夾有批語。道光壬午九月，有旨，令以後考官薦卷加批，從御史王松年請也。

鄉會試有副榜

鄉、會試之副榜，明代曰激賞。順治乙酉，定取中副榜之制。鄉、會試卷，有文理優長限於額數者取作副榜，與正榜同發。凡中副榜者，免其廷試，即由禮部咨送吏部授職。戊子，世祖諭知廩生中副榜者，貢至吏部謁選，其最者以推官用，次知縣，次州佐。增、廣、附生中副榜者，入成均讀書，滿一年，送吏部歷事考用，與廩生同，後不爲例。計順治甲午、丁酉、庚子三科，皆舉行，至康熙癸卯、丙午、己酉，遂不許立副榜名色。至壬子，大司成某復請舉行，如甲午例，上允行。其後僅鄉試有副榜，會試無之，惟於所中進士外，挑取謄録而已。

青年鄉會試科目

青年得科目者，順治丁亥，王文靖熙年二十；乙未，伊文端桑阿年十六；戊戌，陳文貞廷敬年二十。康熙癸丑，徐文定元夢年十八，納蘭侍衛成德年十九；己未，李丹壑孚青年十六；辛未，黄崑圃叔琳年二十；庚辰，史文靖貽直年十九；壬辰，舒大成年十八；辛丑，勵宗萬年十七。雍正庚戌，嵇文恭璜年二十。乾隆丁巳，德定圃保年十九；乙丑，夢侍郎麟年十八；戊辰，朱文正珪年十八；壬申，熊恩紱年二十；甲戌，戈太僕源年十九；丁丑，彭紹升年十八；辛巳，秦司寇承恩年二十；丙戌，祥布政鼐年二十；甲辰，蔣制府攸銛年十九，文侍郎寧年十八；丁未，何太守元烺年十九，其弟寧夏府知府道生年十八，同中式。嘉慶己未，張侍郎麟年十八。道光以後亦有之。

宗室鄉會試科目

康熙初，置宗室科目，不久停止。乾隆乙丑，復設，中達麟圖；戊辰，中良誠；辛未，中玉鼎柱。後達以侍班失儀罷，遂停文科目。嘉慶己未，仁宗親政，從肅親王請，復設鄉、會試。壬戌，中果齊斯歡、慧端、德朋阿三人。果爲鄭恭王胞姪，慧爲簡良王曾孫，德爲良祭酒子，皆入詞林，一時稱盛。後累科皆中二三人。果洊至户部侍郎，德至左庶子，惟慧以散館降職，任宗人府理事官。

鄉會試改策論表判

康熙癸卯八月，禮部遵旨議覆鄉、會考試停止八股文，改用策、論、表、判。頭場策五篇，二場論二篇，表一篇，判五道，以甲辰科爲始，從之。自是以至丁未會試皆然，尋復之。

乾隆後滿洲鄉會試科目

乾隆以來，滿洲科目最盛者，首屬索綽絡文恭公觀保，與其弟文莊公德保，同登進士，子孫亦科名不絶。其次則屬他塔拉刺史善達，與其叔觀察嵩齡，同登辛巳進士，其姪中丞文幹，復中甲辰進士。文短小精悍，胸多智略，登第時，年甫十八，以資至少宗伯，未爲膴仕也。善時藝，下筆如飛，皆宗陳金正軌，不趨時尚。任金吾時，盜賊斂迹。督學浙江，試文萬卷，親自披擷，不假人手，蔣香杜舍人在其幕中，偶有所謾諉，大怒，立逐出之。在朝持議皆剛正，成哲王笑曰：「若遠臯者，可爲忠矣。」後出撫河南，以嚴刻故，屬吏摭拾其事，劾罷。嘉慶朝，授西藏辦事大臣，未逾年受瘴癘卒。

鄉會試之龍虎榜

道光某科，粵之舉人，第四十八名盧慶龍，第七十名爲黃虎拜，人稱龍虎榜。而康熙癸巳秋八月，萬壽恩科會試，時亦稱龍虎榜，以第一名孫見龍，第二名黃文虎也。

世宗復浙人鄉會試

雍正丙午，世宗以浙人查嗣庭、汪景祺詩文悖逆，風氣惡薄，於是詔罷浙江春秋貢士。戊申，設觀風整俗使以訓之，時奉命持節至者，爲大宗丞奉天王國棟。未幾，王與總督彭城李衞學使、交河王蘭生先後上言浙人感天子教育之恩，洗心滌慮，痛自湔除，而復科一事，尚未得間以請。會武威孫詔守寧波，嘗言諸生以立品奉公爲尚，有倚託青衿，不急國課作四民倡者，其罪尤甚。因下令於試士時，先使有司覈報，苟有此輩，即令停試。已而學使行部至甬，聞孫所行，善之，檄行通省，是歲浙人之課爲天下最。世宗已嘉浙人自新之速，聞是事大喜，即降旨准復開科。

世宗加恩鄉會試士子

雍正庚戌科會試，特命廣額四百名。又會試之前奉諭，凡雍正己酉大臣子弟鄉試失舉者，采中十二名。又雍正壬子科各省鄉試，奉旨，每額十名，加中一名，有零者亦加一名。

鄉會試中式不分經

乾隆丁未，停鄉、會試分經中式之例。每科以一經命題，將《五經》輪流分試，俟輪試畢後，即以《五經》出題，並定添注塗改不得過百字等例。

錢籜石鄉會試題同

秀水錢籜石侍郎載於雍正壬子浙江鄉試中副車，乾隆壬辰會試在八月，舉進士。而是科會試之題與壬子浙闈之題同，且同在八月，更奇。會試之舉於秋，實僅見也。

朱鴻灝鄉會試題同名次同

咸豐己未，福建鄉試題爲「大學之道」四字，明年庚申會試題適與之同。閩人朱鴻灝未、申聯捷，均中第六名，蓋題同而名次亦同也。

鄉會試卷重公羊

制藝中之講《公羊》者，自光緒戊子江南鄉試始。主考爲李芍農侍郎文田、王可莊太守仁堪，皆崇尚經學者，故所取士，如費念慈、李傳元、江標，皆表表者也。次年己丑會試，總裁爲潘文勤公祖蔭，正場首藝，凡發揮《公羊》「王魯」之義者，無不獲售，江南連捷者至十餘人。癸巳，費充浙江副考官，所取之士，如錢保壽、鄒壽祺，皆治《公羊》學者。榜後，謡詠大興，議者至疑爲關節。實則其時數科内博取科名者，有兩大祕訣，純正者摹仿管韞山文稿，新奇者治《公羊》家言，尤以何氏《公羊釋例》一書爲最善本，蓋體例詳明，而文采亦不枯寂也。

鄉會試之號軍

會試及順天鄉試之頭場，於未點名前，先點號軍，輒見垢穢之流，千百蜂擁而入。即有數十差役，持鞭棒雜打之，有不畏打者輒衝而入，如畏打稍逡巡，俄而額滿，被驅矣。人多不解其故。蓋充號軍者，須由所司先給腰牌。買此牌，已須銀一二兩，而貨牌者，又必溢額多售，故必嚴杖之，使不能逕入，一俟點訖，即便喝止。其幸得入場者，所得賞錢，不足抵牌費，勢不得不取償於竊盜，故北闈號軍之竊盜，遠過於各省。

南闈號軍竊物甚少，間有之，亦惟食物小器而已。北闈則衣服貴重物，無不偷竊。且互相容隱，互相傳遞，甚有前號竊物遞交後號者，故查獲甚難。又凡士子出場時，寄頓之物，往往爲所乾没，若煙槍違禁之物，則直取之，且敢用辭以相恫嚇。然士子待號軍之惡，亦十倍於南闈，甚至有痛毆之而折其臂者。

游學生之進士舉人

自光緒乙巳七月詔停科舉以後，進士舉人之名稱悉已消滅。而是年六月，考試東西洋畢業游學生，賞金邦平等進士舉人出身有差，自是每歲試游學生以爲常。則猶沿科舉之舊也。

至宣統己酉，乃始有明文之規定，蓋考試東西洋畢業游學生章程出，中有分等給獎一條。列最優等者獎給進士，列優等中等者獎給舉人，各冠以某學科字樣，習文科者稱文科進士、文科舉人，他科倣此。

補給游學生進士舉人

宣統己酉十二月，賞給游學專門詹天佑、嚴復等進士舉人有差。以詹、嚴爲游學生之先進，故補給之。詹，粤人。嚴，閩人。

蒲留仙論鄉試情形

淄川蒲松齡，字留仙，曾撰有論鄉試情形之文，文云：「秀才入闈，有七似焉。初入時，白足提籃似丐。唱名時，官呵隸駡似囚。其歸號舍也，孔孔伸頭，房房露脚，似秋末之冷蜂。其出闈場也，神情惝怳，天地異色，似出籠之病鳥。迨望報也，草木皆驚，夢想亦幻，時作一得志想，則頃刻而樓閣俱成；作一失意想，則瞬息而骸骨已朽。此際行坐難安，則似被縶之猱。忽然而飛騎傳入，報條無我，此時神情猝變，嗒然若死，則似餌毒之蠅，弄之亦不覺也。初失志，心灰意敗，大駡司衡無目。筆墨無靈，勢必舉案頭物而盡炬之，炬之不已，而碎踏之，踏之不已，而投之濁流。從此披髮入山，面向石壁，再有以且夫嘗謂之文進我者，定當操戈逐之。無何，日漸遠，氣漸平，技又漸癢，遂似破卵鳩，只得銜木營巢，從新另抱矣。」

各省鄉試之中額

本朝之有鄉試，始於順治乙酉，所定中額，順天一百六十八名，内貝字號一百十五名，北皿字號四十八名，旦字號三名，夾字號二名；江南一百六十三名，内南皿字號三十八名；浙江一百零七名；江西一百十三名；湖廣一百零六名；福建一百零五名；河南九十四名；山東九十名；廣東八十六名；四川八十四名；山西七十九名；陝西七十九名；廣西六十名；雲南五十四名；貴州四十名。又以南國子監既裁，應將監生中額歸併國子監。嗣經各省以及各字號屢經增減不一，至乾隆甲子，通行裁減各省中額，議準酌定滿字號二十七名，合字號十二名，共加《五經》遺額一名。夾字號四名，旦字號四名，貝字號一百零二名，南皿三十六名，北皿三十六名，共加《五經》遺額四名。中皿無定額，每二十卷取中一名，山東六十九名，山西六十名，河南七十一名，江南一百十四名，浙江九十四名，江西九十四名，福建八十五名，湖北四十七名，湖南四十五名，外一名。南北輪中，陝西六十一名，四川六十名，廣東七十一名，廣西四十五名，雲南五十四名，貴州四十名。

額定諸生鄉試之名數

凡應鄉試之諸生，須先經提學考試，精通三場，始可入闈。順治乙酉正月，定直省額中舉人一名，取應試諸生三十名。康熙庚午，覆准江南、浙江每舉人一名，送應試諸生六十名。辛未，加至百名。乾隆甲子，議定直隸、江南、浙江、江西、湖廣、福建爲大省，八十名；山東、河南、山西、廣東、陝西、四川爲中省，六十名；廣西、雲南、貴州爲小省，五十名。丁卯，議定直隸改照山東例，取六十名。又敕加恩，每副榜一名，應試諸生，大省加取四十名，中省加取三十名，小省加取二十名。

楊某爲歪頭舉人

順治丁酉江南鄉試，吳中有楊姓者獲雋，因其頭歪，人呼之爲歪頭舉人，並爲七字吟以贈之，曰：「側，吹笛，聽隔壁，思量弗出，頸裏摸跳虱，圈棚船立弗直，我是梁山阮小七。」此詩第五六句，皆吳諺，非吳人不能解也。

山左鄉試之策

順、康間，山左諸生某入秋闈，策問天文，不能悉，偶憶地理一篇，遂以塞白，自謂必無望矣。榜發中式，及領卷，閱之，批云：「題問天文而兼言地理，可稱博雅之士。」

旗人繙譯鄉試

康熙乙巳，復行滿洲、蒙古、漢軍繙譯鄉試。

高宗夙善滿語，於繙譯講習最深。然嘗謂國初惟以滿語爲本，繙譯爲後所增設，實非急務，故屢停繙譯科目，自戊寅至戊戌二十年，未嘗舉行。後阿文成公桂以旗籍諸生出身無所，奏請開繙譯鄉試以勉旗人上進，然非上意也。

翰林學士有習國書者，國書卽滿文也。蓋以備繙譯編纂之任，故須專心熟習，辨析精微，積學功深，與年俱進，始爲不負所選。康熙朝館選之例，庶吉士年四十五以下者，悉令分讀國書。及世宗御極，則每科僅擇年少資敏者十餘人，蓋取其年富力强，可收記誦繙譯之效也。而庶常甫經散館，遂謂無從考驗，束置高閣，以致教習三年，轉爲虛設。至道光戊戌，穆彰阿當國時停止，同治朝，復有繙譯舉人矣。

藩下諸生多得鄉舉

康熙丙午，閩人粘本盛以禮科給事中典試雲南。時功令，凡旗人不第者，勒令披甲。吳三桂藩下多貴遊子弟，可五百人，吳選二百人送入闈，待粘有加禮，屬其破額廣收。於是藩下諸生之中式者，多至二百五十餘。

時有某者年八十，請與試，吳以其老，不許，乃固請曰：「生自束髮奮志，雖老，不少衰。科名遲速有定，王亦何惜一席地，令志士齎志不遇乎？」吳不得已，并送之。及試畢，受卷官視其卷，文無疵，字亦工，異之。揭曉日，拆卷至三十四名，某已中矣。

隨宦子弟得與所在地鄉試

康熙壬子科，廣西鄉試，中式第十二名賈錫爵，滿洲人，廣西無駐防，賈隨宦於桂耳。蓋是時隨宦子弟，固准與於所在地之鄉試也。

聖祖特送潘蘊洪鄉試

潘蘊洪，字函三，湖州諸生。其入庠時，名第一，至京師，應御試，入修書館，復第一。以未入太學，例不得試京兆，聖祖特命內閣下其名於禮部，送棘闈，羣士皆驚訝。潘自負才望，謂科名可唾手得，及數試不售，而同館士強半舉甲乙科，大慚而減食飲。方望溪侍郎苞語之曰：「士果自負，當與百代人絜短長，今直省鄉貢，間三歲必千餘人，乃以不得與於千人者而發憤以死邪？」

朱文端鄉試領解

高安朱文端公軾以康熙癸酉領江西解，長洲宋太史大業拔之落卷中，評語嘉賞極至，末云：「曠世逸才，伯祥大士之後一人而已。」拔冠多士，以爲振靡起衰之式。宋爲大學士文恪公子，揭曉相見，歎曰：「河目海口，昔惟先公，今見吾子矣。」

黃章百歲應鄉試

康熙己卯順天鄉試，廣東貢生黃章應舉，時年已百歲。入闈時，大書「百歲觀場」四字於燈，令其曾孫爲之前導。

馬世琪鄉試繳白卷

馬世琪夙以工制舉文名於江南。未遇時，某年應鄉試，試題爲「淵淵其淵」。馬求勝之心太切，不肯輕易落筆，至次日，尚無一字。時已放牌，舉子紛紛出闈矣，馬口占一詩，題於卷曰：「淵淵其淵實難題，悶煞江南馬世琪。一本白卷交還你，狀元歸去馬如飛。」揚長而出。至後科，竟聯捷，大魁天下。

馮青門不應鄉試

康熙壬午，張洗馬豫章典試河南，命下，都下諸名宿語洗馬曰：「汝能闇中摸索，得馮青門乎，則爲明目，否則瞽。」洗馬曰：「青門，吾故人也。老眼無花，吾敢自負。」及榜發，不見青門名，乃造廬以訪之。青門曰：「吾自江南省墓歸，聞君爲考官，已早避矣。」兩人相視而笑。青門，名震生。

張仕敬以文秀才舉武鄉試

張仕敬，字儼庵，一字覺夫，禄勸之他頗人也。其先本安氏，安氏故出火濟。漢季，助丞相諸葛亮南征有功，封於羅甸，世長烏蠻，滇黔土官安氏皆其後也。仕敬祖肫，由尋甸守分牧霑益。在宋時，其後分駐禄勸之補知絞擺他頗，始氏張。之明開滇，張以地歸順，世爲他頗望族，其祖興國以軍功得官守備，駐省城，興國卒於官。父明鑑復歸他頗，他頗之民純而毅，就約束，張氏之教也。仕敬少好讀書，有文采，補諸生，俗所謂文秀才是也。康熙庚子，舉雲南武鄉試。時魏翥國、南天章先後參戎府於武定，知仕敬所居他頗扼東川尋甸之衝，有事每倚重仕敬也。

吴杲改名失鄉舉

吴泉，字旦清，華亭諸生也。嘗夢神語曰：「改名三省，可獲售。」康熙乙卯鄉試揭曉，至公堂填榜，唱吴三省名，監臨愕然，乃屏去，時吴三桂方稱兵犯順也。後三省得宜興訓導，升溧陽教諭，以終。子之棫能作擘窠，游閩，冒籍，入延平府學。

鄉試分編字號

乾隆丙辰，禮部議准順天鄉試皿字號，分南皿北皿中皿取中。順天鄉試除北皿南皿字號，照舊額各取三十九名外，其雲南、貴州、四川、廣西另編中皿字號。十五名取中一名，零數過半，准加中一名，人數不及十五，仍附入南皿，毋庸另編中皿字號。

順天鄉試分編字號名目，以辨省分：曰貝，直隸生員也；曰北皿，奉天、直隸、山東、山西、河南、陝西貢監生也；曰南皿，江南、江西、浙江、福建、湖廣、廣東貢監生也；曰中皿，雲南、貴州、四川、廣西貢監生也。曰夾，奉天也；曰旦，宣化也；曰鹵，天津商籍赴試者也。而山東鄉試有耳字號，則孔、顏、曾、孟四氏也。陝西鄉試有丁字號，則寧夏府也。聿左字號，合關内之敍州關外之安肅、鎮西、迪化而統計之也。聿右字號，甘州西寧也。每試，聿左右各輪一科，科中一卷肅也。福建鄉試有至字號，謂臺灣也。於試卷送入内簾時，畫疆分界，因地取材，以平解額，庶不致豐兹嗇彼，贏絀懸殊，有得失偏枯之患，此咸豐以前之辨法也。及陝、甘分省鄉試，臺灣割畀日本，聿、至兩字號於是撤銷。

蘇瑞一以治春秋捷鄉試

乾隆戊午，聞棠典試江西，以夙知蘇瑞一治《春秋》，欲得之，徧檢《春秋》房，無佳文，搜遺，得一卷，已塗抹狼藉矣。愕然曰：「非老名宿，焉能辦此？」拔冠房首，榜發，果蘇也。放榜之夕，諸報喜者皆不往，曰：「蘇先生中，人誰不知，焉用報？」黎明，其門人市題名録，始知之。蘇曰：「余文艱滯，自分不售，今既得售，然何爲置第五？」沈吟久之，乃徐徐冠服出門去。其姻家吴寅谷往賀，不值，候至巳刻，歸，則極稱解元王定九文，嘖嘖不去口，因爲寅谷朗誦一徧，指謂某處好，某處勝余遠甚。谷固好學，聞其稱善處，輒求覆誦，遂援筆默寫一篇，且加評點以示。蓋其出門時，詢知王住處，即乞其草藁，讀一過，即能背誦也。

袁子才捐監應鄉試

錢塘袁子才太史枚宏博報罷，留京師，在嵇文恭公璜邸中訓蒙，歲脩錢二十四千。同徵友之已貴者醵資爲之捐監，乃得應乾隆戊午順天鄉試，得售。己未，聯捷成進士，入詞林，以未嫻滿文，散館外用。

朱文正十七得鄉舉

語。大興朱文正公珪年十七，中鄉舉，榜發後，謁座師阿文勤公。文勤曰：「子年少，而魄力大似先師安溪李文貞公。」又謁劉文正公，亦大歎賞。翼日，招至第，命與公子文清公同題壁間《狻猊噬虎圖》，用東坡《石鼓詩》韻。詩成，文正讀至「東龍西龍鬭赤日，白髯老蛟碎玉斗」句，大叫曰：「真長吉語！」有頃，復正色曰：「子詩文已成家，留心經濟，必成偉人。」

順天鄉試卷多曳白

乾隆甲子順天鄉試前期，高宗以懷挾擬題之風日甚，思懲之，命親王大臣嚴立搜檢之法，得一人者賜軍役一金。士子褫及褻衣，貢院内外，枷杻相屬，比日晡，受卷入場者寥寥也。時士子多退歸寓舍，將就寢矣，忽傳一體放進，欽命題下，曳白者乃至二千餘人，下詔切責，並裁減各省中額有差。

順天鄉試擬題

康熙時，凡應京兆試者，擬《四書》題，十得五六；經文後場，祕藏硯燭中攜入。雍正時，稍變陋習，而題拘忌諱，擬者亦十得四五。乾隆甲子，順天鄉試嚴禁懷挾，特命舒赫德、哈達哈二人監視，辮根褻道，無不搜及，二三場散去者千餘人。

鄉試落第舉子謁主司

故事，每科各直省鄉試，揭曉後，中式者謁見典試，絶無不第者與焉。惟錢塘陳句山太僕兆崙文章德業爲世儒宗，乾隆丙辰，薦宏博，授編修，某科典湖北試，闈中落卷亦一一別其純疵，明白批示，發卷後，下第士子率求見，咸指以要領，各得其意而去。有劉龍光者，聞其講論，感激欣喜至泣下，次科聯捷，成進士，歷官御史，終其身，執弟子禮不衰。

鄉試呈薦官卷

各省鄉試官生之卷，十九呈薦，其事始於富陽董文恭公誥以官生應試時。乾隆庚辰秋，劉文定公與介野園少宰典京兆試，有同考官某素識文恭名，得一卷呈介。介不取，某曰：「觀其詞采富麗，必董公子也。」介大怒曰：「科場法至嚴肅，果爾，即奏聞。」賴文定力爲寬解，乃悉取官卷，付介去取，自此沿爲成例。順天鄉試官生卷遂盡呈主考，而外省亦然矣。

劉鳳誥改鄉試卷

劉侍郎鳳誥督學浙江，胥吏徐某，故業鹾，子聰慧，既入泮，謀舉鄉試，會巡撫他出，奏以劉入闈監臨。胥子徧賄諸官吏，既入闈，先以文藁呈劉，劉爲點竄之，無何，果擬中元。而胥所爲頗洩，多口沸騰，未揭曉，諸考生先榜姓名於撫署，劉懼，急削之。

順天鄉試之解元

順天鄉試，例於九月朔呈進中式前十卷。乾隆辛卯，高宗以解元文甚不佳，移第三，以南元爲第一。發卷出，奏事太監曹某奏稱順天鄉榜向以順天人置第一，乃易還之。

四書詩題同在鄉試首場

乾隆癸卯順天鄉試考官三人，同考官十八人，皆用翰林出身，誠詞林盛事。以《四書》題、詩題同在首場，亦是科始。

孫淵如得丙午鄉舉

乾隆丙午，陽湖孫淵如觀察星衍應江南鄉試，主司朱文正公將出京，與彭文勤公約，謂吾此行，必得汪中孫星衍。榜發，果得孫於經策中。中，字容甫，江都人。

王健寒九十九歲應鄉試

乾隆時，番禺縣學生王健寒年九十九，尚應鄉試，握筆爲文，翁方綱曾記以詩。

鄉試老少同榜

乾隆時，粵東諸生謝啓祚年九十八，猶入秋闈，以年例，當早邀恩賜，大吏每列其名，輒力卻之曰：「科名，定分也。老手未頹，安見此生不爲耆儒一吐氣乎？」丙午鄉試，果中式，謝戲作《老女出嫁》詩云：「行年九十八，出嫁不勝羞。照鏡花生靨，持梳雪滿頭。自知真處子，人號老風流。寄語青春女，休誇早好逑。」謝嘗以「半百子孫圖」五字合成一壽字贈人。及百有二歲，朱文正公珪以聞，詔加編修，賜「壽寓昌文」匾。丁未應會試，特恩授司業銜。己酉，恭祝高宗八旬萬壽，晉秩鴻臚卿，瀕行，賜詩額以寵之。又十數年卒，蓋壽近百二十歲矣。有見其硃卷履歷者，先後三娶二媵，舉十三男，十二女，孫二十九人，曾孫三十八人，玄孫二人。

是科，番禺劉樸石孝廉彬華則以年僅十五而中式，老少同榜，年齡相距爲八十三年。撫軍某《鹿鳴宴紀盛》詩，有「老人南極天邊見，童子春風座上來」句。

沈惟熙未冠賜舉人

沈文愨公德潛於儒臣中最稱晚達。嘗訓其孫惟熙曰：「汝未冠，蒙皇上欽賜舉人，亦知而翁鄉試時，固十七次落第秀才乎？」蓋文愨年六十有六，始膺鄉舉也。

馮潛齋重赴鹿鳴

馮潛齋，名成修，廣東人。幼牧牛，年三十四，始游庠。逾年，登賢書，聯捷，點庶常，改部曹，典蜀試。又典閩試，得藍彩元作解首。先是，藍爲王安國尚書典試所賞，必欲中元，因與正主司不合，争之不得，尚書曰：「姑置之，此人不中元，吾不信也。」閲二十年，果發解，王大喜而藍老矣。

馮督學貴州，旋罷歸。好論文，有馮八股之目。年九十餘始卒。乾隆壬寅八衮，與夫人同庚，康健無恙，届結褵周甲之期，戚友門生咸集稱慶，重行花燭交拜之禮。自署其門云：「子未必肖，孫未必賢，屢忝科名，只爲老年娱晚景；夫豈能剛，妻豈能順，重燒花燭，幸邀天眷錫遐齡。」至壬子，重赴鹿鳴。

浙江鄉試誤出經題

乾隆甲寅，浙江鄉試《易經》題，誤出「離爲目爲火」。

杜奎熾書鄉試策後

杜奎熾，昌黎狂生也，以狂死。嘉慶戊辰，應鄉試，書策後千餘言，言：「直隸官吏不能奉宣德意，旗民買漢人田免租，漢人買旗民田没其田，且治罪，非普天下王臣王土之意。」又：「民遇飢饉，毋得攜族過山海關，非古人移民移粟之道。」又言：「後之人君，不以一權與人，大小事必從中覆。臣下皆無所作爲，委成敗於天子，不能給則委之律例。故權之名出於天子，而其實則出於吏，與其權出於吏，無寧分其權於臣。」

書聞，大臣訊之曰：「汝年少，不知爲此言，必受人指使。言之，當免罪。」奎爔大言曰：「奎爔所言，皆忠孝事，天生之，孔孟教之，何者爲指使？奎爔生十八年，今乃知孔孟爲千古忠孝誑師。」訊者皆噤且怒，或叱曰：「汝沽名耳！何知忠孝？」奎爔曰：「然。奎爔誠沽名，然奎爔今死矣。公等爲宰輔，受大恩，萬一樹牙頰，論列是非，朝廷念大體，當不死，輕者罰一歲俸，至款段出都門，極矣。公等愛一歲俸，不沽名，奎爔以性命沽名，奎爔誠沽名也。」遂罷訊。

房官誤會鄉試卷文

世俗以夫婦好合之事爲敦倫，以使令奴僕爲飭紀。嘉慶己卯，浙江鄉試，某房官閲文，見有「飭紀敦倫」句，大駭曰：「敦倫豈可飭紀？怪誕極矣！」亟以筆直抹之。

魏默深得順天鄉舉

道光辛巳，桐城光聰諧與膠州張曾霱鐵橋爲順天鄉試同考官，首題「上長長而民興弟」。張得一卷，卓犖奇肆，薦之戴可亭相國敦元，極爲推賞。旋因内用「尺布之謡」四字，嫌係漢事，抑置副榜。逮填榜，知爲湖南名士魏源，大爲扼腕，然魏卽於下科中式順天榜第二名矣。魏，字默深，邵陽人。

俞理初鄉試紅卷

黟縣俞理初正燮博學久困，道光辛巳江南鄉試，監臨蘇撫某徧諭十六同考官，謂某字號試卷必留意，蓋紅號試卷，外簾有名册可稽，故監臨知之也。是科正主考爲湯文端公金釗，副主考爲熊遇泰，同考某呈薦於熊，並述監臨之言。熊大怒曰：「他人得賄，而我居其名，吾寧爲是？中丞其如予何？」遂擯棄不閱。同考不敢再瀆，默然而退，以爲卷既薦，吾無責焉矣。塡榜日，監臨主考各官畢集至公堂，中丞問兩主司，某字號卷曾中式否？湯曰：「吾未之見也。」熊莞爾而笑曰：「此徽州卷，其殆鹽商之子耶？」監臨曰：「鄙人誠愚陋，抑何至是？此乃黟縣俞正燮，皖省積學之士，罕有倫比者也。」熊爽然，亟於中卷中酌撤一卷，以俞卷易之，未嘗閲其文字也。俞遂中式。

吴廷珪得江西鄉舉

道光辛巳，江西鄉闈解元爲吴廷珪，浮梁人。當嘉慶辛酉鄉試時，主司極賞其文，拔置第一。將發榜，忽失其卷，徧搜不獲，乃易一人。撤闈後，主司檢行李，於帳頂得一卷，乃初中第一之卷也，懊恨久之。自是試輒不利，然越二十年而仍獲解首焉。

林文忠創設鄉試信礮

江南人文甲於各省，每鄉試，合江寧、江蘇、安徽三布政司所屬士子，恆萬六七千人，入鎖院時，唱名授卷，竭一晝夜之力未能竣事，有擁擠顛仆者。某科侯官林文忠公則徐以兩江總督入闈爲監臨，創設信礮，立燈牌，陰以兵法部勒之，日晡而點名畢矣。

春鳳池不得鄉試魁選

駐防各省之八旗人士，例得與於所在地之省闈，與漢人一體鄉試，名次亦列入其間，惟不得在前十八名。前十八名者，除第一名爲解元外，餘謂之經魁，蓋士子得專一經也。江南鄉試同考官分十八房，十八房所中之卷各有一最優者，即以十八房之次序，第其先後，故曰經魁。蒙古春元，字鳳池，長於文學，中道光癸卯江南鄉試第十九名舉人，座師祁文端公寯藻、賈文端公楨極擊賞其卷，以格於例，未及置魁選爲恨。咸豐癸丑，大挑二等，得七品小京官，改光祿寺署丞，春於是時已絶意進取，優游於鎮江之金焦、北固間矣。子善彰，國子監博士。善廣，内閣中書，歷權浙江之西安、浦江縣知縣，皆以科第起家。善康，未仕，隱於商。善述、善餘均太學生。善揚，附生，畢業於江蘇師範學校。

五人以闕節得鄉舉

道光甲辰恩科江南鄉試，青浦中式者五：曰陳瑑，曰葛桐衙，曰王映江，曰諸成琮，曰王浩。當赴試時，五人實同舟。至金陵，泊舟下關，有一蒼頭誤送一函至，五人啓視之，則關節也。乃送某巨公之子者，謂今科闈藝須用《尚書》。遂亟封其書，還其人，而祕之。及入闈，五人得題，悉按《尚書》意義，力爲詮發。榜發，果皆售，蓋皆於無意中得之也。

然五人中，多漢學名家。瑑，字小蓮，精研六書，具有神悟，晚習九章術，自號六九學人。學使曾批其文，謂爲大江南北第一。桐衙，字稚侯，年最少。映江，字永伯，湛深經學，尤深於《書》，著有《顧命康王之誥》考辨大旨。成琮，字彦卿，亦以文鳴，熟精注疏。浩，字荆門，通六書，精考證。惟桐衙之文，爲人所捉刀也。

江南鄉試之麗六卷

崑山徐朗齋大令鑅慶，健庵尚書裔孫也，有雋才，跅弛不羈。道光己酉，鄉試二場畢後，飲於秦淮妓艇，大醉不醒，三場誤點名，未入闈而其卷已掄元矣。闈中徧求三場卷不得，主司歎惋累日。刊程墨時，録其文於解首之前，不刊名而刊紅號，曰「麗六」。徐賦詩云：「虚名麗六流傳徧，下第江南第一人。」

翁叔平喜駡鄉試監生

咸豐戊午，翁叔平協揆同龢與潘文勤同典陝西試，二人故姻好也。並坐一堂閲卷，翁得劣卷，横抹，大聲罵曰：「此必監生卷。」潘言於翁曰：「來朝，將與君分堂閲卷。」翁請故，曰：「子誠大秀才拔貢生，我乃監生，不堪遭君罵也。」翁大笑，允改口，然越數日而罵如初矣。

陸溶爲歪頭舉人

蘇州陸溶工制藝，鄉試屢不第，益發憤讀書。某歲，遇大比，將行前一日，焚香告天曰：「某半生辛苦，不能博一第，如命中應有此福，雖遲數年無害；脱令無也，願略減壽算以易之，俾白屋儒生，亦有吐氣揚眉之一日。」禱訖，伏地大哭。是年，果中式。未久卽病死。陸頸有創痕，頭常欹於一面。相傳陸於粤寇擾蘇時，奔避不及，一寇以利刃砍頸，深入數寸，不絶者三分之一，暈仆於地，越一晝夜始蘇，砍處已爲頸血凝合，遂得不死。然其頭已偏而不正，人謂之歪頭舉人。

江南冬行鄉試

同治甲子夏，江寧既克，粤寇平。及冬，江督曾文正公國藩奏請補行江南鄉試，藉以鳩集流亡也。不以八月而以冬，故不曰秋闈而曰冬闈。解元爲江璧，第三人爲吴大澂，文正與主司劉琨相慶，謂江璧二字，適爲江南肅清之義，蓋至是而長江流域完璧歸趙也。吴大澂三字，蓋至是而三吴澄清也。吴，字清卿，後官湖南巡撫。

滄粟爲人得鄉舉

光緒初，山右郝某富甲一邑，解風雅，好客。有二子，長者年弱冠，延某孝廉爲師。孝廉學淹博，負時譽，廉静寡欲，有古君子風，以故賓主甚相得。一日，有客訪郝，郝卧未起，客翩然入塾，孝廉與之談，滔滔清辯，如讀破萬卷書者，孝廉雅重之，恨相見晚。未幾，郝出見，客先道嚮慕之忱，而後述來意，蓋于役礬資斧，來假白金三千者。主人慨諾，問客曰：「尊紀安在？取攜便否？」客曰：「隻身萬里，無僕役，行將如太原，書券向錢肆付可矣。」郝如其言與之，拱手而去。孝廉謂郝曰：「公誠慷慨，然不相識者與以三千金，異日來者求無厭，殊可慮耳！」主人曰：「客目光如電，吐屬又類書生，殆俠義之徒。與之，所失不過三千金，不與，則禍且不測。」孝廉默然，心中未嘗不訝客之來突如，郝之與傷惠也。

閲數月，有以書遺郝者，啓視，則客謝札，尾云：「令郎俊秀非凡品，擬爲納粟入監，俟秋闈一決勝負，速將履歷寄某處。僕已於某月日入京，令郎來，倘屈駕，當掃榻以待。」郝色然喜，以爲客固不負余者，遽以履歷寄客。孝廉審知其徒，以爲即遇盲主司，亦無倖，然不能重拂郝意，姑令多讀多作而已。六月初，擇吉日，令其子就道，孝廉與之偕。抵京訪客，客居殊精雅，相與道契闊，客出監照授孝廉，復附耳語曰：「事已諧，高足領卷入場可矣，勿問他事也。」及録科，初入試場，枯坐不能成一字。日卓午，有人持卷來易，視之，則琳瑯滿紙，遂繳卷出，名列前茅。三場亦如之。發榜前一日，客走相賀曰：「已中第幾名矣。」榜發，果然。亟訪客，客已他往，謁師會同年畢，遂返里。郝喜不自勝，大張筵宴，親友賀者踵相接，咸謂令郎少年英發，行見來年折杏花耳。郝及孝廉則固知客之所爲，而郝尤感之，顧以不知客之蹤跡爲憾也。一日，有需用，入密室取銀，則有白金三千兩置於几，附一函，略云：「天涯過客，承君饋遺。仗義輕財，可風薄俗。令郎高掇巍科，易於拾芥。文章幾曾憎命，人定自可勝天。本擬造府申賀，人事牽率，不克南來。白金三千，敬謹奉趙，不償子金，受惠多矣。孝廉某君樸誠可敬，恕不另柬。某月某日，滄粟拜手。」主人讀畢，驚異者久之，持函示孝廉，孝廉慚謝曰：「今而後知先生識力之勝人也。」

外人捐監應鄉試

總税務司英人赫德有二子，慕我國科名，光緒初，納監，入籍順天，且延名師教制藝。某科，應順天鄉試，爲北皿號生羣起而攻之，乃不入場。

王莘鋤言閲鄉試卷之難

無錫王莘鋤吏部綍，薄農孝廉藴章之世父也。舉北闈南元，聯捷，入翰林，後改官吏部，出典福建鄉試，得士稱盛。嘗語人曰：「曾得一卷，全體稱意，而中有小疵，終覺不愜，竟擯之。又有一卷，文平平，而有數警句，愛不忍釋，則姑置榜尾。暗中摸索，自信鑑空衡平之不易也。」

林旭十九得鄉舉

林旭，字暾谷，生而穎異，其文則繩趨矩步，無一奔放。李芍農侍郎文田充福建正考官，得林鄉試卷，擊節歎賞，定爲元選，其評語有「非二十年面壁功深者，不能臻斯境界」云云。時林年十九，時論榮之。林，侯官人，爲沈文肅公葆楨孫婿。光緒戊戌政變，被難，卽六君子之一也。

廣東鄉試關節

順天府尹顧某嘗被簡爲廣東主考，粤中盛闈姓，有巨商以重金買四姓，二文二梅，欲主考頭場題中宣示。是科二題爲「衣錦尚絅，惡其文之著也」。三題爲「令聞廣譽施於身，所以不願人之膏粱文繡也」。二文字亦無意巧合。詩題爲「雪樹兩折南枝花」，是二梅字也。

浙江鄉試關節

光緒癸巳，殷如璋、周錫恩銜命南下，主試浙江，至蘇州，船泊閶門外。時蘇州府爲王可莊太守仁堪，循例謁見。談次，忽有人以密函至，立待覆書。功令，典試者在途，不得與戚友通音問，防弊也。殷得密函，請王啓視，王閱之色變，卽呼拏下書者。書中所言，皆賄買關節語，並一萬兩銀票一張，署名者周福清，周卽浙江翰林院庶吉士散館授知縣，革職捐内閣中書者也。殷見事已洩，亦拍案大怒，請將下書者嚴究，以明心跡，於是周遂被禍。

光緒某科，南中某名士典試浙江，撤闈後，以關節酬資未到，流連西湖者數日。浙人大譁，羣起逐之，乃倉皇遁去。然其人固夙以廉隅自勵者，傳聞若是，要亦其左右舞弊所致耳。

戕教地方停鄉試

光緒庚子約款，凡戕教地方，均停止鄉試三年。直隸爲拳亂區域，故順天甲辰鄉試，借開封闈以舉行之。

新進士釋奠

每科臚唱後，新進士咸赴國子監釋奠。禮竣，大司成置酒堂東偏，各獻酬三爵。以堂中爲御駕臨幸地，故避就東偏也。

順治丙戌會試中四百名

順治丙戌正月，禮部奏：「今年二月會試天下舉人，其中式名額及内簾房考官，均宜增廣其數，以收人才。」得旨：「開科之始，人文宜廣，中式額數准廣至四百名，房考官二十員，後不爲例。」

丙戌會試得人

順治丙戌開科取士，爲會試第一科，雖循明制，以《四書》命題，而第一名進士李奭棠三藝渾穆，蔚然開國氣象。魏文毅公裔介、魏敏果公象樞、李文勤公霨、馮文毅公溥、朱尚書之錫，皆出是科。

順治己丑會試中四百名

順治己丑會試，中式四百人，閣臣七人典試，前代未有。時兩廣初定，二甲授參議，三甲授知府，進士釋褐，即官四品，亦奇遇也。

會試滿漢分榜

順治壬辰、乙未春闈兩科，分滿、漢二榜，各有三鼎甲及二甲三甲，其後則合爲一榜。

世祖念南榜舉人之會試

順治丁酉，世祖既誅方猶李振鄴、張我樸，南榜舉人不得會試，已而覆試，江南舉人第一葉芳靄，第二某。世祖悔而惜之，每謂江南舉人被累之困。己亥八月，會試榜發，世祖顧問禮部江南覆試舉人中式幾人，禮部堂官以已中十七人對。又問葉芳靄中式否，則奏曰：「已中式。」又問某，則奏曰：「某名在副榜。」問其人安在，則奏曰：「回原籍矣。」及廷試，遂拔芳靄一甲第三人。辛丑，世祖晏駕。明年，某始成進士。

會試中額分省

康熙癸卯會試，粤東無一中式者。東莞舉人林貽熊等聯名籲請，允之，乃定分省中額之例。

謝聘以會試落名不得與

康熙癸卯，謝聘舉於鄉。甲辰，公車北上，禮部吏誤落其名，遂不得與試。事聞，聖祖赫然震怒，疑爲怨家裁抑，從邸舍急索之，而聘已先期出都。乃遣吏部員外郎喇畢馳驛召聘，使赴闕質對，議削諸司事官籍，立授聘官。聘詣部，立白司事官無他，實吏胥一時之誤，司事官概免罪。聘，號莘園，瑞金人。

三進士皆貳臣

進士出身之最奇者三人，皆在國初，以貳臣就試者也。一杞縣任暄猷，明末練鄉勇，禦流寇有功，後仕福王，爲後軍都督。王師下江寧，投誠，隸旗下。中順治壬辰進士，以磨勘被黜，後再中乙未進士。一五一部陽吴芳，明崇禎己卯舉人。永曆時，官至左都御史，歸命後，願以科第進，中康熙甲辰進士。一河錢世熹，明末官縣令，鼎革後，削髮爲浮屠，久之復還俗爲諸生。康熙庚戌成進士，年七十餘矣。

准新進士自陳任吏與否

康熙庚戌，常熟陶晚聞太常正靖再試保和殿，名在第十二。聖祖命大學士蔣文肅公傳訊諸進士，自度材能堪任吏與否。倪紫珍先對曰：「有志臨民。」陶繼言曰：「願就教職。」文肅愕然，再詢之，對如初，後太常仍以翰林用。

韓文懿爲會元

康熙癸丑會試，值釐正文體之時，長洲韓文懿公菼舉南宫第一，遂以經義開風氣之先，駸駸乎有起衰之功焉。

陳文簡奉旨會試

陳文簡公生而岐嶷，三四歲時，每於睡夢中，一聞梵唄聲必驚起，合掌趺坐。母知其有自來也，撫之曰：「兒既生我家，當從事聖賢之學，佛氏之教不足循也。」文簡聳聽已，即臥，自此聞經唄聲，不復起矣。比長，博極羣書，以貢入成均，旋中京兆試，文名藉甚，上達宸聰。

康熙己未會試，適其婦翁長洲宋文恪公充總裁官，文簡迴避不與試。是日聖祖臨朝，閱禮部奏迴避事，指文簡名以詢，廷臣羣以宋係陳婦翁對。上曰：「翁壻何迴避之有？可趣令入試。」時日已亭午，闈中將放飯矣，忽傳鼓啓門，奉旨特送舉人陳元龍一名進場，然文簡仍以嫌被屏。乙丑，會試中式，總裁以十卷進呈，文簡卷列第十，上拔置第二。殿試，上復親擢爲一甲第二名，賜進士及第。

丁腹松中進士而辭館

丁腹松，字木公，通州人，博學能文。性迂古，重氣節，年三十舉孝廉，屢試春官不第。時明珠當國，聞其名，延之課子。丁督課嚴，明益重之，每朝罷必往謁，數年如一日。值會試期近，明曰：「試期近矣，先生大才，掇高第如拾芥，可預賀也。」丁歎曰：「吾自揣學問不讓他人，顧屢躓場屋，命耳！吾衰矣，不願作馮婦也。」明曰：「科名遲早有定數，先生非久居人下者，吾願先生之就試也。」又曰：「奴子安三，於送場事頗悉，令侍先生往，當能減先生之勞。」丁詫曰：「彼能之乎？」明亟稱其能，頷之。

安三者，明之豪奴，侍郎以下皆敬禮焉，呼之爲三爺。明敬丁，特命供使令，丁亦微聞安不法事，日必令其疊被掃地滌溺器以挫之，且直呼曰「安三」。安以主人故，謹受命。是日，明去後，安入服役，丁思明言，遂少假顏色，笑呼曰：「安三爺，聞汝主言，汝於送場事頗悉，吾試時，當借重也。」安驟聞此語，如膺九錫，蓋丁素嚴厲，今忽霽顏，且呼之爲安三爺也，乃屏息肅立，對曰：「敢不唯命。」

屆期，安策馬前導，將入闈，衆官見安來，有揖者，有屈半膝者，丁誤以爲施於己也，訝甚，據鞍拱手不已。抵闈門，卽見一官手丁卷，呈安閲，衆官前導，安與丁偕入號舍，爲丁張號簾，敷考具者皆官也。安臨去時，復諄囑衆官善視丁，衆唯唯，如是者三場。

發榜前數日，安忽入賀曰：「師爺中式矣。」丁笑曰：「固所願也，然談何容易？吾命果泰者，通籍久矣，待今日耶？」安力言其確，丁怒曰：「關防嚴密，奴輩何由知之？汝敢造言以戲我，當告汝主扑汝也。」安疾趨而出，有頃，手一卷來，謂丁曰：「睹此，知小人之言確也。」丁視之，則一硃卷，卷面大書中式第幾名，展視之，蓋己作也。大驚，索卷將裂之，安見丁變色，急袖卷出，丁追之不及返，乃怒詈不已。其時丁猶謂安取他卷謄己所作文以誑己也。次晨，囑明嚴治之，明唯唯而已。

閱數日，榜發，丁果中式，名數與前卷符。丁始晤明爲之通關節，安所爲，明所使也。大慟曰：「吾一生名節掃地矣。」急辭館。明固留不可，具盛饌餞之，辭不赴。瀕行，明囑其子成德賚以萬金之券，曰：「聊以將意，家父恐道遠，攜帶不便，已匯袁浦矣。」丁固辭，成固請，丁乃索火吸烟，即以此券付之火，明父子嗟歎而已。又命沿途官吏具供張，丁悉屏弗受。既歸，隱居城南之軍山。及明敗，凡與明往來者均株連，丁獨否。

汪舍亭承父命赴會試

康熙戊戌，杭人汪舍亭再舉禮部，值母袁太孺人卒，痛己之遠遊而母死不能喪也，自誓不復應試。辛丑，計偕，其父察其無行意，一夕，召而語之曰：「而以乃翁爲年邁乎？」因據案起立，張左右手，復坐，命進餐，食盡一升。舍亭知老人尚無恙，重違其志也，乃始行。

蔣恭棐兩宴瓊林

長洲蔣太史恭棐中康熙乙未進士，未授職，後緣事被黜。越六年辛丑，捷南宮，入詞苑，兩宴瓊林，世稱奇遇。

世宗諭令副榜會試

雍正丙午，世宗諭曰：「士子讀書制行之道，首在明經。其以《五經》取中副榜者，必有志經學之士，着將今年各省《五經》取中副榜之人，俱准作舉人一體會試。此係特典，後不爲例。」

世宗諭應試貢士語

雍正丁未試南宮，以春寒，賜貢士棉衣薑茶。試畢，羣詣謝恩，吴大宗伯襄宣言於衆曰：「上有旨，汝輩他日作官，當如張鵬翮、朱軾，方不負朝廷。」張、朱皆謚文端。貢士，卽進士也。

杜要徒步赴會試

新化杜要，字明若，屢困場屋，佹得佹失，年六十四，始與同縣楊琨、楊振鐸同舉於鄉。已而琨與振鐸相繼登明通榜，要年輩先於二楊，恥居其後。乾隆丙辰，年已七十矣，徒步赴京，應會試。高宗登極，恩命，搜年老舉人硃墨卷進呈，遂特賜要以國子監學正。

會試時皮衣不去面

國初考試嚴懷挾之禁，會試士子計無所出，乃將文字抄成小本，縫衣裘中，遂有皮衣去面毡衣去裏之例。然會試在三月，時猶嚴寒，士子著裘者入場時，悉去其面，一色皆白。乾隆乙丑，高宗降諭：「春月會試，風簷之下，非衣裘不足以禦寒。若將製就皮衣悉令去其裼襲，應試多人，既不免改造之費，亦非所以飾觀瞻也。著將皮衣去面之例停止。」

閻循觀會試下第

乾隆丁丑會試，餘姚盧抱經學士文弨與分校，得山東一卷，其辭簡淡醇雅，以爲非學有元本者不能。既呈薦，主司嫌其寂寥，弗善也。甲乙既定，諸分校者皆退，學士獨抱卷上堂，與主司言，謂不宜失此士。力争再三，竟不能得，學士爲之出涕。既撤棘，言頗傳於外，争索此卷閱之，稱歎。詢邑里姓名，則昌樂閻考功循觀也，以故閻雖不遇，而名聞京師。至丙戌會試，學士又與分校之列，揭榜日，唱名至第九，侍郎劉蔭楡閱閻名，詫於衆曰：「此卽往年盧某所爲抱卷而泣者也，今可爲之一鼓掌矣。」滿堂聞之，皆大噱。

會試易表判爲詩

乾隆丁丑會試，奉旨，易表判爲詩，置經文於二場，永著爲例。戊寅，復於頭場增性理論一篇，其後無性理論，僅三文一詩而已。

會試有貢士謝恩摺

會試放榜，禮部必代貢士爲謝恩摺。乾隆丁丑，乃貢士所自撰，領銜者爲龔起，其呈詞，有「稽千佛之名經，載雲從之詩」等句。高宗降諭申斥，謂「千佛名經，乃唐人下第者欣羡之詞，語甚鄙俚。在制科鉅典，自當誦習聖賢，非先王之法言不敢道，豈得漫爲摭拾？至雲從之詩，則與周宣憫雨詩相溷，龔起等草茅之士，未諳體制，尚無足責，而禮部堂官據詞入奏，何以不加檢點」云云。

眭朝棟請復會試迴避卷

乾隆辛巳會試，特派御史眭朝棟爲同考官，命於入闈日，開列應避之親族名單以進。劉文正、王文襄之親族，頗多應迴避者，而眭獨無。高宗怒，下眭於部。部承旨，引結交近侍例，置極刑。蓋眭當未派同考時，曾疏請復迴避卷，高宗疑密語已泄，眭爲劉、王地也，故誅之。

汪竺香會試不妄對

蘇州汪竺香，名元亮，博聞强記，爲吴中名宿。中乾隆壬午經魁，朱文正公深器重之。每有不得意事，則風病時發。某科會試，頭二場卷已入彀矣，至三場，策問皆元元本本，通場無及。然僅對四問，有一問僅書「臣愚不敢妄對」六字，房官閱之大笑，遂落孫山。

會試名次已定復改

順治丙戌會試，柏鄉魏文毅公裔介卷已擬第一，填榜時改爲十二名，李爽棠本定十二名，改第一。乾隆癸未會榜第三名本定張書勳，以其論錯誤斥去，乃於落卷中搜得秦大成卷以補之。後秦占大魁，而張亦中丙戌狀元。

新進士簪花禮

新進士釋褐於國子監，祭酒司業皆坐彝倫堂，行拜謁禮。簪花故事，三鼎甲皆簪金花，有備用一枝，爲總理監事者所攜歸。乾隆辛丑，長洲錢棨適占三頭，於時總理監事者爲蔡文勤公世遠，新司業則翁覃谿學士方綱也。文勤戲謂今科狀元爲翁公上年所得士，此花應歸翁公，學士因攜歸，櫝藏之，鐫銘其上，並撰《三元考》、《三元喜讌》詩四律。京師士大夫及四方詩人和者數百家，梓爲《三元詩集》。

高宗以五經試士

乾隆戊申，高宗以相臺《五經》鏤板，特築《五經》萃室藏之。舊例，科場試士，士各習一經，至是始用五經。

凌廷堪成進士

歙凌次仲教授廷堪，少長習賈，常爲人所紿，母王氏乃使從事於學。博通經史，尤精三禮，及推步之學，顧生平不好八股文，未嘗作也。入都，謁翁覃溪，翁奇其才，强之習舉業，遂以乾隆己酉、庚戌兩榜成進士。

停會試明通榜

乾隆庚戌以前，會試有明通榜，例得内閣中書，蓋於遺卷中取之也。長洲王惕甫芑孫素有才名，上計時，和珅欲致之門下，王拒之，不通一刺。和銜之甚深，會試，王中明通榜，和特奏停止，將榜撤回。會試明通榜，遂自庚戌永遠停止矣。

會試搜落卷

乾隆乙卯會試榜後，高宗簡大臣搜閲遺卷，得三人，特旨授内閣中書。是科總裁爲諸城竇光鼐，滿洲瑚圖禮，武進劉躍雲，第一名王以鋙，二名王以衔，歸安人，同懷兄弟也。高宗疑其有私，將總裁降調有差，而命嚴行覆試，並恐有屈抑。别簡大臣取遺卷悉心覆勘，大臣以蕭山傅金、天津徐炘、山西李端三卷進呈，俱命授内閣中書。後徐官至某省藩司；李成嘉慶己未進士，入翰林；傅早卒，終中書軍機處行走、方略館纂修、文淵閣校理。

俞理初會試下第

嘉慶朝，士之以博洽聞於時者，北爲張石洲穆，南爲俞理初。理初舉於鄉，數困公車。某科，阮文達典會試，王菽原禮部爲同考官，得一卷，驚喜曰：「此非理初不辦！」亟薦之。是日，文達適小極，未閲卷。副總裁汪文端公廷珍素講宋學，深疾漢學迂誕，得王所薦卷，陽爲激賞，俟王退，亟鐍諸笥，亦不言其故。將發榜，文達料理試卷，詫曰：「何不見理初卷耶？」命各房考搜遺卷，王進曰：「某日得一卷，必係理初手筆，已薦之汪公矣。」文達轉詰文端，堅稱不知，文達無如何，浩歎而已。榜後，理初往謁王，王持之痛哭，折節與論友朋，不敢以師禮自居，且贈詩四首，有云：「如是我聞真識曲，最難人説舊知名。」又云：「冥鴻已分翔寥廓，暮雨蕭蕭識此心。」其傾倒也至矣！ 理初所著書，初名《米鹽録》，王爲鳩貲選刻其半，易名曰《癸巳類稿》。

龔定庵會試之起講

嘉慶乙丑春闈，同考官王植閲浙江一卷，至第三藝起講，以爲怪，大噱不止。鄰房温平叔侍郎聞聲往視之，爲言此必龔定庵卷無疑，乃慫恿呈薦，遂獲售。況夔笙太守嘗言見是科第十房同門録，有定庵闈作，三題爲「夏曰校，至小民親於下」，其小講云：「昔者三代之制，八歲入小學，十五入大學。小學學六書九數而已，大學之道，在明明德，在親民。」雖簡淡疎樸，然亦不甚怪異，其首次兩藝，氣格尤醇簡，不骫時藝矩度。詩題爲「春色先從草際歸」，第四韻云：「出山名遠志，入夢戀慈暉。」尤渾雅可誦也。此在定庵，蓋已俛就繩尺矣。

龍汝言一體會試

狀元遭際之奇，莫過於龍汝言。龍未第時，館某都統家，適仁宗萬壽，都統屬撰祝詞備小貢。故事，每萬壽及令節，凡一二品大臣及內廷翰林皆有小貢，爲詩、詞、序、頌之類，繕小册以進。龍乃集聖祖、高宗御詩百韻以進，仁宗大喜，特召都統奬之。都統以龍代作對，仁宗曰：「南方士子往往不屑讀先皇詩，此人熟讀如此，具見其愛君之誠。」立賞舉人，一體會試。次年春闈下第，總裁覆命，召見時，仁宗謂闈墨不佳。及出，密詢近侍以今科闈墨不愜上意之故，近侍曰：「龍汝言落第耳！」於是朝臣咸識之。次科，卽嘉慶甲戌，主司仰體上意，因中之。及殿試，卽以一甲一名擬進，仁宗私拆彌封視之，乃無言。臚唱日，仁宗喜曰：「朕所賞果不謬也。」甫釋褐，卽派南書房行走、實録館纂修等差。

龍幼孤貧，賴妻父卵翼之，故懼內，妻又悍。一日反目，避友家，適館吏送高宗實録請校，龍妻受而置之。越日，吏往取，妻與之，龍不知也。一日，忽降旨革職，蓋高宗純皇帝之純字，館吏誤書作絶，龍雖未寓目，而恭校黃籤，則龍名也。仁宗大驚，降旨曰：「龍汝言精神不周，辦事疏忽，著革職永不敘用。」及仁宗崩，龍入哭臨，哀痛逾常。宣宗嘉其有良心，特賞給内閣中書，道光戊戌科，猶充會試同考官也。

會試房考覓穆公子卷

長沙陳岱雲太守源兗，以氣節自高，與曾文正公國藩爲密友，卒殉咸豐癸丑廬州之難。其官編修時，分校禮闈，首輔穆彰阿有子與試，分試十八人，皆其門下士也。十七人者，争覓公子卷，冀得一當，獨憚太守方正。而卷適在太守房，以藝劣未呈薦。同事物色之，且以情告，太守亟加批抹焉，穆無如何也。

會試關節

科場關防嚴密，道光時，某權相以此樹黨，其畬門生年家子及有以文字著名者，場前預送條子爲文中之關節，久之相習成風矣。有某部郎者，頗束身自愛，某科出禮闈，呈文稿於鄉薦座主。某甚重其文，怪其不預送條子。某曰：「門生初試，不知條子爲何物，又愧由詭道貽師門羞耳！」座主咈然不悦，曰：「君不受栽培，嗣後不必過我也。」是科雖中，不與館選，説者謂爲不受栽培所致。

龔定庵魏默深會試下第

道光丙戌會試，劉申受禮部爲同考官，得龔定庵卷狂喜，亟薦之。魏默深卷在某侍御房，猶豫不遂薦，劉讀其文異之，乃促令亟薦，然龔、魏竟皆下第。劉痛惜之，贈以詩云：「三江人文甲天下，如山明媚畫嶙峋。盎盎春溪比西子，浣花濯錦裁銀雲。神禹開山鑄九鼎，罔兩頫伏歸洪鈞。鋒車西走十一郡，奇祥異瑞羅繽紛。茲登新堂六十俊，自注：浙卷七百餘人，余獨分得六十卷。就中五丁神力尤輪囷。紅霞噴薄作星火，元氣蓊蔚暉朝暾。骨驚心折且揮淚，練時良吉齋肅陳。經旬不寐探消息，那知鎩羽投邊塵。文字遼海沙蟲耳，司中司命何歡嗔。更有無雙國士長沙子，孕育漢魏真精神。尤精選理躒鮑謝，暗中劍氣騰龍鱗。侍御披沙豁雙眼，手持示我咨嗟頻。自注：湖南九四卷，五策冠場文更高妙，予決其爲魏君源。翩然雙鳳冥空碧，會見應運翔丹宸。萍蹤絮影亦偶爾，且看明日走馬填城闉。」定庵是歲三十有五。己丑，始捷南宮，劉卽卒於是年。默深至乙巳始登第，則劉不及見矣。默深，邵陽人，非長沙也。

曾文正爲同進士

曾文正公國藩成進士時，殿試列三甲。故事，三甲多不入翰林。文正大恚，卽日買車欲歸。時勞文毅公崇光已官編修，有名公卿間，因往慰留之，且許爲盡力。歸，卽約善書者數人，館之家，又假親友僕馬各十，鞍轡以待。文正出場，急寫其詩分送貴要。既而果列高等，入翰林，然終以不登二甲爲恨。至督師兩江時，偶與賓客語及「如夫人」三字無對，李次青方伯元度應聲曰：「同進士。」曾色變，李亦慚悔，久之乃解。

會闈別試迴避

道光丁未會試，山東孔慶瑚爲同考官，孔氏宗族應迴避者數十人。蓋聖裔散處各省者，皆依衍聖公輩行，不紊昭穆。故每遇孔氏子孫有主考同考之役，以同宗例須迴避，不論籍貫。禮部尚書祝慶蕃因請復別試迴避之例。宣宗問停止之故，慶蕃對曰："乾隆某科有宰相子弟迴避者，高宗恐臣僚與有私昵，乃停此例。"宣宗曰："今年非亦有宰相子弟在迴避中耶？"慶蕃叩頭莫能對，遂罷官。

王壬秋不赴會試

湘潭王壬秋，名闓運，少負時名，往來公卿間，多欲羅致之。而性超軼，不樂仕進。咸豐時，嘗客遊燕趙，將赴春闈，至清苑矣，意忽忽不樂，遂改轅歸，作《思歸引》。其後得官翰林院檢討，特賞也。

潘文恭重賜及第

重宴瓊林，已不多見，而重賜及第，國朝惟潘文恭公世恩一人。潘以乾隆癸丑大魁天下，至咸豐癸丑，甲子一周。時已早躋台輔，而是科子星齋侍郎曾瑩，適奉命典春官試。孫文勤公祖蔭以前一年及第，闈後，乃與小門生稱新同年。

倪恩齡場前中進士

咸豐庚申會試，應試者不及歷屆之半，以粤寇肆擾，各省亂事未已，無力成行也。邊省竟全無之，惟雲南有一人，爲倪覃園太守恩齡，乃早年留京者。羣知其必中，故於場前，已有戚友向之稱賀矣。

張文襄憾不狀頭

張文襄少時，文章丰采，聲譽藉甚，惟性落拓，耽麴櫱，醉後好爲狂言險語，聞者卻走，有時醉甚，則和衣而卧，笠屐之屬往往發見於枕隅。某年，其族兄文達公之萬以第一人及第，張大恚，慨然曰：「時不我待矣！」自此遂戒酒不飲，一改其舊日行逕，不數年，亦以第三人及第。然猶以不獲作第一人，終遜文達一籌，至暮年恆引爲憾事也。

徐郙會試未搜檢

徐頌閣協揆郙，以同治壬戌通籍。是科會試檢查極嚴，凡攜片紙隻字者俱屏斥，搜檢者及徐而倦，得不搜。

孝欽后擬作會試試帖

孝欽后工試帖詩，每歲春闈，及殿廷考試，輒有擬作。同治乙丑科會試，詩題「蘆筍生時柳絮飛」得「生」字，擬作云：「南浦篙三尺，東風笛一聲。鷗波連夜雨，萍跡故鄉情。」又同治癸酉科考差，詩題「江南江北青山多」得「山」字，擬作云：「雨後螺深淺，風前雁往還。舍連春水泛，峯雜夏雲間。」

會試卷用幾希字

同治甲戌會試，某同考官薦一卷頗佳，三題「君仁莫不仁君義莫不義」，文有「人存所以以驗幾希也」句。總裁批云：「幾希字生。」遂置之。聞者大笑。

王半唐會試詩出韻

臨桂王半唐給事，名鵬運。光緒庚辰應禮部試，詩題「静對琴書百慮清」得「清」字，乃末聯用離塵二字叶韻。卷經同考廖穀似中丞壽豐呈薦，而堂批謂此卷擬中已三日矣。覆閱詩末出韻，擯之可惜。半唐雅擅倚聲，夙擊宫律，四聲陰陽，剖析精審，乃至作試帖詩而真庚混淆，詎非咄咄怪事耶？半唐嘗曰：「進士者，器之貴重而華美者也。是有命焉，不可倖而致也。」半唐，一字幼霞。

己丑會試錯認顏標

光緒己丑會試，正總裁爲李文正公鴻藻，欲取中天津辛元炳，誤以許葉芬荒率之文爲辛，置第一。辛文實充暢，竟抑置謄録，蓋實錯認顏標作魯公也。

張季直會試見擯

光緒己丑，潘文勤公祖蔭亦典春試，亟欲得張謇卷。揭曉，竟無名，潘目同考官熙麟曰：「此必汝不識文，横加勒帛耳！」熙檢薦卷簿則張卷已薦，爲潘所自擯，以語潘，潘大沮喪。謇，字季直，通州人，後以一甲第一人及第，官翰林院修撰。

眉壽八進士

光緒己丑會試之前，潘文勤公爲鄉人之入闈者，設送場宴。座客惟吳大澂非舉子，中有江寧許鶴巢玉瑑者，文名籍甚，官中書，門徒甚衆，以腹疾未到。席次，潘語客曰：「我新得一鼎，考其款識，乃魯眉壽鼎也，今刊有圖説。」語畢，徧贈座客。吳攜歸，置之案，王勝之太史同愈見而愛之，乞之去。及試期，潘充總裁，二場《詩經》題爲「眉壽保魯」，得圖者咸擻去常解，以鼎詁題。榜發，中式八人，同宴者七，元和江建霞京卿標亦在其中。其一卽王，得亞元，是日本未與宴也。許獨以疾不赴宴，遂向隅，後屢試不第，以中書終。

壬辰會試誤認顔標

光緒壬辰會試前，張謇、劉可毅等同謁翁相國同龢。既見，寒暄已，翁曰：「今日時勢，宜統籌全局。」再三言之，張不省，劉默志焉。是春，翁主禮闈，首題爲「君子矜而不争」兩章，劉即以統籌全局字嵌入破題。翁得卷，狂喜，定爲元，批詞有「爲國家得人慶」之語。及拆封，非張，劉之名係新易者，翁亦大沮。後詢知劉原名毓麟，亦江南名士，始少慰，曰：「差强人意。」是科第二場，《詩經》藝爲「昔我往矣，楊柳依依。今我來思，雨雪霏霏」四句。劉卷有句云：「策馬三韓，雪花如掌。」張昔年曾從合肥吴武壯公長慶戍高麗，翁以爲作是語者，季直無疑，不待搜尋，定爲首選。及揭曉，又爲劉，是亦錯認顔標作魯公也。

沈友卿甲午會試爲房首

汪柳門侍郎鳴鑾所作帖括，曰《能自彊齋制義》，聲調圓熟。光緒初，順天鄉會闈墨，皆以聲調爲主，應舉者輒取是編而揣摩之，無不入彀。然汪夙以博雅自負，見友人案頭有藏此編者，輒毁裂之。甲午春，充會試總裁，搜羅才俊，題爲「達巷黨人曰」二句。有以大哉二字分作兩大比，用《尚書》哉生魄之義，以哉爲首者。有以麟鳳鴻狗分作四大比者，鴻取觀鴻之義，狗取纍纍然如喪家狗之義。有陝西舉人某，以黨人爲秦人，破題有「莫謂秦無人者」句。

武進沈友卿太史同芳闈作沈博絶麗，同考官某讀之不甚解，將棄之。適常熟翁敬夫太守斌孫在側，大驚賞，因告李牧齋閣學盛鐸曰：「某房有江蘇卷，必爲君辛卯在江南所得之士。某以其文辭古奥，將棄之，速爲轉圜，無失也。」李因請於某，代爲擬批，薦於汪。汪擊節稱賞，拔爲房首，列第十二名。

以進士獎給日本人

日本文學博士服部宇之吉嘗爲京師大學堂師範館教習，光緒戊申十二月回國，學部曾爲之奏請賞給文科進士，奉旨依議。

舉人瀛臺覆試

順治丁酉，世祖命南北中式舉人在瀛臺覆試，題卽爲《瀛臺賦》。是時每舉人一名，命護軍二員，持刀夾兩旁，與試者咸慄慄危懼。常熟陳溯潢亦在列，其父貢生式嘗作《燕都賦》，溯潢夙誦之，未忘也。至是點綴成篇，遂蒙欽定第一。

謝焕章覆試革舉人

雲南舉人謝焕章年逾六十，甫捷鄉闈，入都會試。其覆試之文，理境深奥，閲卷者李某幾不能句讀，以爲文理欠通，竟坐褫革。謝固滇中名宿，有及門八人，同上公車，咸憤不與試。羣起揭控，事聞於朝，特派大臣覆閲，謝得開復，作爲本應罰停會試一科。而開復已後試期，應無庸再議，然謝之文名，由是盛傳日下。

高宗臨幸覆試場

乾隆甲寅鄉試之覆試日，欽命題爲「山節藻棁」二句，「於季桓子」六句，詩題「窗明几淨」得「行」字。日未午，監試官忽命衆跪，則高宗出也。詢有完卷者否？時無一完卷者，惟一人以完卷未謄真對。命取其稿呈覽，御筆爲改詩一韻，其人竟以此獲首列。

會試、鄉試、覆試題，例命解元謄寫，其原題仍恭繳，鄉試解元或不到，則旗魁代之，皆跪而書。正午，例賜松餅四枚奶茶一甌以餉之。

俞蔭甫覆試冠多士

嘉、道以後，殿廷考試，尤重字體。道光庚戌，德清俞蔭甫太史樾成進士，素不工小楷，覆試竟冠多士，蓋由於曾文正公之賞識也。時文正方以少宗伯充閲卷官，得俞文，極賞之，且因其詩首句云「花落春仍在」，謂與小宋「將飛更作迴風舞，已落猶存半面妝」無異，他日所至，未可量也。遂以第一進呈。後俞典學河南，以人言罷職。同治乙丑寓書文正，述及前事，且曰：「由今思之，蓬山乍到，風引仍迴，洵符落花之讖矣。然窮途著述，已及百卷，儻有一字流傳，或亦可云春在乎？」因自顏所居曰「春在堂」。

莫寶齋監試列前茅

莫寶齋，名晉，仁和人，少入成均，法時帆祭酒式善最賞識之。每試必前茅。性和藹，酷好宋儒書，嘗注五子《近思録》，又默誦朱子《或問》不遺一字。成乾隆乙卯探花，數任江蘇學政，所取皆寒畯士。

朝考殿試重楷法

朝廷重視翰林，而取之之道以楷法，文之工拙弗計也。新進士殿試用大卷，朝考用白摺，閱卷者偏重楷法，乃置文字而不問，一字之破體，一點之汙損，皆足以失翰林，此之流毒，實道光時大學士曹振鏞種之。振鏞在樞府，宣宗以閱疏太煩爲苦，振鏞教以挑剔小過誤字加之嚴譴，則臣庶震懾，封事自稀，可不勞而治。宣宗納之。其後廷試亦專剔誤字，不復衡文。桎梏天下之人才，納諸無用之地，振鏞之罪也。

朝殿卷文須齊脚

乾、嘉以來，朝殿卷無齊脚之説，道光後，文不齊脚者概擯不録，於是齊脚成爲慣例。咸豐庚申，張文襄公之洞廷對時，發揮時事，歷引先朝聖訓，皆三擡寫，得一甲第三。其後有效之者，或誤引聖訓，或擡寫錯誤，致失館選，故不敢輕效也。

德宗閲朝考卷而歎

德宗嘗閲朝考卷，見其語多頌揚，意皆從同，乃掩卷而歎曰：「以此甄録人才，奚怪所學之非所用也。」

朝考避翠浪字

孝欽后之咳名爲翠妞兒三字，故館閣中人應試，凡詩賦中翠字，均避不用，然惟久於京華者始知之，外省士子不及悉也。某年新進士朝考，題爲「麥天晨氣潤」，一進士詩中用「翠浪」二字，閲卷者大駭，謂翠字已不可用，況更加以浪字。倘進呈，必大觸聖怒。蓋京中俗諺，以浪爲婦女風騷之代名詞也。同列以是卷詩文均佳，擬爲周旋之，然終恐或遭不測，無人肯負責任，卷遂被斥。

禁殿試前進士頌聯

乾隆戊午，高宗諭曰：「向來新科進士於殿試之前，有呈送頌聯之陋習，近來此風又覺漸熾。夫士子進身之始，卽從事於請託奔競，則將來服官，尚安望其有所樹立，以備國家之用。而大臣等亦宜精白乃心，絶請託之私，爲國家培正才。該部出示曉諭，嚴加禁止，倘有違旨仍蹈故轍者，經朕訪聞，或科道官參奏，必將與受之人一體從重治罪。」尋以士子進身之始，卽習爲獻諛之詞，尤非導之以正。古人對策中無此體裁，殿試之期，上親製策問，試題不拘舊式，以免諸生預先揣摩。諸生策內，不許用四六頌聯。

進士殿試之臚唱

進士及第，有臚唱，臚凡五唱，第一甲第一名某，第二名某，第三名某，二甲第一名某等，三甲第一名某等，其聲凝勁以長。是日，榜眼探花送狀元歸第，探花送榜眼歸第，探花自歸第，無人送。然名曰歸第，實歸其本省之會館，雖有私第，必先至會館而後歸也。其會館中人，先已召集名伶演劇，張盛筵，待賀客，歷科鼎甲之在京者畢至。

徐立齋殿試第一

徐立齋相國元文臚傳日，世祖召見乾清門，還啓皇太后曰：「今歲得一佳狀元。」賜冠帶服物，視舊典有加。嘗從幸南苑，賜乘御馬，命學士折納庫爲執鞚，館師也，元文遜謝，乃改使侍衛。又嘗晚對便殿，夜分，賜饌畢，世祖問從者得無饑乎？亦命賜以食。

劉子壯殿試第一

順治己丑，世祖臨軒策士，諭令廷對不用四六舊套，劉子壯對策稱旨，親定一甲一名，與榜眼熊伯龍齊名。子壯，黄岡人，字克猷，名滿天下，楚北文章家推爲巨擘。伯龍，漢陽人，字次侯，尤工古文，著有《穀貽堂文集》。

秦鉽殿試卷書法

順治乙未，會試榜發，世祖命取諸進士之原卷進御，覽之稱善者數四。及殿試卷進呈，閱至第三人卷，顧謂讀卷官傅以漸曰：「卿知此卷爲誰？」傅謝不知。世祖曰：「此會元秦鉽作也，朕於其書法知之。」及拆卷，果然。世祖大悦，召見於南海子，賜袍服，比第一人。

殿試之地址

國朝策試進士，賜及第出身，本沿明代舊制，諭令射策於天安門外。至順治戊戌，世祖從禮部之請，乃改於太和殿丹墀。或爲六言詩以紀之，中有句曰：「從此太和翔洽，舉頭益見天安。」

葉九來殿試被擯

葉九來，名奕苞，爲掌院學士訒庵從弟。殿試本擬二甲第四名，聖祖已呼召，宣付至四十人矣，忽顧杜立德、馮溥、葉方靄、項景襄、李天馥曰：「此外豈無龍虎漏珊瑚之網者乎？」於是馮以徐鴻、林咸清、王嗣槐對，杜以白夢鼐、施清、高向台對，而葉操吳音以奕苞對，曰：「渠，臣從弟也，臣若不舉，彼必啣恨刺骨。」天顏不懌，悉罷去，而以邵吳遠、嚴繩孫補之。

姜西溟殿試第三

慈谿姜西溟，名宸英，以布衣薦入史館。聖祖嘗語近臣曰：「姜宸英古文爲當今作者。」每榜發，輒遣問姜宸英舉否。然年七十，始以第三人及第。

父子殿試對策

河南鄢陵王鳴球，爲順治庚子解元。康熙甲辰成進士，至丁未，補應殿試，適其子曰溫以是科捷南宮，於是父子同日對策大廷。

殿試進呈十卷

殿試卷先擬十本進呈，恭候欽定名次，自康熙乙丑會試始。

殿試策清漢合璧

國初，新庶常年少者多派習清書，蓋期其兼綜九能儲承明制誥之選也。至殿試對策，則從無以清書入卷者。康熙戊辰科進士仁和淩紹雯少習清書，廷對日，用清、漢合璧體書寫，讀卷諸臣，靡可位置，乃以之殿二甲。

大臣子弟殿試皆三甲

康熙庚辰，殿試榜將發，上諭内閣曰：「大臣子弟皆置三甲。」

何義門爲不殿試之翰林

閻潛邱，名若璩，初交何義門。何年二十四歲，日與議論時文。潛邱將明二百年名家制義，其中錯解題誤用事者悉標出之，裝爲一帙，凡百條，謂此乃代聖賢立説，豈有使别字用謬事者。義門擊節歎賞，歸而鈔撰制義，爲《行遠集》，悉如潛邱之旨，義門曰：「如此，方見制義之難。」

自是，義門益工制義，然搆思頗不迅捷，每應舉，俱曳白。而數遊京師，其科第皆出欽賜，後以安溪李文貞薦，得校書祕閣。又好指摘人詩文疵累，貴人多側目，忽搆蜚語。時聖祖在圓明園，詔下獄，復詔親王勘問，鋃鐺周身，官吏擁挾，而親王尚未出，乃鎖義門於別室。義門出袖中《易經》朗誦之，已而鼾聲如雷。官吏怪詰之曰：「爾此時尚能熟睡耶？」義門笑曰：「我自讀書外，不知有他也。」親王出問曰：「爾既爲讀書人，當謹守禮法，豈可妄肆雌黃？若是則處士横議也。」義門曰：「王大人差矣，孟子當衰周無道之世，故言處士横議。方今聖王在上，豈有此事？」親王復命，聖祖復命檢其寓中筆墨可有狂悖語，竟無有。所存邸鈔，凡有上諭者，下注曰：「臣何焯恭閲。」又有辭友人饋金札稿。聖祖嘉其忠愛廉潔，欽賜翰林院庶吉士，使校書如故。

王敬銘殿試第一

嘉定王丹思殿撰敬銘以康熙丁亥迎鑾進詩畫，稱旨，入直暢春園，充武英殿纂修。書成，議敍不就。癸巳春秋鄉闈，是科春闈鄉試秋闈會試。聯捷成進士，殿試一甲第一名。臚唱畢，聖祖謂近臣曰：「王敬銘久直内廷，是朕親教出來者，授修撰，賜宅一區。」己亥，侍直熱河，上問而父年幾何？以父母年皆七十對，御書《齊年堂》額賜之。

尹似村爲殿試秀才

尹似村爲尹文端公第六子，祖父宰相，兄弟皆尚書侍郎，而似村自號殿試秀才，不就職，賦詩種竹以林泉終。殿試秀才者，以乾隆丁卯科試，諸生鬨場，高宗惡之，親自監試，似村獨蒙欽取故也。

殿試閱卷之圈

御史眭朝棟既以乾隆辛巳會試充同考官之前，請復迴避卷被誅，軍機大臣、司員咸爲人所指摘。而乾隆庚辰，狀元畢秋帆、榜眼諸桐嶼，亦皆官軍機中書。故都下蜚語，有「歷科鼎甲皆爲軍機所佔」之說。會試榜發，趙雲崧又以軍機中書得雋。適劉文正公統勳、劉文定公綸充閱卷大臣，趙慮以避嫌見擯也，乃更易書法，仿歐陽率更體繕之。文正、文定初不知，已列之高等，及將定進呈十卷，文定恐趙卷入一甲，又或啓形迹之疑，且得禍，乃遍檢諸卷，意必將趙卷置十名外，彼此俱無累矣。及檢一卷，獨九圈，當以第一進呈。九圈者，卷面另黏紙條，閱卷大臣各以圈點別優劣於其上。是歲閱卷者九人，九人皆圈者，惟此一卷。文定疑爲趙卷，以示文正，文正笑曰：「趙雲崧字迹，雖燒灰，亦可認，此必非也。」蓋趙初入京時，曾客文正第，愛其公子文清公墉書法，每仿之。及直軍機，趙以起草多不楷書，偶楷書，卽仿文清體，而不知趙更擅率更體也。文定則謂遍檢二百七卷，無趙書，則必變體矣。文正又覆閱，謂趙文素跅弛不羈，亦不能謹嚴如此，而文定終以爲疑。將軍兆惠時方奏凱歸，高宗爲隆其遇，特派入閱卷。兆自陳不習漢文，上諭以諸臣各有圈點爲記，但圈多者卽佳。至是，兆檢得趙卷獨九圈，餘或八或五，遂以第一進呈。

王文端殿試第一

韓城王文端公杰未遇時，在陝甘總督尹文端公、巡撫陳文恭公幕府，立品正直，尹、陳皆甚重之。乾隆辛巳，捷南宮，殿試卷列第三。是科因御史奏改先拆彌封，傳集引見，高宗是日閱十卷，幾二十刻，特拔文端卷置第一。《御製辛巳御殿傳臚紀事》詩有云：「西人魁榜西平後，可識天心偃武時。」蓋是時西域底平，開疆蕆績，而文端適掄元，故特及之。

任子田殿試爲二甲首

泰州任子田，名大椿，記誦博洽，尤長於三禮註疏，六書訓詁。乾隆己丑成二甲一名進士，浮沈郎署，晚年始授御史，未上而卒。自開國以來，二甲一名進士不入詞館者僅三人，子田實居其一。

劉鳳誥殿試給燭

少保劉鳳誥爲乾隆己酉探花，殿試日，天已昏，文尚未成，監試大臣欲逐之出，常宗伯青曰：「此生書法極秀勁，可給燭，使終篇。」榜發，擢高第，遂於常終身執弟子禮。性豪宕，少假館蔣司馬元益宅，蔣喜其俊雅，欲納爲壻。久之，使酒詈僕夫，蔣曰：「非大器也。」善遣之，洊至吏部侍郎。與修高宗實録，告成，加太子少保。嘗督學浙江，以嚴酷馭士子，爲言官所劾，謫戍黑龍江。適將軍有賀表，命代撰，表至，仁宗謂近臣曰：「此劉鳳誥筆也。其文愈佳於昔，可謂窮始工也。」未久，放歸田里。

殿試進呈十二卷

乾隆庚辰，秦文恭公蕙田等以殿試進呈前十本外，尚有佳卷，特旨許以十二本進。是科十四名以前並入翰林。同治以來二甲二十名前均入翰林，幾同成例。至乙卯恩科，大學士和珅讀卷，以無佳卷，止取八本呈御覽。

殿試有兩傳臚

嘉慶某科，一甲一名爲潘世恩，二名爲陳雲。二甲一名爲張春山，三甲一名爲馬秋水。時人爲之語曰：「必正妙常雙及第，春山秋水兩傳臚。」蓋世謂二甲一名爲金殿傳臚，三甲一名爲玉殿傳臚也。

洪瑩默寫殿試策

嘉慶己巳殿試後兩月，給事中花杰誣劾戴文端公營私舞弊各款，並連狀元洪瑩，謂與戴衢亨交結情密，故援引爲一甲一名。仁宗特派滿洲軍機章京傳洪由福園門帶至上書房，命二阿哥監看。令其默寫試策，核與原卷相符，上稱爲真才實學，並以洪橫被詆誣，賞紗二件，以示奬異。花所劾文端他事，經諸大臣會訊，均子虛，交部議罪。

殿試之臣對臣聞

凡殿試策，起必曰臣對臣聞，止必曰臣謹對。某科，有富家子應鄉會試，倩人捉刀，遂魁兩榜。殿試日，策題既下，侍衛露刃立階下，毛髮森豎，不敢復萌故態。搜尋腹笥，一無所有，日晡猶未成一字，不得已，乃援筆書其上曰：「臣對臣聞，知之爲知之，不知爲不知，是知也。臣不知，臣不敢妄對，臣謹對。」

蘇人殿試多鼎甲

嘉慶以前，鼎甲之盛，莫盛於蘇州府，而狀元較榜眼、探花爲尤多。以狀元言之，順治戊戌爲常熟孫承恩，己亥爲崑山徐元文；康熙丁未爲吳縣繆彤，癸丑爲長洲韓菼，丙辰爲長洲彭定求，己未爲常熟歸允肅，乙丑爲長洲陸肯堂，甲辰爲常熟汪繹，壬辰爲長洲王世琛，乙未爲崑山徐陶璋，戊戌爲常熟汪應銓；雍正丁未爲長洲彭啓豐；乾隆丙戌爲吳縣張書勳，己丑爲元和陳初哲，辛丑爲長洲錢棨，庚戌爲吳縣石韞玉，癸丑爲吳縣潘世恩；嘉慶壬戌爲元和吳廷琛，戊辰爲吳縣吳信中；道光壬辰爲吳縣吳鍾駿。以榜眼言之，康熙丁丑爲常熟嚴虞惇，乙未爲吳縣繆曰藻；嘉慶乙丑爲長洲徐頲，辛未爲吳縣王毓吳。以探花言之，順治乙未爲長洲秦鉽，己亥爲崑山葉方藹；康熙庚戌爲崑山徐乾學，癸丑爲崑山徐秉義，丙辰爲常熟翁叔元，壬戌爲長洲彭寧求，壬辰爲吳江徐葆光；乾隆乙卯爲吳縣潘世璜；嘉慶辛未爲吴縣吴廷珍。

陳繼昌力疾應殿試

桂林陳蓮史方伯繼昌殿試時，力疾對策，僅得完卷。閱卷大臣初擬第二，歙曹文正公振鏞謂本朝百餘年來，三元祇一人，無以彰文明之化，改置首列，遂以三元及第。其座師刊「桂林一枝石」章贈之。

殿試不宜專重字體

咸豐辛亥，御史王茂蔭奏稱「殿試朝考務重文義。嗣後請讀卷閱卷大臣，不論字體工拙，專取學識過人之卷進呈欽定，批明刊發，使天下曉然於朝廷所重在文不在字」云云。禮部駁之。

崇文山殿試第一

崇綺得殿撰，當殿試未唱名時，上親揭試卷，見其名，以舊例，旗人不列鼎甲，然又難復改，因將鼎甲三名復入筒中，三入，皆崇也，因不改。崇，字文山，三等承恩公，蒙古人。

翁曾源殿試第一

同治癸亥，狀元翁曾源爲常熟相國文端公心存長孫，皖撫文勤公同書子，以監生賜舉人貢士。應廷試，臚唱遂第一。蓋其時文勤方以勸寇失機論大辟，繫請室，文端再起入閣，以子罪不測，居恆輒戚戚，故孝貞、孝欽兩后特沛殊恩，以慰其心也。曾源擢第後，即稱心疾歸里，不復出，二十餘年而卒。

或曰：曾源儀貌秀美，入翰林，未久，即有旨召見。入對，則孝欽后獨坐便殿，謝恩畢，跽案側，温旨問其學業及文端近狀甚悉。忽曰：「李義山詩，有『身無彩鳳雙飛翼，心有靈犀一點通』句，予嫌其未愜，欲改爲『靈犀一點有心通』，似勝原句。而上句苦難妥協，汝爲予改之。」曾源戰栗不知所對。久之，孝欽大笑，令内監引之出。歸告文端，皇然失色，曾源亦大懼，即日佯狂移疾歸。

張文襄殿試對策

南皮張文襄公之洞既捷春秋闈，應同治癸亥殿試。其對策，敷陳時事，不依常格。初，吳縣吳清卿中丞大澂方以貢生應詔上書，言殿試對策或有讜論，閱卷者慮觸忌諱，每匿不以聞，請申壅蔽之罰。至是，閱卷大臣見文襄卷，甚疑怪，然奇其才，不敢棄置。乃公擬第十進呈，孝欽后特拔置第三。

殿試卷作顏字

光緒癸未之殿試也，讀卷者有張佩綸、周家相。先是，周見閻文介公敬銘，詢其子學何書？閻曰：「臨顏帖，懸腕作小楷也。」及讀卷日，有一卷字體詰曲，每溢格外，周詫曰：「此必閻迺竹也。」迺竹爲文介之子，張遂力與李文正公鴻藻言之，得置第四。及拆卷，則爲朱古微侍郎祖謀，而閻固未嘗作顏字也。

舉人中書之殿試

歷屆會試，由舉人内閣中書中式者，殿試日，既領題，得攜卷回直廬填寫，書籍文具，先存直廬，不必臨時攜舉，一便也。几案視席地爲適，二便也。饌茗有廚役伺候，三便也。刮補託能手代勞，四便也。傍晚得隨意列燭，五便也。惟地屬中祕，外人未便闌入，刮補等事，必同僚交契者爲之。即試策中條對排比，亦可相助爲理，俾得專力精寫，不至限於晷刻。有此種種便宜，故每科鼎甲，由中書中式者，往往得與其選。

光緒中葉，某修撰書法能工而不能速。殿試日，已薄暮矣，猶有一行半未畢，目力不復辨。正惶急間，適監場某貝勒至，悦其字體婉美，竟旁立，然吸烟所燃之紙煤照之。屢盡，屢易其紙煤，且屢安慰之，謂：「姑徐徐，勿亟也。」迨竣事而紙煤亦罄矣。殿撰感恩知己，臚唱後，以座師禮謁之。

殿試卷有重字

光緒庚寅科吴肅堂修撰魯之殿試卷，其中重寫一「而」字，惟適當翻頁之處，一在前頁末，一在後頁首，閲卷者匆匆翻過，未及覺察，遂得大魁。迨下科琉璃廠懿文齋書肆將原卷張於壁間以示人，全幅瞭然，其誤乃見。

蓋向例，逢會試年，琉璃廠紙筆文具店必設法將上數科三鼎甲殿試卷橫張於壁以示人，俾考試者知所效法。觀者愈多，則生意愈盛，亦招徠之妙法。懿文齋、松竹齋，其尤著者也。

文道希殿試有筆誤

萍鄉文道希學士廷式夙負盛名。光緒壬辰廷對，誤書閭閻爲閭面，經讀卷大臣籤出，而常熟翁叔平相國同龢則言閭面二字，確有來歷。或猶與之争曰：「殆筆誤耳！」翁曰：「曩吾嘗以閭面對簷牙，詎誤耶？」文竟以第二人及第。

殿試各卷名次

閱卷大臣，以奉旨派充時名次先後爲序，位在甲者所取第一卷爲第一，位在乙者，所取第一卷爲第二。如大臣八人，則位庚辛者，所取第一爲七爲八也，甲所取第二，宜爲第九，不可紊也。間有破例者，如翁同龢、徐樹銘同充閱卷，翁甲而徐乙，徐爲翁之師，翁以元卷讓徐。潘祖蔭以門地才學凌駕同列，亦間有占前者。

光緒己丑，閱卷大臣爲李鴻藻、翁同龢。翁得費念慈卷，欲以狀元畀之。商諸李，李已得張孝謙卷，堅持不可易，翁争不已。乃兩置之，改爲張建勳、李盛鐸是也。進呈後多照原擬，亦間有更動者，如乙未之蕭榮爵擬狀元，駱成驤擬傳臚。進呈後，德宗見駱卷起語：「臣聞殷憂所以啓聖，多難所以興邦。」時方新敗於日本，德宗大感動，乃以駱魁天下，改蕭爲第四。

俞陛雲殿試第三

俞蔭甫太史之孫陛雲，光緒戊戌科以第三人入選。聞報，大喜，撰一聯榜其室，句云：「歎老夫畢世居稽，藏書數萬卷，讀書數千卷，著書數百卷；喜小孫連番僥倖，院試第一人，省試第二人，廷試第三人。」陛雲，字階青。

翰林散館考試

翰林院庶吉士散館考試，留館者不斤斤於名次之高下。名單進呈，候皇上硃筆圈出，有高列而不留館者，有以樞臣之力以二等獲留者。三鼎甲先授職，不俟三年散館，即得爲學政主考。故得科名者，以鼎甲爲最榮。

何焯以下等留館

長洲何義門學士焯博極羣書，長於考訂，其手校書籍，後人不惜重金購之。康熙朝，以李文貞公光地薦，特賜舉人進士，授編修。及散館，竟列下等，應改官，奉旨着留館，再教習三年。

梁啓心恩免散館

乾隆己未，仁和梁薌林庶常啓心侍養家居，特旨免其散館，授職編修。薌林爲文正公詩正之兄。

錢文敏散館曳白

錢文敏公維城，乾隆乙丑狀元，選爲清書翰林。性敏，以清書易學，不甚措意，至散館曳白。高宗大怒曰：「錢維城以國語爲不足學耶？乃敢抗違定制。」將置於法。傅文忠公代請曰：「錢某漢文優長，尚可寬貸。」上召至階下，立命題考之。乃倚礎石揮毫，未踰刻，已就。上異其才，命供奉南書房，洊擢至户部侍郎，寵眷甚篤。

閻文介散館列乙等

道光丁未庶常散館，賦題爲「擬庾子山春賦」，既限官韻，又令能記原賦者步原韻。閻文介公敬銘志在必得一等，因用原韻，而後半竟不能全記，韻脚遂大亂，考入乙等，以部屬用。閻佗傺特甚，後雖入相，猶以此爲憾也。

聖祖試年羹堯

年羹堯少官都下，好治游，而博聞強記，文譽甚彰。一日，試翰林，題爲「西南墾荒防邊事」，年備言地理險要，聖祖大悦。未幾，遂以閣學擢巡撫。然少年得志，意氣頗盛，或規之，乃折節談宋明理學書，傾心陽明，尤慕陸宣公之爲人，爲人書字，多録陸之奏議。

考選南書房翰林

咸豐庚申五月，考選南書房翰林，詩題爲「擬鮑明遠數詩」。詩載《文選》中，所謂「一身出關西，二年從車駕」者也。而與試諸人竟無人能記全詩者，雖順德李芍農侍郎文田，亦不能憶之。

紀文達應翰林館課

乾隆某年，翰林館課題「痀瘻丈人承蜩賦」，以「用志不紛乃凝於神」爲韻。時獻縣紀文達公昀方入詞垣，課作押乃字，官韻云：「沈幾觀變，聳肩第覺其成山。定息凝神，拄杖休嘲其似乃。」唐無名氏嘲傴僂人詩：「拄杖欲似乃，插笏還肖及。」

翰林大考始於雍正

雍正癸丑四月上諭：「嗣後庶吉士等雖經授職，或數年以後，或十年，朕再加考驗，若依然精熟，必從優録用，以示鼓勵。其或遺忘錯誤，亦必加以處分。」是爲翰林大考之始。

大考之升降

故事，大考翰詹，惟一等及二等前數名得遷擢，稍後或被文綺之賜，中贊以上列三等末，率改官降黜，編檢奪俸，至四等，則無不降斥矣。乾隆戊辰大考，諸城竇總憲光鼐時官編修，名列四等，高宗夙知竇，特遷爲右中允。

汪廷璵以大考授講學

乾隆壬申，御試翰詹諸臣於正大光明殿，以「納涼賦」爲題，作者多規橅《上林》、《子虛》，鋪陳宮殿苑囿。汪侍郎廷璵時爲編修，獨以宵旰憂勤民事立言，特擢一等一名，超授侍講學士。嗣充日講起居注官，又充會試同考官，又充武會試副總裁官。

大考之黜陟

故事，詞臣以大考休官，如外吏之干六法，無仍還原秩者。德州宋蒙泉廉訪弼以編修充《續文獻通考》纂修官，同事十數人，皆後進，徵文獻者咸以宋爲歸。乾隆癸未御試正大光明殿，引見，有旨令以原官休致。當時諸總裁合詞奏宋弼學問篤實，著述精勤，請留之書局，由是供職如故。後以贊善分巡鞏秦階道，擢甘肅按察使。

法式善大考兩降

時帆祭酒法式善雄文邃學，列清班者二十載，而未一與文衡。兩應大考，俱左遷，則以書法甚古拙故也。蓋乾隆朝已重字不重文矣。

阮文達大考第一

阮文達公以乾隆辛亥大考第一，由編修擢詹事府少詹事。是年大考，題爲「擬張衡天象賦」、「擬劉向封陳湯甘延壽疏」，并陳今日同不同，賦得眼鏡詩。閲卷大臣極賞擬賦博雅，而不識賦中巹字音義，巹音計，《管子·輕重戊篇》：「虙戲造六巹，行以迎陰陽。」竟置三等。旋檢字典，始置一等二名。奉諭：「第二名阮元比第一名好，疏更好，是能作古文者。」親改爲一等一名。文達嘗自謂所以得改第一者，實因疏中所陳今日三不同，最合聖意也。

周興岱大考四等

侍郎周興岱官翰林院編修時，大考列四等。

周興岱規避大考

周興岱以典試江西獲咎，部議奪職，特旨用爲翰林院侍讀學士。次年爲嘉慶癸亥大考，屆期，興岱以頻歲有疾，懇請休致。上諭斥其不早陳奏，有心取巧，勒令休致。尋復賞編修，因其父煌曾充上書房總師傅，而興岱亦儤直南齋有年也。

陳傳經大考三等

海寧陳傳經文章名海内，官翰林院編修時，仁宗嘗問董文恭公誥曰：「東南世家子弟，在朝列有文學者，朕欲拔一人用之。」文恭卽以陳名對，且備舉其行誼。會大考翰詹，仁宗閲其卷，諭文恭曰：「陳傳經寫作俱佳，已置一等第一矣。」文恭告陳，私爲慶幸。比榜出，名在三等，大惑不解。越數日，仁宗又諭文恭曰：「曩本置陳傳經第一，不知何時將其卷夾入三等中。」惋惜久之。

奎照奎耀同應大考

嘉慶戊寅大考之次日，仁宗召英相國和諭曰：「汝子奎照、奎耀試作，耀當在二等，照次之。今日閲卷，未嘗宣露一字，俟拆封後，看若何？」既而耀居二等，照列三等，仍爲滿洲第二名。越日，聖駕詣東嶽廟，小黄門傳諭云：「文章自有定評，日昨所斷竟不爽。」

大考第一之賦

道光朝，大考翰詹，以「遠佞賦」爲題，押厥字韻。有一卷曰：「譬彼欲求至寶，譁嚣何取於沽諸。

將植嘉禾，豐草必先於茀厥。」詞婉而諷，能近取譬，獲首選。

曾文正大考二等

都人嘗有翰林大考之口號，其句曰：「金頂朝珠掛紫貂，羣仙終日任逍遥。忽傳大考魂皆落，告退神仙也不饒。」亦可見其難矣。某屆，總其事者許乃溥，一老翰林乞關照，謂祇求無過，不求有功。許告以完卷後，微灑墨水數點，庶易辨認，欣然去。曾文正公時爲檢討，完卷後，因加筆帽，墨水激出，少有沾濡，許得之，以爲老翰林也，列二等末。事竣，齎呈御覽，宣宗詳加披閱。至二等，以手翻騰，得曾卷，未過目，侍臣以他事請，上匆匆發出，則曾卷已居二等首，遂得遽升侍講。

文宗命大考題

咸豐癸丑，粤寇據金陵，東南行省悉陷，文宗憂甚。己未冬，郊宿於齋宫，夜分，慟哭不止，侍臣咸爲之悽然泣下。是年，大考翰詹，至以「宣室前席」發題，蓋亦憂心焦思，傷於禍亂也。

萬文敏大考第一

咸豐己未，大考之詩題爲「半窗殘月夢鶯啼」，萬文敏公青藜時官編修，有句云：「九重開曙色，萬户動春聲。」拔置第一。蓋題近衰颯，而句有興會也。

文道希大考第一

光緒某年，大考翰詹，賦題爲「水火金木土穀」。文道希學士廷式卷，閱卷大臣進呈時原列第三，德宗拔置第一。及召見，親諭之曰：「汝卷乃朕所特取，汝知之否？」文頓首謝。旋超擢翰林院侍讀學士。

庶常大課不識詩題

阮文達嘗教習庶吉士，大課詩題爲「天下太平」，皆不知出處。納卷後，方悟是《禮記》孔子答子張問政：「君子力此二者，以南面而立，夫是以天下太平也。」

汪某試翰林得罪

汪某，休寧人，乾隆丁丑散館，授編修。癸未五月，試翰林，搜出夾帶，加等治罪，劄發順天府，定驛充徒。先是試博學宏詞，查出代作詩者，猶從寬典也。

考差

鄉、會試之考官，須先考差。考後，必開名單，進呈御覽，候上加硃筆，被圈者始得差，然非行賕，亦不可恃。因太監持單入時，單中雖列本人之名，若別無賄賂，則名上輒有告假扣資等字樣，必不得圈。

蓋太監以小紙書此等字樣置手指中，臨進時貼之，無人覺察也。

考差向用《四書》文二篇，試帖詩一首。嘉慶己卯，裁《四書》文一篇，改用經文一篇。考差者在子、午、卯、酉四年之四月。三品以下之翰詹，皆得與試，記名者得放差。差者，學差爲各省學政，試差爲各省正副主考，同考差爲順天鄉試、會試之同考官也。

進士不得考差

光緒末，設進士館，使鼎甲以下皆肄業其中。進士皆大怫，諸翰林以不得即散館考試差爲大戚，大怨張文達公百熙，時張方爲管學大臣也。

壽耆考差詩

壽耆曾考試差，其試帖題曰「華月照方池」。文芸閣與之同座，見其一句曰：「卿士職何司？」文百思不得。壽曰：「我用《洪範》卿士惟月典，君荒經已久，宜不知出處。」文唯唯而已。壽，字子年，宗室也。後官至侍郎。

劉可毅考差被斥

武進劉葆真，名可毅。光緒朝，官翰林院編修。某年考差，其起講起句爲「且自不得已而後有君臣」。閱卷大臣張文達公之萬見之大怒，謂其滅絶人倫，卽欲上疏劾之，經某大臣爲之解釋，始免。然卒不獲放差，後死於庚子拳亂。

秦留仙應制詠鶴

秦留仙年十九，官庶常。世祖召試詠鶴詩，有「高鳴常向月，善舞不迎人」之句。指示閣臣曰：「此人必有品。」因置第一。

王文簡應制賦詩

王文簡公士禎詩名重一時，其初浮沉郎署，適張文端公英值南書房，爲之延譽。聖祖素聞其名，因召入內，出題面試。文簡詩思本蹇澀，且以乍覩天顏，戰慄不能成一字。文端代作詩草，撮爲墨丸，置案側，始得完卷。上笑閱之，曰：「人言王某詩爲丰神妙悟，何以整潔殊似卿筆？」文端謝曰：「王某詩人之筆，定當勝臣多許。」上因命改官詞林，由是得躋高位。乃感文端終其身，嘗告人曰：「是日微張某，余幾作曳白人矣。」

翰林番上應制

康熙甲戌夏五月，召翰林諸臣番上應制，凡十九次，計詩題十八，論題一，賦題一。五月初九日，少詹事李録予朱阜，侍講學士顧祖榮、李愷入直，擬「夏日内庭應制」七律。初十日，侍讀學士徐家炎，侍講學士張廷瓚、史夔、曹鑑倫入直，擬賦得「西園翰墨林應制」五律。十一日，左庶子陳倫，右庶子孫岳頒，侍讀張榕瑞、王思軾入直，擬賦得「膏雨潤公田應制」五律。十二日，侍讀陸肯堂，侍講佘志貞、彭定求，左諭德沈涵入直，擬賦得「紫禁朱櫻出上闌應制」七律，韻限五微。十三日，洗馬邱象隨，左中允王思沛，左贊善沈朝初、陸棻入直，擬「詠金蓮花應制」五律，韻限八齊。十四日，右中允楊大鶴、彭寧求，右贊善魏希徵，司業彭會淇入直，擬賦得「崇文聊駐輦應制」五古，限輦字。十五日，檢討胡作海，編修仇兆鼇、徐元正、汪灝入直，擬賦得「衣露淨琴張應制」五律，韻限五微。十六日，編修陳遷鶴，修撰沈廷文、陳元龍，檢討王之樞入直。擬「恭讀御製覽貞觀政要詩應制」五律，韻限二蕭。十七日，編修袁佑、王化鶴，檢討潘應賓、方韓入直，擬「恭讀御製時巡近郊憫農事有作應制」五律，韻限八齊。十八日，編修張豫章、鄭崑瑛，檢討劉涵，編修張希良入直，擬「恭讀御製懋勤殿讀尚書至無逸篇有作應制」五律，韻限五微。十九日，編修沈辰垣、李孚青、宋敏求、宋大業、沈三曾，檢討劉坤、魯瑗、宋如辰入直，擬「恭讀御製觀渾天儀器詩應制」五律，韻限九佳。二十六日，編修吴世燾、湯右曾、郝士鈞、淩紹雯、劉灝、張復，檢討宋朝楠、彭世搏、葉淳入直，擬「聖駕夏日閲視河堤應制」五律，韻限六魚。二十七日，修撰戴有祺，編修吴昺，檢討萬光宗、孫勷入直，擬「恭讀御製宫門聽政示各部諸臣詩應制」七律，韻限十灰。二十八日，編修許賀來，檢討梅之珩、張明先、李朝鼎入直，擬「恭讀御製詠史詩應制」七律，韻限十灰。二十九日，檢討鄧咸齊、鄭際泰、竇克勤、徐日暄入直，擬「渾天儀應制」七律，韻限十蒸。閏五月初一日，編修楊中訥、姚宏緒、潘從律、張瑗、王奕清入直，擬賦得「虛心高節雪霜中應制」七律，韻限十二文。初二日，編修胡潤、戴瑗，檢討冉覲祖、楊名時、王傳入直，擬「讀朱子文集應制」五律，韻限十四寒。初三日，檢討王者臣、張曾慶、劉琰、李象元、文志鯨入直，擬賦得「駐輦華林側應制」五律，韻限十三覃。初四日，召集西苑，考試學士王掞、李柟、顧藻及翰林諸臣，擬「理學真僞論」、「豐澤園賦」。

李中簡應制詩得體

李學士中簡值上書房最久，諸皇子皆服其品學。乾隆乙酉秋，高宗偶以「鳩喚雨」命題，試內庭諸翰林。學士詩先成，中一聯云：「惄陽猶可挽，拙性本無他。」卽小喻大，時皆稱其得體。

特科

特科二字，鄉、會優拔之外，皆可稱之。博學宏儒也，詔舉經學也，巡幸召試也，經明行修也，孝廉方正也，經濟特科也，皆是也。然亦有以專屬之博學宏儒者。

各項特科之得人

特科得人最盛，康熙戊午舉博學宏儒，得彭少宰、孫遹等五十人。乾隆丙辰再試宏博，得劉文定公綸等十九人。乾隆己巳詔舉經學，得吳司業鼎等四人。又康熙朝六巡江浙，召試諸生，得吳文恪士玉等七十三人。乾隆六巡江浙，得王司寇昶等八十五人；三巡山東，得初尚書彭齡等十七人；四巡天津，得姚文僖、文田等十六人；巡幸五臺，得龍殿撰汝言等九人。他若藍太守鼎元，雍正初以特薦召試；嚴方伯如熤，嘉慶初以孝廉方正召試：並稱旨，授知縣，皆爲名臣。而乾隆壬申，桐城黄太守良棟以國子監生肄業期滿奏留，亦奉特旨親試，立授赤城令，尤爲奇遇，後亦以循吏稱。

預各項特科之難

康熙己未以宏博科入詞苑者，江南二十六人，浙江十三人，順天直隸六人，江西三人，山東、河南、陝西各一人。乾隆丙辰再舉是科，浙江七人，江南六人，山東、江西各一人。丁巳補試，江南、浙江、福建、雲南各一人。辛未保舉經學授官者，江南三人，山西一人。前後三舉特科，湖南、湖北、廣東、廣西、四川、貴州、甘肅及蒙古，皆無一人受殊恩者。

大科詞科

博學宏儒科爲特科之一，亦有稱之爲大科或詞科者。

聖祖詔開博學宏儒科

康熙己未正月，詔開博學宏儒科，諭曰：「自古一代之興，必有博學宏儒，振起文運，闡發經史，潤色詞章，以備顧問著作之選。朕萬幾時暇，游心文翰，思得博洽之士，用資典學。我朝定鼎以來，崇儒重道，培養人材，四海之廣，豈無奇才碩彥，學問淵通，文藻瑰麗，可以追蹤前哲者？凡有學行兼優文詞卓越之人，無論已未出仕，著在京三品以上及科道官員，在外督撫布按，各舉所知，朕將親試録用。其餘内外各官，果有真知灼見，在内開送吏部，在外開報於該督撫，代爲題薦，務令虚公延訪，期得真才，以副朕求賢右文之意。」

聖祖優禮宏博舉子

聖祖厭薄八股，曾諭内三院九卿於康熙甲辰丁未兩科，改换策論，着以經濟時務取士。而廷臣狃於故習，皆言古學不可猝辦，仍暫用八股以俟徐復，因特開宏博科，振厲其事。三月初一日平明，齊集太和門，以魚貫入，詣太和殿前，鴻臚唱行九叩頭禮畢。是日，上御殿祭堂子回，命諸薦舉人員赴東體仁閣下，太宰掌院學士捧題出，用黄紙十張，寫題二道，置黄幃桌上，跪領題訖，用矮桌列墀下，使坐地作文，題爲「璇璣玉衡賦」，「以天下爲一家詩」。及巳刻，太宰掌院學士復宣旨云：「汝等俱係薦舉人員，有才學，原不必考試。但是考試愈顯才學，所以皇上十分敬重，特賜宴，爲會試、殿試、館試、狀元、庶吉士所無，汝等須知皇上德意。」宣訖，命起，赴體仁閣，設高桌五十張，每張設四高椅，光禄寺設饌十二色，皆大碗高攢，相傳給直四百金。先賜茶二通，時果四色，後用饅首捲子紅綾餅粉湯各一套，白米飯各一大盂，又賜茶訖，復就試。時陪宴者太宰掌院學士各滿、漢二員，皆南北向坐，謂之主席，以賓席皆東西向也，餘官提調皆不與焉。其夕，晚出者十餘人，皆給燭竣事，然後彌封，諸試卷作四封，當夜呈進。

此次無論已仕未仕，一體保薦。其應舉者，除京城現任官員外，官人布衣，各給月俸銀三兩，米三斗，旋取列一等彭孫遹等二十名，二等李來泰等三十名，悉令分修《明史》。中有以布衣超授清秩者，而應舉至京者，凡一百八十六人，江浙爲最多。以疆吏敦促上道，至有垂老患病不能輿馬，舁以籃筍，馳赴國門者。施愚山久於仕宦，應徵而至，坐卧惟一羊裘。既抵京，且稱貸以營寒具。其他貧士，或就食畿輔，或寄宿僧廬，北地苦寒，狼狽萬狀。

是科取中者五十人，俱授翰林院官。侍講一：邵遠平，侍讀四：湯斌、李來泰、施閏章、吳元龍，編修十八：彭孫遹、張烈、汪霦、喬萊、王頊齡、陸棻、錢中諧、袁佑、汪琬、沈珩、米漢雯、黄與堅、李鎧、沈筠、周慶曾、方象瑛、錢金甫、曹禾，檢討二十七：倪燦、李因篤、秦松齡、周清源、陳維崧、徐嘉炎、馮勖、汪楫、朱彝尊、邱象隨、潘耒、徐釚、尤侗、范必英、崔如岳、張鴻烈、李澄中、龐塏、毛奇齡、吳任臣、陳鴻績、曹宜溥、毛升芳、黎騫、高詠、龍燮、嚴繩孫。或謂是時臣民尚有不忘明代者，聖祖特開制科，冀以嘉惠士林，消弭反側，徵以「以天下爲一家」之詩題，其或然歟。

康熙朝試宏博之寬

康熙特科讀卷諸臣，依前代制科分等第，進士科分甲乙例，判作四等。拆卷日，聖祖問有不完卷者，何以列在中卷，蓋嚴繩孫僅作一詩也。衆對曰：「以其文詞可取也。」上又問上二卷內有「驗於天者不必驗於人」語，無礙否，蓋彭孫遹卷也。衆對曰：「雖語滯，意圓無礙。」又問賦首有「或問於予曰中有唯唯否否」語，豈以或指朕予自指耶？蓋汪琬卷也。衆對曰：「賦體本有子虛亡是之稱，大抵皆寓言，似不必有所指也。」又問詩中有云「杏花紅似火，菖葉小於釵」，菖葉安得似釵？蓋朱彝尊卷也。衆對曰：「此句不甚佳。」上曰：「斯人固老名士，姑略之。」上曰：「詩賦韻亦學問中要事，賦韻且不論，即詩韻，在取中卷者亦多出入。有以冬韻出宮韻者，潘耒卷。有以東韻出逢濃字者，李來泰卷。有以支韻之旗誤作微韻之旂者，施閏章卷。此何説也？」衆曰：「此緣功令久廢，詩賦非家弦户誦，所以有此，然亦大醇之一疵也，今但取其大焉者耳。」上是之。

聖祖於召試宏博之次日，方幸霸州，攜諸卷親覽。翼日，下三相國公閱。聖祖忽問：「媧皇補天事信乎？」蓋毛西河檢討卷中有此語也。益都馮文毅公溥奏《淮南子》有之，上曰：「徒記事邪？則《楚辭》、《列子》早及之，何止《淮南》？第未知傳信何如耳。」文毅曰：「賦主鋪張，古籍宜可用。」於是西河列上卷，此可見當時試例之寬。

彭羨門爲康熙制科第一

彭孫遹爲康熙己未宏博第一人，才富學贍，王阮亭、朱竹垞皆自歎不如。其《延露詞》三卷，清綺纏綿，多神妙語。然當時有黠者，摘其書中穢詞，謂：「如此淫狎，何以獨冠多士，況宏博乃逸世大典，不將門，海鹽人。彭，字羨遺笑後世乎？」有司乃以其詞進呈乙覽，聖祖大怒，欲劈其書板，降其名次，後以某轉圜，乃寢。

康熙制科有佳山堂六子

康熙己未開制科，四方之士，率爲一二三耆臣禮羅而延致之。其客馮文毅公邸第者，世稱爲九等上上之選，呼曰佳山堂六子。其實亦不盡然。六子爲錢塘吳農祥、王嗣槐，海寧徐林鴻，仁和吳任臣，蕭山毛奇齡，宜興陳維崧也。時文毅奉派讀卷，卷不彌封，人謂六子者且並録及。命下，奇齡、維崧入史館，而四子皆見遺，惟嗣槐因年老賞内閣中書，人乃歎文毅之無私也。

杜傅得制科美授

康熙宏博科之年老試不入格者，吏部爲裁量注官。惟容城杜越、太原傅山，聖祖命賞内閣中書，時人歎爲美授。

魏文毅羨康熙制科

康熙宏博，與薦者一百八十六人。時柏鄉魏文毅公裔介罷相家居，慨謂人曰：「吾不羨東閣輔臣，而羨公車徵士。」柏鄉縣令聞之，稱於直督，以疏薦爲請。直督曰：「焉有元老而赴制科者乎？」

姜西溟不獲舉制科

康熙制科，崑山葉訒庵侍郎方靄與長洲韓文懿公菼相約連名上疏，以姜西溟太史宸英薦，葉適以宣召入禁中，浹月既出，則無及矣。王文簡公歎曰：「其命也夫。」或曰：以厄於高江村詹事士奇，不獲舉。

乾隆制科給銀兩

雍正癸丑四月，世宗詔舉博學宏儒。尋崩，至乾隆丙辰，高宗舉行之。二月，奉上諭：「內外臣工所舉博學宏詞，聞已有一百餘人，祇因到京未齊，不便卽行考試。其赴京先至者，未免旅食艱難，著從三月爲始，每人月給銀四兩，資其膏火。在户部按名給發，考試後停止，若有現任在京食俸者，卽不必支給。並行文外省，令未到之人，俱於九月以前到京。若該省無續舉之人，亦卽報部知之，免致久待。」

高宗優禮宏博舉子

乾隆丙辰九月，試制科，高宗命分爲二場考試，蓋慎重將事之意也。二十六日爲首場，試以經史二策。二十八日爲次場，試以賦、排律、論三種。賦題爲「五六天地之中合」，七言排律十二韻，題爲「山雞舞鏡」得「山」字，論題爲「黄鐘爲萬事根本」。皆試於保和殿，並准給燭，取列之人，十月引見，授職有差，並賜《日知薈説》各一帙。丁巳七月十一日，續到補試者二十六人，亦分二場。首場亦經史二策，次場亦賦、排律、論三種，賦題爲「指佞草」，七言排律爲「良玉比君子」得「來」字，論題爲「復見天心」，旋取列四人。

是科也，明詔既下，起訖凡四年，合内外所舉，除重薦者六人外，尚有二百六十七人，亦以江浙爲最多。而滿洲有五，漢軍有二，爲康熙朝所無。

是科兩次所取共十九人，亦俱授翰林院官。編修五：劉綸、潘安禮、諸錦、于振、杭世駿；檢討五：陳兆崙、劉藻、夏之蓉、周長發、程恂；庶吉士五：楊度汪、沈廷芳、汪士鍠、陳士璠、齊召南。次年補試者，檢討二：萬松齡、張漢；庶吉士二：朱荃、洪世澤。

祖孫同應制科

乾隆制科之徵，有祖父以康熙己未宏博起家而其孫應薦辟者三人。朱竹垞之孫曰稻華，王文恭之孫曰祖庚，施愚山之孫曰念曾。

乾隆制科試五題

乾隆制科試題之例，吏部議覆御史吴元安奏言：「薦舉博學宏詞，原期得湛深經術敦崇實學之儒，始足副淹雅之稱，膺著作之選。蓋詩賦雖取兼長，而經史尤爲根柢，若徒駢綴儷偶，推敲聲律，縱有文藻可觀，終覺名實未稱。應如該御史所請考試博學宏詞，定爲兩場：首場試以經解一篇，史論一篇；二場照例試以詩、賦、論三題。皆許自辰至酉，夜則准其繼燭以盡其長。」疏上，如議行。

陳兆崙三次通籍

乾隆制科，有以進士舉宏博者，兩次通籍，已爲奇遇。錢塘陳太僕兆崙釋褐，用福建知縣，嗣保奏宏博，入都候試，適内閣中書闕員，試士東閣。新例，凡徵士中科甲出身者，亦得與試，太僕蒙欽取一等一名，授内閣撰文中書，旋入軍機處行走。明年，復入宏博之選，改官翰林，是三次通籍也。

劉海峯制科不第

桐城劉海峯副貢大櫆，嘗應乾隆丙辰博學宏詞科。鄂文端公爾泰擬以爲首選，張文和公廷玉惡其才，曰：「此吾鄉之浮蕩者。」因易武進劉文定公綸，海峯遂落拓終身，居京邸。其弟館於明珠家，海峯素惡權貴，乃避居朱都統瀹瀚宅，破壁頹垣，泊如也。

劉文定爲乾隆制科首選

劉文定以受知於尹文端公繼善，首薦博學宏詞。張文和喜其文穎鋭，讀其詩至「可能相對語關關」

句，曰：「真奇才也。」擢第一，位至宰相。乾隆以前漢閣臣不以進士進者，惟文定一人。

胡天游試制科不第

乾隆制科，禮部尚書任蘭枝以胡天游薦，首相鄂文端公爾泰欲見之，不可，强聘焉。胡痘瘢著其頰，目眴轉雙瞯，長不勝外府之裘。入，雅跽相對，問兩戒形勢、九乾躔度、八十一家文墨，口汩汩如傾海，鄂大驚，揚於朝曰：「必用胡某，以榮館閣。」未幾，試殿上。諸人捧黄紙，加墨，而胡鼻衄噴不止，血涔涔下，污其卷幾滿。

厲樊榭試制科不第

乾隆制科，浙閩總督程元章嘗薦錢塘厲樊榭孝廉鶚應博學宏詞科。試日，誤寫論在詩前，遂報罷，而年亦老矣。

汪後來以武人被薦制科

乾隆丙辰制科，有以武人被薦者，爲番禺汪鹿岡千戎後來。託病不出，時年逾六十矣。初，清遠龍門有草寇，鹿岡嘗於黑夜領步卒抵寇穴，焚燒九十九岡諸砦，悉平之，旋以母老歸養。其詩學韓、孟，畫兼子久仲珪之長，嘗有句云：「夜半詩成攜稾入，營門驚道羽書來。」

高宗詔舉經明行脩

乾隆辛未，高宗詔舉經明行脩之士。

聖祖南巡召對賦詩

康熙己卯春，聖祖南巡，由浙回蘇。長洲舉人吴廷楨駕小舟，迎謁水次，召對賦詩，稱上意，大喜，於是詢知其爲丙子順天舉人以冒籍黜者也。詔復之，復詢「才如爾者更有誰」？廷楨舉其友張大受顧嗣立以對。明日回鑾，上皆召見，撤尚方猊糖以賜，命兩近臣送之歸。

高宗東巡召試

秦小峴侍郎瀛博學工古文，而書法素非所長。始以舉人家居，聞高宗東巡泰山，特赴召試之典。過清江浦，偶於市中見鈔白破書一本，皆記零星典故，以五錢得之。歸而略一披閱，有一條曰：「東方三大者，謂泰山也，東海也，孔林也。」及試，題爲「東方三大賦」，首段渾冒三項，以下分點三段。大臣擬取十餘卷，上閱之，無當意者，因問大臣曰：「通場試卷竟無一知題義者乎？」大臣對曰：「有一卷分點三大，以書法太劣，擯之。」上曰：「顧其學如何耳，何以書法爲哉？」命亟以進，覽之稱善，御筆加圈點，拔置第一，遂授中書舍人，入值軍機處。不數年，授杭嘉湖分巡道，數遷而爲總督倉場侍郎。

世宗詔舉孝廉方正

雍正癸卯，詔舉孝廉方正。先是，康熙壬寅，詔各直省每府州縣衞各舉孝廉方正，暫賜六品頂戴以備召用。至是，奉旨：「國家敦勵風俗，首重賢良。前所頒恩詔，內有舉孝廉方正一條，距今數月，未有疏聞。豈通都大邑之中，海澨山陬之遠，遂無潛修砥操，克稱俊乂，可應詔旨者歟？誠恐有司怠於採訪，雖有端方之品，無由上達，殊負朕殷殷延攬之至意。著各直省督撫速遵前詔，確訪舉奏。」

德宗詔開經濟特科

光緒戊戌，德宗詔開經濟特科。先是，貴州學政嚴修請設專科，德宗特命總理衙門會同禮部妥議具奏。尋奏：「臣等查該編修原奏所陳各節，公同商議，擬略宗宋臣司馬光十科、朱子七科之例，以六事合爲一科。一曰內政，凡考求方輿險要、郡國利病、民情風俗諸學者隸之。二曰外交，凡考求各國政治條約、公法律例章程諸學者隸之。三曰理財，凡考求稅則、礦產、農工商務諸學者隸之。四曰經武，凡考求行軍布陣、駕駛測量諸學者隸之。五曰格物，凡考求中西算術、聲、光、化、電諸學者隸之。六曰考工，凡考求名物象數、製造工程諸學者隸之。其保送，應請如該編修所奏。飭下京官三品以上外官督撫學政，各舉所知，毋限疆域，無論人數，悉塡姓名籍貫已仕未仕，並其人何所專長，咨送總理衙門，定期考試。由臣衙門會同禮部奏請試期，欽命題目，簡派閱卷大臣，在保和殿試以策論，差次優劣，分別去留。録取者再請殿廷覆試一場，另請簡派閱卷大臣詳定等第，以昭鄭重。試後，由臣衙門會同禮部帶領引見，應如何量材擢用，或悉照宏博成案，略與變通鼓舞，出自聖裁，非臣等所敢擅擬，應臨時由軍機大臣請旨辦理。此爲特科，或十年一舉，或二十年一舉，統俟特旨，不爲常例。」此特科議辦之大略也。歲舉，則每屆鄉試年分，由各省學政調取新增算學、藝學各書院學堂高等生監，録送鄉試。初場試專門題，次場試時務題，三場仍試《四書》文。中式者名曰「經濟科舉人」，與文闈舉人同場覆試，會試中試經濟科貢士者，亦一體覆試，殿試朝考。

德宗御書經濟特科題

考試經濟特科之日，暑熱特甚，時德宗方從孝欽后駐蹕頤和園。正場之題，辰刻始至，拆封，則朱書灼然，蓋德宗御筆也。

經濟特科覆試題

經濟特科覆試題，爲「《周禮》農工商各有專官論」，又「桓寬言外國之物内流而利不外洩，則國用饒民用給，今欲異物内流而利不外洩，其道何由策」。有正場考列高等之某太史，竟不知桓寬爲何朝人，在殿廷，歷詢之於同試者。

張文襄閲經濟特科卷

考試經濟特科，閲卷大臣凡八人，以張文襄居首。命下，慶王奕劻揖文襄而言曰：「香翁，諸事費心。」文襄所録取者一百二十餘人，諸大臣大恚，蓋不能位置私人也。及覆試，卽由原派大臣校閲試卷，於是僅取一二等二十餘人，餘皆不録。正場前五名固不入選，而凡文襄所保者，亦已去之務盡，惟與端忠愍公方會保之陳某，得列二等之第十八名，殿軍也。

某本列一等，以卷中用盧棱語，降列三等，批語有奈何二字。某自題詩，有「博得南皮唤奈何？不該試卷用盧梭」句。或曰卽如皋冒鶴亭郎中廣生也。

王文勤惡經濟特科

經濟特科人員，孝欽后原擬依康、乾宏博制科成例，賞以翰林中書，軍機大臣亦皆諾。惟王文勤公文韶起而抗議曰：「若輩皆講求新學，屢以廢科舉爲言，何必再以科甲與之？但求皇太后賞以飯碗，可也。」於是遂多以知縣用，且由附生出身者，僅得州判。不列之於主簿、從九、典史之類，已萬幸矣。

周樹模劾經濟特科

光緒戊戌，鄂人周樹模方官御史，謂經濟特科被薦者之中多冒濫也，特疏上劾梁士詒、楊度、宋育仁等十餘人，詞連康有爲、梁啓超，且及於富有票哥老會。孝欽后疑之，及覆試卷進呈，遂命盡拆彌封，將被劾諸人之卷，一律沙汰，再發閱卷大臣校閱。周，字少樸，後官黑龍江巡撫。

宋恕未應經濟特科

朱古微侍郎祖謀嘗疏薦平陽宋燕生明經恕，以居憂，未應徵。朱嘗語人曰：「吾知燕生久，績學在野，抱道俟時，不爲危言畸行，可謂平實矣。」

停經濟特科

光緒戊戌八月，孝欽后命停經濟特科。

復經濟特科

光緒辛丑三月，復開經濟特科。

考職之大獄

故事，新君登極，例須考職一次，惟僅用佐貳。應首選者，註册四十五日，即開選，光緒乙亥考職，癸未始舉行。是年，有出八百金託會稽舉人馬星聯代考者，榜發第一，得州同即選。馬大喜，設筵於聚寶堂之聽事，定雛伶花榜焉。當興高采烈時，語同輩曰：「諸公僅能包取耳，若我則包第一，卽不爽，我視諸公遠矣。」御史丁振鐸方在聚寶堂偏院請客，聞馬語，詢於人，乃知其事。次日上疏劾之，奉旨斥革拿問。馬遁歸，而出結之京官，考取之本人，皆革職遣戍，蓋照科場舞弊例治罪也。

考試月官

康熙戊戌十月甲寅，諭吏部考試月官，令作八股時文，大抵抄録舊文，苟且塞責。嗣後止令寫履歷，以三百字爲限。

選人到官循例考試

李筱泉制軍瀚章巡撫湖南時，有一捐納人員選得某郡通判者，來謁。李循例出題考試，通判至花廳，卽掩卷高卧。李召首府使往問之，則對曰：「吾儕若能考試，早以科第得官矣。今因不解文字，故以捐例得之，何考之有？」李大怒，謂此等劣員，亟應參革。遂於發月摺時，附片參之。及批摺回，不見此片，旋於書案屜内得之，蓋拜摺時漏未封入也。李欲復上，時馬端愍公新貽巡撫浙江，與通判有舊，適馳書爲之説項，李遂飭令到任，食禄八年。及王文勤公巡撫湖南，復調令考試，以不完卷劾罷之。

沈文肅甄別屬官

沈文肅公葆楨任兩江總督時，每值甄別屬官，輒於廳事中列案數十，令屬官南向坐，已則面北，列案以監督之，如塾師之課徒然。文有先成者，卽就近取閱，遇佳搆，則卽加以批，並與温語討論。不佳者，亦卽予指摘，極劣者，則嘲笑而棄擲之。不少假借，無普通官吏之積習也。

大臣面試教官

康熙甲午四月，聖祖以教官有教養士子之責，嗣後凡掣選者，應令至京師，令大臣面試。

黃漱蘭出考教題

黃漱蘭督學江蘇時，試某郡，例考教官，以定黜陟。其題爲「我不忍以夫子之道反害夫子。雖然，今日之事，君事也，我不敢廢」。

考吏員

京師内閣供事及各衙門書吏均有定額。由召募考補，或於貼寫中遴選掣補，嚴禁假冒缺主，毋朋充，毋濫役。其承充者，由部取原籍有司印結，按遠近立限，以結到日著役，無結者黜。外省吏攢，司道府州縣爲典吏首領，雜職等衙門爲攢典。經制闕，擇勤慎無違礙者承充。具結，送該管衙門，准著役。每歲終，仍取結送覈。

内閣事繁供事，各衙門事繁書吏，五年役滿無過犯者，免其考職，以從九品未入流兼掣選用。供事起軍營效力者，亦免考職，給正八品銜先用。事簡供事、書吏役滿報部，每季闗防考試，事繁供事、書吏送修書各館者，亦考職，以館班别選。試以告示申文各一道，試卷封貯。一次不到下次准補，兩次不到除名。其直省吏攢，五年期滿，申督撫，每年七月内，闗防考試，其試卷封固，並原著役日期履歷册送部。歲終，合内外吏員試卷，校定等第具奏，分别録用，事繁書吏掣定職銜及各書吏考試後，不得在京稽留，即令五城官嚴催一月内回籍。令原籍官以到籍日期申報，其考授執照，發各省巡撫轉給。

順治戊子二月，吏部奏稱：「佐貳雜職等官，例由吏員充選。今考定者俱經選用，而懸缺尚多，應令内外各衙門將辦事吏員，自順治元二兩年實歷至今者，俱確查送部，照例考補。」得旨允行，仍諭：「嗣後吏員實歷五年，即與考取，著爲令。」

考醫士

太醫院考醫士，亦用八股試帖，以楷法工拙爲去取，時人爲之語曰：「太醫院開方，但須字跡端好，雖藥不對證，無妨也。」某年考試，題爲「知者樂水，仁者樂山」，其取第一者之文，有云：「知者何取於水？而竟樂夫水。仁者何取於山？而竟樂夫山。」僅此卷爲最佳。仁和朱茗生侍郎智嘗奉命試太醫院官學生，自以不解岐黄，乃令精於醫學者，代擬一題。袖至院，題紙既下，則皆袖手默坐若未得題者。詫之，遣人詢問，則同聲對曰：「歷屆題目，皆出御製《醫宗金鑑》，今非是，故不敢作。」大窘，乃求得《醫宗金鑑》匆促摘一二語命題。不意諸生猶袖手如故，又問之，則曰：「歷屆出題，必於首卷檢取，今尚未合例也。」亟如其言以改題，始得終事。

武備學校試論

光緒癸巳，江北設武備學校，四方英俊，聯袂偕來。試題爲「管仲論」。有某卷，以寥寥數語，竟得冠軍，其文云：「孔子曰：『微管仲，吾其被髮左衽矣。』又曰：『管仲之器小哉！』一褒一貶，大聖人尚無定評，余小子何敢論？」蓋寓辯論於滑稽中也。

武生武舉武進士

文秀才稱生員，武秀才則祇稱武生。文科中式者稱舉人，武科則祇稱武舉。文稱鹿鳴宴，武稱鷹揚宴，人皆知之。文進士稱恩榮宴，而武進士稱會武宴，則罕有知者。

劉天保以文生入武庠

劉天保，道光時之睢州人也。幼無賴，習奔命法，能閉氣行四十里始一喘，雨隨其後不能及。年二十，販鹽山東，與羣梟鬬，解其魁一臂肩之行。梟夥期復仇，天保應期獨身往，羣梟怪之，拔刀出，天保笑曰：「餓矣，速具酒肉飽乃公。」解衣盤礴，連盡數巨碗。一人以刃舉大臠，咤曰：「吞。」天保張口自刃尖吞肉大嚼。羣梟愕眙，相率推排拜庭中，請長其羣，曰：「今日乃服公。」天保笑而起。久之，折節讀書，應童子試，督學使者疑其文非己作，擯之。天保怒，投牒試弓馬，遂入武庠。

李國輔跑馬三等

青浦武生李國輔於道光某年應歲試，呈請跑馬。蓋武試每以跑馬者列一二等，否則三等。學使憫其老，曰：「跑也三等，不跑也三等。」李固求，乃允之。及內場試訖，則以文不佳，勉置三等之首。

武鄉會試年分

順治甲申，定各直省武鄉試於子、午、卯、酉年，武會試於辰、戌、丑、未年。凡京衛武學官生，遇子、午、卯、酉鄉試年，准一體赴試。丙戌，定武進士出身授官例：一甲一名授參將，二名授游擊，三名授都司；二甲授守備，三甲授署守備。著爲令。其後則改爲侍衛。

乙酉武闈之試卷

武闈但以弓馬技藝爲主，內場文策不論工拙也。順治乙酉順天武鄉試，有將一旦二字寫作亘，丕字寫作不一。又如指本朝之事，遇國家字，應抬高一格。而武闈諸生於泛論古今處，如國家四郊多壘社稷危亡之類，亦皆抬一格。武生自稱曰生，應於行內寫稍偏，於是將生人、生物、生機等生字，概寫於側。主試者以其外場已挑入雙好字號，加以武闈無磨勘之例，仍與中式。

王玉璧爲武三元

天津鎮總兵王玉璧中順治辛卯武鄉試第一，壬辰會試第一，廷試亦第一，是武科中之三元也。且於明崇禎時已舉武闈第一，入國朝，乃棄之重試，仍連中三元。

馬全前後武鼎甲

馬全，陽曲人，初名琭。由陝督標兵中康熙壬申恩科武探花，入衛禁庭，授福建游擊，與同官相角，被劾歸。旋赴都，易名全，入巡捕營，再中己卯武舉。庚辰聯捷，殿試擬榜眼，聖祖詢知之，特改狀元。一人擬三元，前後中二鼎甲，而又非本籍，亙古以來未之有也。庚寅始復原籍，洊擢至提督，後提兵勦金川，歿於王事。

武會試不停

雍正丁未，兵部議覆，浙江武舉人會試，應照文舉人例停止。世宗以士習澆漓，不干武途，況浙省文有餘而武不足，毫無不便之處，因命武科照舊會試。

顧麟爲武三元

乾隆壬申四月，順天武闈鄉試，取中解元顧麟，十月武闈會試，遂聯捷爲會狀。

武進士誤班降甲

嘉慶己卯秋，武殿試傳臚，仁宗御太和殿，臚唱時，一甲一名武進士徐開業，一甲三名梅萬清，均未到班。奉諭：「事關典禮，非尋常疏忽可比，本應全行斥革，念其草茅新進，徐開業革去一甲一名，並頭等侍衛；梅萬清革去一甲三名，並二等侍衛。俱仍留武進士，再罰停明年殿試一科，俟下屆會試，再與新中式武進士一體殿試。即以一甲二名秦鍾英拔補一甲一名，授爲頭等侍衛，其一甲二名三名，無庸再補。」

武科改試槍礮

光緒戊戌正月，德宗命嗣後武科改試槍礮。

停止武試

光緒辛丑七月，德宗命停止武生童考試及武科鄉、會試。

考試之籍貫

考試士子之籍貫，有民籍、商籍、竈籍、旗籍，均沿明之舊也。惟旗籍與明異，蓋明爲邊鎮之軍人，本朝則爲滿、蒙、漢八旗之軍人也。明制設科取士，士子起家應童子試，卽有籍。籍有儒、官、民、軍、醫、匠之屬，分別流品，以試於其郡，卽不得就他郡試。且邊鎮則設旗籍、校籍，都會則設富户籍、鹽籍或曰商籍，山海則設竈籍。

吾國國籍法，至光緒末葉，始經政府制定頒行，其前則惟考試者始有籍貫也。有父子兄弟異其縣籍者，甚夥，蓋省城郡城輒有兩首縣，蘇州附郭有三首縣：曰長洲，曰元和，曰吴。父兄本已著籍甲縣，其後，乙縣之應試者較少，爲之子若弟者，改就乙縣，於是父子兄弟之縣籍遂不同矣。而同、光間有胡氏者，曰燏棻，曰家楨，以同産兄弟而省籍各異，實爲僅見。燏棻字芸楣，官至工部侍郎，其籍爲安徽泗州。家楨字芸臺，官至江蘇鹽法道，其籍爲浙江蕭山。胡本蕭山土著，其父曾設帽肆，經粤寇之亂，肆閉父殁，芸楣乃游皖，輾轉而得事李文忠公鴻章。時皖人勢盛，遂寄籍泗州而應試焉。芸楣既顯達，芸臺遂得以保舉捐納起家，由鹽大使而至鹽法道，以不應試故，用本貫，遂仍爲浙人。

粤寇欲開科以得人心

道光庚戌，粤寇洪秀全叛，至咸豐癸丑而據金陵。其未定僞都時，已蓄有開科取士收拾人心之意，觀楊秀清之文告，卽可知之。今録如下：「特授開國軍師大元帥楊，爲再行曉諭事。本帥敬承皇命，興兵伐暴，所到之處，望風瓦解，城破之日，將貪官汙吏翦除，並不擾害一民，前已出示曉諭，料必知悉。風聞鄉市有不法頑民，藉大兵未到，肆行焚掠，現爲本帥拿獲，斬百數十人。今着校尉李憲帶兵數百，徧行鄉市，一經拿獲，就地正法。其有良民，各將順字貼門，不必畏懼。爾等捐貲助餉，納臨捐職，試問此等功名，何榮何辱？卽將向來匾額除去，不得自誤。我定金陵之後，定議考試，衡文取士，再定甲乙。其有各處廟宇，供養僧道，何如養鄉里窮民之爲愈也。現今拿獲僧道，斬首，幷查首倡及重修之人，一幷拿究。」

粤寇考試分三場

洪秀全據金陵十三年，開科亦數次。某年第一場題爲「天父七日造成山海頌」，「天王東王操心勞力安養世人功德巍巍論」，監場提調差役無不索賄。越一月，爲第二場，題爲「立整綱常醒世莫教天光鬼迷解，天父爲姦生理人論」。又越一月，爲第三場，場内外懸燈彩，中堂供香花，耶穌十字架亦在焉，題爲「四海之内皆東土，真道豈與世道相同論」。卷紙爲紅緑黄三色，四周描金作龍鳳紋，中作方格，每字大幾方寸，每行三十六格，僅十葉。

粤寇考試之題

某年洪秀全又命開科考試，以韋昌輝爲正主考，副考官則某僞王爲之，蓋目不識丁者也。入場，試以《舊約》書義一道，策一道，試帖一首，别有一論一解，若未夕而事已畢，加判一條。是科試帖題爲「欸乃一聲山水緑」，昌輝擬作云：「艣聲聽未了，山水送孤帆。對面青如畫，回頭緑滿巖。半空餘嫋嫋，一帶認巉巉。舵尾澄流迥，峯腰旭照銜。青疑留古岸，翠欲上征衫。流響驚鳧雁，濃陰鬱檜杉。」放榜後，以此詩帖於榜尾，應試者見之，無不額手稱歎。蓋應試者皆窮士皂隸之流，而昌輝固富家子，且亦國子監生也。

粤寇題紙

常熟龐某嘗應粤寇鄉試，所頒題紙爲黄色，寬大類詩箋，每紙一題，凡策、議、詩、判等四題。紙端加天官丞相小印一顆，下署年月日。中列題目，字大徑寸，類北魏。後印讚詩一首，大抵稱頌天主天王功德爲不可及。紙後騎縫處，復加天官丞相小印，蓋爲第二場持此相核之地也。

粤寇考試之制義

周雨軒嘗見粤寇開科之試卷，亦制義體，惟忘其題及作者姓名耳。文云：「皇矣上帝，神真無二也。

夫猶是神也，得其真者，非獨一皇上帝而何？且自三代而下，神靈每操禍福之權，然僞妄者恆多，真正者恆少。自聖人出，去其僞而存其真，猶恐人不識至真者之果何屬也，故特指一真實無妄之神，以明其寡二而少雙焉，吾不禁穆然於皇上帝矣。今夫當建業之初，惟念予懷于順則，值開祚之始，當凜帝謂于無聲，此石言怪誕，聖人所以斥其非。有赫明昭，王者所以隆其號，何也？諸神皆非真神也，真神獨一皇上帝也。人心之不古也，妖魔多惑其良貴，而不知真神之照臨孔昭，當聖主興，必有以杜其弊矣。夫名山大川，非無形貌以示衆，而究不若皇上帝之獨有加嚴者，知羣黎之顛頓，憫顛頓者此也；慮億兆之倒懸，解倒懸者此也。惟皇上帝，其真孰有與於斯哉！世運之方興也，隱怪不迷於寸衷，而咸知真神之鑒觀弗爽。有王者起，先有以格其心矣。夫風雲雷雨，豈無位號以彰尊，而要獨由皇上帝之令出維行者，見庶民困於旱潦，救旱潦者此也；念下民厄於水火，拯水火者此也。上帝是皇，其真孰能過乎是哉？皇天震怒，今我天兄，而舍命代人，將以□□□□□之餘業，以鼎新夫宇宙。自非上帝居歆，真神默佑於其間，何以攘泯棼之敝俗？而煥其文章，此其神之無有匹休也。獨一皇上帝，誠克當此而無忝矣。上天眷顧，不惜太子而降之凡間，於以起天朝數百代之景命，以大展其功德。自非上帝時享真神保佑於其際，何以體栟幪之隱會，而廣其勛庸，此真神之未有並美也。獨一皇上帝，洵能任此而無慚矣。」

粤寇得麻城人爲解首

粤寇某年開科，麻城縣某奪解，賜宴之日，洪秀全試以一聯，某對曰：「三皇不爲皇，五帝不爲帝，我主方是真皇帝。」洪大喜，幾欲以女妻之，爲楊秀清所阻，不果。

卜應期爲粤寇開科之探花

卜應期，江西吉安府人，秀全召令廷試。秀全妹宣嬌方帷幕竊窺，見之，悦焉，授意秀全，賜以探花。謝恩時，令轉謝天妹。應期如言往覲，入而長跽，宣嬌挽之起，語之曰：「吾願時時見汝。」尋選爲內廷供事。遂與通，宣嬌之夫李紹深佯不知也。

傅善祥者，洪秀全之内廷女官，楊秀清之妾也。亦悦應期，陽以事召應期入其府，又強嬲焉。宣嬌知之，噤不敢聲，應期遂擁兩美，更迭爲歡。同治甲子，曾忠襄公國荃率師將入金陵，應期乘間逸去，爲蕭孚泗部將所獲，獻擊斷九洑洲糧道之策。從其言，遂克九洑洲，而糧道絶。洎金陵下，孚泗乃薦於忠襄，授副將。

張申伯以平定江南文諂粤寇

張申伯爲咸豐時之廩生，文譽頗著。咸、同間，蘇常州縣相繼失陷於粤寇，張避世鄉居。時洪秀全開科取士，張爲儕輩所推舉，改名褚維星，至金陵，入場。題爲「平定江南文」，仿制藝體，張作頗雄壯，拔置解元，李秀成待之甚厚。

張文之起講曰：「東晉司馬之興也，南宋康王之渡也，長江數千里，莫不恃爲恢復漢族之基，豈以江南之人，獨具忠義哉？蓋其後由江南而擴張平寇之功勳，必其先由江南而手定皇都之鞏固。石頭無恙耶？鐵甕猶存耶？試一觀江上之風雲，覺東洛冠裳，西京鐘鼓，不啻天與之而人歸之已。」其起股曰：「銅駝荆棘，吾民之苦深矣。自唐虞三代，迄今四千餘年，中原文物之邦，竟一息奄奄，如病夫之不起。堯、舜、禹、湯、文武，神靈之痛哭何如？問何時殺盡妖魔，上答天恩之高厚。泥馬風波，吾君之厄至矣。自唐、桂二藩，遷徙一萬餘里，故國衣冠之族，竟荒郊纍纍，爲異族所稱雄。燕、趙、韓、魏、齊、晉，禾黍之凄涼奚似？問何日掃除腥臭，重開一統之河山。」

張於粵寇平後，思復應秋試。蘇人欲攻之，因作七律二章，以明前者應試之非己志。既而鄉試，亦擢高第。

粵寇以考試殺諸生

咸豐時，粵寇所開某科，詩題爲「四海之内皆東土」。有諸生鄭之僑者，作詩痛詆之，起句云：「四海皆清土，安容鼠輩狂。人皆思北闕，世忽有東王。」秀清大怒，支解之。又諸生夏宗銑者，被脅就試，終卷有駡詈語，亦被磔。

傅鸞祥應粤寇試

傅鸞祥，金陵傅槐女也。洪秀全入金陵，行考試女子之典，正主試爲洪宣嬌，副主試爲張婉如、王自珍。王，皖人。張，鄂人。題爲「惟女子與小人爲難養也」全章，應試者二百餘人。傅作獨力闢難養之説，引古來賢女内助之功，爲秀全所激賞，遂充狀元，飾以花冠錦服，鼓吹遊街。三日後，招入府，使掌簿書，批答婉媚，頗合意。漸乃恃寵而驕，箋牒或弗當，輒肆批駡，語侵秀全，秀全怒而憐其才，不殺，僅枷號女館。未幾病，秀全猶遣使慰問也。

清稗類鈔

兵刑類

木蘭行圍講武

木蘭，在直隸承德府北四百里，遼中京臨潢府興州舊地也，舊屬翁牛特。康熙中，藩王進獻，遂爲皇帝蒐獮講武之所。地長千里，林木葱鬱，水草茂盛，故羣獸聚以孳畜。聖祖每歲舉行秋獮之典，歷朝因之。行圍時，蒙古喀爾沁等諸藩部落，年例，以一千二百五十人爲虞卒，謂之圍牆，以供合圍之役。中設黄纛爲中軍，左右兩翼，以紅白二纛標識之。兩翼末，滿語謂之烏圖哩，各立藍纛標識之，皆聽中軍節制。管圍大臣皆以王公大臣領之，而蒙古王公台吉等爲副，兩烏圖哩則各以巴圖魯侍衛三人率領馳行。

行圍之制有二，一以數百人分翼入山林，圍而不合，謂之阿達密。一則於五鼓前，管圍大臣率蒙古管圍大臣及虞卒，並八旗勁旅、虎槍營士卒、各部落射生手出營，視其圍場山川大小遠近，紆道繞出圍場之後，三十里或五十里，以及七八十里，齊至看城，則謂之烏圍哩阿察密，卽合圍也。合圍後，有烏圍哩處虞卒脱帽，以鞭擎之，高聲傳呼嗎爾噶口號。嗎爾噶者，蒙古語帽也。聲傳遞至中軍，凡三次，中軍知圍已合，乃擁纛徐行，左右指揮，以俟上入圍，則辰末巳初矣。合圍數十里，漸促漸近，出林薄，至岡阜，距駐蹕行營約二三里，惟視高敞處設黄幙幄，中設氈帳，謂之看城，比至看城，虞卒皆馬並耳，人並肩，廣場不過三里許耳。圍牆外自放圍處，即重設一層，乃虎槍營士卒及諸部落射生手，專射圍内逸出之獸，而圍内例不准射也。

日出前，上自御營乘騎，先至看城稍憩，俟兩翼烏圖哩監纛到後，乃自看城出。御櫜鞬，諸扈從大臣侍衛及親隨射生手虎槍手，擁護由中道直抵中軍。在中軍前半里許，周覽圍内形勢，瞭如指掌。而行圍之疾徐進止，口敕指揮，僅二三十里間。射飛逐走，左右咸宜，或遇有虎，則圍暫不行，俟上看殪虎畢，然後聽敕而行。每圍場收至看城，上即駐馬觀諸王射生手等馳逐餘獸而已，或值場内獸集過多，奉旨特開一面以逸之，圍外諸人不准逐射。獵罷，上迴蹕大營，謂之散圍。諸部落各按隊歸營，日甫晡，而一日行圍之事畢矣。

哨鹿日，制與常日不同，上於五更放圍之前出營，侍衛及諸備差人等分爲三隊。約出營十餘里，聽旨停第三隊，又四五里，停第二隊，又二三里，將至哨鹿處，停第一隊。而侍從及扈衛之臣僅十餘騎而已。漸聞清角聲揚，遠林呦呦，低昂應和，倏聽槍聲一發，咸知神威命中矣。羣引領聽旨，調遣三隊，以次至上前。其行圍所有章奏，皆俟上還營後，披覽發出，毫無遺滯，或有時引諸文士賡唱終夕焉。

三藩善後之旗緑軍制

康熙中葉，三藩既平，撤藩兵歸京師，盡籍藩産入帑，設駐防於廣州、福州、荆州等處，以將軍副都統率旗兵駐之，由是臣下無世擅兵柄土地之權。雖宗室自親王以下，爵十等，民自一等公以下，爵二十六等，而皆優以虚榮，絶無實權，蓋懲前代封建之弊也。防守之職，則旗營緑營任之，然緑營之提督總兵，不掌財賦，僅綰兵符。復以督撫牽掣而督率之，蓋懲前代藩鎮之弊也。

八旗

八旗之制，始於天命紀元之前二年。明萬曆甲寅。合滿洲、蒙古、漢軍之隷伍籍者，每三百人設一佐領，五佐領設一參領，領千五百人，五參領設一都統，領七千五百人，猶僅六萬人耳。其後，分滿洲、蒙古、漢軍，又有所别建，曰前鋒，曰護軍，曰火器營，曰親軍，曰滿蒙漢合編之步軍。章制日備，兵數亦日衆。

或曰：編制之次第，初僅有滿洲八旗，入關後，更編漢軍八旗，大抵皆漢人之最先歸附者。其後，更編蒙古八旗，後所謂八旗者，實有二十四旗也。

京旗之官，每旗設都統一人，副都統二人，參領五人。佐領所管，以百丁爲率，無定員。每佐領下，以驍騎校一人隷之，鑲黄、正黄居都北，次兩白，次兩紅，次兩藍，皆環拱禁城。城池衙署倉庫，以驍騎馬兵守之，各於禁門外置官廳，都統副都統更番值宿，以備不虞。巡狩，則增街衢之守，俗名街堆子。歸則撤之。每三歲，編審户口，稽壯幼，除逃亡。書版藏於户部，其冒濫及隱匿不報者，罪其司。

閱選秀女，多於京旗中選之，以三年爲率。屆期，户部移文造籍，有隱匿不報者，罪之，旗有逃亡，中刑部督捕。

大閱，皇上親御甲冑，巡閱營隊，集八旗將士於演所。陣法，漢軍火器營左翼四旗，以次而東西上，右翼四旗，以次而西東上。每旗，鹿角二十，步兵八十八。引旗四人，長槍手二十。鹿角旁，列礮十，鳥槍百，籐牌百，礮兵三十人，御礮車兵百人。纛十，執纛兵三十，小旗二十，負旗將士二十，紅旗二十。麾旗二，金五，鼓一，鳴金兵十，海螺五。每旗參領三，散秩官驍騎校十，每翼都統二，副都統每旗各一。滿洲火器營左翼四旗，在漢軍左翼左，右翼如之。鳥槍兵百二十，護軍百二十，總統五。每旗纛兵二，執纛四，海螺十，金五，鼓一，委傳宣官八。金下，麾旗者揚旗，鼓聲大作，鹿角兵前進，分隊而立。籐牌兵跳舞作斬虜狀，分合如法，三作而退。鼓聲一進，鳥槍兵列隊而進，槍聲齊發，聲亂者罪之。麾旗者落旗，金聲初奏，槍聲頓止。俄擂鼓如前，麾旗者揚旗，槍進如前。如是者九。連環槍作，滿洲前鋒護軍乘馬者，自兩翼出，彼此奔馳，三軍作衝圍狀，盤旋數次，槍止乃已。金聲再奏，八旗驍騎兵銜陣而出，海螺畫角齊奏，傳宣官呼收兵者三，軍士咸頓首歡呼，再叩而退。兵部告禮成，上還御營，翌日，賞賚有差。

每歲春秋，咸集於德勝門外十里之仰山窪村，簡練如儀，惟將士衣素服，不著戎冑，與臨陣別。演試火器礮石，歲以春秋，由兵部奏請，欽命大臣偕漢軍都統演礮於蘆溝橋，八旗以次演，及牌者有賞，否則罪之。

軍政五載一舉，行律有四。一操守，曰廉、平、貪；一才能，曰長、平、短；一騎射，曰優、平、劣；一年歲，曰壯、中、老：以次定賞罰焉。

漢軍

國初俘掠遼瀋之民，悉爲滿臣奴隸。太宗憫之，拔其少壯者爲兵，設左右兩翼，命駙馬佟養性、都統馬光遠統之。其後歸者漸多，入關後，明降將踵至，遂設八旗，一如滿洲之制。康熙中，三藩平，其藩下諸部落亦分隸旗籍。雍正中，定上三旗，每旗佐領四十，下五旗，每旗佐領三十，其不足者，撥內務府包衣人隸焉。

八旗旗纛，皆繪瀝金飛虎於上，前鋒營用五色飛虎旗，香山健鋭營號衣，黃色，緣藍。火器營號衣，用藍色，緣白。

八旗侍衛教場

國初最重騎射，羽林虎賁之士，退直之暇，嘗校射教場中，即明內操地也。鑲黃旗在皇城東北隅，臨御河；正黃旗在聞華寺後；正白旗在小南城，即明南內地也。

旗兵比棍

寧古塔將軍每屆三年出示，無論滿洲、漢軍，未成丁者，至衙門比試，曰「比棍」。棍以木二根高五尺，上横短木，立於將軍前。照册點名，於其下行過，能如棍長，即註册披甲，派差食糧。如不願者，歲出銀六兩，曰「當幫」。

天祐軍

定南王孔有德、靖南王耿精忠、平南王尚可喜當歸順時，未隸旗籍，太宗名其所統之軍爲天祐軍，特設白、緑、黑諸旗纛以賜之。

車騎營

雍正中，世宗命九卿籌禦西夷之策，岳威信公獻車營法。其製仿邱濬舊制，稍加損益。車廣二尺，長五尺，一夫推輓，以四夫護之。五車爲伍，二十五車爲乘，百車爲隊，千車爲營，行載糗糧軍衣，夜圍聚爲營。戰時，兩隊居前，專司衝突，三隊後隨，餘五隊保衛元戎，以防賊入劫戰，並具圖以進。上命滿洲護軍習之，號車騎營。後北征，屢以車師取勝。然嚴重，難連行，和通之敗，道路壅塞，士卒多損，論者歸咎車戰，遂廢。

御營

嘉慶以前，列聖每歲秋獮木蘭，巡幸直省，除近畿數處設行宫外，餘皆駐蹕牙帳，曰「御營」。

護軍統領一人，豫率其屬往，相度地勢廣狹，偕武備院卿司幄及工部官設立行營。中建帳殿御幄，繚以黄漆木城，建旗門，覆以黄幕，其外爲網城，正南暨東西各設一門，正南建正白、東建鑲黄、西建正黄護軍旗各二，東西門復設連帳旗門，領侍衛内大臣率侍衛親軍宿衛網城門，八旗護軍統領率官兵宿衛。又外八旗，各設帳房，專委官兵禁止諠譁。御營之前，扈從諸臣不得駐宿，東四旗在左翼，西四旗在右翼，均去御營百步。扈從人等各按翼駐宿，皆北上，最前爲王公，次大臣侍衛，其次大小官員扈從人等，皆按旗分品秩，安立行帳。御前大臣、内務府官員人役均駐北面，去行營二里外，前鋒營相度形勢，設卡倫，左右各豎飛虎旗幟，爲偵哨，以禁行人諠囂。其中營，或一或二，各視途之遠近焉。

神機營

神機營署在煤炸胡同，同治初設。其士卒皆八旗精鋭，總以親王大臣，無定員。全營翼長二人，下設文案、營務、印務、糧餉、覈對、稿案六處，各有翼長委員，惟印務無翼長。此外軍火局、槍炮廠、軍器庫、機器局各有專司，兵萬五千餘名。自設立後，八旗京官競往投效，文案處至一百六十餘員，營務處至一百八十餘員，而書手不在此數。光緒庚子以後廢之。

勇健軍

雍正中，西虜未靖，世宗召天下壯士，得數千人。其尤者，能開二十石弓，以鳴鏑射其胸，鏜然而返。又有能開鐵胎弓舉刀千斤者，號勇健軍，命史文靖公貽直司之，屯巴里坤以備不虞。

廣勇

道光戊戌，英人至粤，揚言與官爲仇，無害百姓，又恃財引誘窮民，願爲耳目者甚多。林則徐搜查鴉片，有犯必懲，英人怨之，奪四方礮臺，縱淫肆虐，人民憎其奸，操戈相向。一日，南海番禺鄉民糾集義勇，佯言官兵擾掠，將入城，愬諸長官。及夜，行至半途，轉旗而南，直攻英船，預募善泅者入水鑿之，毁其船一，英人倉猝逃。越數日，勇復出戰，副都統以滿洲兵助之，擊殺英酋一，英兵十。會湖廣兵聞勝掩至，争奪首級，反攻義勇，兩縣令出城解圍，勇始散，英人乘間逸。又十餘日，英人出泥城，遇三元里民，民鳴金號召一百二村男婦數萬，執梃而集，圍之數里，英兵千餘突圍奔潰，死者八九十，又殺死英官二人，擊傷者無數。時官兵皆立城堞，作壁上觀，義律聞信責總督，總督責廣守，人民懼罪解體，英人亦狼狽回船。自破虎門以來，鴟張豕突，玩易我國，未有如此受創者，三戰皆義勇之力，廣勇著名自此始。

楚軍

楚軍之名，始於江忠烈公忠源。咸豐初，粤寇初起，將士聞角聲則走，不可止。忠源，寶慶人。寶慶近廣西，其民樸悍，忠源募鄉勇五百人，從烏蘭泰擊寇，號楚軍。時官軍無敢當寇鋒者，忠源軍獨能搏戰，諸將始知有楚軍。及寇自全州北下，將吏皆走，忠源獨以所部扼之蓑衣渡，多列旗幟金鼓，寇疑不敢進，長沙因得爲備，而寇久攻長沙不克，城崩復完者再。

楚軍號能戰，當時有北勝南江之目，然實恃其弟忠濟。追往援江西，助守南昌，贛省餽犒軍銀二萬兩，忠濟盡取之，不以給士，軍大譟，欲殺忠濟。忠源諭説百端，乃已，遂斥忠濟歸，不使再領軍。忠濟去而楚軍弱矣。

或曰：楚軍實左文襄公宗棠所創。當曾文正公國藩創湘軍時，四哨爲營，營凡五百人，諸軍遵用之，獨王壯武公鑫不用，别爲營制。文襄初出，以四品京堂從文正治軍，所募五千人，參用壯武法，有營有旗，旗凡三百二十人，不稱湘軍，别自號爲楚軍，楚軍名由此起。近人輒以湘軍、淮軍對舉，罕知湘、楚之别矣。

王壯武軍制

王壯武公鑫與曾文正公同縣，文正識爲將才。其陳法，隊左右各百人，鼓之，人魚貫爲兩行，左馳右，右馳左，三馳而圜，皆持滿外向。再鼓之，則左右馳，復其伍，對向爲格鬬，左起則右伏，右起，左亦如之，三起三伏，士復馳，乃變圜爲方。於是後軍分出左右，蛇行繞攻，前軍三合而退，其前左右軍，亦互爲進退。主將鼓角鳴臺上，旗周麾，士周馳，聚爲城郭。城爲三門，先聚者爲左右行，先自門出，餘亦次第復爲隊。士惟視聽旗鼓，疾走如風雨，無聲息可聞。

壯武在軍，每閱三五日，集衆講《聖諭廣訓》及性理諸書。暇日，令其習射作字，及聞令出，皆奮勇爭先。親執桴鼓，一鼓而軍士排列如牆，再鼓，左右翼兜圍如張翅。迨寇營礮子落於前，然後三鼓而馳，勢如潮湧，無不全勝。

湘軍

湘軍之興，本創於一二三儒生。羅忠節公澤南主其事，曾文正公國藩總其成，至李忠武公續賓始大，而勇毅公續宜繼之。楚、皖賴以收復，其餉項較諸軍爲優。

湘軍有二派，一爲羅、李所部，後佐曾文正公、胡文忠公立功，及安慶既克，四散不振。一爲王壯武公所部，王與曾初不相愜，自成一隊，左文襄公宗棠常左右之。壯武没於樂安，王開化、張運蘭分統之。王旋病没，張復隸曾部，援勦江西、皖南最久，所謂老湘營是也。張後赴閩，軍分爲二，易開俊、劉松山統之。易又病歸，劉從曾勦捻，繼入甘、陝勦回，開至三十餘營。文襄督師，恃以爲重，劉戰没金積堡，從子錦棠代任，收西邊全功，遂以京卿幫辦軍務。

湘淮軍制

湘軍始於咸豐壬子，淮軍始於同治壬戌，其營制爲曾文正手定，而李文忠遵守之。每五百人爲一營，設營官一，每營分立前後左右四哨，每哨設哨官一。營官有親兵，有什長，其親兵分六隊，每隊設什長一名，率親兵十名，伙勇一名，計六隊，凡七十二人。哨官有哨長一名，有護勇五名，外有什長，有正勇，有伙勇。其正勇，一哨分八隊，每隊什長一名，伙勇一名，擡鎗隊正勇十二名，合什長伙勇爲十四名。刀矛小鎗隊正勇十名，合什長伙勇爲十二名。每哨，合哨官、哨長、護勇爲一百八人，四哨共四百三十二人，合之營官親兵爲五百四人，隊官在外。

其聯伍之制，親兵六隊，則一隊劈山礮，二隊刀矛，三隊劈山礮，四隊刀矛，五隊小鎗，六隊刀矛。每哨八隊，則擡鎗爲第一隊，刀矛爲第二隊，小鎗爲第三隊，刀矛爲第四隊，擡鎗爲第五隊，刀矛爲第六隊，小鎗爲第七隊，刀矛爲第八隊，總計一營。劈山礮兩隊，擡鎗八隊，小鎗九隊，刀矛十九隊，共爲三十八隊。其搬運一切，有長夫。每營營官及幫辦人員，共用長夫四十八名，搬運子藥火繩及一切軍裝等項，共用長夫三十名。營官親兵隊，每劈山礮隊用長夫三名，刀矛小鎗隊用長夫二名，計六隊用長夫十四名。如拔營遠行，營官另撥長夫幫擡劈山礮，哨官哨長及護勇五人，共用長夫四名，四哨共長夫十六名。其哨隊，每擡鎗隊用長夫三名，每刀矛小鎗隊用長夫二名，計四哨擡鎗八隊，用長夫二十四名。刀矛小鎗隊用長夫二十四名，共長夫四十八名，總共一營用長夫一百八十名，大率百人用長夫三十六名，合之營哨官員各勇人等，共六百八十五人，是爲正額。或數十營設統領一員，或十營設統領一員，或數營設統領一員，無定制。

同治乙丑征捻，又添練馬隊營。其制，則每營營官一員，幫辦一員，字識一名。一營立前後左右中五哨，其前後左右四哨，各設正哨官一員，副哨官一員，中哨卽以營官爲正哨官，外立副哨官二員。每哨馬勇五十名，散勇五棚，每十人爲一棚，每棚什長一名，散勇九名。一營共營官一員，正哨官四員，副哨官六員，馬勇二百五十名，什長二十五名，散勇二百二十五名，營官及副哨幫辦字識等，共用伙夫二名，四哨之正副哨官，共用伙夫四名，每棚用伙夫一名，共二十五棚，爲二十五人。又一營長夫五十名，通計長夫八十一名，合之營哨官員幫辦字識各勇夫等，共五百九十一人。其馬數，則營官四匹，幫辦一匹，字識一匹，正副哨各二匹，什長及馬勇各一匹，共爲馬二百七十六匹。搬運鍋帳子藥，則每哨僱用大車一輛，共車五輛，其每營百馬之内，准報倒斃三十六匹，如數换領，以資彌補。

湘淮軍餉

胡文忠公理財之法，冠出一時，所有湘軍餉銀，概發湘平，蓋自咸豐己未，所收庫平，每百申三兩六錢，另儲備撥，積少成多，遂成鉅款。然湖北銀少錢多，其時收款大宗，專在釐金，通以十足制錢爲定，江北轉輸，無非錢者，於是行對放之法。如放餉十兩，以五兩實銀、十千實錢爲率，時市銀易錢，每兩千有五百文，糧臺漲價，竟至五百文，人不厭其重也。文忠意謂以錢易銀，徒爲商賈謀利，不如暗益員勇，員勇薪資不寬，藉以津貼，俾無滋生弊端。其後深入皖境，轉運浩繁，糧臺以折閲過多，請一律放銀，文忠猶未許焉。當時制錢極多，糧臺以出入重累，置江船數艘於省河内口，釐金船到，就水次運收，擇老成牧令專司其事。久之，全船滿載，不復通底掃清，隨收隨放，相沿成習。即牧令遇有交替，亦不過按册估計，出具收結而已。

其定制，則按月發餉。初無折扣，勇籍不甚雜亂，大抵長沙、湘鄉、寶慶各爲一類，皆有尺籍可尋。久征遠戰之勇，月計食用若干，到期按發，餘則分哨記注，存於公所。或因事裁革，或有故假歸，核其所存之餉，酌付川資，別由糧臺給一印票，至後路給清。如此有三利焉。營哨員不能私侵暗蝕，一也。勇不能任意開銷，出營流落，二也。回籍餘資，尚可營生，三也。

若淮軍，則不特勇無宿儲，即統領十數營者，賦閒稍久，掃地無遺。當卸任之時，債務累累，尚須接替者爲之彌縫也。

軍餉定制，向無額數内扣者，有之自淮軍始。歲支九關，關者，次數之謂也。遇閏酌加，餘則目爲欠餉，糧臺分別記注。裁撤時，酌發三五關不等，或歷年過久，通計成數報効，爲本籍增文武學額，士卒亦竟安之。當淮軍初赴上海時，餉項匱乏，食米而外，竟酌給鹽菜資，及接仗克城，人人有獲。每向夕無事，各哨聚會金釧銀寶，堆案高數尺許，遇發餉時，多寡不較也。李文忠公知之，明訂九關，杜營哨虛冒，遂爲成例，入於奏案。其時米價極昂，石值銀五兩，各軍克城，輒封存寇所囤米，據爲私有。李出示收買，定價石銀三兩，出入一律，亦爲成例定案。淮軍統將，往往以此致富。

淮軍

淮軍之興，由山東布政使六安李元華。當咸豐甲寅，粵寇踞廬州，李帶團勇助勦。張制府樹聲，潘撫部鼎新，劉撫部銘傳，周提軍盛傳、盛波皆奔走其間，如是數年，雖未有成效，而戰陣之事，練習日精。

時李文忠公鴻章在籍辦團，或居帥幕，或領軍事，尚無專主。迨廬州事亟，由間道投曾文正公於江右，元華亦隨吴清惠公棠至淮安矣。張、潘方保境自守，徘徊俟時，及咸、同之交，楚軍日盛，由西路徑克安慶，乃使劉之族子東堂與提督韓殿颺謁李文忠請計，於是有創立淮軍之舉。

時江蘇官紳乞師者踵至，文忠慨然請行，先立鼎、銘、慶、樹四營，益以湘軍親兵一營，林字一營，開字二營，共爲九營，陸續赴援上海。銘營始以東堂主之，東堂讓其叔銘傳。慶營則吴提軍長慶主之，吴向從軍廬州，未嘗歸李部下。林營則湘人滕鎮軍嗣林主之，親兵營則湘人韓太守正國主之，開營則程忠烈公學啓主之，通名淮勇，實則湘軍三營，淮軍六營也。其後林營未嘗著績，親兵營年餘敗散，惟開營功業先著，而忠烈殉後，遂以不振。於是樹、鼎、銘、盛各成一軍，自一營至數十營不等。盛軍者，即周氏兄弟抵上海後所主者也。慶營正副二營，歷十數年，至海防議起，始增六營，而銘盛兩軍，疊爲畿輔拱衞之師，遂稱兩大，其歷年較諸軍爲久長。

説者以淮軍創於李，成於劉、韓，大於劉、周，皆所以佐李文忠之中興偉烈也。

銘軍爲淮軍第一大支

開軍之後，推銘軍爲勁，西捻之役，功冠諸軍，號淮軍第一大支。其始賴唐忠壯公殿魁、劉廉訪盛藻二人爲之左右，唐之調度，劉之訓練，合爲兩美，又得劉中丞銘傳爲帥，以故虎步一時。其部下驍將著名者頗多，大率蘇滬降將，更事老練，忠壯陣亡於鄂，銘軍奮氣，後亦未有大敵。忠壯弟定奎，以忠壯故，旋統銘字武毅等軍，積功至福建提督。

吉軍

吉軍之興，始於黃觀察冕。時曾文正公在江西，事亟，徵援兵於湘，黃以吉安知府募兵自効，而不之官，遂以吉字名軍。及歸曾，由忠襄公國荃領之。曾時以同知候選，由此增多營，連克瑞州景德鎮，沿江而下，卒收安慶、江寧二城，所部至五萬人，皆以吉營肇其基也。當江寧合圍時，黃充東征局總辦，創議鹽米互市之舉，由安慶便赴下遊，曾率全軍將領迎於江濱。黃顧而言曰：「吾福薄，不足爲諸軍導，得九帥爲主，可共取富貴，今何如？」言已，握忠襄手大笑，諸將惟聲謝而已。黃初任江南知縣，見知陶文毅公，後以事謫戍，遇赦歸。其人善以財勢動人，才氣縱橫，見者傾心。創辦東征局，以濟江南之餉，爲功甚鉅。而物議紛騰，遂有貪橫恣肆之語，見於彈章。後以迤東道開缺，終於家。

忠義軍常勝軍

林利，英國海軍官，爲粵寇所招致，嘗在李秀成部下組織忠義軍以抗常勝軍。常勝軍者，英人戈登所練，受李文忠公之委託，以征勦粵寇爲事者也。

三省邊防

廣東之東興，雲南之河内，廣西之鎮南關，爲三省邊防，延袤一千九百餘里，路路可通。與法人各設對汛鎮南關外，距關數里，卽安南界，法人踞之，並築鐵路至同登。光緒中，督辦邊防大臣廣西提督蘇元春嘗與法人訂約，合築自南關接至龍州鐵路，迄以無款而止。

蒙古盟旗軍制

蒙古兵制，除喇嘛及衰老疾病者外，男子自十八歲起，卽須從軍。其編制亦按八旗之制，今將各旗之組織列下。

内蒙古

哲里木盟。位西遼河北。

科爾沁六旗：分左右兩翼，一翼分中前後三旗。圖什圖業、札薩克圖、蘇鄂公、達賴罕、賓圖、博多勒噶台。以上六所，各置一旗。

杜爾伯特一旗。

札賚特一旗。

郭爾羅斯二旗。分前後旗。

卓索圖盟。在喜峯口山外，爲木蘭秋狩駐蹕之所，有避暑山莊。

喀喇沁三旗。分左右翼旗及中旗。

土默特二旗。分左右翼旗。

昭烏達盟。據西遼河上游之地，有圍場，咸豐以前大駕秋狩至此。

敖漢二旗。

奈曼一旗。

巴林二旗。分左右翼旗。

札魯特二旗。分左右翼旗。

阿爾科爾沁一旗。

翁牛特二旗。分左右翼旗。

克什克騰一旗。

喀爾喀左翼一旗。

錫林郭勒盟。在圍場西北，多泉泊，饒魚鹽之利。

烏珠穆沁二旗。分左右翼旗。

浩齊特二旗。分左右翼旗。

蘇尼特二旗。分左右翼旗。

阿巴哈納爾二旗。分左右翼旗。

阿巴噶二旗。分左右翼旗。

烏蘭察布盟。在四子部落境，爲張家口恰克圖商販往來必經之道。
四子部落一旗。
茂明安一旗。
烏喇忒三旗。分中前後旗。
喀爾喀右翼一旗。右翼。
伊克昭盟。即河套鄂爾多斯地，淺草平沙，可耕可牧，蒙人視其得失以覘強弱。
鄂爾多斯七旗。分左右翼，更分前後旗，右翼以外又加右翼前末旗。
附錫呼圖庫倫活佛游牧地一旗。

外蒙古

外蒙古有喀爾喀及杜爾伯特、土爾扈特、和碩特等各部，共十二盟。
喀爾喀。分四盟四部六十七旗。
汗阿林盟。
土謝圖汗二十旗。
克魯倫巴爾和屯盟。
車臣汗二十三旗。

齊齊爾里克盟。
三音諾顏二十二旗。
喀爾喀盟。
額魯特二旗。
杜爾伯特。分二盟四部十五旗。
賽圖濟雅哈圖左翼盟。
杜爾伯特十旗。
輝特一旗。
賽圖濟雅圖右翼旗。
杜爾伯特三旗。
輝特一旗。
土爾扈特。分五盟十二旗。
南烏訥恩素珠克圖盟。
土爾扈特四旗。
北烏訥恩素珠克圖盟。
土爾扈特三旗。

東烏訥恩素珠克圖盟。

土爾扈特二旗。

西烏訥恩素珠克圖盟。

土爾扈特一旗。

青塞特奇勒圖盟。

土爾扈特二旗。

和碩特。分二盟三旗。

巴爾塞特奇勒圖盟。

和碩特三旗。

蒙古各旗，以佐領爲編制之基礎，一佐領有人員百五十名，而常備僅五十名。其編制如下：佐領一人，領催六人，驍騎校一人，驍騎五十人，以此佐領合而爲旗，旗長稱札薩克。各旗佐領之人員皆不平等，其編制如下：札薩克一人至四人，協理台吉一人，管旗章京一人，參領一人，佐領一人，驍騎校五人，領催三十人，驍騎二百五十人，約合二百九十一人，至二百九十三人。

蒙古臺站運輸軍隊

蒙古臺站之設，仿於元代，按籍受成，至纖至悉。國朝屬於兵部，凡官吏軍隊經過蒙古者，皆由臺站供差，而各臺站供應馬匹飲食，皆由蒙人當差，預爲派定。一有傳牌，各站卽爲預備。蓋蒙地廣漠無垠，且有數百里無人烟之處，若無臺站，官員軍隊經過，往往數日不得飲食也。康熙壬申，乃自古北口至烏珠穆秦，置臺九。自獨石口至蒿齊忒，置臺六。自張家口至四子部落，置臺五。自張家口至歸化城，置臺六。自殺虎口至烏喇忒，置臺九。自歸化城至鄂爾多斯，置臺八。自喜峯口至札賴特，置臺十六。雍正戊申，征準噶爾時，增設塔爾巴哈臺等處臺站，曾派大學士督理其事，用款至千餘萬之多。及乾隆己丑，又有增設，喜峯口路札賴特盡處起，置臺十四。古北口路烏珠穆秦盡處起，置臺六。殺虎口路烏喇忒大路外，置臺七。張家口路四子部落盡處起，置臺十六。是以撫馭全蒙，横有五六千里，縱有二三千里，絕無鞭長莫及之患也。

臺站供給車馬，異於內地，其曳引轎車之馬，悉用三四頭。每一馬，必有一人騎其上，而道路不平，沙石相間，其馬馳極速，故乘車者盤坐車中，必用一木桿夾住兩腿，謂之曰「加桿兒車」，以防因震動而踣於車外，且恐木桿不堅，須以帶圍住車前，所攜之盤碗，又以挖有大小各孔之革囊，盛各物於中，繫之車頂。每日至少能行二百里，甲站夫馬送至乙站時，卽由乙站夫馬接送丙站，而丙站丁站皆如之。凡官員過站所需之馬，不惟視人數之多寡，並須視品秩之崇卑。例如一品大員，准帶隨員若干人及馬匹，若二品大員，則較一品大員少若干，三品又較二品少若干。而飲食亦由蒙人供應，然僅牛乳及羊肉磨菇而已。而每人應得羊肉若干，其初各有定額，如官員每日羊一頭，僕從則人各一腿。嗣後藉端訛索，每人於應得一腿外，猶強令蒙人各於一羊身上割一腿，蒙人不允，乃令出銀二兩折抵一羊腿焉。

阿里克族兵制

青海有阿里克一族，其兵有定額，有常餉。按户抽丁，月必調集操演，刀鎗矛弧有分隊，號令節制，森然不亂。軍服爲黄布褶子，緣紅邊，有標記。老弱退伍，補以壯丁。隴省沿邊軍隊多熟番，以阿里克族及郭密族爲多，有擢至軍官者。

白塔信礮

北海白塔山及九門城上，各設信礮五，旗杆五。有急，則由員弁賫大内所存上有「奉旨放礮」四字之金牌馳報，經白塔駐員驗明，即放，若不及傳報，但知某方有急，某門即先放礮，他處應之。杆上晝懸黄旗，夜懸燈，在内值班之大小武官，各就職守所在以爲備。紫禁城外九門内之官兵，則就地嚴守，其不值班之御前大臣、領侍衛内大臣、内大臣、散秩大臣、侍衛，各率本旗親軍營兵而出。鑲黄旗在東華門外及闕左門並景山東門外，正黄旗在西華門外及闕右門並景山西門外，正白旗在神武門外及端門並承光殿迤東三座門。内務府三旗之護軍營在午門外，驍騎營在景山東門，八旗護軍營之兩藍旗在天安門外，兩白旗在東安門内，兩紅旗兩黄旗皆在西安門内，兩翼前鋒營在天安門外金水橋迤南。内火器營之兩藍旗在大清門外，兩白旗在東安門外，兩紅旗在西安門外，兩黄旗在地安門外。八旗驍騎營滿、蒙、漢各參佐領俱按汛聚集，御前大臣、領侍衛內大臣、散秩大臣、侍衛在紫禁城門外，內務府大臣、步軍統領、左右翼總兵在神武門外，八旗都統、副都統及護軍統領之兩黄旗在神武門外，兩白旗在東華門外，兩紅旗在西華門外，兩藍旗及前鋒統領火器營大臣並不領兵之親郡王、貝勒、貝子、文武大臣，皆在午門外，均各齊集候旨。

時紫禁城四門皆閉，俟奉旨，或持出合符，卽啓；內九門，外七門，有步軍統領令箭到，卽啓。皇城四門、左右闕門、東西長安門、北上門、外東西桶子柵欄門、長安門外柵欄門，遇有應入之官兵應候旨之王公大臣，卽時驗放。步軍翼尉等率不值班之步軍，按本旗登城環列，南營參將等率兵列外城上，各城門礮手登城備門礮。新營房不值班官兵赴本管城門看守，舊營房官兵在本旗城門外，巡捕左右北三營及中營樂善園汛兵各按汛守天橋。步軍統領派章京三員各帶兵出城，一赴圓明園，傳知該處護軍守御園。一赴藍靛廠，一赴香山，令外火器、健鋭營向西直門進發，備調遣。王公上章京護軍等各集本府，候傳喚。

天津水師

世宗念天津附近京畿，海防綦重，設滿洲水師都統一員，副都統二員，協領下若干員，兵三千，守禦海口。然滿兵不利水師，初設章程，訓練技藝，不及緑營之半。乾隆丁亥，高宗巡幸津淀，是日大風，勢難操演。時都統爲奉義侯英俊，已衰老，所傳號令俱誤，技藝既疏，隊伍復亂，喧譁不絕。上怒，立加裁汰，英俊等降革有差。

長江水師

同治間，粤寇既平，彭剛直公玉麟以功洊升兵部侍郎，加宫保銜。未幾，解組歸，創立長江水師，内河外江，鈴鐸聲相聞，東南無盜賊患。朝廷知其熟諳水師利弊，仍令按年巡閲一次，准專摺奏事，兵弁有不法者，殺戮得自專。

海軍

海軍經始於咸豐之季，初購英國戰艦數艘，並議聘英水師兵官統之，旋寢其議。同治壬戌，曾國藩、左宗棠合詞奏陳，請開船政局於福州、上海。而福州規模尤壯，船政大臣主之，設船政學堂，分習造船，水師成材漸衆，薩鎮冰、羅豐禄、劉冠雄、嚴復，皆學生也。同治甲戌，以日本窺臺灣，海疆無備，遽締和議。朝議急興海軍，李鴻章請分立外海五軍，以饟絀，不果。光緒乙亥，設北洋水師，購鐵甲船八艘，而别購中小鐵甲二艘，防長江口。時日本滅琉球，俄據伊犂，將啓釁，海關總税務司赫德請購蚊子船快船，分駐大連灣諸隘，備敵師。總理衙門從其議，擬以赫德總司南北海防。薛福成時以道員在直隸，上書鴻章，謂一國兵權饟權，付諸一外人之手，其事至危，議遂罷。庚辰，鴻章議減水師裁緑營以治海軍，立水師學堂於天津，主辦者閩人，生徒遂大半閩産。及甲午中日之戰，海軍將領僨事者，亦多閩人，而濟遠管帶方柏謙先遁，是役也，海軍熸焉。甲申，從鴻章議，大治海軍，乃立海軍衙門於京師，以醇親王督辦，鴻章會辦，山東巡撫張曜、奉天將軍善耆幫辦，建旅順等處礮臺，爲海軍根本，大購鐵艦。丙戌，醇親王奉旨周歷旅順、大連灣、威海衛、煙臺諸要隘。戊子，定海軍制，以丁汝昌爲海軍提督，英兵官琅威理爲海軍總教習。設提督一，總兵二，副將五，參將四，游擊九，都司二十七，守備六十，千總六十九，把總九十九，皆隸北洋大臣。鐵甲二，鎮遠、定遠。快船六，致遠、靖遠、經遠、來遠、超勇、揚威。蚊子船六，鎮中、鎮邊、鎮東、鎮南、鎮西、鎮北。練船三，威遠、康濟、敏捷。合魚雷艇六艘，運船一艘，大小二十五艘。以山東之威海衛爲宿泊海軍之所，奉天之旅順口爲修治戰艦之所。大連灣建礮臺，固旅順後路。總兵張光前統親慶軍三營，駐西礮臺，總兵黃仕林統親慶軍三營，駐東礮臺，四川提督宋慶統毅軍九營，專防旅順，陸路提督劉盛休統十二營，駐大連灣，皆受轄於北洋大臣。恐倉卒不及稟節度，乃設北洋前敵營務處，以道員充之，盡護諸將，隱帥旅順，前者劉含芳，繼者龔照瑗也。辛卯，北洋海軍遂大成立。總之，我國海軍發軔於福州船政，成軍於北洋艦隊，至晚近，始設專部。

軍報

高宗自乾隆甲戌後，平定西域，收復回疆，以及緬甸、金川之役，每有軍報，無不立時批示，洞澈利害。每夜，必遣內監出問有報否，嘗披衣坐待竟夕，機密近臣罔敢退食。

軍需報銷

同治中,大學士倭仁等,請以同治甲子六月前各處軍需概免册報,自七月初一日起,俟事竣後,一體請銷。其造册按例定之數,不溢一絲,而陰將款目浮開鉅萬者,與例既符,即在准銷之列。其以實用之數登之銷册,而實無絲毫浮冒者,例稍未符,即難核准。是則報銷一事,即能弊絶風清,而實數不准銷,准銷非實數,虚文相襲,甚無謂也。然亦豈獨軍需報銷爲然耶?

法越一役之軍需

光緒癸未法越之役,首尾數年,事定,粤東報銷至二千五百萬,實則用者不過七百萬,而張文襄借洋款三百萬,及曾忠襄經用之款,皆在其内。餘則有代部借五百萬,又續借二百萬,而雲南之岑毓英、唐炯,廣西之蘇元春,臺灣之劉銘傳,各軍餉項,咸取給於是。還款時,則代部借者由部撥還,而粤東又歲籌闈姓款四十四萬兩,四成報効,粤中官紳向收番攤,陋規不可裁革,令以四成充公,名四成報効。約四十萬兩。某款約三十萬兩,官售鹽鹽倉剩鹽官爲售之。約十餘萬兩,截至光緒甲午止,約得千餘萬兩。又罰黄江釐廠書吏三十萬,罰海關收税家人十餘萬,有是蓄聚,故接任者亦無怨言。又時在龍州築礮臺十五座,瓊州等處築礮臺數座。繼其事者,以惜費故,凡瓊州等處礮臺,悉皆停罷,已訂購之大炮,及别購之槍彈,悉移解於北洋焉。

營務處

防營之有營務處，始於咸、同軍興時，其後乃徧全國矣。龔照瑗曾以道員總辦旅順營務處。舊日營制，大帥節制各軍，而營務處盡護諸將，隱若統制，恆以道員充之。提鎮入見，皆持手版，執禮甚恭。大帥之下，營務處最尊，大帥若不知兵，則其權恆在營務處。蓋湘淮各軍，恆以書生立功，湘皖書生慕曾文正、左文襄、李文忠之流風餘澤，談兵者尤衆。新軍未成立，行省營務處皆道員也。照瑗代劉含芳駐旅順，諸將争媚事之，旅順形勢雄固，軍儲甚豐，日兵將至，諸將争艤舟作逃計。照瑗聞金州陷，即馳至煙臺，赴天津，謁文忠。文忠大斥之，返旅順，已而日兵至，乘魚雷船復先遁，六統領不相屬，乃共推姜桂題主之。而旅順陷，照瑗奪職繫刑部。庚子聯軍來，照瑗又逃，辛丑回鑾，貸死爲民。

營務處設總辦會辦，充之者非道員即提鎮或京秩或知府，有僚屬。别有曰隨辦營務者，則大帥左右隨營差遣之員，不隸營務處也。

幕館

黄文襄公督陝、甘時，值西北用兵，督師肅州，乃設幕館，凡藩臬兵備道州縣司軍旅事者，皆居其中，蓋皆屬僚，非賓客也。黄鎮日危坐中堂，郵騎至，直入館院，啓封視之，應付何司者，立時分派，目擊其鈔稿鈐印畢，即咨覆，故應付急速，從無留滯，軍事得以易蕆。

粵寇亦有軍制

粵寇之軍制，萬二千五百人爲一軍，每軍一軍帥，統五師帥，一師帥統五旅帥，一旅帥統五百長，一百長統十司馬。李玉成、李世賢、林紹璋、林啓容、白輝懷各統一軍，軍帥上有監軍、總制、將軍、指揮、檢點、丞相。丞相爲一品，下至旅帥皆武職，行省文武將帥各一。文方伯，武主將，以佐將副之。

問刑准用明律

順治甲申，定問刑衙門准依明律治罪。先是，國初律令，重罪有斬刑，輕罪用鞭扑。至是，始准用明律。

五刑

五刑之制，定於順治初年。一，笞刑，自一十至五十，每十笞爲一等，凡五等。用小竹板折責，每十笞，責四板，旗人犯笞者，以鞭代之。二，杖刑，自六十至一百，每十杖爲一等，凡五等。用大竹板折責，數與笞刑等。三，徒刑，發本省驛遞，自一年至三年，每半年爲一等，凡五等。各依年限應役，役滿回籍，五徒各予以杖，自六十至一百有差，到配折責。四，流刑，安置遠方，終身不返，分二千里、二千五百里、三千里爲三等。三流並杖一百，到配折責。五，死刑，曰斬，曰絞。皆有立決、監候之別。

五刑之外，有較流徒加重者，曰充軍，發邊遠安置。康熙中，分五等，曰附近，邊衛，曰邊遠，曰極邊，曰煙瘴。曰邊外爲民，發邊外安置。曰雜犯流罪，准徒四年。曰雜犯斬絞，准徒五年。

死刑之最重者，爲凌遲梟示。

刑具有七，板也，枷也，杻也，鐵索也，鐐也，夾棍也，桚指也。板，以竹篦爲之，大頭徑二寸，小頭徑一寸五分，長五尺五寸，重不得過二斤。枷，以乾木爲之，長三尺，徑二尺九寸，重二十五斤。杻，以乾木爲之，長一尺六寸，厚一寸。鐵索，以鐵爲之，長七尺，重五斤。鐐，以鐵爲之，連環重一斤，徒罪以上用之。夾棍，用之於命盜重案供辭不實之男子。以梃木三根爲之，中木長三尺四寸，旁木各長三尺，上圓徑一寸八分，下方闊二寸，自下而上至六寸，於三木四面相合處，各鑿圓窩，徑一寸六分，深七分。桚指，用之於婦人，以圓木五根爲之，各長七寸，徑圓各四分五釐。

刺字

凡重囚應刺字者，旗人刺臂，奴僕刺面。平民，犯徒罪以上刺面，犯杖罪以下刺臂，再犯者亦刺面。逃犯刺左，餘犯刺右，初犯刺左者，再犯累犯刺右；初犯刺右者，再犯累犯刺左。字方一寸五分，畫闊一分有半。

沈文恪請罷流徙烏喇新例

聖祖登極，因旱求直言。新例，流罪皆徙烏喇，詔九卿會議。沈文恪公荃謂：「烏喇距蒙古三四千里，地不毛，極寒，人獸凍輒斃。流罪不當死，不應驅之死地。」乃獨爲疏上之。有旨令畫一，文恪持前議益堅，且曰：「臣此議行，三日不雨者，願伏欺罔之罪。」聖祖方沖齡，改容納之。越二日，大雨盈尺，新例竟罷。

高宗不寬錢永興斃兄之罪

錢永興毆死胞兄，大學士陳世倌以其十世單傳，奏請減死。高宗曰：「承祀之條，所以重絶人之嗣，此等兇惡之徒，萬無可恕，即令殄絶宗祀，亦彼自絶於天，而非國法之絶之也。海内良善之人，尚不能使之人人有後，而獨於罹犯大辟之輩，展轉委曲，廢國家一定之法。爲之請命，獨何心哉？」

阿文勤不修刑部則例

阿文勤公克敦管理刑部時，諸曹司屢請纂修則例，文勤置不答，因浼公子文成公代請，仍不答。文成惶然，得間復以爲言，文勤喟然曰：「汝何不曉事至此？近日刑名從重辦理，乃一時權宜辟以止辟之義，若纂爲成例，則他日刑官援引，傷人必多，豈尚德緩刑之道乎？」

鄧嶰筠奏免潁州僉妻發配舊例

舊例，潁州府屬凶徒，結黨三人以上持械傷人者，不分首從，發極邊、煙瘴充軍，僉妻發配。江寧鄧嶰筠中丞廷楨曾撫安徽，奏言：「潁屬民俗強悍，非此不足示懲，惟僉妻發配，似無深意。此等婦女，本係無罪，一經隨夫僉發，如長途摧挫難堪，兵役玷污可慮，或本犯病故，則異鄉嫠婦，飄泊無依，或本婦身亡，則失恃孤嬰，死生莫保。況潁屬婦女，頗顧名節，一聞夫男犯罪，自知例應同發，或傷殘以求免，或自盡以全身。在本犯肆爲凶暴，法固難寬，而本婦無故牽連，情殊可憫。」疏入，奉旨刪去此條。

薛雲階之法學

六部諸曹司事權皆在胥吏，曹郎第主呈稿畫諾而已，惟刑部事非胥吏所能爲，故曹郎尚能舉其職。刑部事統於總辦秋審處，額設提調坐辦各四人，主平亭秋審監候之獄，必在署資深且深通律學者，始獲充是選。長安薛雲階尚書允升，充提調十餘年，始獲外簡，甫六載，復内擢少司寇，洊長秋官，掌邦刑者又二十年，終身此官。其律學之精，殆集古今之大成，秦、漢以來，一人而已。嘗著一書，以《大清律例》爲主，而備述古今沿革，上泝經義，下逮有明，比其世輕世重之迹，求其所以然之故，而詳著其得失，以爲後來因革之準。書凡數十册，册各厚寸許。

沈文肅重典論治

光緒中，沈文肅公葆楨督兩江時，輒以重典論治。每派道員往各屬查辦事件，瀕行，授以信矢而囑之曰：「所查事外，遇有不法者，即以軍法行之。」故一時殺戮必夥。及卒於位，有計其自授任日起，至病故日止，所殺戮者，平均每日得五十人。其任福建船政大臣時，監督工程，異常嚴厲，凡委員監工草率者，立予參辦，工匠有偷竊公家一木一石者，亦即以軍法從事。

西河沿照例翻車

光緒季年，有某令選缺出京，中途失文憑，折回京師，求吏部尚書某爲之設法。尚書，令之座主也，已允之矣，卒以格於例，不得行。令無如之何，轉商之於部吏某，某爲設法，次日補給。詢其所以，則以康熙某年，亦有某官出京，因在西河沿翻車，失其文憑，部議核准補給。嗣後失憑者，皆援此爲專條，且必聲明在西河沿翻車，否則必遭駁斥。

華人不能出洋

粵東向例，年終必由總督奏稱，並無華人流入外洋。至張文襄督兩廣時，始停此奏。

蒙古死罪案件

蒙古死罪案件引用蒙古例者，由理藩部覆核，會同法司具奏。參用刑律者，咨交大理院覆判，會同法部具奏。嗣於宣統庚戌二月，經憲政編查館附片奏定，嗣後凡內外蒙古死罪案件，不論所引何律，概歸理藩部主稿，咨送大理院覆判。遣罪以下人犯，應發遣者，由理藩部咨送大理院覆判。

内蒙古烏蘭察布盟刑法

烏盟風俗古樸，刑網甚疏，訟事亦少。鬬毆小事，央人調處卽了，不能了者，則由印房値差官員訊問，訴訟以口述斷案，不留底稿，而亦無翻案者。科罪，重則笞股，輕則掌頰。笞股以皮鞭，皮條撚結而成。掌頰以皮掌，與内地相同，如鞋底。此外無他刑矣。無監獄，而有地牢。地牢制甚陋，坎地而成。重罪人犯，未審之先，或施以鐐銬，鎖之牢中，防其逸也。如有人命案件，則由王公札薩克訊明，轉送歸化城定罪。案到卽審，審畢遂結，無積壓之案件。近邊各地，漢、蒙雜處，漢人與蒙人訴訟，例由地方官審判。地方官刑重，且多所需索，黠者避重就輕，往往轉就蒙旗控訟，東盟邊地習漢俗久，亦有用重刑者。

阿里克族刑法

青海有阿里克族，其刑罰有笞杖，量罪之輕重以施。殺人盜馬者死，他犯則徵物以贖。百長用非刑，百户可扑之，百户用非刑，千户可扑之。尊重民命，民亦鮮有不法者。

番例

國朝定鼎，番夷内附，西寧辦事大臣達鼐等，奏稱番人愚蒙，不知法度，應請照頒發玉書納克舒番人等番子律例之例，頒發松潘口外住牧番人等三十六套。化導曉諭伊等，令其知所畏懼，違法之事，禁其仿傚行爲等語。雍正乙卯三月，經大學士鄂爾泰等會議奏准，即令於蒙古例内選擇關係番民易犯條款，纂輯番例，頒發遵行。並聲明於五年後，再照内地律例辦理。明年，總理西海夷番事務侍郎馬某，咨請將番人頭目之等次改正，其罰服牲畜數目，酌量删除，均不得過九五之數定擬。又以番人地方，出産馬匹，孳生甚少，而犏牛孳生甚多，應將罰服馬匹改爲犏牛等語。奉部飭照所議開載，繙譯唐古忒字，通行曉諭番人，仍將律例報部存案。乾隆丙辰、庚申、癸亥、戊辰，節經奏請展限，嗣准刑部議覆。番民僻處要荒，各因其俗，於一切律例，素不通曉，未便全以内地之法繩之，不若以番治番，庶於夷情妥洽。嗣後自相戕殺命盗等案，仍照番例罰服完結，毋庸再請展限，奏蒙允准。至嘉慶朝，西寧辦事大臣貢楚克扎布，因覆奏審結蒙古番子積案，請嗣後蒙古番子尋常命盗搶刼等案，仍照番例罰服辦理，如有情節可惡者，隨時奏聞。旋奉硃批，所奏番例有何册檔可憑，情節可惡者隨時奏辦，是何情節方爲可惡？飭咨詳議。後經部覆，仍令西寧辦事大臣查看情形，自行專摺具奏。該大臣文海擬稱番民等如敢糾約多人肆行搶劫，或竟擾及内地邊氓，情同叛逆，以及肆意搶刦蒙古牲畜，兇惡顯著，關係邊疆大局之案，自應懾以兵威，嚴拿首從，隨時奏明請旨辦理，以彰國典。其止於自相戕殺及偷盜等案，該蒙古番子等向係罰服完結，相安已久，一旦繩以内地法律，恐愚昧野番，羣滋疑懼，轉非撫輯邊夷之意，應請仍照舊例等情，復經刑部核准，奏請施行。晚近以來，仍復相安，實爲現行刑特別刑法之一種也。

清稗類鈔

戰事類

太祖敗葉赫哈達

太祖擊敗葉赫、哈達等於古呼山一役，時九部合兵，分三路來侵，乃遣武理堪往偵，由東路行百里許，度嶺，見敵兵。太祖聞葉赫兵來時已夜半，恐昏夜出軍致驚國人，傳語諸將，旦日啓行，遂就寢甚酣。妃富察氏呼上覺，謂曰：「九國兵來攻，何反酣寢，豈方寸亂耶？抑懼之耶？」太祖曰：「我果懼，安能酣寢？吾若負彼，天必厭之，安得不懼？今我順天命，安疆土，彼不我悦，糾九國之兵以戕害無辜，天必不佑也！」安寢如故。次日，祝告堂子以行，果獲大捷，斬級四千，獲馬三千匹，鎧甲千副。

太祖攻翁鄂洛中矢

太祖嘗攻翁鄂洛，其臣有鄂爾果尼、洛科者，從火中突出，射太祖，中之。一矢貫胄，一矢穿鎖子甲護項，拔之，鏃卷如鉤，血肉并落。已而破其城，獲此兩人，咸不殺而官之，用以勸爲人臣之爲其主者。

何温順助太祖敗明師

國初，滿洲軍尚寡，時董鄂温順公何和理爲琿春部長，兵馬精壯，雄長一方。太祖欲藉其軍力，延置興京，款以賓禮，以公主妻之，乃率兵馬五萬餘歸降。薩爾滸之役，卒敗明師者，皆何力也。其前妻聞其尚主，怒，掃境出，與戰。太祖面諭之，然後罷兵降。後襲世爵者，皆公主所出，其前妻所生，不許列名，滿語呼爲額赫媽媽，譏其鮮德讓風也。

太宗敗明師

天聰己巳，太宗欲伐明，先與明巡撫袁崇焕書，申講和議。崇焕信之，故對於思宗有「五載復遼」語。太宗乃因其不備，假道於科爾沁部，自喜峯口洪山入，明人震驚，薊遼總督劉策潛逃。太宗率八旗勁旅抵燕，圍之帀月，諸將争請攻城，太宗笑曰：「取之若反掌耳！但其疆圉尚固，非旦夕可潰者。得之易，守之難，不若簡兵練旅，以待天命。」因解圍。至房山，謁金太祖陵，返，下遵化四城，振旅而歸。

明降將爲太宗力戰

明自誅毛文龍於皮島後，衆皆解體，孔有德、耿精忠據登萊叛，爲明將擊敗，逃入海嶠，流離無所歸，太宗乃命達文成公等往撫之。孔、耿至盛京，上親迎至都門，賞賚甚厚，即日授都招討印，命其兵爲天祐軍，故將卒皆用命。尚可喜、沈續順等亦相繼歸降，明皮島遂墟。

太宗勝察哈爾

察哈爾，漠南蒙古諸部之一也。其汗林丹，以受明歲幣附明，乃稱兵擾滿洲。又因科爾沁部與滿洲通好，怒而擊之，且時欲轔轢鄂爾多斯、土默特諸部，由是科爾沁與鄂爾多斯、土默特等互相連合以防林丹，又懼不敵，遂來乞援。太宗乃命弟多爾袞先往，復自率部衆至察哈爾，與林丹戰，林丹敗死。尋遣人往諭林丹妻，林丹妻感悟，率其子額哲降，並獻元代所遺之傳國璽。太宗既平漠南蒙古，國勢滋隆，人心嚮附，遂建國號曰清，改天聰十年爲崇德元年，即丙子也。

吳三桂借兵滿洲以擊李自成

明崇禎間，吳三桂爲總兵，守寧遠。會流寇起，乃封三桂爲平西伯。初，三桂飲嘉定伯周奎家，悅歌姬陳圓圓，以千金購之。會邊事亟，遄行，不及偕，奎乃送圓圓於其父襄所。未幾，流寇陷京師，襄爲李自成所脅，令以書招三桂。時三桂方自寧遠入援，進次灤州，而家人適至，召入，問家中顛末，知圓圓爲賊將劉宗敏掠去，三桂拔劍擊案，奮詈曰：「吾不殺此賊以還我圓圓者，非丈夫也！」遂作書絕父，馳歸山海關，遣副將楊坤、遊擊郭雲龍赴滿洲乞師，時順治甲申四月也。世祖乃遣睿親王統師至寧遠，三桂遺睿親王書曰：「三桂初蒙先帝拔擢，以蚊負之身，荷遼東總兵重任，王之威望，素所深慕。但春秋之義，交不越境，是以未敢通名。人臣之誼，諒王亦知之。今我國以寧遠右偏孤立之故，令三桂棄寧遠而鎮山海，思欲堅守東陲，而鞏固京師也。不意流寇逆天犯闕，以彼狗偷烏合之衆，何能成事？但京城人心不固，奸黨開門納款，先帝不幸，九廟灰燼。今賊首僭稱尊號，掠擄婦女財帛，罪惡已極，誠赤眉、緑林、黄巢、禄山之流，天人共憤，衆志已離，其敗可立而待也。我國積德累仁，謳思未泯，各省宗室如晉文公、漢光武之中興者容或有之，遠近已起義兵，羽檄交馳，山左江北，密如星布。三桂受恩深厚，憫斯民之罹難，拒守邊門，欲興師以慰人心。奈京東地小，兵力未集，特泣血求助。我國與北朝通好二百餘年，今無故而遭國難，北朝應惻然念之，而亂臣賊子，亦非北朝所宜容也。夫除暴翦惡，大順也；拯危扶顛，大義也；出民水火，大仁也；興滅繼絶，大名也；取威定霸，大功也。況流賊所聚，金帛子女不可勝數，義兵一至，皆爲王有，此又大利也。王以蓋世英雄，值此摧枯拉朽之會，誠難再得之時也。乞念亡國孤臣忠義之言，速選精兵，直入中協西協，三桂自率所部，合兵以抵都門，滅流寇於宫庭，示大義於中國，則我朝之報北朝者豈惟財帛，將裂地以酬。不敢食言。」王得書，乃命漢軍齎紅衣礮，往山海關進發。及師次拉搭拉，復三桂書云：「向欲與明修好，屢行致書，若今日，則不復出此，惟有底定國家，與民休息而已。余聞流寇攻陷京師，明主慘亡，不勝髮指，用是率仁義之師，期滅此賊，出民水火。及伯遣使致書，深爲喜悦，遂統兵前進。夫伯思報主恩，不共流賊戴天，誠忠臣之義也。伯雖向與我爲敵，今勿因前故爲疑。昔管仲射桓公中鉤，後用爲仲父，伯若率衆來歸，必封以故土，進爵藩王，一則國仇得報，二則身家可保，世享富貴，如山河之永也。」三桂得書，感之，乃從大兵與自成大戰於一片石，敗之，追奔四十里。自成遂殺襄於永平，屠其家屬於京師，即夕棄都遁，三桂與阿濟格追殺至山西乃還，而世祖已入都即位矣，三桂遂降。蓋王於五月至京師，明文武諸臣皆出迎五里外，下令禁兵入民家，百姓安堵。旋遣屯齊喀、和託等迎世祖。九月，世祖自盛京至通州，王率諸王貝勒文武大臣迓之入京，十月朔，即皇帝位。

大兵爲十二騎所敗

馬賊首領商石敬以善射聞，其黨有十二人。國初，大兵入關，欲建功，至河西，適與遇，裨將引六百騎，商騎僅十二耳。裨將輕其數少，一鼓擒之，十二騎張弓迎擊，裨將三人皆中目死。諸軍繼進，應弦而倒者甚衆。乃羣集矢，指十二騎射，十二騎俱以手接，無一傷者，衆譁然退。十二騎追射，死者數百人，矢盡乃止。後詣通州鎮守營報功，守申兵部，兵部悉使隸麾下。大兵將入天津等處，聞通州十二騎善射，殺兵四百餘名，遂不果往。

王師平白頭兵

順治初，江浙官吏以爲朝廷方究心兵事，無暇及吏治也，魚肉善良，貪酷倍於昔。民怨之，故往往有起兵反抗者，非盡爲明復仇也。浙之東陽縣有許都者，故名諸生，饒於貲，爲縣令所涎。會葬母，四方來會者殆萬人，令聞之，謂是可乘也，乃誣都聚衆謀反，遣吏往葬所逮捕。都以本無他，擬單身就逮，而吏必並捕客，客怒，與之鬭，殲其一。都知事不可已，遂起兵，裂會葬所用白布裹首，號白頭兵，蔓延旁郡縣。久之，爲王師勦平。

王師下江陰

順治乙酉，豫通下江南，明江陰典史閻應元拒守九十餘日，大兵四集，始破之，然陣亡者已有三王九將矣。

前後三藩戰事

國朝戰事，大者曰前三藩、後三藩。前三藩，明福王、唐王、桂王是也；後三藩，平西王吳三桂、平南王尚可喜、靖南王耿精忠、靖南王尚之信是也。

馬雄征孫延齡

孫延齡，定南王孔有德壻也。孔殉粵西難，女四貞年十二，乳媪攜之遯民間，得免。順治癸巳，將軍線國安收復桂林，四貞歸京師，詔令入宫爲太后養女。既長，適延齡，孔在時所字也。康熙甲辰，延齡出鎮衡州，授和碩額駙，封四貞爲和碩格格。丁未六月，移桂林，以王永年、孟一茂、戴良臣爲正副都統，受延齡節制。延齡所居爲明靖江王府，既居之，忽忽若失，或頭目眩暈，不視軍事，學圍棋、鼓琴、臨池搨摹古帖、挾彈丸張罾罟取魚鳥以爲樂。王、孟心易延齡年少，以婦貴，無大材略，不屑爲之下。而延齡亦驕縱，數傲侮王、孟，遂有隙。

癸丑二月，永年爲兵校所訟，延齡因言永年不法，命四貞赴京奏聞，而永年亦遣人入京，阻四貞於河南，不得進，仍返粤，延齡由是益憾永年。時巡撫馬文毅公雄鎮具奏將軍都統互訐事，聖祖遣大臣出勘兩造，延齡内不自安。甲寅正月，吴三桂叛，延齡遂誘王、孟十二人至府，盡殺之，而遣人納款於三桂，蓄髮易冠，發兵反，囚文毅，殺潯州知府劉浩、知縣劉欽鄰、周岱生等以應之。提督馬雄駐柳州，亦貳於三桂，然奸狡持兩端。延齡使人逼其易衣冠，不從，詈之。又遣其兄延基與總兵陳全攻雄，雄不爲動。七月，遣總兵侯成德攻雄，爲雄所敗，雄亦爲流矢中頰，是以愈不睦。既而延齡上表三桂，稱名不臣，不用其印劄，自鑄印設官，變置州縣，視賄多者與善地，兵餉不以時給，軍士不服。

丙辰，軍士念線國安舊恩，鼓譟，奉其三公子爲主。而三公子約束軍士頗嚴，復鼓譟，囚三公子，迎延齡。時延齡夫婦逃匿小民孫七家，軍士跡至，以二輿從，延齡疑懼，不敢出。四貞曰：「出亦死，不出亦死。」乃匿延齡别室，而自出見軍士，謂：「爾曹殺我夫婦易耳，獨不念先王乎？」軍士環列叩首，具陳奉迎意。四貞察其無他，呼延齡出，延齡不敢坐輿，請以一輿舁其婦，而挽輿以行。既入府，延齡慚，不能視事，謂四貞曰：「吾之復得生也，以卿故。軍士念定南王威德，重卿，卿其握權視事，吾願爲閒人矣。」四貞遂戎服，擊鼓升堂，理軍務。

丁巳，三公子以前事流廣州，逃之柳州，説馬雄伐延齡。延齡聞雄兵至，疑城中有内應，籍諸仇家男女老幼，夜，盡驅之灘水旁，每十口一舉刃，推置水中，至明而畢，江赤，水不流，實無内應也。雄至，相持數月，無勝敗，乃引去。遂致書三桂，譖延齡陽奉命，内不可恃。三桂固怒其不稱臣，至是益信。十月，遣其兄子僞將軍吴世琮至桂林，紿延齡。延齡不知雄之譖己，郊迎世琮，伏卒斷其首於馬上，函送雄所。四貞率殘兵遁歸京師，朝廷以定南王無子，命四貞奉王祀，以善終。或謂三桂既殺延齡，并及其子，拘四貞入滇，迨雲南平，四貞始歸京師。延齡死後十餘日，雄亦病死。

宋獻策退日本兵

順治間，總兵某鎮泉州，時海氛未靖，總兵頗留意撫戢。一日，有客踵門請見，貌甚猥瑣，心易之。姑接與談，則高談雄辯，抵掌風生，自云宋姓，湖北人，向爲軍門記室，聞公好士，願備馳驅。總兵即延爲上客，軍書章奏，皆其主裁；部勒兵伍，動合機宜。忽報日本兵自澎湖入犯，時鄭成功據臺灣，與海酋約結。泉州爲閩海門户，軍儲未廣，士卒新募，總兵惶急無計，商之宋。宋云：「倭寇易退，勿煩慮也！」約與俱至海岸五礮臺，宋令健卒百人拾沙上亂石，縱横累砌之，如布營壘然。既畢，與總兵坐臺上，置酒對酌。夜將半，倏見海上飛艦如蟻，直趨廈門，火礮不絶。將近港口，船忽揮旗鳴金，徐徐斂退。總兵訝其故，宋曰：「適余所布石乃武侯八陣圖也。彼疑大軍有備，故遁去。」總兵奇而德之，禮有加焉。久之，卧病增劇，取藏書一篋，避人焚之，總兵適至，見内有陣圖符籙，深以爲惜。宋曰：「留此不適公等用也。」後出一編授曰：「此金創良藥祕方，可廣傳軍伍，以備不虞。」因徐語曰：「公知余否？余卽李自成部下宋獻策是也。以擇主不良，身名俱喪，今死晚矣。」言已，泣下而歿。

鄔景超平臺灣

鄔景超，字曠思，川沙人。康熙戊午，臺灣搆亂，全閩騷動，總督姚啓聖馳檄募義勇，景超罄家資，得勇士百人，詣漳州行府，啓聖授以守備銜，使隸中協副將蔣懋勳，軍於赤嶺。會賊列陣索戰，景超等遠望之，見賊雖衆而不整，獨率所部繞出賊後，貫其陣，搴旗而出，賊衆披靡。接戰二日，復奮擊先登，拔其砦。蔣奇之，上其績於督府，啓聖親履所戰之處，亦贊歎不已，由是日益親任。

己未五月，以母疾假歸。九月初，復至行臺，令首攻新寨。是日，死傷遍野，景超爲流矢貫肘，裹創復戰，克之，遂留守雙橋。十一月，調守觀音山要口，與賊壘隔一溪，礮矢飛射，不解甲，立彈雨中，凡十有二日。庚申正月，調回赤嶺，議大舉進勦，水陸並進，景超從蔣爲先鋒，破鰲頭等寨。連戰數次，氣益奮，從矢石中大呼直入，賊衆潰走，奮槊追之，擒其僞帥，遂至海口。又合攻獅子山諸砦，皆以次殲克，直抵海澄。時啓聖亦督大兵趨廈門，賊酋倉皇奔潰，繚羅、金門等望風投誠。景超飛騎傳令，禁殺安民，復請啓聖直擣臺灣，啓聖將從之，爲衆議所阻，不果。

是役也，論功題敍，加景超左都督銜。癸亥，啓聖督將士至廈門，與水師提督施琅密議蕩平策。是年六月，大兵乘風破浪，直擣澎湖，一鼓破之，賊將劉國軒乘小舟遁入臺灣，賊酋窮促投誠。八月初五日，景超齎令往臺灣，遷賊酋劉國軒、馮錫範等至省。十一月竣事。

趙忠襄平吴三桂

趙良棟，寧夏人。年二十四歲，以武勇受知於陝甘總督孟喬芳。從英王征陝，授潼關遊擊，旋從大學士洪承疇征雲南，遷副將軍。康熙壬寅，平西王吴三桂奏推廣羅鎮總兵，知三桂必反，以疾辭。三桂大怒，欲劾誅之，總兵沈應時巽詞解免。旋補天津總兵官。

癸丑，三桂叛，陝西大震，寧羌、惠安兵變，殺經略提督，聖祖命趙征之。議者疑其陝人不可信，趙請留其眷於都，而己率勁兵前往，上許之。時官兵敗散，屯堡荒廢，沿路曉示，招兵歸原汛，劾貪墨，募健兒，軍威大振，斬首逆熊虎等四人。

寧夏平，疏言蜀爲黔滇門户，若不先恢復則滇黔路不通，請乘勝進兵。又許之。及率兵抵密樹關，遇賊，敗之，擒其將徐成龍。遂取徽縣，過高山深箐數十里，晝夜兼行，抵白水壩，時康熙己未除夕也。

壩爲川江上流，與昭化脣齒，俗號鐵門檻。賊防守尤力，沿江立營，爲石囤木栅，設礮以待。下令曰：「元旦渡江大吉，違者斬！」黎明，騎驏馬，率麾下五十人横刀渡江。江淺，萬馬騰籤，波濤盡立，呼聲震天，賊連發礮，傷數十人，無敢回顧者。賊大驚曰：「老將軍令如山，不可抗也。」方半渡，天忽風，吹馬如吹舟，頃刻抵岸，斬賊將郭景儀等，獲旗幟器械馬匹無算。餘賊奔竄，追之，再勝於石峽溝，十日而克成都。入城，秋毫無犯，收金銀印二百六十，僞劄千，奏繳之。上大喜，手詔褒美，加勇略將軍兵部尚書，使總督雲貴。於是密奏滇黔倚蜀爲捍蔽，今蜀已得，而三桂新死，宜乘機速進，上許之。當是時，官軍征滇，貝子彰泰自貴州進兵滇池，將軍賴塔自廣西進兵黄草壩，滿、漢兵十萬餘圍城九月未下。趙至軍，卽向貝子陳三策：其一，稱我兵紮圍太遠，自歸化寺至碧鷄山東西七十餘里，呼調不靈，宜掘裹濠相攻逼；其一，稱欲取内城，先破外護，使賊匹馬不可出，方可招降；其一，降者宜分别收養，不宜盡發滿洲爲奴。貝子不悦，以滿語駁詰，而趙又不解，瞠目牴牾，幸已奏聞，詔下，悉如策。貝子不得已，與兵二千攻得勝橋。趙見橋頭礮臺甚密，意白晝攻之傷必多，乃伏馬兵於南壩兩岸，分步兵爲三隊，結營立壕牆，牆上架火槍子母礮，身披厚棉，持大刀督陣。夜二鼓，攻橋，賊盡出死戰，其酋郭壯圖親搏戰，三進壕牆，而伏兵三起應之，列炬如星，槍礮雨下，賊敗走。奪橋進，至三市街，再敗之，天猶未明也。平旦，入東南二門，郭壯圖自焚，三桂孫世璠自殺，餘賊盡降，雲南平。

趙性戇，取蜀時，見罪於將軍吴丹，丹爲明珠姪，珠心怵之，授意兵部抑其功。復屢疏争，珠使其黨御史龔翔麟劾以大不敬，宜坐斬，上優容之，命乞骸歸里。上征噶爾丹時，幸其邸，問方略以行，敍功，封一等子。嘗諭侍臣曰：「趙良棟果良將也。惟性褊狹，與人多齟齬，朕不用，實保全之。」歸數年，卒，謚忠襄。乾隆中，高宗念其功，加封其嗣曰泌一等勇略伯。

彭春勝俄人於雅克薩

俄羅斯來我國邊界互市者，國人呼之曰羅刹。羅刹卽俄羅斯之急讀音。康熙乙丑，俄兵踞雅克薩城，秉其彼得大帝之命，欲肆東封，聖祖命副都統彭春率師往討。彭亟選索倫勁旅，乘其未備而急往，師至雅克薩，俄兵築城猶未完，而我師已至，衆大驚。彭先以書諭降，不從。乃相地勢，軍城南，集戰船於城東，三面積薪，爲火城狀。蓋城中多木築，遇火必無幸也。俄人大驚，其酋額里克舍奮力出戰，然以四周形勝率爲我軍所佔，故一戰而俄兵大敗，復遁入城，窮蹙乞降。彭乃收其兵仗糧食，宥額里克舍罪，許其引衆六百人還，其衆即時徙去，不敢復入寇，遂訂《尼布楚通商條約》。此約成後，俄帝歲遣學生來京師留學，四裔館有爲俄羅斯專設之館，殆起於此。

彭當時奏凱之疏略云：「陸行自興安嶺以往，林木叢雜，途徑窄隘，冬雪之時，沙結冰堅，夏雨，泥深淤阻，惟輕裝可行。其途徑皆爲自古人蹤不到之處。惟水程較易，自雅克薩還至愛鏵城，即瑷琿，亦稱愛琿。於黑龍江爲順流，行舟僅須半月，兩岸可縴挽。若逆流行舟，須三月，較陸行倍期，然於運糧礮爲便。方進兵時，曾建木城於黑龍江，呼爲瑪爾，調兵千五百人往駐，造舟運礮，以繕軍備。又選福建之投誠善用籐牌兵四百人助勦，命爲鄉導。我軍聲勢既壯，既整且暇，何難奏犂庭掃穴之功！而我皇上猶宣諭諸將，爲中國兵馬精強，器械堅利，羅刹勢不能敵。歸誠時勿殺一人，俾其生還故土，則我朝之仁征義育，懷柔遠裔，使其傳我聲威，感動異類，謹本此意。幸奏膚功，未傷敵兵一人，而已恢復邊疆，拓地數千里。」

小策淩敗俄人

大小策淩，皆準噶爾名將。小策淩出兵未嘗敗衂，惟額爾德尼昭之戰，幾覆其師。然其後與俄人戰，有耳提施河之捷，俄於東方，自雅克薩之役以來所未嘗有也。

耳提施之戰，釁起於尋金沙。喇嘛脱喇者，實爲喀爾喀間諜。策妄知之，脱喇東歸不得，乃走俄，說以耳提施河金沙之利。俄探之，果然，遣人往開，準人盡執殺之。乃以哥薩克兵一萬、土耳扈特兵六千來犯，小策淩禦之河上。俄軍恃其火器，蔑視準人，小策淩夜篝火於林，張疑軍，而悉所部觸土耳扈特兵，土耳扈特兵潰，乘勝崩之，俄陣亦動。俄將見事急，令併土耳扈特人擊之，小策淩見俄陣堅，乃少却。中宵，使軍士衣俄死人衣，入其壘，舉火大譟，遂環而傅之。俄火器不及施，皆短兵接，準人技擊俄人所不及，遂大敗。俄人哀死傷者退，準人從之，入俄境五百里，不見一騎，疑有伏，乃引歸。自是，哈薩克、布魯特諸部落皆倚準人爲重，故中間百年，俄不得志於中亞。及其衰也，痘症盛行，戰士多病，準人不知醫藥，故盡殲。

聖祖親征噶爾丹

康熙丙子，聖祖親征噶爾丹，降其諸部。丁丑，再親征之，所過童山沙磧不生草木之區，至是淺草蒙茸，六軍游牧如内地。偶乏泉水，上相地疏鑿，甘泉溢涌。會飲馬川西，忽得明成祖勒銘紀功之石於水厓，濯而視之，中有「永清沙漠」語，上曰：「真永清矣。」是舉也，果掃穴犂庭，威震域外，朔漠悉平。

費揚古殪噶爾丹可敦阿奴

康熙丁丑，滿洲襄壯公費揚古爲撫遠大將軍，隨征噶爾丹，大戰於昭莫多山，出奇制勝，殪其可敦阿奴。可敦者，準部稱可汗也。頎皙，敢戰，披銅甲，腰弓矢，騎異獸，臨陣精鋭悉隸麾下，至是亦斃。

孫襄武勝噶爾丹於昭莫多山

漢軍孫襄武公思克，初勦厄魯特，繼平吴三桂，嗣征羅卜藏，皆獨領偏師，積功最偉。最後，偕撫遠大將軍費揚古進討噶爾丹，至昭莫多山，大敗之。奏捷，召赴京，命侍衛迎勞，賜袍褂韡帽等物。御製詩箋有「鷹揚資遠略，宿望在西陲」之句。入覲暢春園，賜御書「綏懷堂」額及端罩四團龍補服、花翎、朝帽、朝衣、朝珠、鞍馬，命還肅州提督任。康熙庚辰卒於官，櫬還京師，自甘州至潼關，沿途軍民無不號哭相送。上聞之曰：「誠可謂將軍矣。」封一等男。雍正朝，入祀賢良祠。乾隆朝，詔予一等男世襲罔替。

朱廷珍施琅滅朱一貴

康熙辛丑，朱一貴作亂，全臺陷。總兵朱廷珍偕水師提督施琅，帥水陸大軍八千人渡海進兵，不旬日，肅清臺郡。其擒賊首朱一貴等平南北二路露布如下：「惟辛丑六月二十有三日，本鎮總統官兵克復臺灣，大張文告，與民更新。爲殉難將帥討賊復仇，梟磔元兇，招徠市肆，宥罪恤傷，詢問疾苦，乃會同水師提督施，遣兵追勦逸賊，分攻南北二路，以林秀、薄有成、郭祺、齊元輔、范國斗、胡璟、李祖、劉得紫、鄭文祥、劉永貴、董方、林君卿、游全興等帶領官兵，窮追朱一貴諸賊，以王萬化、林政、邊士偉、魏天錫攻取南路，營鳳山縣。以朱文、謝希賢、呂瑞麟、洪平康、閻威攻取北路，營諸羅縣。以景慧收復笨港，林亮、魏大猷率舟師北上，平定沿海一帶地方。指揮已定，剋日遄征。犀甲熊旗，耀若長虹四出；金戈鐵馬，閃如怒瀑齊飛。越五日戊午，林秀諸軍遇賊於大穆，降。追奔逐北，炎火之爇飛蓬；斬將搴旗，豪鷹之攫爰兔。賊遺車馬器械，堆積如山，餘黨潰散歸降，十去其九。朱一貴走灣裏溪，我軍追至茅港尾鐵線橋，收復鹽水港。一貴夜遁下加冬，絕食月眉潭，狼狽星散，不及千人。乃有義民王仁和、楊石，密受本鎮外委守備衙劄，與楊旭、楊雄倡率溝尾等六莊鄉壯，計謀擒賊。閏月七日丙寅，楊旭、楊雄誘賊至溝尾莊，是夜雞鳴，火礮震天，金鼓動地，六莊鄉壯喊殺攻圍，遂擒賊首朱一貴，及其黨王玉全、翁飛虎、張阿山，縛置牛車，馳解軍前。五十日自大夜郎王，囚首叩堦除之石；卅萬衆僞稱國公府，拽頸雜羊豕之羣。餘孽雖奔，天網不漏，梟楊來於大排竹，竿首級於十字街。林曹、林騫、林璉、鄭惟晃、張看、張岳等，咸向我軍面縛乞降。復擒吳外、李勇、陳印、陳正達、盧朱等，皆繫長纓，以爲俘馘。渠魁黨羽，無不械送就誅；脅從爪牙，已盡煙消靡孑。王萬化諸軍至南路，擒斬賊目鄭定瑞、顏子京等，收復鳳山縣，安撫下淡水各處莊社民番，南路五百里地方，悉皆恢復蕩平。朱文等諸軍至北路，擒斬賊目萬和尚等，收復諸羅縣，安撫哆羅嘓斗六門各處莊社民番。景慧引兵至笨港，林亮、魏大猷以舟師來會，遵海上下，掃除賊藪，招輯流亡。而援淡遊擊張駿，守備李燕、劉錫，千總李郡，淡水營守備陳策等，引兵南下半線，謝希賢引兵北上，與張駿等會合，北路千餘里地方，盡皆恢復蕩平。掃逆寇於一朝，根株悉拔；奏膚功於旬日，山海敉寧。從兹鹿耳鯤身，永鞏東南之鎖鑰；鷄籠沙馬，長固陬澨之藩籬。咸知盜賊不可爲，即竊州踞縣，終當横分腰領。犯亂不可作，雖道寡稱孤，畢竟坐受誅夷。起普天忠愛之心，寒千秋叛逆之膽。桓桓熊虎，厥有微勞；忻忭曷勝，馳聞敢後。」

年羹堯岳鍾琪平青海

青海，唐以來世屬吐蕃，至明而始爲蒙古所據。明末，固始汗襲有其土，與滿洲時通貢使。固始汗以順治丙申卒，後分二支：一駐西藏，一分牧青海及河套。準噶爾部噶爾丹起，河套、青海均爲所破。康熙戊寅，噶爾丹敗亡，固始汗第十子達什巴圖爾入朝，封和碩親王，由是青海始爲外藩。其子羅卜藏丹津襲爵，自以青海、西藏舊皆爲領土，思恢復先業。會世宗御極，乃於雍正癸卯叛，陰結準部策妄阿喇布坦爲外援，西寧戒嚴。

無何，族人額爾德尼及察罕丹津不從，先後挈衆内附。世宗命年羹堯爲撫遠大將軍，以四川提督岳鍾琪參贊軍務，征之。羅卜藏丹津刼舊駐西寧之兵部侍郎常壽，幽之。羹堯分兵三路布置：北扼布隆吉河，即疏勒河。防其内犯；南守巴塘、裏塘各地，斷其入藏之路；又請勅富寧安等屯軍吐魯番，絕其與準部之交通。青海奪氣，羅卜藏丹津窮蹙。甲辰，詔授鍾琪奮威將軍。會降人爲言羅卜藏丹津駐烏蘭木呼兒，距此百六十里，鍾琪乃率軍銜枚宵進，黎明，抵其帳，尚卧，馬未銜勒，皆驚逸，擒其母妹。羅卜藏丹津衣番婦衣，騎白駝走，鍾琪自追三百里，至桑駱海，路盡而返。分其地以賜厄魯特之不附寇者，而於西寧設大臣治之，青海遂平。

或曰，吴人某，少無賴，好勇，被仇誣作太湖盜，逃塞外，隨蒙古健兒盜馬久，性遂愛馬。一日，見岳所乘，名馬也，夜跳匿廐中，將牽其韁。未三鼓，岳起視，自飼馬，某不能隱，被擒。岳上下視，問：「行刺乎，盜馬乎？」曰：「盜。」問：「白日闌入乎，夜踰牆乎？」曰：「踰牆。」岳微瞠，若有所思。秣馬訖，命隨入室，賜以杯酒，隨解衣卧。遲明，岳起，唤盜馬人同往大將軍府，岳先入，良久，聞軍門傳呼曰：「岳將軍從者某，賞守備銜，效力轅下。」岳旋出，上馬顧曰：「壯士努力，將相寧有種耶！」

及岳征西藏，某從行，時雍正甲辰二月初八日也。岳命副都統達鼐、西寧總兵黄喜林各領兵先，自領五百人爲一隊，約某日會於青海界之日月山。至期，天暮，岳立營門，諭二將曰：「此行非征西藏也，青海酋羅卜藏久稽天誅，昨其母與弟紅台吉二酋密函乞降，機不可失。」收珠寶一囊，金二餅，顧某曰：「先遣汝召賊母來，賊所居穹廬，外有網城，結金鈴於上，動輒人知，非善踰者不能入。賊營帳四，上有三紅燈者，其母也，對面帳居羅卜藏，左右居丹津、紅台吉二酋。珠寶與金將以爲犒。此大事，汝好爲之。」解腰下佩刀授之。

某受命出，天大霧，行三十餘里，至賊網城。騰身入，帳燭熒然，母上座，二酋侍側。母六十許，面方，髮微白，披紅錦織金袍，叱問：「何人？」某曰：「年大將軍以阿娘解事，識順逆，故遣奴來問好，囊寶貝奉贈，金二餅餽兩台吉。」二人聞之，喜謝。吳乃詐曰：「將軍在十里外待阿娘，阿娘速往！」三人相顧猶豫，某解佩刀厲聲曰：「去則去，不去，我復將軍。」其母曰：「好蠻子，行矣。」上馬，與二酋隨十餘騎，行不十里，岳來迎，將其母與二酋交達、黃二將分領之。須臾，前山火光起，夾道礮發，斬母與二酋回，入軍營。次日，諜者來報，羅卜藏丹津已逃準噶爾部落，岳命竿三頭狗，三十三家台吉皆震悚，乞降。二十二日，至大將軍營，往返纔十五日，三月朔凱旋。論功，賞遊擊銜，某謝岳曰：「某杖此，僅半月耳。大丈夫何顏復來？願辭公歸，別圖所報。」岳笑曰：「咄，吾知汝終爲白首賊也。」厚賜而別。

或曰，岳兵至哈達河，襲守地賊，追奔一晝夜，士馬饑渴，塞外嚴凍，忽湧泉成溪，萬馬騰飲，遂追入崇山，殲賊二千。羅卜藏丹津窮窘無計，乃放平日所養野騾，使直奔岳軍前。騾尾有焰上騰，諸軍大驚駭，岳曰：「此火牛故法耳，可一不可再。」乃命士卒各持長矛向前直奔，又以強弩百餘盡力射之，騾懷痛，皆反奔，羅卜藏丹津陣大亂，遂殲焉。

傅爾丹討準噶爾

康熙丁丑，聖祖親征沙漠，噶爾丹窮蹙自縊。其姪策零多爾濟竄阿爾泰山北，稽首稱臣。聖祖受降凱旋，朔漠蕩平。其後數歲，策休養生息，招徠噶爾丹舊臣，部落漸強，侵犯喀爾喀部落，聖祖震怒，練兵籌餉，爲深入計。世宗踐祚，欲竟聖祖未竟之緒。會策死，其子噶爾丹策零嗣立。噶少年聰黠，善馭士卒，諸台吉樂爲之用，世宗遂決議討之。

張文和公薦傅爾丹爲帥，築大將壇，率旗緑營等五萬兵討之，諸蒙古藩臣皆執戈以從。時達福力諫不可，上曰：「策零殂落，噶逆新立，彼境已有分崩之勢，何云不可？」達曰：「策零雖死，其老臣固在。噶親賢使能，諸酋感其先人之德，力爲扞禦，我以千里轉餉之勞，攻彼效死之士，臣未見其可。況天方酷暑，未易興師。」文和乃旁贊曰：「六月興師，載諸《小雅》，君果未知耶？」上曰：「達福患暑疾，盍以鹵汁灌之！」達詞色愈厲。上曰：「然則命汝副傅以行，尚敢辭耶？」達語塞，遂叩首出。

世宗禡禱於明堂，親酌傅以寵其行。時從征者爲副將查弼納，將軍巴賽，副都統戴豪、海蘭、西彌賴、定壽、蘇圖、馬爾齊，侍郎永國、塔爾岱。八月，會師於科布多城。噶遣將僞降，言其部攜貳，與哈薩克迭戰經年，馬駝羸弱，可襲滅其部落。傅信其言，欲進師，定曰：「今噶逆聞警，斂師境内，靜以觀變，其謀可知。莫如耀兵境上，以揚我武，全師凱旋，策之上也。安可信俘虜片言，突入敵壘，以黷武哉！」傅曰：「不入虎穴，安得虎子？彼窮蹙之餘，安能敵精強之士？不禦敵，非勇也！汝何怯懦自損其威也。」定默然出，以袍付僕曰：「汝持此以歸葬焉，生子名壽，以誌難也。」永曰：「吾聞用師，乘瑕以戰，未聞無隙而能致勝者。今噶逆親親用能，人惟求舊，選不失材，賢不失位，疆圉遠闢，牧養蕃滋。彼雖犯我師旅，尚當良籌以禦之，而況斂兵蓄鋭，乃可深入自暴其師乎！」海蘭曰：「量敵而入，將之能謀也；知難而退，武之善經也。敵未可輕，武未可黷，俘虜之言奚足爲信！羸師待敵，外夷之故智，君其防之！」傅赧然曰：「我國之所以無敵者，以武臣不畏死也。君等安可蹈漢兒之習，自弱其勢哉！」因命整軍以進。主事何溥執轡以諫，傅曰：「戇爾豎儒，安識兵家事？」因以鞭揮何手而去。馬退告衆曰：「此師殆哉！」戴曰：「帶組具存，何畏？死無懼也。」查曰：「余刀俎餘生，受君恩乃不死，今得以馬革裹屍，幸矣。」查前因允禟朋黨，廷議大辟，上特宥之，故查益感激用命。及出境數百里，不見賊壘，獲偵者，云在克托嶺。傅遣蘇圖往剿，未數里，聞胡笳聲遠作，氈裘四合如黑雲蔽日。傅懼，移師東，陷和通淖爾，漢言大澤也。定謂傅曰：「違衆陷師，誰之咎也？」傅默然。定曰：「言在先，敢辭死乎！」遂與馬爾齊率兵援蘇。兵既接，忽大風蔽日，雹如牛首，我兵血戰，後無繼師，定壽中矢殞，蘇等俱没於陣。西彌賴率本部援之，兵潰身殉。賊遂犯大營，傅命蒙古兵禦之。定制，科爾沁王公樹紅纛，土默特旌樹白纛，以爲誌。轉戰間，科爾沁王某偃旗首遁，土默特公沙津達賴奮身入賊壘，白旌耀然。衆知蒙古兵敗，曰：「白纛兵入賊隊矣！」諸軍遂大潰，終夜，甲仗聲絶。傅舉止失措，惟撫馭滿洲士卒曰：「慎勿墮家聲也。」永國刎頸死，戴、海均自縊，何溥儒服雅步曰：「死爲國殤，永享俎豆，榮矣。」

有蒙古參領某，潛渡淖，遇婦人騎以追，推之河中，水淺，不得死。醫士湯某，倉皇奔竄，揚言曰：「余有丹藥，啗之可免渴。」卒無應者，陷於賊。傅雜士伍奔竄出，查納弼躍馬舞刀，賊皆披靡，潰圍而出。不見傅，以其已死，恐蒙陷帥罪，曰：「須白之年，豈可復對獄吏！」遂復入陣而死。達福殿軍，被殺；巴賽血戰死之。惟塔爾岱冒鋒矢出，中鎗穿脛，血殷征衫，蒙古醫以羊皮蒙之，三日始甦。賊獲諸士卒，皆以皮繩穿其脛，盛以皮袋，儳諸馬後，從容唱歌而返。蒙古科爾沁王匿葦苻中，以千金賂傅，傅受賄，揚言於衆中：「蒙古白纛者先敗。」乃收公沙津斬之，蒙古士卒皆怒。潰軍事聞，上震悼曰：「朕悔不聽達福言，今無及矣！」乃厚卹其家。達故權臣鰲拜孫，恥其祖所爲，故盡節。革傅爵，賞卹諸潰卒。雍正辛亥，噶衆大入，賴額駙超勇親王戰於光顯寺，其勢始衰，遂講和焉。

初，上命傅爾丹與岳威信公鍾琪會議進兵策，岳赴傅穹廬中，見壁上刀槊森然，問傅何所用，傅曰：「此皆吾素所習者，懸以勵衆。」岳笑而漫應之。出語人曰：「爲大將者不恃謀而恃勇，亡無日矣！」後卒如岳所料。

策淩大破準噶爾

超勇親王策淩，先世爲元太祖第四子裔，居喀爾喀三音諾顏部。康熙中，準噶爾台吉噶爾丹勢強，喀爾喀四部盡爲所破，王時弱冠，負祖母，單騎敂關降。聖祖憐之，置宿衛，授輕車都尉，賜第京師，尚純慤長公主，洊封郡王。雍正中，遣歸游牧。辛亥，征準噶爾時，王請從，上許之，命從順承郡王駐察汗河。

傅爾丹既僨師於和通淖爾，賊衆闌入喀爾喀界。時額駙超勇親王策淩遠屯他戍，噶利其貲，欲擄其遊牧，其副曰：「彼爲盟長，北方之最強者，若激其怒以遏吾歸，諸顏難生還也。」噶不從，因破其塞，擄其妻孥，驅牛羊數萬以行，南犯大青山。

當是時，康親王屯歸化城，順承郡王屯賀蘭山，相犄角。聞警，康親王調宣、大二鎮軍以待。事聞，世宗命大學士馬爾賽佩撫遠大將軍印，一等侯李杕副之，率精卒數萬，遏其歸路。虜知有備，南擄蒙古諸部落。超勇王聞警趨歸，知妻孥已被擄，倉卒計無所出。時舒穆祿直恪公綽爾鐸以理藩院侍郎轉餉至，超勇王告以故，且欲奔訴於朝。舒笑曰：「余素以豪傑待王，今何出此下策？夫蒙古諸藩以王爲最，朝廷方恃以辦賊，今雖妻孥失陷，然勁卒尚存，王若統率諸部，盡力向敵，遏其歸路，則一戰成功，妻孥可全，疆域可復，此上策也。若不顧大計，單騎歸朝，諸將帥不明王心，必以王爲敗績，收付廷尉，按律科罪，吾恐漠北諸部，不復爲王有矣。」超勇王感歎曰：「君言良是，男兒一腔血當爲諸顔倒也。」因返旆向敵。諸顔者，蒙古謂君也。舒復命，便謁順承王，乞師相助，超勇王聞之，益用命。

護衛某能日行千里，嘗立高峯上，拱手作鵰立狀，噶不覺。命潛入噶營，悉知虚實，然後檄調諸部落蒙古兵，得三萬人。王曰：「噶衆三十萬，以一誅十，可禦之矣。」乃會順承郡王，請以孱弱士卒行。順承郡王簡精鋭付之，超勇笑曰：「吾所以請王師者，欲其餌敵也。王師縱強，焉能禦百萬衆哉！」乃易孱弱以行，日行三百里，至光顯寺。王笑曰：「其險已爲吾據，雖百萬可成擒也！」寺左河右山，衆請登山據險，王曰：「賊知吾據要害，若自上游以渡，吾功不易成。」因命滿洲軍背水面陣，蒙古軍營河北，己率勁旅萬人伏山側，屬諸將曰：「聞笳聲則進。」部署始定，賊大至，見背水滿洲軍，笑曰：「敗亡之餘，復敢鬭耶！」其副曰：「策淩，人傑也。今吾已破其部落，彼豈甘心於吾？恐駐師於此，以遏吾歸也。」噶笑曰：「彼國之制，無以外藩將滿洲兵者，彼烏敢在此？」率衆越險以進。滿洲師皆棄甲沿河走，賊追掠間，聞陣後作笳聲，須臾，旌旗遍山谷，王大呼曰：「策淩在此！」率衆從右山下馳，擲帽於地曰：「不破賊不復冠矣！」軍無不以一當百。賊崩潰，伏屍蔽野，人馬踐踏追擊，狼狽渡河逃。河北諸蒙古將聞笳聲，復半渡擊之，其副戰死，酋率數百人騎白駝夜遁，河水爲赤。王從容於馬上彈琵琶唱曲以歸。

馬爾賽屯師烏蘭城，以爲虜不復經此，日置酒高會，不理軍事。李杕故馬戚，惟其言是用。及諸路捷書至，軍士咸欲出師立功，馬屢止之。復聞賊哨騎至，諸將請命，曰：「吾奉命戍此，未奉退賊之命也。」諸將士拔刀斫柱，間有泣者，李以鞭揮之，曰：「守吏緊閉關，越者斬！」諸將益憤。傅鼐時以偏裨從軍，慷慨言曰：「相公奉命遏賊歸路，今天亡其魄，豕突至此，正男兒殺賊立功時，奈何閉關任其颺去？」率本部斬關出。馬不得已，始下追賊令，噶已遠去。適副都統達爾濟追賊至，馬誤爲虜，命軍士擊之，兩軍互傷，乃託辭賊遠難及入告。奏上，世宗大怒，斬馬爾賽於軍，李杕長流塞外，超勇王等論功封賞有差。噶歸，告其主曰：「南朝大有人在，策淩謀勇兼備，未可攖其鋒也。」始斂兵，微吐和意，上復遣傅鼐、阿克敦往諭，議始成。當時若非馬爾賽之閉關縱寇，則其酋可擒，其部可滅，不待二十年之久也。然而當時論者，咸謂超勇此次之捷，爲北征第一戰功。

哈元生平烏蒙

雲南烏蒙蠻者，倮也，明以前曰烏蠻，國初因明之舊，設烏蒙土府，屬四川，府治有漢、苗雜居。烏蒙酋祿氏，事流官甚謹，流官乃魚肉之，遂有雍正庚戌祿萬福之叛。

萬福爲鼎坤子，鼎坤有兄曰鼎乾，襲土司，以不法，爲滇督鄂爾泰逮捕下獄，旋殺之，而許其子萬鍾襲官。時鄂方議改土歸流，世宗特詔以烏蒙隸雲南。鄂有記室章某，窺朝旨在有事烏蒙，乃言於鄂曰：

「鼎乾有壻隴慶侯，年少恃勇，卽鎭雄土府也。妻白閭絶豔，萬福夙與通，搆慶侯之惡於其父鼎坤，萬鍾權日落，方惡鼎坤之跋扈也。鼎坤不自安，此其機可乘也。公若金幣良馬之不吝，鯫生必有策，使彼自相攻，而吾安受其燼，惟公圖之。」鄂喜，且聞白閭之美，欲得之以充下陳也。章計得行，而滇南之殺機動矣。

烏蒙西部有大城曰魯甸，鼎坤據之，精兵在焉。其地距會城六百里而近，萬福好遊畋，嘗連騎走都市，與官軍諸健兒習，章遂因某弁以告萬福。萬福本不慊於萬鍾，且欲毁隴慶侯，奪白閭，而覬覦烏蒙土司也，遂導見鼎坤。章至是，備述鄂之厭惡萬鍾扶植鼎坤意，鼎坤欣然從之，將出兵以從官軍而討萬鍾。萬鍾聞之，使告慶侯，密爲之備，欲先發以制人也，乃謀夜襲魯甸。慶侯之叔聯星亦掌兵符，懼兵連禍結，且與慶侯積不相能，遂洩萬鍾謀於鼎坤，鼎坤告急於鄂，而自率兵疾趨烏蒙，萬鍾亦出兵防禦。顧鎭雄之兵爲聯星所扼，乃血戰一晝夜，鼎坤幾不支。鄂遣哈元生往援，三戰三捷，渡藤橋，破金鎖關，遂入府城。萬鍾棄家室珍寶奔鎭雄，求援於慶侯，慶侯力促聯星。時章之說客，方因鼎坤入鎭雄，而鎭雄之仇阿底土司者已備戰，聯星大懼，遂通款官軍，與哈元生、禄鼎坤、阿底諸軍相應，共襲慶侯，慶侯等遂遁川邊，依東川諸部禄天祐焉。

烏蒙破，萬鍾出走，其愛姬嬰欲從行，萬福夙諗其豔，乃勸元生生致之以獻鄂，意謂鄂有嬰，可不求白閭而自得之也。既而元生虜白閭，白閭引錐欲自刺，左右嚴備之。萬福請以白閭歸，願代搜慶侯之妹名嫈者，獻鄂以自贖。元生謀於章，章曰：「主帥征烏之宗旨，欲得白閭也。且佯許之，語以主帥受俘，必賜子，既入，乃可圖也。」萬福乃私謂元生曰：「吾宗世傳有寶玉二器，一玉馬，夏日倚之不汗；一珠冠，夜冠之可無燭也。子能與吾白閭，吾爲子致之。」既而白閭終爲鄂所有，萬福大恨，怏怏歸魯甸。章復語元生曰：「禄父子怨望，不久且反側，非早誅之不可。」元生乃挾章以偕，言於鄂。忽鼎坤父子請以土兵從征東川，擒萬鍾、慶侯，鄂許之。

鄂既收烏蒙之地，設流官，烏蒙曰府，鎮雄曰州。奏上，世宗褒奬至再。遣禄鼎坤父子質妻子於會城，錫以參將守備等秩。及東川罷兵，萬鍾走死，慶侯不知所往，乃調鼎坤河南，萬福貴州，皆不得襲土司，父子俱大失望。萬福尤不能忘白閭，尋以治産贍族爲請，欲歸魯甸。道會城，詣督署，丐之章，欲得間一見白閭。章要以前許之二寶器，萬福謂今不知所在矣，章大忿。萬福懼，賄盜刺殺之，而自遁歸魯甸。

白閭既嬖於鄂，盡洩萬福隱祕及隴慶侯豪侈狀，鄂乃疑元生私得寶器，遣人諷元生。元生皇恐，鄂要以必得，元生曰：「易易耳，萬福方歸魯甸，盍促之來，迫使進獻，許以烏蒙相報，否則殺之，寶器必可得也。」鄂從之。萬福聞召，不敢卽行，乃上書自陳，欲得白閭手書，並以倮兵千人爲衞，始可至，鄂亦從之。會萬鍾姬嬰與白閭争寵，乃乘間語鄂以萬福通白閭事，且曰：「寶器實爲宗老禄某所藏，妾弟良臣能致之，無煩大舉也。」鄂信嬰言，自是疏白閭，不許萬福擕兵入省。

未幾，良臣果獻寶，寶爲玉蟹及茶花一枝，亦有珠冠一，圓湛光耀，若戎菽，鄂自是嬖嬰甚。白閭聞之，欲請一觀，既觀，曰：「此殘膏賸馥耳，較之妾所言者，猶小巫之見大巫也。主公奈何甘受其欺！」鄂曰：「物果可致，當變汝以專房，世守此寶，盍速圖之。」白闍曰：「物今藏於萬福，妾父鼎乾因得罪下獄，幾致削除，遂爲鼎坤所攫，萬鍾繼嗣而弗出也，兩家由是搆釁。鼎坤愛萬福嫡妻，遂授此器，俾守之。」鄂曰：「何術以致之？」白闍曰：「妾請往見萬福妻而取以來。」鄂曰：「吾資爾以金幣，好自爲之。」白闍遂盛車騶齎金幣而過萬福，萬福乃偕返魯甸，説其妻，不納，顧萬福乃就其妻之嬖小臣福五説之，曰：「烏蒙既亡，區區魯甸，旦夕不自保，彼今復欲出兵刲制而設流官，請以寶器自贖。」福五奔告萬福妻，萬福妻乃見白闍，議必以見鄂得復封魯甸之請而後獻寶，白闍允之。偕行，之會城，白闍先入，語鄂曰：「萬福妻美而豔，可並留之。」意蓋欲間嬰寵而自得萬福也。且求必復鼎坤職，居魯甸，留萬福會城以爲質。鄂大惑。及見萬福妻，美於白闍，張盛筵，酒酣，萬福妻以復鼎坤魯甸請，鄂許之。尋奏獻於朝，世宗褒賞甚至，鄂遂留萬福妻於署，爲萬福別娶某土司女。萬福戀白闍，恭順如厮養僕，自是白闍出入自如矣。

無何，嬰以鄂嬖萬福妻而失寵，大恚，以其爲白闍所介入也，欲中傷之。白闍與萬福奸，乃使人求計於福五。福五失萬福妻，方怏怏，故與嬰合謀，造作白闍書，遣倮兵殺鼎坤，己得與萬福歸主魯甸。僞爲遺書甬道者，嬰之婢拾以獻鄂，鄂怒，磔白闍。尋使衛士某刺萬福。某故倮族，陰袒萬福，反告之，萬福遂遁去。鼎坤見萬福歸，大懼。

隴婺，慶侯之女弟也，與嬰、白闍皆爲鄂所有，而婺獨涕泣求死，不許；求披剃爲尼，亦不許。鄂將就之宿，宛轉拒之，左右強迫焉。且告以白闍被磔事，婺駭而泣，去志乃決。一日，疾奔出甬門，奪守者劍，手剸之，褫其服，易以衣之，一躍而出。

是夕，鄂聞閽人爲盜所斃，忽元生求見，鄂出，元生探懷中書，抵膝密陳，鄂驚，色如土。尋語以失婁事，元生沈思久之而言曰：「是必往魯甸，其兄慶侯猶在也。前日聞倮卒言，往西山會宴，蓋歡迎鎮雄舊土府隴慶侯也，婁其隨慶侯以去耶。」鄂曰：「婁之去，非嬰姬萬妻罪，殺之，可乎？」元生曰：「公如不畏吏議者，被罪而去，左右擁抱，何害？即不然，今上密使偏天下，一憾在側，得毋爲奸人羅織乎？」鄂悟，顧左右曰：「取永巷二姬首來！」左右應聲往。須臾，朱盒爛然，陳於几右，啓之，赫然美人首也。於是鄂命元生出師，傳檄討祿萬福罪。

萬福挾資歸魯甸，説其父鼎坤，號召各峒，勒兵而出。會隴慶侯魏生與婁俱至，分往説鎮雄、東川各州縣，皆戕官，裂衣冠，應萬福。元生受師而病，力疾趨龍峒，倮兵勢張甚，元生督兵進戰，敗鼎坤，擒之。俄而祿、隴同盟兵進逼，大局岌岌，鄂上疏自劾，世宗慰留之，密使偵察，將易督矣，忽萬福兵大潰，元生奏奇捷焉。

萬福既受創於鄂，大憾之，乃縱倮兵淫掠以洩憤。一日，萬福方欲逼淫一處女，處女拾地下一刀刺萬福，力抵之，洞胸腹，仆地，立斃。衆倮集，處子已自刎死。時慶侯方督倮兵鏖戰，聞萬福死，大駭，士氣驟沮，而覆軍之禍作矣。

官軍火器鋭利，倮兵當之輒潰，元生以是勝。慶侯思抗之，捕得官軍故礮手一，令施礮，礮手佯以礮口向上，時倮兵得火藥數桶，礮手詭云：「非多實藥不可。」因密投火桶中，桶爆裂，慶侯礮手與一軍俱殲焉。慶侯死，而元生始奏凱歸。

張廣泗額保平苗疆

雍正丙午，世宗以雲貴總督鄂爾泰疏論治苗，謂必改土歸流，苗乃可治，從其請，並令兼制廣西。諸土司皆繳勅印，納軍械，於是先後闢苗疆二三千里。及三省邊防略定，鄂入都，而貴州台拱苗遂變。乙卯，各寨蜂起，陷黄平以東諸城。副將馮茂復誘殺降苗，撫苗大臣張照密奏改流非策，曠師無功，鄂爾泰、張廣泗均上疏自劾。是年，世宗崩，高宗即位，授張廣泗爲七省經略。乾隆戊午，廣泗平苗疆。壬子，苗匪以細故復亂。時施錦以巡檢官黔之古州，聞苗寨有欲蠢動者，召頭人詰之。頭人曰：「不敢。」乃責令出不敢生事甘結，釋之出。羣苗聚而問皇帝召汝何事，苗人謂官曰皇帝，謂隸曰官，書吏、幕賓曰軍師，至尊乃曰京師老皇帝。然畏官、畏軍師，不畏皇帝，更不畏老皇帝也。頭人曰：「聞汝輩多事，令我出結耳。」曰：「出乎？」曰：「出矣！」曰：「我輩嫉漢奸久，方將治兵攻之，汝乃出結，即仇汝。」擁頭人，圍巡檢署，索結，不可，殺而奪之。諸寨起應，後至嘉慶間爲額保所平。

傅恆征金川

金川爲漢冉駹地，隋置金川縣，唐屬雅州，明隸雜谷安撫司。高峯插天，層巒迴複。中有大河，以皮船笮橋通往來。山深氣寒，多雨雪，所種惟青稞蕎麥。番民皆築石碉以居，與綽斯甲布等九土司接壤。康熙中內附，莎羅奔以土舍率兵，從岳鍾琪征羊岡，有功。雍正癸卯，授爲安撫司。莎羅奔既得官號，自號大金川，以舊土司澤旺爲小金川，於是有兩金川之稱。

莎羅奔尋以女阿扣妻澤旺，旺懦，爲妻所制。乾隆丙寅，莎羅奔刼澤旺部。丁卯，又攻革布什咱及明正土司。時制軍慶復用兵瞻對土司，草率完局，頗不當上意。巡撫紀山覬其位，遂主用兵，高宗壯其請。紀山命副將張興倉卒進兵，爲所敗。上知紀不足爲，慶復以班滾事被逮，因命張廣泗改督川陝，勦金川。

張固宿將，初隨鄂文端公爾泰征苗，所向披靡。視金川與諸苗寨等，遂慷慨覆旨，謂旦夕可奏功。調兵三萬，分兩路：由川西進者，攻其河東噶喇依諸巢穴；由川南入者，攻其河西諸碉卡。副將馬良柱已乘勝攻克孫克邃，賊衆讋服，累請降，張毀書辱使，務擣其巢。又忌馬未請命而戰，檄馬還，易以他將，賊乘隙建築巨碉，蓄糧養鋭，我兵阻險不得進。張泥前奏，不敢據實入告，仍以期於冬盡殄滅爲言。戊辰春，諸將多失事：張興爲降番所誘，被戕；噶固土兵與賊通，游擊孟臣死焉。張復以增兵練餉爲請，上疑其妄，乃命大學士訥親往督師。岳鍾琪起自廢籍，授總兵銜，命由丹壩取勒烏圍，張由西嶺取噶喇依。訥鋭意滅賊，遂諭軍中期以三日取噶喇依，違者按軍法。諸將身蹈鋒刃，總兵任舉、副將賈國良戰死。訥自是不敢言戰，仍倚張。張復輕訥，陽奉而陰忮之，諸將無所稟承，率觀望不前。訥密劾張袒庇黔兵、輕信胡士。時莎羅奔之弟良爾吉來僞降，張信之，留軍中，以故動静皆洩於賊。越半載，無尺寸功，上大怒，逮張、訥，先後明正典刑。命傅文忠公恒爲經略，將八旗勁旅，復調吉林、黑龍江諸軍從。傅臨行，上親禱明堂，張黃幄以宴之，親酌之酒，命於御道前上馬，設大將旗鼓，軍容甚肅。傅既至軍，任治大雄爲總統，變易張、訥弊法，壁壘一新。偵知良爾吉之奸，召至幕，責其貳心，立置於法。又於雪夜攻克堅碉數處，察其道路險峻，非人力所易施，據實奏聞。上知羣鼠穴鬭，無須勞我兵力，會孝聖后降懿旨，以休兵息民爲念，賊亦懼，乞岳代請降。傅命岳往諭賊，岳率從者十三人，直入噶喇依賊巢，莎羅奔等衷甲持弓矢以迎。岳目莎羅奔，故緩其轡，笑曰：「汝等猶識我否？」衆驚曰：「果我岳公也！」皆伏地請降。導入帳中，手茶湯以進，飲盡，即宣布天子威德，羣番歡呼，頂佛經立誓，椎牛行炙，留宿帳中，岳解衣酣寢如常。次日，莎羅奔率子郎卞入傅營降，傅擁諸將士佩刀環侍，岳引二酋入，跪啓事，傅坐受岳拜，始呼二酋入，撫以威德。二酋戰慄無人色，匍匐而出，謂其下曰：「吾儕平日視岳公爲天神，傅公乃安受其拜，天朝固未可量耳。」金川遂平，時乾隆己巳也。

兆惠富德平準噶爾

準噶爾自雍正辛亥光顯寺之敗，上表請和，乾隆己未，和議成。又許通市及入藏作佛事，人馬貨物限以數。己巳，噶爾丹策零死。生三子一女：長曰達爾札，次曰那木札爾，又次曰莫克什，女曰烏蘭巴雅爾。部民以那木札爾母貴，推其坐牀。坐牀者，即位也。那木札爾殺莫克什，達爾札自危，乃弑之而自立。烏蘭巴雅爾與其夫擁戴有功，以委任疎遠，叛去，達爾札擒而殺之。

時大策零王孫達瓦齊與輝特台吉阿睦爾撒納別居雅爾，各有阿拉巴圖奴也。數千户。達瓦齊爲達爾札近族，貴而無位；阿出身微賤，而狡黠兇狠。惡達爾札所爲，不奉令，達爾札討之，達瓦齊等敗竄，入哈薩克。達爾札以二人不除終爲害，遣心腹率兵六萬追之，期必獲。達瓦齊計無所出，阿曰：「與其束手待擒，何若鋌而走險？兵法所謂往扼其吭者也。」因率鋭卒千五百人，裹糧懷刃，於山嶺僻境繞道入伊犂，乘其不備，昏夜突入幕。達爾札方圍爐擁妾飲酒，阿趨而斬之，撫定其部落，迎達瓦齊入，立之。

達瓦齊既立，不能統馭其屬，歲多叛亡，每急難，必檄阿調停。阿誚讓之，達瓦齊恚曰：「彼雖才，我之臣僕，何敢以臣凌君？」嗣達爾札部署漸定，因曰：「不誅阿某，禍終未艾。」傾全部兵討之。阿不敵，甲戌，遂率所部二萬餘人來降，且乞師欲藉我兵力滅達瓦齊，而自據其位。

高宗知其內亂，可乘機掃蕩，決意用兵。而朝臣狃於辛亥之敗，不願勞師動衆。傅文忠公恆贊成之，上曰：「卿，朕之張華、裴度也。」

阿入覲，上以撫綏事急，乘馬三日至熱河，命王公大臣皆往陪宴。阿行抱見禮，上從容撫慰，並賜上駟，親與分較馬射，以蒙古語詢其變亂始末。賜宴而退，阿悚然，時冬月嚴寒，汗下如雨，退告從者曰：「上真天人也，敢不讋服。」傅文忠退曰：「余今日膽裂，自不知生死矣！」

乙亥春，兩路進兵：北路以直義公班第爲定北將軍，阿爲定邊左副將軍，副之；西路以陝督永常爲定西將軍，薩賴爾爲定邊右副將軍，副之。盡簡八旗、吉林、索倫諸精鋭以從。所至準夷各部落，大者數千户，小者數百户，無不攜酒牽羊以降，兵行數千里，無一人抗者。五月五日，抵伊犂。達瓦齊阻淖爲營，衆尚萬餘，侍衞阿玉錫以二十二騎直薄其營，呼噪突入，賊衆驚潰，達瓦齊竄走。陰計阿克蘇回人伯克霍迪斯爲已所立，必不負已，率親丁百餘騎遁至回疆。去阿克蘇四十里，霍迪斯已遣人具牛酒以迎。達瓦齊與衆酣醉，霍迪斯盡縛之入城，承班檄，獻諸軍門。並獲青海叛賊羅卜藏丹津，先後檻入。行獻俘禮，上御午門樓受之。以達瓦齊庸懦可憫，特赦之，封以親王，賜第寶禪寺街，擇誠隱郡王孫女配之。然不習内地風俗，日惟驅鵝鴨浴大池中以爲樂。體極肥，面大於盤，腰十圍，羶氣不可近。上優容之，命爲御前侍衞。

準部先故有四衞拉特，部落也。部各有汗。上初用兵，欲俟平定後仍設四汗，衆建之而分其力，如喀爾喀之編七旗也。而阿志不在此，上燭其情，甫出兵，即密諭班第分四汗之意，又以額駙色布騰巴爾珠爾爲科爾沁親王，與阿言語相通，令偕行，實陰伺之。乃額駙反爲所紿，阿遂恃爲奥援。伊犂既平，阿處事多不稟承將軍，生殺自專，置副將軍印不用，用其汗舊小紅鈐記。發書鄰部哈薩克及俄羅斯等國，不言已降，但謂率滿洲、蒙古兵來定準噶爾。又使其黨流言，謂不立阿爲汗，終不得安。班憂之，襄烈公鄂容安曰：「此傅介子請纓日也。」班曰：「阿叛迹未見，安可妄誅舊臣，以攖上怒？」遂密馳奏，上命即軍中誅之，毋濡忍貽後患。而是時大兵皆凱旋，隨者僅五百人，餘皆新附，班遂不敢行事。

上先有旨，命阿以九月至熱河，行飲至禮。班等趣其行，欲使入境則易擒。初，六月中，額駙色布騰巴爾珠爾奉旨先歸，阿私以總統舊部之意，乞其代奏，並約如得請旨，當七月下旬至。及色歸，事已中變，遂匿其奏。阿待命，久不至。班迫之，令喀爾喀親王額林沁多爾濟伴之，阿不得已起程，中途遷延，迨八月，無信，疑事已變，入境且得禍，遂陰召其衆，張幕，請色宴。酒數行，起謂色曰：「某非不臣，但中朝寡信，今入境，如驅牛羊，大丈夫當立事業，安肯延頸待戮？」呼酒者再，伏兵四起，擁阿出營去。阿徐解副將軍印組擲與色曰：「汝持此，交還大皇帝可也！」據鞍馳去，嗾伊犂叛，又遣阿巴噶斯哈丹等掠西路軍台，而伊宰桑克什木敦多卜等蠭起爲亂。班、鄂扼腕無計，鄂曰：「徒死無濟，負上付託矣。」班太息久之，刎頸死。鄂故書生，腕弱不能下，命其僕爲剚腹而死。事聞，上以色匿情不奏，欲立正典刑，文端公來保請曰：「願皇上念孝賢后，莫使公主遭嫠獨之歎。」上揮淚太息，勸其死，褫爵。額林沁多爾濟以元裔故，賜死，改命策楞、達爾黨阿由巴里坤速進兵。

丁丑，參贊玉保至特克勒，探知阿僅距一程，欲急追之，忽有報台吉諾爾布已擒阿至者，遂駐兵俟之。不知報信者卽阿之偵，爲緩師計，阿得從容去，逃入哈薩克。上怒，拜瓜爾佳哈達哈、鈕鈷祿達爾黨阿爲定西大將軍，事專委之。復命握二大將軍印，使阿以爲文忠公傅恆至。達至哈薩克界，阿借哈薩克兵來拒，擊敗之，擒其酋。酋願往說其主阿布賚擒阿來獻，達受其紿，縱之去。而西路降夷巴爾雅噶爾藏多爾濟、哈薩克錫拉呢瑪舍楞等羣起爲亂，都統和起死焉。文毅公兆惠復有濟爾哈朗之圍。上以諸賊甫受封賞，輒叛，知額魯特概不可以恩信結，故命喀爾喀超勇王成袞札布出北路，文毅公兆惠出西路，皆於三月中起行。會諸賊自相蹂踐，札那噶布爾襲殺噶爾藏多爾濟、呢瑪，又欲襲札那噶爾布，不果。

阿自哈薩克歸，會諸賊於博羅塔拉，欲自立爲汗，聞官軍將至，又遁去，諸賊皆竄匿。兆擒原任貝勒納奇木，超勇公海蘭察擒巴雅爾，烏爾登擒額瑪札，那噶爾布已病死，台吉琿齊達瓦以其首來獻。惟阿仍未獲。

六月，兆使將軍愛星阿、阿拉善王羅布藏多爾濟追阿至哈薩克，其長阿布賚以爲大兵取其部也。鋒刃既交，官兵勢寡，阿拉善王曰：「與其同没，何若冒死説敵，猶冀可免。」因脱帽，蹈煙礮馳去，作蒙古語曰：「吾來説降。」阿布賚收軍見王，王從容曰：「吾亦也速後，王之父阿寶始降本朝。固厄魯特也。因歸降，荷大皇帝撫綏，分茅裂土，永爲藩服。今部長蕞爾小國，何可信阿言，與天朝爲敵，是代人受禍也。」阿布賚悟，請降爲屬國。適阿率二十人往投之，阿布賚執其兄達什策零送軍門。事聞，上大悦，封羅爲親王，受阿布賚降，令其歲時納貢如朝鮮、琉球。

阿徒步入俄羅斯，爲樵者所得，守卡之瑪玉爾官名。送往其國。侍衛順德訥尋蹤往，瑪玉爾諉爲不知。時廷臣議恐挑俄羅斯之釁，陳文勤公有將帥、糧餉、駱項三議，史文靖公直欲退守玉門關。上笑曰：「皆書生語。」命理藩院行文俄羅斯索之。阿患病死，俄人送其尸入，上命識阿之林丕多爾濟往驗，屬實。上命兆惠、富德二將軍擇地過冬。明年，再盡勦厄魯特之漏網者。戊寅春，兆由博羅布爾蘇，富由賽里木，如獮場中分兩翼合圍，約相會於伊犂。凡山陬水涯可魚獵資生之地，悉搜剔無遺，於是厄魯特之種類盡矣。

初策零拉布坦將叛，以衛、藏據其右臂，欲與之和，使無後患，因以女妻拉藏王子，誘使入贅，而陰説拉藏王頗羅鼐叛。頗羅鼐感聖祖恩，固守臣節。策怒，親率師由回部之沙雅爾潛襲衛、藏。近星宿海，導者誤入大澤中，人馬多死，窮蹙而歸，遂斬其贅壻。其妻有遺腹女，長而適阿父。阿初生時，血模糊徧體，識者以爲不祥，疑拉藏王子託生將復仇，至是而驗。

自準部内亂以來，惟杜爾伯特策楞内附，始終無異志。其王策楞臨終時，諄諄囑其子孫報効天朝，百世無忘此德。故得保全部落，世襲藩封。其次則達什達瓦之妻，當阿初叛時，獨率所部款關來投，上憫其誠，使居巴里坤，後徙熱河，編其人爲兵，俾資餉以給。若沙克都爾曼吉不從亂，全部内移，依巴里坤近城以居，宜得免矣。値巴雅爾等之亂，上諭巴里坤大臣雅爾哈善密察之，如可信，則坦懷以待，勿使疑，否則先發制人，毋令爲肘腋患，初非必欲殺之也。雅故書生，不敢保，時餉正乏，沙請糧不休，雅患本軍缺糧，而又齎敵，遂令裨將閻師相率五百人入其壘，佯爲失路借宿者，沙屠羊以待。中夜大雪，閻曰：「此擒吳元濟時也。」遂以笳爲令，襲沙卧廬，殲其全部四千餘人。沙被殺時，其妻睡夢中驚起，不忍其夫戕於亂刃，裸而抱持之，顛撲穹廬中以至於死。雅以沙謀叛被殺報，上封雅爲一等伯。雅歸朝，拜其祖祠曰：「昔李廣以殺降不封侯，至於失道自刎，今我罪逾於廣而反膺五等之爵，祖宗蔑血食矣。」後果以失機被誅。

厄魯特逃入俄羅斯哈薩克者十之二，病死者十之三，爲官軍殺者十之五，蓋天生阿爲禍首也。

準噶爾初亂時，達什達瓦部下有宰桑薩賴爾者，不肯他屬，率千户首降。高宗召見，詢準事，薩曰：「今諸台吉覬覦大位，各不相下，達爾札以方外之人篡弒得位，誰肯爲其臣僕？昔噶爾丹優待下屬，親如骨肉，宰桑有功者，親酌酒，割肉食之。每秋末行圍，爭較禽獸，彎弓馳騁，毫無君臣之别，故人樂爲用。今達爾札安自尊大，召對時長跪請命，謦欬之下，死生以之。故舊切齒，其危亡可立待也。」上悅，授散秩大臣。後其部互相篡弑，如薩言。及阿睦爾撒納敂關，薩復奏其爲衆部所畏服，正可資以前驅，迅掃殘孽，上乃拜薩爲副將軍，率新降衆往討。及伊犂復變，直義公班第、襄烈公鄂容安召薩議之，薩曰：「阿智勇兼備，未可攖其鋒，不如裹糧先歸，覆命天子，以準噶爾全部畀之，則其禍立解也。」鄂曰：「守土臣安可以地資賊？宜效死弗去，豈可捧首逃竄，致對於司敗耶？」薩拂然曰：「豎儒安知兵事！」因策馬去，易厄魯特衣冠以叛。及策楞收復伊犂，薩復靦顏迎大軍於土魯番，上命械至京。陳文勤公首請誅之，上曰：「死綏之義，士大夫所宜守，薩賴爾乃藩部孱臣，安知大節？未可苛責。如卿言，高視之矣。」命其泥首於班、鄂柩前，乃釋其縛。後復授內大臣，數年始卒。

兆惠富德平大小和卓木

回部祖國曰天方，謨罕默德始創回教。明末，其國人始東踰葱嶺，居葉爾羌之喀什噶爾，是爲波羅泥都、霍集占兄弟之高祖。波羅泥都稱大和卓木，霍集占稱小和卓木。和卓木者，漢言聖裔也。兄弟並爲酋長。自策妄拉布坦時，令率所部至伊犂，種地出租賦，因於地牢者數載。官兵平伊犂，釋使歸，俾仍長所部。

乾隆丙子，將軍遣侍衛托倫泰往，未定約，副都統阿敏道先使人招撫，波羅泥都謂霍集占曰：「我三世爲準部所拘，蒙天朝釋歸，得統所部，此恩何可忘也。」霍曰：「我久困準部，今屬中國，則又爲人奴，不如自長一方。」乃誑阿敏道入庫車城，拘繫之。時方討阿睦爾撒納兼有青滾雜卜之變，未暇致討，阿尋爲所害。

戊寅春，高宗以兆惠、富德尚勳洗厄魯特餘孽，乃命雅爾哈善爲靖逆將軍。五月，兵至庫車，賊目阿卜都克勒木據城守。回人守城得古法，猝難拔。雅書生，未嫻將略，惟任偏裨，令不畫一。霍來救，率最精巴拉鳥槍八千，由阿克蘇之戈壁繞出，與官兵遇於城南，鏖戰竟日，大敗入城。其城依山岡，用柳條沙土密築，礮攻不入。提督馬得勝獻掘地道計，於城北一里外掘入。及城矣，而雅急於收功，嚴令晝夜力掘，回賊瞥見燈光，機遂洩。賊自內用水灌之，士卒盡没，雅無他策，惟嚴守待其自斃。新降回目鄂對告曰：「語云：『困獸猶鬭。』今霍集占困守危城，食力已盡，豈肯坐而待縛？必乘我不備，突圍歸巢，歸則難制。城西渭干愛曼，水淺可涉，又北山口要路通戈壁阿克蘇，若於二路各伏兵一千，則賊酋成擒矣。」雅不聽，惟下令力攻。一日，薄暮，索倫老卒於城下牧馬，聞城中駝鳴似負重聲，奔告雅曰：「駝鳴高且健，賊將遁矣。」雅方飲酒，怒曰：「爾何知！」酌如故。其夜，霍開西門由渭干愛曼涉水遁，如鄂言。後數日，阿拉辨爾等開城降。

先是，霍入庫車城，怨鄂之不附己也，凡其親屬皆殺之。其妻依熱木亦被獲，方少艾，霍欲納之，囚於高樓，日窘辱之，依乘間遁匿阿克蘇。庫車既降，鄂手刃其仇三十餘人。事聞，高宗以雅縱賊革職，命尚書納木札爾代之，三泰贊軍務，皆馳驛往。又以兆文毅公惠勳伊犂，將訖事，命即以其兵自伊犂赴回地。上復念兆兵久勞於外，豫調索倫、察哈爾往濟。

兆至軍，庫車已降於雅，阿克蘇亦迎降。八月二十四日，兆遇雅，偕入，傳旨斬順德訥，即前守卡縱霍者也。逮雅入京，鄂隨軍，而留哈密回目玉素富及總兵閻師相駐守。時舒文襄公赫德方革職爲兵，效力軍前，亦令留阿克蘇，贊畫諸務。兆即起程，有烏什城伯克霍集斯，即前縛送達瓦齊者，及其子呼岱巴爾底來迎。

九月朔，兆至烏什，以霍集斯諳回部事，與同進葉爾羌，分遣侍衛齊淩札布偕鄂往，撫和闐六城。十月，兆至葉爾羌。其城周十餘里，霍已堅壁清野，凡村人，悉移入。初六日，官軍分七隊進，賊兩門各出四五百騎來迎，擊敗之。賊又從北門出數百騎，索倫兵敗退，健鋭營兵數百岸然不動，官兵得濟，又敗賊衆。賊入城，不復出。兆以兵少不能圍城，欲伺便取勝，乃擇有水草者結營，即所謂黑水營也。聞納、三二將軍將至，遣愛隆阿以兵八百迎之，又偵知賊蓄在城南棋盤山，欲先取之以充軍實。十三日，由城南奪橋過河，甫過四百餘兵，橋忽斷，賊出四五千騎來截，步賊萬餘在後。官兵陣而前，騎賊退，步賊以鳥槍進，官兵方擊步賊，而騎賊又從後夾攻，兼自兩翼衝入。兆馬中槍斃，再易馬，又斃。官兵爲賊截散，分數處，人皆自爲戰，無不以死誓，殺賊無算，陣亡者亦數百人。總兵高天喜、副都統三保、護軍統領鄂實、監察御史何泰、侍衛特通額俱戰歿。日暮，收兵歸，護大營者亦泅水歸。馬力疲乏，不能衝殺，遂掘濠結寨守。所掘濠既淺，壘亦低，賊可步入，遂日夜來攻。官兵處危地，皆死中求生，殺賊甚力。賊懼致死，欲以不戰收全功，別築一壘於濠外，築長圍守之，意食盡自斃也。幸官軍掘得窖粟數百石，賴以濟。賊又決水灌營，官兵洩之下游，轉資汲飲，已而隨處掘井皆得水。又所佔地林木多，伐以供爨，常不乏。賊以鳥槍相擊，鉛子著樹枝葉間，每砍一樹，輒得數升，反用以擊賊。惟拒守日久，糧日乏，駝馬亦將盡，每乘間出掠回人，烹以充食。自十月中旬被圍，將百日，無生還望。

納義烈公木札爾、三泰亦以十三日至愛隆阿軍，聞兆等戰，率二百騎衝入，力戰俱沒。兆告急，遣索倫兵五人各持一函至阿克蘇，舒以事急，不暇自計身爲兵也，飛章馳奏。時將軍富德尚在準噶爾搜捕餘孽，上命爲定邊右副將軍，速往援。會豫調之索倫兵已在途，而巴里坤大臣阿里衮先接兆信，選兵六百、馬二千、駝一千往赴。舒守阿克蘇，能和輯諸回，因無異志。烏什則霍集斯妻子及總兵丑達駐守，鄂往撫和闐六城，亦俱降。十二月，索倫及內地兵二千餘至，舒先率以行，富聞被圍信，亦速赴。二十五日，與舒會於巴爾楚克。戊寅正月六日，至呼爾璊，賊五千餘騎迎戰，官兵僅二三千，且馬少，皆步行，發槍矢，斃賊甚多。賊恃衆，戰輒退，甫收兵，又來攻。轉戰四日夜，磧地無水，皆嚼冰解渴。初九日夜，拒守於沁達爾，勢幾殆。適參政阿里衮偕鄂博什及馬駝至，愛隆阿亦以兵從。望見燈火如繁星，知官兵與賊相持，阿大呼突進，千餘兵譟而應之，駝一千、馬二千蹴地聲壯，賊駭奪氣。阿從左，鄂博什從右入，援兵驟合富兵，乘勢掩殺，賊始大奔，然猶未知兆之存没也。

先數日，兆軍見賊之圍守者日漸少，繼又聞數十里外槍礮聲，知援兵已至，遂衝壘而出。使人探報，得達富壘。詰朝，兩軍相見，富以下皆無恙。計自丁丑十月至今，孤軍在萬里外，陷重圍者三月，卒得全，莫不喜極涕出，額手頌聖主如天之福。且因先事調兵，得應期赴援，益歎睿算之密。整隊回阿克蘇，賊見官兵勢合，不敢邀截。途次，聞和闐六城之二復陷於賊，兆遣瑚爾起往援之，富繼進，二城尋復。

閏六月，內地所調兵餉俱集阿克蘇，遂兩路進師，兆往喀什噶爾，富由和闐往葉爾羌。兩和卓木已率眷屬黨羽先遁，兩城舊回目遣人至軍前送款。十四日，兆至喀什噶爾。十八日，富至葉爾羌。回人具鼓吹羊酒以迎。蓋兩酋雖爲部長，在準噶爾久，惟伊犂種地之回民羈旅相倚，而舊部本不聯屬。及歸，又虐用其民，以伊犂同歸之人及額魯特避兵來援者爲親兵，故其竄也，皆相率隨之，舊部人莫有從者。兆皆撫定，尋駐葉爾羌辦善後事。富德、阿里衮、明忠烈公瑞、阿文成公桂等追賊，七月七日，及於阿爾楚爾，大敗之。八月十日，至伊西洱庫爾淖兒，乃拔達克山部落接界處，賊先據山麓以待，富等麾兵進擊，自巳至酉，賊猶死拒，乃選鳥槍精利者四十人自山北而上，俯壓之。賊輜重隊有攀援過山阻於淖爾岸者，方驚懼失措，霍集斯鄂對大呼「降者不殺」，於是回衆數千各率眷屬乞降，聲如奔雷，霍禁之，不能止，遂遁。

是役也，降者萬二千人，牲畜無算。兩酋向拔達山逸，富等檄諭其汗素爾坦沙縛以獻。二十八日，兩酋果往投素爾坦沙，執之，而遣人爲兩酋乞命。回部經教，凡派汗帕爾子孫不得執送人，富等脅以兵威，謂不獻，則大兵卽入。素爾坦沙乃殺兩酋，以霍集占首來獻，波羅呢都首爲其從人竊去。素爾坦沙旋來降，遣使入覲，回部平。兆文毅班師歸，上郊勞於良鄉縣揚武村，行抱見禮，寵賚優厚。封兆爲一等公，富爲一等侯，餘遷秩有差。

新疆伊西洱庫爾淖兒，有高宗御製平定回部碑文，爲御製文集中所未有，茲録之。文曰：「機有若失而反得，智者之所懃而愚者之所惑也。事有初若勞而終逸，壯者之所劭而懦者之所怯也。若夫定全回，殲二酋，戰無不克，攻無不取，皆一將軍及諸參贊以及行閒衆將士之力也。然予亦有深慰於其間者，則以五年劼劬，宵旰運籌，實未敢偷安於頃刻也。幸我武保定庶內，答乾貺，慰先志，且以免浮議之指斥也。伊西洱庫爾淖兒者，我副將軍富德等窮追二酋至拔達克山之界，獲其降者萬人，二酋僅以身免，而遣使索俘，遂得獻馘振旋，以成茂勣也。其地倚山臨水，單騎可容，而我突將無前，四甄並發，如入無人之域也。衆賊首尾不能相顧，豎我回纛以招之降者，鋪崖而來。霍集占持刃止之，或且反戈倒戟也。是以二酋見事不成，拔身遠跳，駾突而喙息也。先是，蹙之於霍斯庫魯克，襲之於阿爾楚爾，無不以少勝衆，批亢擣堅，桓桓之士，真如驅虎豹而逐狸兔。纏頭碩鼻者流，皆震駭慴伏，見即辟易也。是以先聲異域，駭其跳蹔，遮逆助順，用攖重輜，而獻兇級也。我兵未深入拔達克山境者，則以討逆之師，不蹂無罪之地，姑遣使焉。彼或曉逆順，亦將擒獻。是以將帥之臣，審機度時，我武少戢也。率藏事而告成功，則亦未爲計之失也。回部始末，已見於勒銘葉爾奇木之碑辭，不複綴也。特紀耆定之在茲，是以誌歲月而刻石也。」後聞此碑已淪入俄界矣。

楊應琚征緬

乾隆中葉，雲貴總督楊應琚誤聽邊將之言，輕視緬人，欲建奇功，遂至激變。領兵將帥復不知地理，深入重地，天雨不止，人馬日在泥潦中。運糧以牛，牛皆餓死，遂至全軍覆歿。傅忠勇公二次出師，亦不能獲勝，乃遂草草講和。

鄂輝攻石峯堡

尚書鄂輝嘗以游擊從阿文成公桂征金川，洊陟總兵，鎮建昌。適甘肅回匪蘇四十三滋事，奏請軍前効力，乃賜金綺，授領隊大臣，督兵攻石峯堡。見堡中一酋垂墉發槍，即援弓射之，顛。正馳騎往取其級，忽標下中軍啓曰：「請大人回營！」叱曰：「堡已垂下，回營何居？」曰：「大人已受重傷！」回視下體，血殷戰裳，遽倒，舁歸大營。呼醫，搜出鉛丸二，始悟援弓射酋時，已中槍而未覺也。文成據情入告，奉旨賞賚尚阿巴圖魯。後陛見，天語垂問，對以「臣疏於衞足，幸不隕越，悉仗天威」。其世襲男爵，開府川滇，皆由此起也。

烏大經征王倫

乾隆甲午，壽張民王倫作亂，總兵孫惟一率兵勦之，衆寡不敵，中丞徐績檄合省兵與河督姚立德會勦，戰於柳川。賊衆皆烏合，徐書生，不諳軍事，令以軍器縛載後乘。倉卒遇賊，士卒皆徒手潰，乃避之東昌，賊遂猖獗。進圍臨清，守將葉清倉卒乘馬傷髀，署知州秦震鈞與參將烏大經任守城責。立烽燧，造火器，及擊木礧石，曉諭居民令分地守。賊屢攻之，火器驟發，斃賊無算。是時，王倫對城張黃蓋，奏鼓樂，指揮其衆，烏令敢死士數人突出擊之，幾獲倫。後舒文襄公赫德率禁旅救之，圍始解。舒召詢顛末，烏應對詳明。舒薦於朝，高宗召見，奇其貌，曰：「真將種也！」洊擢至甘肅提督。

阿桂平金川

乾隆己巳，莎羅奔既降，未幾，伊犂兵事起。莎羅奔兄子郎卡與莎羅奔子同名。掌金川事，復乘間與鄰部構釁，漸猖獗。乙酉，諭川督大學士阿爾泰，檄川邊九土司環攻之。

九土司之最強者，東爲小金川，西爲綽斯甲布，郎卡乃與之結密約，三部聯合。會郎卡死，小金川澤旺亦老病，有子曰僧格桑，辛卯，索諾木遂攻殺他土司，與援兵戰。高宗賜阿爾泰死，以温福代爲大學士，桂林代爲川督，同主邊事。壬辰春，兩軍以次偪小金川境，桂林旋以匿部將薛琮兵敗事被劾，乃以阿桂代之。十一月，軍抵美諾，卽小金川。僧格桑竄大金川。檄索之，索諾木不應。高宗欲乘勝而一舉兩滅之，乃以温福爲定邊將軍，阿桂副之。癸巳春，温福駐軍大金川東境之木果木，爲索諾木兵所襲，陣亡，全軍皆覆，小金川復陷。詔授阿桂定西將軍，副以豐紳額、明亮。十月，阿桂復轉戰抵美諾，明亮亦所向克捷，小金川盡復。

時大金川之置防設守，其嚴密，視小金川殆十倍。官軍乃分三道進取：阿桂自小金川攻其東；豐紳額、明亮自大金川北之黨壩攻其西北；富德自革布什札攻其西南。索諾木懼，於甲午秋酖殺僧格桑，獻其尸，請緩師，阿桂不許。然以地險惡，多雨雪，土兵又同心效死，軍行濡滯，至乙未八月十五日，始大破之於勒烏圍，而索諾木已先期走噶爾厓。及十二月，三路軍始會於噶爾厓，合圍又四十餘日，丙申二月四日，二酋始降，阿桂以功封誠謀英勇公。

金川以彈丸地，用兵五年，糜餉至七千餘萬。後以小金川爲美諾廳，以大金川爲阿爾古廳。

董天弼隨征金川

乾隆丙申，大小金川平，頭人七圖葛拉爾思甲布傳送行在。高宗命軍機大臣問爲逆狀，對甚悉。復言：「陷底木達時，四川提督董天弼將所部二百人抽短兵力戰不可敗，夜半領兵，頭人以鳥槍數百桿環擊殺之。」

天弼性忠勇，貌魁奇。臨陣，常身先士卒，所向無前。隨征金川，有哈薩克二赤驃馬，極雄健，將軍溫福常索之，對曰：「天弼上陣，倚此二馬。金川小醜，必蕩平。俟手梟二逆，并二馬上將軍。」後與將軍同殉難，志竟不遂，然其言壯已。

福康安柴大紀平臺灣

乾隆丙午，臺灣彰化縣有林爽文者，恃其所居大理杙地險族繁，恣爲盜賊。閩、廣間有所謂天地會者，爲奸徒結黨名目，爽文藉以糾不逞之徒而起事。知府孫景燧至，趣知縣俞峻、副將赫生額、遊擊耿世文率兵役往捕，不敢入，駐營五里外之大墩。諭村民擒獻，否則村且毀，先焚數小村怵之，被焚者實無辜。爽文遂因民怨，集衆夜攻營，全軍覆，俞、赫、耿皆死，時十一月二十七日也。明日，賊乘勢陷彰化，孫及都司王宗武、同知長庚、前同知劉亨基、典史馮啓宗，悉爲所害。十二月六日，又陷諸羅，縣令董啓埏死之，淡水同知程峻亦被戕。

鳳山縣有莊大田者，亦盜魁，乘亂起。十二月十三日陷縣城，縣令湯大奎死之。府城有總兵柴大紀、道員永福、同知楊廷理率兵民固守，賊屢攻不能破。而彰化之鹿港，賊已遣僞官往監稅，有泉州民林湊等起義擒之，是以府城、鹿港兩海口俱未失。

變聞於福州，而閩浙總督雅德時方被逮，將軍常青老而耄，攝督印，略無措置，惟檄黄仕簡及陸路提督任承恩入臺擒賊。黄病初愈，杖而行。任爲金川殉難總兵任舉之子，年少得膺，不知兵。二人倉卒入臺，仕簡由厦門渡海入府城，承恩由蚶江渡海入鹿港，俱以丁未正月初旬至，賊勢稍斂。仕簡卧病牀簀，因命大紀北取諸羅，總兵郝壯猷南取鳳山。大紀，驍將也，率鄉兵數百，説以大義，轉戰賊間，屢擒其酋，遂復諸羅，守之。壯猷南出二十里，爲賊所阻。承恩至鹿港，距大里杙賊巢僅四十里，觀望不敢進。壯猷頓兵幾五十日，二月二十一日始進鳳山，鳳山空無人，招民復業，賊潛入其中，與外城相應，三月十日，城復陷，遊擊鄭嵩死，壯猷等遁歸府城。高宗見兩提督彼此觀望，不能速殄賊，有旨，命常青往督師。常不得已，遷延入臺。

閩督李侍堯甫蒞任，即預約兩廣總督孫士毅調兵四千備緩急，而鳳山再陷之信至，立起兵往，以三月末悉抵臺，賊方攻城急，賴以不陷。李又奏調浙兵三千，上益以駐防滿兵一千，令將軍恆瑞爲參贊，赴府城，提督藍元枚亦爲參贊，分浙江兵二千赴鹿港。有旨，以失律誅郝壯猷。諸將咸思進兵，而常畏葸，惟日夜流涕而已。時賊勢未熾，村民尚未爲所脅。諸將以五月二十四日出師，甫交綏，常戰慄不能舉鞭，大呼曰：「賊砍老子頭矣！」策馬遁，諸將因之退。賊大歡，嘯而歸。入城，即令閉關，又請兵一萬。賊得暇蠶食各村，不從者輒殺，於是遍地皆賊矣。

莊大田擾府城，爽文擾諸羅，勢益熾。迨官兵自鄰省調至閩，又守風過海，凡兩三月，官軍僅增萬，而賊已增十萬。諸羅爲南北之中，爽文必欲陷之，自六月中攻圍，日夕不止。大紀語諸將曰：「有城守責者，生死以之。大紀雖武夫，敢棄天子所付乎？誓與此城終始也！」因置酒會諸將，親酌酒，揮涕拜諸將曰：「君等能固守，固佳，否則砍大紀以降賊，無苦蒼生爲。」諸將感激用命，日夜防守，時出軍擾賊營。賊用呂公車以數百人牽之，擊城北堞，城上用飛礮碎之。復用火箭射雉樓，諸將預蓄水桶撲滅之。賊日夜諠譁以亂軍心，城中應以鼓角，使不得聞。如是者百日，諸義民鼓於忠節，皆出餉勞軍，城賴以全。

大紀數遣死士突圍出，請救於常，常終不發兵，副將蔡攀龍請行。上嚴旨責常，不得已，命孱弱數百，使蔡率之以往援，咸没於陣，蔡僅得入城。諸羅之圍益密，入者不能再出，大紀告急之文，用小字書寸紙，募人間道夜行，始得達。而賊禁粒米不得入城，城中饑疲不能支。上諭大紀拔身出，大紀以士庶助守久，恐遭賊屠戮，誓死不出。奏聞，上垂泣曰：「大紀忠誠，雖古名將何以復加！所謂我君臣各盡其道也。」因封大紀爲一等嘉義伯，世襲罔替，賜銀一萬兩。念諸羅被圍久，特旨改名嘉義，以旌士民。

時常在府城，欲棄城遁者再，賴諸將護持，因密札哀乞和珅，請以他將往代，和晏見，奏之。上亦預知常必僨事。六月中，卽調陝督福文襄王康安爲將軍，及領侍衞内大臣海蘭察來統兵，並發明詔，聲言調兵十餘萬。冬十月，所調蜀番粤西兵五千先至。有旨，官兵不必至府城，卽往鹿港。會颶風不得渡，守風於崇武澳。二十八日，忽得順風，一晝夜，數百艘盡抵鹿港。海口帆檣如櫛，列數里，賊不測多寡，始懼。

十一月八日，福等起行，賊方列拒於崙仔頂，海率巴圖魯侍衞發矢，殪數十賊，賊大驚，遂披靡。海笑曰：「此羣犬耳，何畏之有！」麾兵入。先是，常僞造蜚語，謂賊有異術，實不可攖。福亦先惑其言，至是，始知其妄。乃沿路擊殺，至牛稠山，再敗之，卽以是日抵嘉。嘉義城中官民出迎，饑羸無人色，見福至，無不欷歔啜泣，喜其來而悲其晚也。大紀以功高，與福抗行賓主禮，福銜之，密奏其人奸詐難信。會侍郎德成自海上監修城垣歸，復媒孽大紀之短，遂以前貪縱事，逮大紀及臺灣道永福入京，先後正法。而大紀部下諸將李長庚、王得禄、邱良功等後皆立功海上，蓋承大紀訓也。

嘉義城北有山名小半天者，四面陡絶，賊遁而聚於此。十一日，福率將士百道仰攻，又克之，賊遁歸大里杙巢，築土城。二十四日，官兵至，賊猶數萬出拒，退而復集者數次。既夕，官兵伏溝坎間，賊萬炬來索戰。官兵在暗中，賊不能見，發槍箭，無不中。賊知失計，遽滅火擊鼓來攻，官兵又從鼓聲處擊之，殺死無算。黎明進兵，遂克其城，林爽文已攜妻孥走，據守集集埔。其地前臨大溪，就高岸，壘石爲陡牆，長數里。十二月五日，官兵騰而上，殺千餘人，賊黨皆潰。爽文先匿其妻孥於番社，與死黨數十人竄窮谷叢箐中。十三日，先獲其妻孥，福又遣使入大山，說生番，怵以兵威，生番懼，遂獻爽文出。而莊大田雖與爽文同逆，又各不相下，乘官兵未南，益焚掠聚糧爲抗拒計。已又思出降，計未定，而福已於十六日抵牛莊，大田倉猝出拒，敗而走。官軍連蹴之，累戰皆捷。極南有地名郎嶠，負山臨海，最遼阻。大田力不支，與黨潛匿焉。福先遣水師由海道繞而截之，自以大兵環山圍之，賊衝突不能出，殺者數千，溺者數千，擒而戮者亦數千，大田就獲，臺灣遂平。

官軍與鄭氏戰於臺灣

乾隆丙午，臺灣林爽文叛，陷彰化縣。同時有三合會女黨人鄭氏者，貌絕麗，又武勇，能使劍彎弓，槍擊百發百中。爽文既敗而遠遁，鄭領其殘軍，屢與官軍戰，多所擒斬。然極淫肆，黨人中無可其意者。適擒獲官軍中一武員，迫之，則反爲詬辱，鄭大怒，斬之，醢其頭。後三合會敗，鄭匿廣東，卒被捕就誅。

許世亨與安南人戰

許世亨，成都人。征金川，以功至專閫。阿文成公桂器之，曰：「武臣中識大義者，惟許某一人。」任廣西提督。會安南國王黎惟祁爲其隣清化王阮光平所逐，敂關請兵，時孫文靖公士毅爲粵督，主用兵。許曰：「蠻夷相攻，王者不治，一旦兵連禍結，未易已也。」孫不聽，率兩廣諸鎮兵伐之。阮光平不意王師至，又兵寡，回清化調兵。孫大捷，入黎城，飲酒賦詩，不以敵爲意。許諫曰：「我兵深入重地，自應慎重。況光平未戰遽退，恐有不測。宜及其未至，振旅入關，上計也。」孫曰：「爾介胄之士何知？」及光平率師至，惟祁騾棄國走，勢洶湧，孫茫然失措，欲以身殉。許叩馬諫曰：「公爲大臣，若有所傷，有關國體。世亨一介武夫，受上知遇，位至擁旄，以身殉國可也。」令諸將護孫入關，獨率數百人赴敵，盡没。光平追孫至富良，將及，總兵尚維升年少勇鋭，率兵禦之，轉戰竟日，手戮數十人，甲盡赤，後援不及，撫劍歎曰：「大丈夫死綏，志也。然不死大敵而亡於小醜，未盡吾勇也！」自剄死。孫遂撤江橋，率殘卒入關。總兵張朝龍、李化龍亦先後死，輜重甲杖，盡爲敵獲。事聞，高宗以其知大體，甚加惋惜，封壯烈伯，祀昭忠祠。子文謨，以侍衛擢至福建提督。嘉慶川楚之役，亦以勇健世其家。

福康安平廓爾喀

廓爾喀，烏斯藏以西一大部也。烏斯藏分爲前後兩藏，自打箭爐西行七十驛至前藏，又十二驛至後藏，又十二驛至濟隴，又三十驛至石宿橋，爲後藏邊地，過橋以西，則廓爾喀矣。前藏有呼圖克圖，曰達賴喇嘛，相傳爲宗喀巴高徒，世世轉輪爲之。每將死，則自言其往生處，弟子如言物色之。得嬰兒，即奉以歸，謂前喇嘛所托生也。其真僞不可知，而準噶爾、喀爾喀及内部落各蒙古王公皆尊信之，爲佛教大宗。後藏班禪額爾德呢，其名位視達賴喇嘛稍次，而蒙古番人亦崇奉惟謹。此二藏爲古吐番地，元世祖時有八思巴，尊爲帝師。明成祖時，有哈麻立，册爲大寶法王，未嘗待以屬禮也。太宗時，達賴喇嘛遣使踰萬里來朝賀，後爲額魯特所刼。聖祖命皇十四子允禵爲大將軍，統兵入藏，收復其地，擁達賴喇嘛歸，坐牀於布達拉，以爲綏安蒙古之計。

初，番目頗羅鼐以功封王，統兩藏事。後其子朱爾默特叛，奪爵。於是達賴喇嘛、班禪額爾德呢皆以教主兼國事。有丹津班珠爾者，本班禪部下頭人，以罪被黜，竄入廓爾喀，結其酋喇特木巴珠爾。繼以通商事，爲後藏人倚班禪勢，不與直，遂結怨，突入後藏據之，此乾隆戊申事也。高宗乃命川督鄂輝、成都將軍成德統兵勦之，又以理藩院侍郎巴忠諳番語，命監軍。巴自恃近臣，不復爲鄂、成所統屬，擅遣番人與廓爾喀講和，願歲納元寶一千錠贖其地。廓欲立券約爲信，達賴喇嘛不可。巴欲速了其局，遂如約而歸。逾年，廓之頭人索歲幣，達賴喇嘛不與，所呈表文，語多不恭順。駐藏大臣普福匿不以聞。廓之頭人遂刼藏中頭目瑪爾沁爲質，復搆兵入後藏擄掠，駐藏大臣保泰擁兵不救，併欲棄前藏，達賴喇嘛不肯輕棄重器。事聞，上震怒。巴畏罪，投河斃，褫保爵，改名俘習渾，滿語謂卑賤也。更命粤督福康安、領侍衞内大臣海蘭察爲大將軍，統索倫、吉林、川陝諸路兵討之。饋餉事，則命大學士孫士毅主藏東路，駐藏大臣和琳主藏西路，濟隴以外，則惠齡主之。

壬子春，福由青海進兵，時青草未茂，馬皆瘠疲，糧餉屢絶。運糧布政使景安受和珅指，欲絶其餉，賴福行速，四旬至前藏，以四月乙未出師。先遣領隊大臣成德、岱森保由聶拉木進，總兵諸神保駐絨轄，防其抄襲後路。福、海與賊戰於擦木，又戰於瑪爾轄，直抵濟隴。成德亦由聶拉木轉戰而入，賊所侵後藏地悉復之。六月庚子，入賊境，賊舉衆來拒於噶多溥。福分前隊爲三，令海統之。又分前隊爲二，自統之。遣護軍統領台斐英阿在木古拉山與賊持。福由間道衝賊營，海繞山，出賊營後，與福合。克木城石卡數十，追奔至雍雅，俘其頭人某。成德亦克鐵鎖橋，進至利底。福又檄諸神保至利底以壯軍威，於是廓爾喀洶懼，來乞降。福曰：「是緩我兵也！」嚴斥之。

七月，裹糧再進，歷噶勒拉堆補木特帕朗古橋甲拉古拉集木集等處七百餘里。六戰皆捷，殺四千餘人。至熱鎖橋，福以爲勢如破竹，甚驕滿，擁肩輿，揮羽扇督戰，官兵皆解櫜鞬負火槍以息。賊乘間入，遂敗，台斐英阿死之，武弁多陣亡者。賊復遣人乞和，福允其請，獻所掠金瓦寶器，令大頭人噶木第瑪達特塔巴等賫表恭進馴象番馬及樂工一部。高宗鑒其誠，乃許降。八月，班師。

嘉勇貝子征諸羅

乾隆時，嘉勇貝子援諸羅，時超勇公海蘭察前行，行約百里，貝子督師繼進。夜大雨，天黑如墨。遇土山，駐軍山頂，貝子中坐，隨軍官圍貝子坐，外親軍，外正軍，皆圍坐。賊游兵近山，踐泥濘過，火炬千萬，賊自炬中窺山，黝黑無所見，疑有兵，發銃礮擊之。貝子令曰：「無出聲！無動！」久之，賊過盡，雨霽，天益明，海已入諸羅城。捷使至軍，始起行，無一傷。視銃礮子，皆歷落入山腹。

貝子征衛、藏時，有隘道，幾一里，賊屯軍守隘北，甚嚴。大軍屯隘南三十里許，貝子調軍伏隘東西，而以前軍分五軍攻隘，迭退迭進。戰一日，有數十勝負。貝子在大軍中，前軍軍報沓至，不動。及二更，前軍大敗，退不止，賊逐前軍出隘南，礮聲大震，火炬盡爇，照耀如白晝。東西伏軍皆起，賊驚退，自相蹂躪，大軍躄之入隘。貝子急上馬，萬騎齊足，頃刻至隘口，前軍伏軍已過隘，聞貝子至，勇氣百倍。大軍乘勢合攻，遂夷賊屯，追奔五十里而後止。

明亮平孝感教匪

嘉慶丙辰夏，湖北孝感有匪滋事，毗連三省，匪衆數萬，總統永保屢爲所敗。先後徵兵數千，皆覆没。時參政明亮方獲罪，以侍衛銜自西域歸，高宗命往代。行至當陽，制府畢沅以固原、西寧兵五百人畀之。明曰：「今孝感嘯聚數日，已傷官兵數千，是匪中必有知兵者。若不十倍其衆，難以破敵，此王翦所以益兵破楚也。今若不謀而進，以零丁積苦之兵，禦鋭氣方張之匪，是驅羊入虎羣耳。」畢無以對。適陝西鎮總兵德光率兵三千人至，願隨明往。畢喜曰：「此天助將軍成功也。糗糧器械，吾任之。」明大喜，鼓行數日，至楊鎮，民多逃竄，街市闃如。

匪聞官兵至，皆斂兵守寨。明率衆守橋，笑而謂衆曰：「嬴張飛尚可禦敵也。」命諸將鳴鼓吹角以致匪，匪果蠭起。明據地勢，殺傷相當，匪詫曰：「昔之官軍未有不聞聲潰者，今何人，耐戰乃爾！」嗣聞爲明，皆相顧欷歔曰：「吾儕命蹇，此老尚無恙耶？」次日，匪繞道上北山，據建瓴之勢，德請戰，明曰：「匪勇而鋭，未易藐視。」以千人付之。德故未經戰陣，既見敵，未鼓而火槍驟發。明聞聲驚曰：「此軍殆矣！非出奇無以救之。」因怒馬獨出，率將士數十人行荒畦間，繞出數里，畦間骸骨縱横，乃永保兵潰處也。適有江西潰卒二百自德安來，散坐黄金廟側，方爇火聚食，明笑曰：「是足資余用，以之破敵，足矣！」遂呼其將至，撫以善言。諸軍聞明名，争自踴躍請戰。明授以旗鼓，命掩伏山側，遂趨匪壘。壘外松棚下匪方瞭望，驟矢傷數人。匪方錯愕，江西兵展旗鳴笳以進，匪驚潰，互相踐踏，曰：「伏兵至矣！」匪中有紅巾者，聲言於衆曰：「勿驚！速發大礮禦之。」官兵聞之恐，明曰：「其礮炸矣。」匪固烏合，不解用礮，礮果裂，聲震山谷。官兵突煙而入，縱火焚松棚。山上匪見之，皆退歸，闔四門爲守計。德所率兵亦振旅還。復命奪匪西壕，積柴他門外，匪未覺。時大風霾，因風縱火，俄萬廈驟焚，官兵合圍，匪突煙出者，咸墮於壕，哭聲震天，火光竟夕，三日始爐。乃於焦骨中取匪首，遂平。捷聞，高宗大喜，復明職。

完顏岱擊教匪

完顏岱任河南藩司時，白蓮教初起，所在蜂擁難遏。巡撫景安素怯，屢爲匪敗。完顏率羸卒數千守雙溝，匪屢犯豫界，皆被擊去。自嘉慶丙辰九月至丁巳春，大小百餘戰，無不堵禦得宜。時淅川有蠢動者，完顏告景曰：「萑苻小寇，易撲滅。」襄、漢問匪勢猖獗，岱請禦之！」景以初起者難禦，而雙溝有險可恃，因促完顏往。乃急掩擊匪，悉數就擒。景貪其功，棄雙溝而躡其後，誅殺難民，以大捷聞，封伯爵，完顏惟議敍而已。襄、漢諸匪遂襲其不備，闖入南陽，由盧氏出武關，與川匪合，逆燄遂不可制。而完顏以勞瘵卒於軍，仁宗甚悼惜之。

傅鼐平苗

黔楚接壤處，北有臘耳山山脈，爲苗瑶所居。自康熙中降生苗百四十寨，置乾州、鳳凰二廳，而苗疆一蹙。自雍正中改土歸流，增置永順府永綏、松桃等廳，而苗疆再蹙。自是至乾隆末葉，漢民移居苗境者日衆，永綏城外苗地幾盡爲所占，而苗疆三蹙。於是奸苗倡言逐客民，復故土，而亂端以起。乾隆乙卯，黔苗石柳鄧，楚苗石三保、吴隴登、吴半生、吴八月同時蠢動，詔滇督福康安、川督和琳與湖廣督撫會勦。其後，半生、八月雖先後就擒，而八月子廷禮、廷義仍負嵎自若。迨嘉慶丙辰，隴登降，三保擒，柳鄧父子及廷禮、廷義次第就誅，始以苗亂肅清聞。其實是役也，始事者固老師糜餉，繼事者亦苟且倖成，而苗衆仍四出刦掠，且藉口於和琳苗地歸苗之約，益蔓延於乾、鳳諸廳。己未，鳳凰廳同知傅鼐用前人鵰勦法，戰守年餘，修置碉堡，收卹流民，屯田練勇，苗垂困。兵備道成寧忌之，數言於鄂督姜晟，謂「傅不去，苗必大亂」。已而吴、陳受果擾内地，姜意動，將劾傅召亂。會巡閲至某縣驛，方飯，而苗數千環行館，噪索食，犒之，不退。中夜，聞門外驚鬨，嘷號鼎沸，俄而寂然，一人從數卒入謁，傅也。姜歎曰：「幾誤邊事。」即委傅討賊，一戰俘陳受。令籌安撫之策，傅因下令追繳苗寨兵械，並廣設書院義學，經營十有餘稔，苗禍乃紓。

二眼纛將軍征川楚教匪

川楚教匪蔓延三省，諸將擁兵自衛，擄掠良民，故當時呼官兵有紅蓮教之目。惟提督穆維、將軍富成督齊魯兵堵禦甚嚴，匪畏之，相戒勿犯二眼纛將軍。蓋山東旗纛皆繪二太極圖故也。

亮祿征川楚教匪

總兵亮祿任河南城守尉，嘉慶庚申，川楚教匪滋事，豫省將校皆檄調他往，撫軍吳熊光亦率兵堵禦盧氏，河南兵力虛弱，故寶豐郟縣教匪謀逆。亮曰：「吾聞兵貴神速，今賊初起，實爲烏合之衆，易於撲滅。」乃驅兵疾行，不三日至，匪尚未覺。亮率兵圍其寨，聲言滿兵十萬自京至，命樹八旗大纛，以鞭笞馬腹，使騰踔嘶號，聲震數里，匪懼。至夜，亮起曰：「此擒賊時也。」乃吹角，命士卒進，首先踰濠，焚其寨，士卒用命，一鼓殲之。

成德征川楚教匪

將軍成德，初從阿文成公桂征金川，多戰績。阿嘗曰：「裨將中知兵者，惟成某一人。」其隨征廓爾喀苗疆，亦多戰功。後征川楚教匪，總統爲福寧，性暴愎，失將士心，攻旗鼓營浮山諸賊，經年無功，成甚抑鬱。戚某往探，設酒待之，將飲，笑曰：「席上無可歡，可以賊心肺侑酒。」因下令出戰，結裝去，聞火槍聲，須臾，擒匪數十歸，酒尚未寒也。掀髯歎曰：「若此草寇，較之金川番匪，十不當一，何難滅此朝食？而當軸輒養賊自重，不解何心，老夫功名終於此矣。」因潸然淚下。

札克塔爾征川楚教匪

札克塔爾，金川番部人。父某，爲索諸木所殺，弱冠投誠，密獻入番計，阿文成公桂從之，得以成功。高宗憐其稚，命近臣撫視之，後洊至護軍統領。性敏捷，川楚之役，師未嘗敗北。軍中畏之，呼曰「苗張」，無敢攖其鋒者。嘉慶丙寅秋，瓦柴關兵變，札首先趨赴。時西安駐防已爲匪衝潰，札怒馬獨出，手殺數匪，匪有識者，詫曰：「苗張至矣！」皆奔潰。楊時齋提督繼至，善爲撫慰，匪棄甲請降。是役往返，不逾二十日也。

額勒登保平川楚教匪

川楚教匪初起時，以劉之協、姚之富、齊王氏爲教首，三人皆梟雄。齊王氏又號齊二寡婦，美姿容，擅謀勇。餘如冉天元、王三槐輩，亦皆一時兇悍。至若其中謀士，出奇制勝，使王師疲於奔命者，則以徐亮基稱最。亮基字慕奇，成都拔貢。少負奇氣，倜儻不羈，或以狂生目之。居恆竊慕諸葛亮、劉伯温二人，因取以爲名，自號小諸葛。與冉同里，冉本富家子，豪俠任氣，後爲門客煽惑，遂從教匪起事。亮基聞耗而起曰：「大丈夫得時則駕，機不可失。」仗劍往説之。冉大悦，署爲行軍參謀。用其策，竄汴犯陜，號令川東北羣寇，横行數省。

時統兵諸將帥以經略額勒登保爲最有威望，德楞泰、明亮亦善用兵。偏裨則楊遇春、楊芳、羅思舉、桂涵、穆克登布等，均驍將。亮基爲冉主謀，屢設奇計，以陷官軍，額至引爲心腹鉅患。蒼溪一役，額欲合全力勦之，檄左右翼會擊，楊遇春、穆克登布爲左右翼長，驍悍無匹，各路教匪望風膽落。冉懼，亮基微哂曰：「將在謀，不在勇，此何足慮！」策馬出營，周覽一過，返謂冉曰：「彼軍右翼勇而不整，左翼稍有戒心。若憑高馳擊，右翼必潰。右翼潰，則左翼爲所牽動，不能獨存，然後合師以擣中軍，可一戰下也。」冉從其言。穆每戰，必先登陷陣。遇春較持重，恆規之，穆不聽。將戰，穆列營傍山而處，遇春勸之曰：「兵法有言，居高臨下，君不握險以守，而陣於平原，此危道也。」力爭不納。急退，列營山巔，遙爲犄角。其上適有廢壘，命握壘而守，嚴陣以待。甫交綏，穆勇甚，身先士伍。短兵接戰，陷賊伏中，冉麾軍圍之數重，力戰不脫。遇春欲赴救，亮基亟麾伏賊，從嶺後間道，猱升而上，遶出遇春壘後，壓壘而陣，遇春自救不暇。穆軍失援，大敗，亮基乘勝擣額主營。主營潰，穆身被七創，屢瀕於危，卒賴遇春軍冒死援之，得潰圍走，冉自是益倚任亮基。時各路教匪多烏合，羣聚不逞，燒香惑衆，從者日多，然惟以剽掠爲事。亮基則勸冉禁擄掠，犯者立斬以徇，所過州縣，恆不血刃而下。

廷議以賊蹤飄忽，狀類流寇，實行堅壁清野政策，通飭各路，嚴密扼守，有縱寇者置諸法。令村莊民團築堡備戰，寇至，則盡歛牲畜器物入堡固守，野無所掠，羣寇大蹙。

先是，亮基佐冉軍時，首倡議勸鼓衆北行，不用，至是頗悔，欲由陝犯晉，而將軍魁倫扼守潼河，防寇北渡，沿江上下游，列營數十里，深患之。亮基躬出視師畢，返，謂冉曰：「亟治攻具。」翌晨，遂渡河。亮基親援桴鼓，魁悉衆抵拒。戰正酣，主營藥庫燬，冉且自下游偷渡矣。官軍大潰，賊衆鼓噪乘之，遂渡潼河，亮基乃分軍由陝犯晉。亮基歿，軍無主謀，戰輒敗。冉憤欲大舉，馬蹄岡一役，欲以全力困德楞泰，六日五戰，重疊設伏，德誤陷伏中。數路皆敗，與侍衛數十踞守山巔，誓以死拒。冉督衆登山，坐騎中矢而蹶，爲德俘獲，賊大潰。嗣是諸路教匪，以次削平。

額之用兵也，匪甚畏之。每戰，張左右翼，以降賊居左，張紅旗；鄉勇居右，張白旗，皆爲前鋒。賊望見紅白二旗，則羣相驚曰：「額爺兵至矣！」皆奔。臨陣，身先士卒，輒以兩人肩竹兜乘之，銃礮矢石常從肩耳過，左右失色，額不少避，督戰益力。尤嚴操守，賞士不惜萬金，而不以一錢自奉。督撫餽遺一無所受，用兵歲久，諸將無不蓄貲財，而額之凱旋，過蘆溝橋，蕭然行李，一騎負一襆被而已。

桂涵大敗教匪

川東有桂涵者，驍勇趫捷，非珍饈不食。時或金幣滿室，未幾無一存。踰時滿，與相契者輒盡與焉，蓋皆自胠篋來也。官捕之嚴，忽不見，時或出没巨浪中。尤善泅水，聞川楚軍募勇，與羅思舉同投之。時乘賊與官兵角，伏石洞中，或腰擊，或尾截，或擒渠魁，或斃悍目，官兵屢冒其功而受上賞。一日，賊環攻其洞，積毒薪熏之，撲以扇，烟外颺；又壅溝灌之，洩以竇，水旁溢；又夜屯山頂，熾草爲號，賊知其素張虚勢，宵深襲之，竟空壘焉。俄鼓譟四起，伏突出，大呼曰：「今日也中桂老子計矣！」賊懼，反走，木石堆塞，中藏勁弩，歸路斷矣。官兵鄉勇内外夾攻，賊寸步不能移，皆縊林中，樹爲之折。號哭曰：「吾白蓮教徒，自有身以來，無此窮蹙，不敢再入深山矣。」後追至平原，與羅互爲犄角，凱旋爲川北總兵，至四川提督。

李成隆平安南匪及鳳尾幫匪

嘉慶間平閩浙海盜，浙江提督李壯烈公長庚實爲首功，太平參將李成隆亦有勞焉。龍王堂松門之役，成隆婦新產，風雨破其屋，驚死，不顧，立率師往勦。安南夷匪及鳳尾幫盜皆以此舉就擒，時稱成隆曰小李將軍。

李壯烈討蔡牽

閩中固積富區，自總督雅德、伍拉納等驕奢貪縱，吏治廢弛，海盜猖獗，水師懦怯莫敢攖。提督倪斯得老耄不諳紀律，故蔡牽、朱濆等嘯聚海濱，衆至十萬。嘉慶丁卯冬，突入臺灣，賴李壯烈抵死禦之，臺灣得全。

李，同安人。起家武科，出爲浙江副將，福文襄王康安奇之。安南阮光平陰叛，入我國海面擄刼，王命李往擒之。李曰：「官船釘疏板薄，不能衝突波濤，長庚願傾家造船。惟火藥非私家所宜有，願賜之，餘不費絲毫官物。」王大悅，奏署總兵，並賜銀數萬兩，乃造海船數十艘，不加鏤飾，與客船無異。率兵三千，尾安南船，旗鼓突出，槍礮驟發，賊驚潰，覆船數百，俘斬數千人，生擒其官倫貴利等以獻。王優獎之，請於朝。任海壇總兵，浙撫阮元倚爲左右手。臺灣之役，已圍蔡牽於鹿耳門，計日可擒。時所率浙中精兵祇五百餘人，牽以錢四百餘萬賄閩卒，諸將遂解體。牽遣人僞獻降書，李抵書於地，褫其衣，刀見，立誅之。是晚大風雨，牽乘夜遁。李方飲酒，立傾盃，整隊進，閩兵莫有繼者，太息曰：「朝廷養兵百餘年，一旦反爲賊間，果何爲者！」因全軍而歸。閩督阿林保置酒賀，從容語曰：「海上事易飾，公如以蔡牽假首至，余即飛章露布，不惟公居首功，吾亦受帷幄之賞，豈不勝衝突鯨濤，僥倖於萬一哉！」李奮然曰：「于清端之捉賊，姚制府之用兵，長庚所知也。石三保、聶人傑之擒，爲長庚所未解。皇上所以任長庚者，欲使永靖海氛，以綏民命，成功與否，則天也。公文吏，幸事早蕆，僕則視海舶如廬舍，不畏險也。公今以逗撓劾長庚之罪，他日以覆舟諱長庚之死，皆惟命是從。僕一武夫，猶知以死報國，公以世臣名族，亦罔識忠孝二字乎？」推几而出。幕客諫曰：「將軍誤矣！自閩粵用兵，生靈糜爛幾數百萬，皆以蔡牽一人。故今假傳授首，博天顔之喜，後或羈以官爵，啗以利貨，以伺其敝，不亦可乎？今必冒風濤之險，困其巢穴，一旦颶風阻路，糧餉莫繼，士卒散亡，竭一人之力敵百萬之寇，稍失利而大吏朦蔽奏之，將軍必遭獄吏之辱矣！」李慨然曰：「君不聞王彦章『人死留名，豹死留皮』語乎？僕雖不肖，不願與牽同日生也。」

王得禄邱良功平蔡牽

嘉慶己巳，閩浙水師攻勦蔡牽，鏖戰重洋，閲兩晝夜，牽夫婦淹斃黑水洋，盜船一律燒毁，餘盜擒斬無遺。是役也，浙軍圍攻牽船，追逐千里，枵腹苦戰，喋血於狂風巨浪中，兵勇傷殘極衆。比閩軍遲一日到，已功在垂成矣。

煤黑子與林清戰於大内

都人呼擔煤夫爲煤黑子。嘉慶癸酉，天理教匪林清作亂於京師。賊趨熙和門，有某煤肆之煤黑子，適自文穎館出，横取擔杖，奮逐之，力甚大，踣賊數人。衆攢刺之，遂爲賊殺。羣賊與煤黑子角力，聲讙囂四聞，故熙和門得以閉。大學士保興時爲上書房授讀翰林，從景運門下直，遥望見之，走還，促閉門以拒。既閉門，乃集羽林虎賁，戰一日夜，賊乃敗。事定，出賊屍，煤黑子屍亦雜其中，不可辨。方其擊賊時，三館吏役無不知煤黑子擊賊。賊平後，以爲煤黑子之功不可没，顧其肆主懦而畏官，不敢陳於朝，煤黑子遂竟不獲褒恤。

平林清

嘉慶癸酉七月，仁宗秋獮於木蘭。九月十五日，天理教匪犯闕，匪爲林清、馮克善、李文成諸人。

先是，文成遣其養子劉成章潛至京，會清於黄村之宋家莊，議以十五日，河南、山東合畿内之衆，同時進發，乘回鑾時，伏莽行在。謀定，而滑縣、金鄉、定陶、曹縣先後緝捕，匪恐事敗，不能久待，乃卽揭竿起，官兵絡繹徵調，而九月十五日之約，遂不能密赴。十四日，清命其黨陳爽、陳文魁入京，匿市人家。十五日平明，衆匪自黄村至，日方午，入内城，分東西兩隊：其東，陳爽導之，劉呈祥殿之，以進東華門；其西，陳文魁導之，劉永泰殿之，以進西華門。而太監劉得財、劉金引其東，張泰、高廣福引其西，王福禄、閻進喜居中援應。爽與文魁偕頭目數十人，皆清所調遣。清居黄村，將俟河南之匪集合而進。

儀親王、成親王、莊親王等亟召營兵自神武門入，匪已至中正殿門外，諸王率兵禦之。有數匪突入大內，時皇次子、皇三子咸在上書房，聞內侍疾呼閉隆宗門，皇子卽自日精門詰問。將至近光門，總管太監常永貴擒二人，各執利刃，頭裹白布，諸內侍禦之於門，互有殺傷。皇四子自書房出，皇次子、皇三子將往儲秀宮覲后，學士寶興方自上書房散直，未出東華門，見兵匪力戰，亟入乾清門，奔告皇子。皇子立至儲秀宮，見匪越牆西入，皇次子急命進撒袋鳥銃腰刀，永貴執白木棍，立於遵義門之內以拒之。諸內侍登垣瞭望，匪大至，旋自膳房之上自西而北，將踰養心門入，皇次子發鳥銃擊之，殪，匪續至，執白旗指揮，皇子復擊之，又殪。儀親王子貝勒綿志亦以銃擊之，復殪，匪乃不敢升垣。皇次子馳至西長街西廠，督同常永貴率內侍擊賊。日將晡，而留守京師之諸王及內務府大臣各引兵入衞，匪勢漸蹙。將縱火，忽大雨迅雷，二匪墮武英殿之御河死。投河溺死者甚衆，餘皆就擒。

初，壬申春，趙崇華攝淡水同知。甫下車，卽訪獲妖言惑衆之高媽達，訊之，具供同黨劉林、祝現，定以次年閏八月望夜，起事都下。劉林者，清之原名也。趙亟詳上官，請入告，上官以其語誕，僅依傳布邪教律擬決，而未奏聞。至癸酉九月十五日，都中之變果作。

馮克善者，林清之黨，技精絕。清既敗，乃變姓名匿獻縣。是年十二月爲官吏所聞，雜遣兵役，與其徒擒之。乃佯飲之酒，中設一席，四面重疊環以桌凳，門內伏壯士。案復置熱粥，又置藥物酒中。馮至，卽藏其兵器，以熱粥灑之。諸壯士羣起格鬬，良久始就擒。

楊忠武征川楚教匪

當紅苗之變，楊忠武公遇春方爲材官，福康安見而奇之，曰：「此將材也。」屢疏保薦，擢至專閫。時宜綿督陝甘，畏葸不前，楊諫曰：「甘、涼兵爲天下勁卒，阿文成公曾將以平西域。今公據河山之險，擁精銳之卒，自關隴西下，建瓴之勢，破敵必矣！奈何以百戰之卒，而畏烏合之衆哉？」宜不能用。勒登保經略至陝，倚爲左右手。

楊善撫馭士卒，部下多降匪，腰佩長刀，形貌兇險，而楊頤指氣使，莫不悅服，故十數載所至克捷。有黄驘，日馳數百里，常乘以追賊，賊畏之如虎。部將如楊芳、游雲梯、吴廷剛、祝廷彪，皆由偏裨至專閫。瓦柴關兵叛後，獨騎至賊中，說以大義，卽拋戈降。嘉慶甲戌春，入京陛見，仁宗問：「前此湖北、陝西、四川三省軍務，何延至十數年之久，現今兩次軍務，卽河南教匪、陝南饑民之亂，何蕆事之速？」則對以「有專責則事易集」。上首肯者再。

楊嘗徒步逐賊，挽其鬚曰行百數十里，軍中呼曰「楊鬍子」。爲口號曰：「鬍子打乾鞥，一走一百八。」賊望其旌旗皆膽落，故所至有功。

永芹以百餘人破回

泮菴將軍永芹，以乾清門侍衛出戍西域。會回逆叛，守危城，兵甫百餘人，衆官皆大驚，獨處之晏然。命文吏守城，自率卒冒雪夜出。漏下十刻，屬吏懼，曰：「賊衆初起，人心未定，若不一鼓殲之，使蔓延四出，封疆可虞。今乘黑夜攻之，賊不知我衆寡，易滅也。」直抵賊壘，聲言北路數萬人至，賊驚潰，投兵降，逆首亦就擒。

羅思舉平趙金龍

趙金龍者，江華瑤也。故爲巫，家饒於貲。瑤中巫至貴重，羣瑤信服，金龍謹飭無過行，居瑤中，號通達能言。平居墾山力作，善居積，時爲羣瑤祠禱神，益富厚。以山田與漢民近接，漢民每事陵藉之，不敢論曲直也。

道光壬辰，瑤人入江華市易銀，奸賈輒與以夾錫者，請更之，反怒駡擊瑤。瑤歸，集十餘人復往，賈訟縣官，謂瑤刦掠，盡捕下獄。於是羣瑤怒，起殺奸賈，推金龍爲首，桂陽新田瑤應之，有徒黨千數百人。州縣遽以瑤變聞，大吏視之爲大敵，提督海凌阿、副將馬韜率三千兵討金龍，長驅入其境，兵不持刀矛，捆載以行。瑤僞爲漢民，負其軍器去，已乃大譟，官兵聞聲奔走，或自跪道旁，遂殺海及其馬，以海之火器攻新田，殺知縣王鼎銘。於是欽差大臣尚書公禧恩出視師，瑤變聞天下。然江華瑤衆固不及數百也，合寧遠、道州、新田、常寧及州中瑤，男女僅二千耳。瑤所長者，登山險疾走，用小火槍，百步命中。官兵聞瑤至則潰。朝命羅思舉與總督盧坤往平之，賊已困，將擒矣，時宣宗命禧往督軍，諸將皆曰：「可待禧至。」羅曰：「圍久師怠，賊必遁，縻帑可惜。」遂違衆一戰，殲賊且盡。禧爲親信重臣，督撫以下皆降屈爲禮。怒羅之不待也，盛氣陵之。羅不爲屈，且面折之曰：「諸公貴人多顧忌，羅思舉一亡賴耳！受國厚恩至提督，惟以死報，不知其他。」禧怒甚，而無如之何。羅籍四川之東鄉，少亡賴，數行竊，令捕之杖斃，棄野中，夜而蘇，匍匐至一老嫗家，周之，乃改行。既貴，尚對人言生平作賊事，不稍諱。

中英鴉片之戰

道光辛丑鴉片之役，英人義律以和議久不定，進攻廣州沙角、大角礮臺，伏兵二千，以竹梯登後山，別遣精兵繞出三河口，合力夾攻。時副將陳連升力爲抵禦，身被數十創，死之。英兵乘勝直攻鎮遠、威遠、靖遠各礮臺，進逼省垣，礮聲如雷，晝夜不息，將軍以下皆避入巡撫署。

欽差大臣琦善既以庸懦畏葸遲誤機宜致禍，詔命鎖拏來京，而繼之以奕山。奕見英人之勢方張也，遣廣州知府余保純出城議款。義律要求於應償烟價之外，須酬軍餉銀六百萬元，香港事再議。將軍等允之，並樹白旗於城，英兵始回船。

七月，英兵船復攻廈門各礮臺，陷之。八月，英將濮鼎查、郭士利等由廈門再犯定海，定海總兵葛雲飛、處州鎮總兵鄭國鴻、壽春鎮總兵王錫朋皆戰死。時欽差大臣裕謙僅統兵四千守鎮海城內，令提督余步雲守城外招寶山。英兵既由山麓攀援登岸，余不令士卒發礮，率兵遁寧波。英人據招寶山，俯攻鎮海，裕投泮池死。未幾，寧波亦失守。是役也，廣東被禍之外，則以招寶山之敗爲最劇。而其僨事之由，實因裕之粗疏驕暴，馭將無方，余之不戰而遁所致。爲江浙所切齒痛恨者也。

英之擾江浙也，時梁拱辰以江蘇巡撫兼權總督，率兵防上海，時提督陳化成駐吴淞口，徐州鎮總兵王志元駐上海城外。王軀幹英偉，曉暢戎機，梁頗優待之。既思吴淞口岸，直達寶山，綿亙數十里，兵稍單，欲使移軍吴淞，與陳相犄角，乘間探之。王不允，梁自馳往吴淞，商之於陳，陳亦不謂然。未幾，梁卸督篆返蘇，遂聽之。越數月，英艦陷寶山，直駛吴淞。陳以孤立無援，血戰死之。尋上海亦陷，時王已遁往松江矣。

英人既破上海，由黄浦入泖澱，窺蘇州，慮湖隘道梗而返。時總兵尤渤營於大漲涇，英船不敢深入內河，松江幸無恙。乃別由福山口入犯鎮江，圌山守兵新鑄萬八千斤礮，發之，聲震江南北。然英船遊弋而過，不備亦不懼，事後始知守兵以無彈之礮，無子之銃，虛張聲勢，相率而逃矣。英人初至之地，恃其財利，蠱惑窮民，至以銀幣一枚，市胡椒數粒，鄉民願效奔走者，所在有之。某寺僧密告之曰：「城北依山爲垣，故有塞門，其虛可擣也。」英人登金山覘之，礮發而城破，淫掠搜括，等於寧波。時六月十九日也。

鎮江故殷富，西關以外，爲一郡精華所萃。敵梳之，兵勇篦之，土寇又薙之，富民遷徙者，背負肩擔，悉被刼掠。江寧、常州聞警，皆震。已而潰兵跳集於蘇，勢洶洶，且內訌，時李星沅官蘇藩，請於中丞，斬剽刼者以徇，人心稍安。

英人既據寧波，明年壬寅正月晦，官兵襲攻之，不克。時大軍雲集，屯紹興，而舒厔菴者，在軍中。一日，傳一間諜至，將斬之，叩頭乞免。舒視之，則偷兒也，意哀之，曰：「若爲諜而死，盍爲偷而生？若能竊英人頭來，吾且白將軍，賞賚汝！」偷諾而去。既而偷果以英人頭獻，介之見將軍，將軍大喜，厚賞之。又既而獻頭者紛至，乃與羣偷計其值：黑人一頭，錢若干；白人倍之；生獲，又數倍之。自是踰城穴隙，日昏暮，徧城中無非偷者。英人之據甬城也，夜必巡街巷，兩英人先後行，方格磔語笑，後者忽無聲，回視之，已失頭而仆，前者大駭，僵立若槁木。俄頃，又失其頭。偷兒或東或西，或著西人衣冠，持竹杖，橐橐然曳革屐以來，英人近與語，遽刺殺之。其生致之也，則以布自後扣其頭，使不得聲，而絞布兩端，負而趨，至幽僻，箝口，置諸橐，綑之，以縋出城。或爲英人所見而追之，則負以趨曲巷，追者迷失道，又懼其害己也，廢然返。英人巡視城上，亦通夕往來，羣盜數十，以長藤爲環，暗默候城外，聞城上巡者過，爲怪聲驚之，英人俯視，遽以藤環勾其頭而墜。既墜，塞口中以物，而反縛之，復候之如初。城上英人謂墜者誤失足，且聞其顛蹶，皆伸頭下視，思援之，又盡爲偷所鉤致，乃始譁然。擁所獲，大笑以去，疾如風。凡城內外之以竊英人頭至者，黨日益盛，計日益巧，所獲日益衆。其奇策祕術，人莫得而盡知也。他日，偷獻頭於將軍，將軍語之曰：「得英兵百，不如得其官一，能生致之，賞萬金。不能，取其頭可也。」久之，反命，曰：「官不可得也。官未嘗夜出，卧邃室，兵環於外，吾儕之趫捷善升屋者，飛登其臥室，密揭瓦偵之，則見其在室中，脱衣冠入帳而寢，既而下揭帳，空榻也。明夜又易室，偵之如前，而空如故。吾儕利其頭爲奇貨，數數夜守之，終不得知臥所。得官一，不如得兵百之易也。」當此之時，英官雖防護甚謹，不可得，而心常惕惕，每日夕，觳觫自驚。旦日而以失首報者，恆數十，或多至百餘。白人夜出邏，往往曉不歸，其黑人無名籍者，至不可算。由是大懼，盡率其屬登舟而去，寧波遂克復。

烏蘭泰向榮圍粵寇於永安

咸豐辛亥冬，粵寇洪秀全有衆二千人，嘗被圍永安州。時賽尚阿督師，以烏蘭泰、向榮分統勁兵，圍之。烏、向皆名將，積不相能。時江忠源在烏幕，力爲排解，以向氣盛，鋭意不讓烏，齟齬益甚。江方倡長圍深壕聚殲之策，以北關疏闕，請益兵合圍，向不許。會江以病歸，向、烏相仇益甚矣。

秀全既據永安州，建僞號，封諸酋爲王，王以下爵七等。設六官、丞相、司馬、軍師、旅帥等職。女官等次亦如之。行營五將軍，按水火金木土，各司其事。洪大全所定也。

洪初據金田時，裹脅日衆，與鄉團兩不相下。楊秀清懼其離散，設計籠絡之。每自託爲巫，謂天父下凡，附其身，詷人陰私。又託天父言，挾制秀全，令前跪受杖，已則高坐，歷數其罪而責之。責已，仍奉秀全上坐。己有不韙，慮不足箝制其下，亦伏地，令人杖之，不稍貸。由是諸酋篤信其説，以爲真有天父鑒臨也。會官軍屢易帥，惟向榮舊爲楊忠武公遇春部曲。老於軍事，謀略素優；都統烏蘭泰、總兵秦定三亦果敢善戰，故新墟、雙髻山、莫家村三捷，戰功爲最奇。

秀全之由金田移屯新墟也，定三潛渡江，偵知竹園村樹木叢雜，乃斷樹截竹，拋棄各要隘，而伏兵村中，僅留一路，遣兵百人僞爲樵採者，引寇入。伏前者突出，寇倉皇，且戰且走，亟從村後竄逸，則隘路竹木阻塞，㕍後伏又起，大呼追擊，四面合圍，於是一日七勝，殲擒二千五百餘名，寇乃退據雙髻山。

雙髻山，前以新墟爲門户，後以豬仔峽爲藩籬。向命諸軍圍其東南西三面，而自與都統巴清德合攻後路。既登豬仔峽，奪其要隘，寇自高擊下，銃礮木石如雨，官兵奮力抵禦，勢正不支，而前路諸軍已抵寇營，呼聲震山谷，上下夾攻，寇大潰。及據永安，以大股分屯城外諸村，阻官兵進攻之路。距莫家村十餘里，有高嶺三，其中曰秀才嶺，尤險峻。烏相度形勢，遣隊誘之，戒以俟寇漸近，沿左右二嶺緩退過脊，嚴陣以待。而自率火器營建中軍旗鼓於秀才嶺最高峰上，預埋地雷等火具，植紅蓋於帳前。寇至，左右營及中軍皆退，衆寇競前拔其紅蓋，火機忽發，全嶺崩裂，燔寇以數千計，大隊乘之，生擒無算。自是見烏幟，輒不敢近城，而寇於其酋亦自是漸有離心，獨大全、秀清狡獪堅忍，死守不下。

壬子春，秀全卒由北竄，馳犯桂林，四總兵同戰没。俄而烏亦中礮死，秀全遂由郴下，略長沙，浮洞庭，出東南，禍延全國之半矣。

黄印山平兩杯茶教匪

江蘇裏下河一帶，有兩杯茶教，某寺僧實倡之。僧死，傳揚人盛廣大，而通州之黃朝陽、茅廣福等次之。受戒誦經，斂財聚衆，愚民爲所惑。然初無謀叛意也。

咸豐壬子，狼山鎮標兵目陸家升、陳某，性桀驁，已保五品銜，食雙餉矣，心未滿，仍多所要索。總兵抑之，遂怏怏懷怨望，潛渡江，通款於在福山之粵寇，願獻通州。酋哂曰：「吾爲若輩誤者屢矣，是不可信。果誠也，當自破通州爲贄。」陸、陳慨然諾。既返，百思無計。忽憶黃、茅輩得民心，煽之，當可動。遂詣黃，盛言「寇旦夕且渡江，若輩當自計」，衆大懼。陸言：「無妨也。彼中酋與我善，能人出千錢，當代買太平紙萬張貼門首，可勿擾。」黃信之，函致諸教首，斂如數。已而陸又曰：「髮天主甚賢，取天下，反掌耳！欲富貴，當乘其未來時，能出萬錢，高爵厚禄可立致。出千錢，亦不失爲朝將。空劄已至，勿自誤。」果愈惑，争出銀買空劄僞職，徧通境，實則皆陸、陳私刻也。

陸、陳見教主易與，復煽言天主愛民，但相從皆手足，兵到，順民須助威，宜家置旗一槍一，編隊如行伍。黃內怯，私議曰：「太平紙爲職名劄，祕之無知者。苟公然置禁物，保勿有滅族禍乎？」陸、陳變色曰：「君不從，弗强也。然事後，必勿悔！」黃終猶豫，陸出一册厲聲曰：「君輩已受僞職，不從，卽投之官，滅族禍誰獨免者？」黃戰慄謝之，且曰：「非自怯，恐江南不果至耳。」陸、陳邀黃至福山壘中，實其言，乃昏夜偕渡江，見其酋，盛席款之，温語嘉納，留十餘日，偕返。於是教徒信益堅，買糧置器，駐隊軍山，將於五月十四日夜攻州城。城中差吏弁勇半教黨，諜徧布街市，官夢夢也。十二日，黃下令户出錢五百助軍裝。南沙有董事某，以無故斂民阻黃，黃怒曰：「君此時猶自大耶！」卽率衆焚其廬，某奔至城，告變，城中乃大震。會狼山僧亦連夜至，具言軍山謀反狀。

通州牧黃印山有幹才，亟命三門嚴守禦，令各沙董擒首事者。明日，沙董縶四人至，殲之。各沙搜捕羽黨，盡得其軍械、旗幟、號衣、印信，並職名册一部。於是按籍訪獲，次第就誅。

最可哂者，其黨職名悉僭神佛封號，稱黃爲玉皇上帝，餘則有都天靈官元帥、真君火神龍王等名號。既被拘，不刑自承。有憐而飼以肉食者，則合掌謝曰：「罪過！罪過！遲一刻便升天，何苦以葷食累我被謫乎？」至死，卒不食。黃之妻自稱玉皇娘娘，將刑，縛署前大樹上，見人狂詈。適官過，指而責曰：「吾諸臣皆歸位玉霄宮，尚虛左待我，獨羈我凡界何爲？」持刀者牽之去，乃喜。十四日，各門戒嚴，總兵率兵梭巡。城内外排列勇隊，火光徹夜不絕，民一夜數驚，謠言不能禁，捕數人斬之，乃少定。雞鳴徹隊，人心始粗安。

越翼日，陸、陳俘至，始知官紳士民，所在有獻首人，於是局中皆色變。旗牌某，總兵洎荷亭心腹也，有逆跡，黃擒之至，洎婉言爲請命。黃大笑曰：「大人愛賊，可謂至死不悟矣！」叱速斬之，洎有慚色。盛、黃皆宵遁，百計不能得。盛潛泰州，撐巨傘，僞爲賣藥者，爲黠胥物色，卽泰州寸磔之。黃父子甫出境，鄉人縛之來，嚴刑鞫問，斷其脛，以大畚舁之市。子解部，宫之，給披甲人爲奴，其黨始稍稍息。

葉鴻駒督團與粵寇戰

咸豐辛亥，粵寇擾嘉定之北岡鎮，鎮紳集貲創團練，推葉鴻駒爲領，不應，强而後可。蓋鴻駒善技擊，以精内家拳聞於里也。

壬子，金陵大營陷，寇長驅東下，犯外岡者數逾萬。練丁恐，謀避，鴻駒獨慨然曰：「鎮人餉我輩者不薄，安可聞警而逃，無所建示乎？且彼雖衆，烏合也，敗之易耳！勝之而後避，未晚也。」迺遣丁徧設旗燈於林菁叢處，而伏精壯於要道。寇夜至，見燈光，疑有備，不敢進，乃退而合軍以進。至隘口，伏軍突起，鴻駒首殺數百人，練丁膽益壯，無不一當百。寇大驚，四潰。練丁擒其軍帥一，師帥四，告於社而戮之。及後，寇大隊來，鎮人已盡徙矣，蓋鴻駒教之也。其後，李文忠公鴻章屯軍滬上，耳鴻駒名，謀致之，鴻駒不應，且曰：「我之擊寇者，欲以殺其刼掠淫威耳，他非敢望也。」事平後，鴻駒授徒自給以終老。蓋其志僅欲以所學餉後人也。

陸建瀛委江寧於粵寇

兩江總督沔陽陸建瀛，字立夫。初頗英鋭任事，好談經濟，有當官蹇然之稱。亦稍結納賢士大夫，一時名流，如溆浦嚴正基仙舫、邵陽魏源默深、上元梅曾亮伯言、元和陳奐碩甫等，皆爲所羅致。且謹事當道，得其驩心，由是聲望踔起，聖眷日隆。

咸豐壬子，粵寇出嶺嶠，越洞庭湖而北，勢張甚。陸時在豐工，督辦河南合龍事宜。嘗從容語幕客：「羣盜弄兵，無堅不摧，然實訑遠略，當今苦無任事者耳！」因屬草疏擬戰守事四條以上，文宗嘉之。

諭令察度軍情，如必親往扼要調度，可酌量籌辦，不遥制。又令分飭文武大員，嚴防水陸要衝。陸疏言：「小孤山扼長江要隘，然不如在上游黄蘄等處設防。」乃授爲欽差大臣，命與江蘇巡撫楊文定馳守江寧。冬十月，陸由豐工還江寧，與將軍巡撫會籌防務。調兵募勇，倉卒未集，上游羽書狎至，寇警日棘，乃以十二月出師。奏稱東西梁山及荻港各需兵千人防守，請由江蘇、安徽巡撫如數酌撥，從之。

先是，陸派兵三千，往防湖北武穴下游之老鼠峽。至是，遴壽春鎮總兵恩長爲翼長，以濟師。俾率松江提標兵二千先行，自率續到兵數百，親軍數百，與員弁幕客乘舟溯江，倍道前進。

癸丑春正月朔，寇去武昌，悉鋭東趨，俘男女數十萬，舳艫十萬，蔽江而下。當是時，海内承平久，武備日弛，緑營兵尤積疲不可用。陸兩次所遣進防老鼠峽之兵，皆畸零凑集，兵將不習。既抵防，艤舟江岸，并不度地爲營自固。緑營兵於濬濠築壘，亦本非所諳。偶或登岸操演，飾虚藝以炫衆，見者皆目笑之。聞寇將至，膽寒氣索，船已漸稀矣。某夜，恩長與寇遌，麾兵進戰，中礮，墮江死，師潰。陸先以十二月晦次九江，休兵數日，已知寇棄武昌而東，乃命移舟上駛，逢潰卒，白恩長敗狀。從兵聞之懼，返棹，順流疾行，蓋距九江未遠也。

江西巡撫張芾駐守九江，亦引軍退。寇居九江五日，九江已空無人，無可戀，悉衆進蹴安慶。陸遑小舟夜過小孤山，是時有標兵數百駐營山椒，安徽按察使張熙宇督礮船，泊山趾防守。衆固知其不足恃也，然小孤山兀峙江中，巋然爲東南屏障，其峰斜對南岸彭郎磯，南寬里許，北寬半里，陸徑越小孤，不敢留。標兵礮船，一夕不知所往。自是寇直躪瀕江數千里，如入無人境矣。陸乘肩輿過安慶城外，巡撫蔣文慶登陴問戰事，陸憑軾搖手曰：「寇勢浩大，萬不可敵。」蔣邀入城同守，不聽。及安慶陷，蔣殉焉。

陸既至江寧，隨行僅十七人及兩舟而已。蓋自九江以下，水陸兼行，凡七晝夜而達會城。並撤蕪湖、荻港、板子磯防兵歸東西梁山，聲言將親督廣艇暨舢板船進防東西梁山。未及行，師船已不戰而退。將軍等致書，趣令仍赴上游迎勦，不答。請結營城外爲犄角，亦不答。將軍等詣商戰守事，稱疾不出，凡閉閤謝客者三日。楊文定稱總督已歸，即日拜疏移守鎮江。於是將軍祥厚、提督福珠洪阿、副都統霍隆武、布政使祁宿藻會疏劾總督巡撫喪師避寇狀。有詔陸建瀛前已革職，著交祥厚拏問，委員解刑部治罪；楊文定革職留任，率同文武防守鎮江。祥厚兼署欽差大臣兩江總督，然驛程相距二千里，比奉詔旨，已在城將陷時矣。

寇居安慶三日，運藩庫銀三十餘萬兩，漕米四十餘萬石，登舟去。仍留衆守安慶。丙寅，陷太平。庚午，陷蕪湖。辛未，福山鎮總兵陳勝光以水師逆戰蕪湖，衆潰，勝光中礮，墮江死。壬申，寇前隊薄江寧，周視城外形勢，城上槍礮齊發，寇斂軍不動。甲戌，大隊悉到，聯營二十四座。寇船自新洲大勝關至七里洲，麕集逢萃，莫紀其數。明日，衆寇傅於城下，攜具仰攻，晨夜不息。兵民協力固守，聚寶門外米商，自募練勇殺賊。寇將敗矣，城上開礮助威，誤中數人，練勇駭散。宿藻望見憤甚，嘔血死。寇乃於儀鳳門外靜海寺中掘隧道百餘丈，抵城隅，實火藥其中。二月乙酉旦，震聲訇然，地雷發，城潰，寇驟登。第二雷又發，殪寇數百，官兵驩踊獻馘領賞。守陴兵轉寡，寇大至，因調西北隅防兵。北嚮堵禦，相持正急，別隊寇於水西門嗷嘑衝入，官兵潰。祥厚等退保内城，旗營男女登陴守禦。内城又陷，死者四萬餘人，祥厚、霍隆武、福珠洪阿皆力戰死之。上元縣令劉同纓公服坐堂皇，駡賊，死之。前廣西巡撫鄒鳴鶴隨辦團防，亦死焉。前定海鎮總兵湯貽汾告休僑居，從容賦絶命詩自縊。官兵被驅脅屠戮者無算。

陸乘小輿往謁將軍，還，至十廟前，遇寇，叢刃斫之死。文宗命賞還籍没家産，給䘏典，贈謚。御史方俊疏論之，乃撤䘏贈，仍還總督銜。江南士庶追怨陸不能禦賊，浮議藉藉，謂陸實已降。建陽守備汪大臣稟報向忠武公榮，謂望見陸首裹黄巾，與官軍接仗。向訪城中逸出兵民，則知陸實於城陷時被殺。劾大臣誣衊上官，抵罪遣戍。

九月，文宗命惠親王綿愉爲大將軍，科爾沁郡王僧格林沁爲參贊大臣，率健鋭營出京勦賊。王佩鋭捷刀，僧格林沁佩訥庫尼素光刀，司道提鎮以下不用命或失誤軍機者，皆得專戮。

謝忠愍與粵寇戰於天津

咸豐癸丑，粵寇北犯畿輔。長蘆鹽運使楊霈製槍五百桿，招募壯丁，在署教演，號曰「蘆團」。旋奉旨，派前浙江巡撫梁寶常等協同天津地方官辦理團練，乃立義民局二十八處，每局五六十名，按期訓練。縣人張錦文倡捐團練經費，並上守禦策於鹽政文謙。文善之，發令箭一支給錦文，俾籌布置。錦文自練壯丁三千名，號曰「鋪勇」。當是時，天津鎮協各兵連年徵調在外，城中惟蘆團、鋪勇，而義民二十八局散布，一縣通計惟數千人。天津地平衍，無險可扼，寇七八萬由南而來，自春徂秋，寇氛日逼，民心大震。

九月二十六日，偵知寇已入滄洲境，錦文夜謁縣令謝子澄，獻票錢四千緡爲募勇費，且謂寇勢鴟張，非遏其鋭氣不可。明日，募夫萬餘，掘長濠於小稍直口，復以席裹土，如鹽包然，壘成礮臺，置礮盤六座於臺上。明日工蕆，錦文入見，謝告之曰：「昨夜獄犯喧譁，恐生變，奈何？」錦文曰：「莫若擇其罪不至死者出之，激令殺賊贖罪。」從之。回民劉繼德者，甫出獄，振臂一呼，回民奔集者千餘人，遂率赴教場聽令。適錦文豫引鹽課銀二萬兩至，儘數易錢，分寫小票，以給勇糧。官紳議誰可督隊者，謝奮然請行，衣短後衣，持槍上馬，率練勇至城西小園駐焉。

先是，邑人賈慶堂獻策，恐寇於水淺處偷渡，村民有弋鳧者，善用排槍，置小舟上，覆以席，推行水中，百發百中，僉呼之爲雁户，宜招募設伏，以備不虞，官紳皆以爲然，倉猝募五百人。是日，使慶堂率往，伏於稍直口之東南。二十八日，寇蜂擁而來，謝率衆迎勦，蘆團擡槍乘勢堵截，縣民數萬持械相助。酋小秃子，矫健絶倫，彼中呼爲開山王。手執黄旗，左右指揮，迅奮剽疾。官軍以火槍擊之，擊上，則鼠伏；擊下，則猱騰，槍甫止，則隨煙而進。有大沽老卒嗜曰：「是賊狡猾，非巧取不可。」乃以兩槍上下交擊之，立斃。衆猶奮突而前。至設伏處呼渡，雁户佯應，推舟前行，距寇數武，號鑼一聲，排槍轟發，相率倒地，驚以爲水雷，遂大潰。

是役也，寇因水阻，迂道東走，僅遲至一日，而稍直口得以爲備。且歧徑皆淹没，可豫料其所至，而以全力專備一路，斬五百餘級，我兵勇無一傷者。由是小稍直口改名得勝口，旌戰功也。時惜無大軍夾擊，不能一鼓殲之。又以彼衆我寡，未敢遠追，寇遁至楊柳青，旋據靜海之獨流鎮。十月十七日，督師大臣勝保始統大兵由深州至天津，旋赴獨流鎮勦賊，並調謝至大營辦理糧餉，帶練殺寇。十一月二十三日，副都統佟鑑出戰，獲勝，殺數百人。以拽取濠板，被其擁圍，手執長矛，殺寇數人而死。謝馳往援救，身受七傷，赴水死。勝保奏聞，得旨：「謝子澄著贈布政使銜，予謚忠愍。」

訥爾經額爲粵寇所敗

咸豐癸丑，文宗以大學士訥爾經額爲欽差大臣，督兵馳救懷慶。適粵寇解圍，竄山西，訥督兵，回防直隸。

初，有獻計於訥者，言潞城、黎城間，有小徑，循太行東出，可由河南之武安徑趨直隸之臨洺關。其路甚捷，有險可扼，若遣兵五六百人守之，雖十萬之衆不能過也。訥拘牽舊制，以爲潞城、黎城皆山西地，乃咨請山西巡撫派兵守之。咨未達，而寇已陷潞城、黎城，果由此路東出。

是時，訥方督凱旋軍萬餘人次臨洺。先一日，有冒其旗幟責州縣供張者，蓋寇之先驅，已過而北矣，訥未知也。次臨洺之日，寇驀至，官軍倉皇失措，車馳卒奔，萬餘人潰散略盡。訥以數十人走入廣平府城，盡失其關防、令箭、軍資、軍書等物，幕友吏僕皆星散。既已不能具奏，廣平知府爲之稟達省垣，桂良方以刑部尚書守保定，爲之入奏，訥奉旨革職拿問，寇燄由此大張。

粵寇圍鮑武襄於九江

鮑武襄公超由擔水夫從戎，以勦粵寇，積功至專閫，班五等。然貴後猶不知書，自姓名二字外，更無所識。方被圍於九江也，將遣人赴曾文正公祁門大營求援，令幕客撰牘，移時不至，乃自往促之。見其握筆搆思，頓足曰：「此何時耶？安用此文縐縐爲者！」呼親兵，以白麻一幅至，自操管，大書一「鮑」字，以無數小圈繞其旁，亟加封付遞。衆不解，問之，鮑曰：「大帥自能知其故。」遞至祁門，曾之幕僚啓視，亦莫識其意。持示曾，曾大笑曰：「老鮑又被圍矣。」乃亟檄多隆阿往援，圍始解。

江忠烈與粵寇戰於廬州

江忠烈公忠源之擢安徽巡撫也，時方在武昌庀守具。奉詔云：「楚、皖一體，當相其緩急爲去留，不必以成命爲拘。」旋以廬州事急，率所部千餘人力疾遄行。至六安州城，病益劇，復有旨令暫駐六安，俟兵餉齊集，相機前進。廬州知府胡元煒具稟告急，詭言廬州糧械極富，團勇多而得力。江以爲廬州重地，有可守之資而棄之，可惜也，乃分所部之半留守六安，自率其半馳赴廬州。問元煒以守具，則糗糧軍火，一無所有。守城兵僅元煒腹心徐淮所募勇及江所募六安勇數百人，皆新集，不足恃。廬州城大而圮，兵勇人數不敷一門之守。江悟爲元煒所紿，且知廬城萬無可守。然既已至廬，不肯爲棄城退守計。又怒元煒不能布置於平日，復詭詞貽誤於臨時，每見，必斥責之，元煒遂匿不敢出。江出巡城，見水西門枕高阜環城，一面皆山，度寇必劇山俯攻。因部分文武吏守城，而自守水西門，下令有能助守城者悉聽，廬民赴者萬餘。部署稍定，越日，寇大至，環城急攻，駕雲梯攀堞，官軍屢擊卻之。

衛佐邦尹達章平紅巾

咸豐癸丑十二月，欽差大臣琦善督諸軍，與粵寇戰於儀徵。寇軍知勢不敵，轉向廬州，下之，遂乘勝向六安州進發。巡撫江忠烈率師出水西門，寇已由隧道進，城崩，官兵驚走。忠烈大怒，手持大旗，緣陴上，督衆連斃寇目。會胡元煒部勇目徐淮通寇，開門引入，忠烈自投古塘死之。壽春鎮總兵玉山以滁州兵萬餘戰於拱宸門，師潰，死。陝甘總督舒興阿率一萬五千人屯岡子集，十戰十敗，降者過半。鶴麗鎮總兵音德布由大安來援，亦大敗，陣歿。

陳開，佛山人。幼無賴，好與會黨交，嘗卒衙役亦多善之。解衣推食，不愛惜。以爲天下大亂，自擬於韓信、樊噲，雖目不識丁，不害也。亂事傳至粵，佛山諸無賴議響應，僉曰：「此大事，非吾輩所能任。計無如陳開者。」時開方設雜貨攤於鶯岡，聞衆至，出迎，問何事。曰：「時至矣，君猶默無舉動乎？」開曰：「然。然兹非細事，非若持械行刼，僅及一身而已。事關謀反，成則大福，敗則妻孥且不可保。雖然，吾固計之甚詳。汝輩且入吾室，共決之。」衆入，則有長髯客已在座，衆愕然。開曰：「此非他，吾粵人有在洪軍作校尉之劉麗川者，其兄弟行也。彼爲劉杜川，昨夕方至，正以此耳。君等有何陳述？」衆曰：「吾儕不過冀君一朝得富貴，有所憑藉而已。」開顧長髯者而笑。

杜川曰：「無驍勇善戰可作將領者，將若何？」開沈吟久之，曰：「若然，能師父足當之。」蓋寺僧有和尚能者，亦鶯岡產也，素習易筋經，有巨力，能舉數百斤石臼。顧性頑悍，無與狎，惟開與周旋。乃偕杜川訪能，略陳起事之議，能允之。謀既定，開自爲軍帥，稱大王，居王借山，以能爲大將，領諸路軍。別遣黨人四出鼓煽，於是何六起石龍，林洸隆起省城外之河南，關巨掠沿海，陳松年起新會，陳吉起順德，陳金剛起清遠，鄒六起龍門。相與蓄髮易服，而明代衣冠不可驟得，乃徵梨園所有者而分御之，頭戴紅巾。「紅」與「洪」諧聲，寓擁戴洪秀全之意。又凡聚議之處，必榜曰洪順堂，意亦猶是。部署既定，設官分職，其銜爲將軍、元帥、先鋒、軍師、防禦使等。將軍、元帥大都椎埋少年，軍師則爲落拓文人，防禦使則富人被掠入黨，以虛名從而籠絡之者也。

紅巾初舉事，將帥挾土銃，次腰劍彎弓，次插利刃，又其次則棍棒叉鉤而已。初刦大基頭軍營，官軍以大礮轟擊，衆大敗。能以禮謁里人馮松，卽所謂朦松者，求畫策。松曰：「是不難，官軍不能無妻子，其妻子不能俱遷營中，猶在里巷。子以重兵刦之，使俱來，率往陷陣，居前敵，官軍雖有礮，疇敢發者。因挾以降，事必濟。」能大喜，如言往。官軍果不敢發，一夕盡降，礮械悉爲紅巾所有。

松既爲紅巾畫策，且建首功也，開奇之。遣人賫金帛往聘，來軍營調用。松本小康，不欲以身爲孤注。其族人翰如多謀畧，松素下之，以事告。翰如戒勿往。松曰：「成敗雖不可知，然槁項黃馘，老死牖下，亦非所願。」翰如曰：「吾不敢阻君進取，但烏合，必無所成。」松曰：「筮之！」筮之吉。松曰：「此猶不足信，天倘相彼，吾當出，則當大雨。」已而大雨三日。松曰：「得非偶然乎？吾事成，則當更雨。」已而一雨兼旬。松曰：「可矣。」乃就開營中，俯伏稱臣。開錫以金盔，上插雉尾，鎖子黃金甲，八寶戰靴，望之燦然，松九頓首謝，蓋皆梨園中物也。

開既踞佛山，遠近無賴俱至，衆號十萬。軍實無所出，則按户索富者，使捐輸。佛山本商賈雲集地，紅巾至，無不唯命。開驟得金幣，則廣聲色，掠婦女。松諫之，開不聽。

朱發者，亦佛山人，賣菜傭也。有膂力，性愚戇，貧不能自存。妻馬三孃美麗無匹，發與開善，開語之曰：「汝妻非尋常人，一品夫人也。」發以爲妄，三孃頗自矜。及開舉事，立授發先鋒銜，三孃爲女校尉，出入王借山，參預元帥府事，益與開調笑，累日夜不出。朱無所事，日惟醇酒大肉，徜徉於醉鄉。

松固識三孃，知三孃握大權，能左右開，則詣三孃而告曰：「夫人居此，洵樂，然燕處危巢，禍將至矣！」三孃愕然，松曰：「吾輩雖僻處佛山，然聲勢不小，雖總督始良不思振作，獨不畏沈葆楨乎？旦夕出師，大軍壓境，吾輩殆矣。」三孃曰：「計且如何？」松曰：「先發制人，古之明訓。盍因彼未動，從而攻之，羊城一下，全省且爲我有。如是，則進可圖大事，退亦不失富貴。夫人倘以爲然，則速與陳大王言之。事之成敗，在此一舉。」三孃曰：「善。」遂以松言入告。開初不允，繼爲三孃所刼，乃大發號令，驟興師，遠近賊黨皆從之。

甲寅六月二十七日，李文茂等率衆分三路直撲廣州。其在北路者，圖奪城外礮臺，守臺兵發大礮轟之，遂卻退。是時撫標五百名，協同鄉勇五百名，由東門突出接戰。東路寇攻城方酣，不意官軍突至，方相顧錯愕，而前刃已及。寇繞城抵禦，適旗兵續至，併力追逐，東路遂敗。其西路寇聞兩路敗耗，乃趨西門外之青龍橋。外委黄賢彪率汛兵百名、鄉勇三百名，要擊之，斃寇百餘。餘寇將散，忽傳能以鋭卒萬人至，勢復盛。然不能前進，僅屯於城北數里之牛欄崗。

七月初五日，兩廣總督始良以紅巾盛，令廣州府知府沈葆楨督師勦之。於是都司曾廷相，守備陳國輝，千總黄大榮、屈超羣等率師攻牛欄崗，寇發巨礮以拒。官軍猱進，破其中營，奪獲軍械無算。能率健黨忽自崗後繞出，崗前之寇復返戈力戰，官軍大敗，屈超羣、熊應飛、黎安瀾、余兆清等皆陷陣死。能方擬率衆薄城，忽傳總營有令至，能大愕，則班師令也。

開之令能班師也，衆莫知其意。松素善發，乃謂發曰："我軍初立，利在速戰。今大王首鼠兩端，吾輩死無日矣。"發曰："我亦不欲戰，此間樂，官軍不能來，來則速死耳。"松歎曰："噫！豎子不足與謀，若汝三孃，尚有志也。"於是匍匐求見開。開方視事，與三孃高坐堂皇，陳居左，三孃居右。開見松至，曰："滕松，賜汝坐！汝何言，速言之！"松曰："臣無言也。臣不知大王意所在，若相持旦夕，官軍且來，何以禦之？臣不自惜，爲大王惜耳！"開沈吟不言。三孃忽掣開印鈐於小旗，曰："馮軍師聽者，此將令也。全軍聽汝調度，速東趨！佇看汝奏凱回耳！"松曰："諾。"

七月二十六日，松以開號令，飭諸軍東發。時大瀝四堡紳士歐陽泉等已倡辦團練，乃置礮械，備糧，而大範、江夏、荔莊、登賢、月窟諸鄉悉繼之。紅巾東趨，適經其地，各鄉分守，使不能進。松令先攻四堡。其一路入曹邊，經龍頭墟，竄草堂橋十一鄉。鄉勇發巨礮擊之，寇僞遁，分伏叢薄間。團長劉遇昌偕弟遇鴻率勇踰橋逐寇，遇伏，皆死。後隊見之，大憤，鼓勇繼進，血戰久之，陣斬衣蟒服者數人，寇乃退。其一路由大鎮攻鍾邊，已破壘毁牆而入，而大瀝鄉勇紛紛赴援，以巨礮伏林中。寇不識地利，中彈輒仆，陣大亂，遂散。

松東趨之計不果，乃遁回佛山，日掠於近村，冀得軍實，以收合餘燼。閏七月朔，大會南海、順德各縣徒黨，將東趨，先攻大瀝四堡。發將二千人扼守沙口，陳洸隆將千人攻仇邊，陳金剛由新橋渡江夏，和尚能統坡山船萬人，由小朗渡直進瓜步橋，登岸，犯雷邊、九潭等鄉。而開與松率大隊由水頭墟進攻，留三孃居王借山大營以策應。寇四出，遠近騷然。

寇既破四堡，東趨之路遂通，乃分途進攻省城。葆楨聞耗，乃立召衞佐邦、尹達章至，使破寇。於是佐邦陳策：以紅巾連日撲城，東北勢力爲最悍，餘實無能爲。今官軍分途應敵，兵力單薄，必不足取勝。不如併力扼東北路，東北破，羣寇自解。十五夜，官軍由東路衝出，直趨燕塘寇營。時方昏黑，下令縱火，各軍手持一炬，爭投之，俄頃，火大熾，寇冒火突走，竄牛欄崗。

開之發兵攻省城也，檄各縣徒黨俱至，番禺之陳顯良、三水之黃大榮最強悍，顧牽於他事，不即至。及紅巾敗，陳、黃始以舟師來，則聚於佛嶺市，而別築礮壘於義勇祠前，遣悍黨守之，使成犄角。官軍聞耗，遂遣礮船由槎頭進口，抄攻佛嶺市背，而先以一軍進攻義勇祠，以牽制之。寇在祠前設濠塹，環礮壘，官軍不能近。既而達章率鋭師至，下令取泥填濠。俄頃，濠平，官軍踐泥而進，直逼寇壘，呼聲震天。礮甫發，壘已破，寇紛潰，遁入石井。地名。道員沈棣輝焚其巢，悉滅之。

進攻省城之寇既敗，而餘黨尚盛。東莞人盧昌，糾衆數千，自爲大元帥，號令與開等。八月十八日，仍欲進窺省會，襲奪附城之三寶墟，別遣其黨率千人進窺泥城。佐邦聞之，首率勇攻三寶墟，昌兀立陣前，麾旗督戰，寇咸懷死心，狂呼跳躍，有如中㾓。佐邦陽爲不敵，別遣一軍旁攻。昌出不意，爲所殺，餘衆大敗，棄舟走。達章復率水軍勦滅之。

先是，開敗於省城，遁佛山，聞諸路徒黨已半滅，益懼。松雖智，已不敢畫策；能雖勇，亦不敢侈言戰矣。日惟置酒痛飲，而三嬢獨促其收合餘燼，背城借一。開商之松，松韙之。然艱於糧食，城中民户勒索已盡，欲求之附近村落，則已悉辦團練，不能進窺一步矣。

十二月初六日，佐邦、達章率師攻佛山，開不能戰，乃下令縱火。隆冬物燥，萬炬齊發，全鎮蕩然。計燒民居萬餘，死於火者逾萬，而開、能、發俱不知所之，或曰死也。松匿民家，爲官軍搜得，斬於佛山西之高秧地。三嬢則爲某弁所獲，匿作妾，參軍事，勦餘黨有功，當道雖有所聞，置不問。

曾文正失利於靖港之粵寇

咸豐甲寅春，粵寇陷湘潭，圍攻長沙，曾文正公國藩檄塔忠武公齊布帥師復之，復躬率水師追寇於靖港，戰失利，投水者三，幕客掖以起。文正終以事不可爲，遂止妙高峰，草疏及遺囑凡二千餘言，密令其弟靖毅公貞幹市櫬，將以是夕自裁。會湘潭捷書至，乃再起視事，然仍以師不全勝自劾。時詬謗叢集，湘省藩臬糧鹽諸使者至會牘上巡撫，劾文正，文正姑忍之。

文正之初敗於靖港也，湖南布政使徐有壬、按察使陶恩培詳請撫臣奪其軍，參奏治罪。俄而塔忠武以陸師大捷湘潭，撫臣乃不敢極言文正罪，然亦不敢論鮑起豹恇怯狀。既奉硃諭，切責起豹，代之以塔，而於文正請罪疏，有温慰詞，且云：「汝此時心摇摇如懸旌，平日自命養氣之功何在？」又令奏調司道大員隨軍支應。徐、陶聞之，謁文正，頓首稱死罪以謝。

羅澤南初將陸師，不敢一戰，惟從塔軍後，觀戰壯聲而已。一日，寇來攻甚急，不及請援於塔，遂與戰，竟獲大捷。自此遂爲勁旅，與塔齊名矣。

開隆阿勦粵寇

侍衛開隆阿者，善騎射，發無不中。嘗射獵山中，斃虎十數，軍中號爲打虎將，開亦深自負。會江忠烈應調赴廣西，所率楚軍皆敝衣槁項，諸軍皆竊笑。遇開於江所，僅一長揖，意頗不懌。他日督戰出隊，卒遇賊衆，圍之數重，矢盡，左右衝突不得出。忠烈登瞭臺望之曰：「必開君也。」急率親兵數十人介馬馳救之，卒挾開出，並轡而歸。開下馬拜曰：「活開隆阿者，先生也。」自是遂爲莫逆交。

塔忠武勦粵寇

塔忠武性忠勇，亦最慈祥。其統兵岳州時，卽於左臂涅「忠心報國」四字。洪山之捷，嘗督軍逼粵寇於沙湖塘角間，寇争赴水死，中多幼孩，塔見之大哭，傳令拯救，得數百人；羣寇因而乞命者，又七百有奇。誅其極悍者，餘盡釋之。一日，力戰歸，左右以燕窩進，卻之，曰：「吾母夫人在都，不知能給朝夕否？忍甘此耶！」德化令進莞席，以士卒皆臥草土，卻不受。

咸豐乙卯，湖廣總督楊霈駐軍廣濟，禦粤寇。聞湘軍敗，大恐，棄廣濟，走德安，軍遂潰散，獨與親軍數百人俱。武昌守備單弱，聞霈至，邀入城助守，霈不可，委之而去。時陶文節公恩培已擢鄂撫，不知兵，驕横甚。方以元日索銀壺蒸人參不得，怒詈江夏令，欲奏劾之。司道方相率緩頰，忽報寇已至城外，文節倉皇不知所措，惟禱神呼天，痛罵楊霈誤我而已。城陷，遂被戕。蓋是時，官軍圍九江急，寇乃分兵擾上游，霈不設備，至有此敗。自是而寇遂陷漢口，入襄河，湖北大擾。

僧格林沁擒林鳳翔李開方

粤寇洪秀全之陷金陵也，遣吉文元、林鳳翔、李開方等率悍黨萬餘北犯，由皖入豫，由豫入晉，由晉入畿輔，連陷郡縣，裹脅日衆。而欽差大臣勝保躡擊其後，頗有斬獲。圍之静海及獨流鎮，科爾沁郡王僧格林沁統領蒙古諸部兵及京營各將軍都統等馳往會勦。適寇遣其黨黄生才等率衆北援，陷臨清州，脅從至五六萬人。勝與領侍衛内大臣土默特貝子德勒克色楞等督兵迎勦，寇無食可掠，脅從者解散大半。沿途復被鄉團截殺，勝晝夜窮追，至豐縣，勦滅全股，生才被山東官軍擒獲，伏誅。其静海獨流鎮之餘黨南竄阜城，僧追圍之。

寇聞生才一股爲勝所滅，相謂曰：「莫余援也已。」遂并力突圍，奪越三濠三壘，竄至連鎮，立木栅，掘深濠，守之。復分其馬隊，竄踞高唐州。

時文元已被吉林兵射死，鳳翔在連鎮，僧圍之；開方在高唐，勝圍之。然其衆皆百戰精銳，糧食充足，緣城複立木柵，悉以土壅。週挖濠溝陷坑，又挖地窟，而潛居之。且有地道直通城外，每黑夜刦營，官軍頗有失亡。勝鑄大礮樹雲梯攻城，皆不能克，遂築壘挖濠以困之。

僧以咸豐乙卯正月十九日攻克連鎮，搜捕餘匪，悉數殲滅，惟不見鳳翔。擒寇供稱在窟室中，官軍窮搜得之，則見鳳翔方在地洞，挾二美人宴飲驩呼，已薙髮，蓋欲乘間潛逃也。遂與其黨十一人就擒，解京誅之。僧自是晉封博多勒噶台親王，卽移得勝之師赴高唐，自德貝子以下皆受節制。而勝以師久無功，逮京治罪。僧故撤高唐南面站牆兵勇，誘其出巢。未幾，果出城，棄其馬隊，悉步行，竄踞馮官屯。屯距高唐四十五里，距茌平十八里。脅民夫，以各種大木器四周堵之，內又徧掘陷坑，排列槍礮，守禦嚴密。屯內多豪富，皆高樓大廈，外匝甎牆，礮不能入。僧追至屯外，令馬步隊圈圍。開方自持旗登樓眺望，見官兵近前，卽放槍礮，勢難驟進。僧相度地勢，知非水攻不可，將引運河水以灌之。衆謂屯中地勢墳起，恐非水力所能及。僧乃先於屯外週築圍牆，牆外掘濠溝，甚寬廣，又以掘濠之土加倍內牆。布置周匝，挑挖運河，自東昌三孔橋起至馮官屯石橋止，共一百二十三里，計長二萬二千一百七十六丈，口寬一丈七八尺，底寬六七尺，深五六尺不等，計需工價京錢五萬二千餘貫。自二月初旬起，至三月初四日工竣，竟引水入濠。僧令僱集民夫二三千人，或用水車，或用巴斗，灌入牆內。牆外築墩，排列鎗礮，一面令兵勇站立瞭望，防其突出挖牆倒浸；一面督役晝夜輪流灌注不息，由是漸灌漸滿，牆内水深三四五尺不等，寇之糧草火藥盡溼，乃登樓而居。我兵用礮不時轟擊，繼而柴米漸乏，勢甚窮蹙。四月十三日巳刻，開方遣其心腹百餘混入難民之中，泗水出降，意欲藉爲内應。僧知其僞，訊出被脅難民，遣回原籍，餘黨百四十餘人分撥各營，乘夜，盡誅之。遂令兵勇越牆，逼近土堰，燬其巢。十六日黎明，僧又令兵勇越牆，四面進攻。乃大風驟起，飛沙揚塵，瞬息不辨南北，卽命撤隊。巳刻，開方遣人呈降稟，僧諭令限本日午時先繳軍器，方准投誠。約半時許，果繳軍器，則遥見有數十人高張紅傘，擁開方前進，志在乘此脫逃。僧潛令馬步隊數萬人張左右翼以待之。開方既入彀中，遂與其黨八十八人俱在濠邊就擒。僧傳令將八十八人撥入各營，其目八人在營外帳棚守候，但令開方進見。開方頭戴黄綢繡花帽，身穿月白綢短襖，紅綢褲，紅鞋，年約三十二三。攜兩俊童，身穿大紅繡花衣褲，紅鞋，年約十六七，美如女子。左右揮扇，隨入帳中，開方僅向僧、德各屈一膝，卽盤腿坐於地。兩童東西侍立，帳内總兵以下皆持刀環立，怒目視之。開方與二童仰面四顧，無懼色，但稱能貸其罰，願説金陵諸黨來降。求賜飯，遂開懷大嚼，笑語如常，旁若無人。僧知其叵測，飯畢，遣出，又令八目進帳。皆跪見求赦，亦卽遣出。遂將李與八目解至京都，凌遲處死。

粤寇以開方爲最勍，而其計略，則用明徐達、常遇春北征成算。初，議以開方當西路，楊秀清當東路。西路之師，由揚犯滁，徇鳳陽、歸德、開封、懷慶繞山西、直隸，與東軍會於天津。而東軍則傍海北趨。秀清不欲北行，以林鳳翔自代。深入無援，故及於敗。

徐若洲率忠義軍與粵寇戰

徐若洲司馬鴻謨，錢塘人，著籍仁和。以鄉試五薦不售，入貲爲從九品，筮仕江蘇。咸豐乙卯，署揚州府經歷，兼理清軍同知。同知，五品官，以從九品攝之，重其才也。母卒於如皋，以不及視含斂，欲絕食以徇。其友顧梅卿以大義責之，乃始食。服闋，奉檄治揚州善後局文書。因說太守，仿古制，製輪機礮、連臂弩，自練一軍，命之曰「忠義軍」。會粵寇破來安，温壯勇公方駐六合，率兵二千救來安，檄參其軍。暮與寇遇，隔河而陣。彼衆我寡，鉛藥將盡，乃言於壯勇，請滅炬，使不我測，從之。一夜礮聲不絕，寇疑我兵衆，遲明遁，遂克來安。壯勇上其功，而某大帥與壯勇不合，反責其公牘內首列總兵某，非制也。令曰：「此後毋出六合一步！」壯勇憤懣，後竟死六合，司馬之功，遂不見敍。戊午，寇再犯揚州，太守發兵迎戰，皆大敗。寇薄城下，乃使司馬以五十人拒之。大呼馳出，手刃數寇，斬其黃旗頭目一。寇發火銃，中右目而顛，一寇以刃加頸，膚裂血流。又一寇以矛刺其足，曰：「是已死矣。」乃舍之入城。有民自城中出者見之，曰：「此非徐少尹乎？好官也！胡死此？」撫之，尚有氣。解衣裹其首，負之行，至仙女廟大營，飲以水漿，乃蘇。時鄉人許緣仲牧泰州，迎至署。凡十月，創始愈，出鉛子於右目，重五銖，其形曲。蓋鐵經火而柔，深入郤窾，故隨之倨句也。司馬具武略，以禦寇受巨創，亦無以上聞者。然眇一目矣。子名琪，卽花農侍郎也，以文學著稱於時。

張忠武勦粵寇

高要張忠武公國樑既投誠於官軍，賞千總銜，從勦粵寇。嘗奉湘撫檄，以二百人破寇數萬於新寧州。咸豐壬子三月，破寇於道州蛇皮嶺，克永安州，追寇至長沙南路新開鋪。寇竄湖北，復追勦至武昌，破洪山寺壘。

張之立功自保桂林始，後逐寇楚南北，直抵江寧，與向榮相倚如左右手。寇聚太平，向問諸將孰敢往取賊巢，無應者。張慨然上馬行，所部五百人從之。寇大驚，棄城走。張徐按轡入，市不改肆，歸報往返，僅七日也。軍中唱凱歌曰：「張國樑走馬取太平，前後奏捷。」旋率師渡江取浦口及江浦縣城，往返亦不及二旬。丙辰五月，九華山之師潰，他帥死，諸將擁兵觀望，大勢幾不支。於是向奏請以張總統南北諸軍。旬日間，招集流亡，立解金壇之圍。朝廷嘉之，始拜欽差幫辦軍務之命。嗣此乘勝克復句容、鎮江，進擣秣陵關，馳往江北，復揚州、儀徵。又渡江圍江寧，城外寇營築長濠以困之。經畫數年，破寇形勢已在掌握，而九洑洲正當寇衝，亦爲官軍所據矣。

僧格林沁與英法人戰於大沽

咸豐丁巳冬十一月，英人、法人據廣州，執總督葉名琛。其注意在改約章，索償款，增商埠，自謂據城爲質，必可如其所請也。總督黃宗漢退駐惠州，既不激勵兵練，籌克會城，又不與英使會議立約退師事。英使額爾金久不得我要領，乃糾法、美二國，駛兵船北上。

戊午夏四月，驟至大沽海口，大沽緑營兵見敵船，即驚潰。英、法兵踞南北岸礮臺，直隸總督譚廷襄、提督張殿元等皆以疏防獲罪。敵兵以大小輪船七，暨舢板船駛入內河，直薄天津。

額爾金等照會內閣，謂此來非用兵，蓋欲修好，請面見天子，訴其事。文宗特遣侍郎銜耆英諭止之，不聽。遂命科爾沁親王僧格林沁以欽差大臣視師通州，遣大學士桂良、尚書花沙納往議和約。英人多索償款及商埠，許之恐傷國體，拒之慮挑強敵，乃以兩江總督何桂清兼通商大臣，特派桂良、花沙納馳赴上海，會同桂清先與英人商定稅則，再議約章。六月，英、法、美三國兵船退。

秋七月，僧移軍海口，築大沽北塘營礮臺，購巨礮，分布要害。檄州縣伐大木，輸之海壖，植叢樁水底，以禦汽船。奏請調吉林、黑龍江、察哈爾及蒙古兩盟馬隊，前後赴軍者可五千騎。己未春三月朔，怡親王載垣赴天津，察勘海防。桂良等在上海與額爾金商定稅則，額遣其弟卜魯士率兵船北駛，聲言將入京換約，桂良等告以大沽設防，當進自北塘。夏五月庚寅，卜魯士至攔江沙外。壬辰，遣其兵船闖入大沽海口，先覘形勢，僧故羸師以張之。癸巳，兵船十七艘駛進雞心灘，用炸礮摧斷鐵鍊。甲午，鼓輪直進，毀我防具，樹紅旗促戰。直隸總督恆福派員持天津道照會，告以桂已由上海馳還，請移駐北塘口外，靜候換約，否則暫令換約官數人，由北塘至天津。英人不受照會，開礮擊礮臺，分遣步隊登岸。僧督軍鏖戰，戒礮臺同時開礮，沈毀數船，擊殺登岸敵兵數百，生擒二人，英領隊官傷股而殞。兵輪入內河者皆中礮，不能駛，惟一艘遁至攔江沙外。

是役也，英人狃於往歲海口之無備，且窺見臺中礮力微弱，未知我增置大礮也，貿然輕進。迨我礮擊壞數船，乃相顧愕眙。海潮方上，易進難退，倉猝不能出口。而我臺瞭擊敵船，蔑不中者，是以獲捷。或在此購英船未入口者，留駐大沽以南，分嚮旅順、威海衞、大連灣、大孤山遊泊測繪，皆海口形勝也。煤汲淡水，轉若爲濟寇後路焉。疆吏營將聞之惶然，咸謂荒島無足扞者。會英船糧且盡，始南駛。

當英兵開戰時，美使華若翰由北塘登岸，詣京師，呈遞國書，款以優禮，換約而返。華洋巨商知英人恥其敗挫，必興師報復，懼妨互市也，自議集捐白金二百萬兩輸償英餉，沮其再舉。於是英使、法使牒通商大臣何桂清，謂若事事遵戊午原約，卽罷兵。桂清入告，得旨：「卜魯士輒率兵船，毀我海口防具，首先背約。損兵折將，實由自取，并非我國失信。所有戊午議和條款，概作罷論。若彼自知悔悟，必於前議條款內，擇道光年間曾有之事無礙大體者，通融辦理。令其有以回報本國，仍在上海定議，不得率行北來。倘再有兵船駛入攔江沙，必痛加攻勦，毋貽後悔。」是時廷議以獲勝之後，欲改前約，冀英、法二國或就範圍也。然猶申戒疆臣帥臣，不得見敵輒先開礮，致礙和局。又命留北塘一口，爲通使議和地。

北塘用帑百餘萬金，僅成南北三礮臺。會有言宜縱寇登岸擊之者，僧心韙其說。旋奉旨撤北塘之備，退就大沽營城，移其巨礮，置大沽南北岸礮臺。營城距北塘陸路三十七里，水路七十里，議者謂禦寇不於藩垣而於堂奧，失計已甚。北塘紳士御史陳鴻翊密疏爭於朝，不聽。翰林院編修郭嵩燾時在幕府，力爭之。僧狃於大沽之捷，謂：「彼以船來，不能多攜馬隊。俟其登岸，以勁騎蹙之，可必勝。洋兵伎倆，我所深知，何足懼哉！」嵩燾以議論不合，遂辭去。

庚申夏，英將額爾金、法將噶羅率輪船帆船凡百艘入寇，復至大沽口，詗我設備，嚴懲前敗，不敢闌入。徐窺北塘之弛防也，六月丁丑，英、法馬步隊各挽礮車登岸，先據礮臺，官軍猶意其來換約，不之禦也。大吏派員持照會，請其使臣入都換約，不應。僧整軍以出，所部馬隊已調赴他軍，不滿五千，合京旗步隊幾萬人。英軍馬步可一萬，法軍八千。壬午，敵船由北塘進內港，我軍馳往扼之。適潮縮，船不能動，高懸白旗，示欲議和狀。我軍信之，不敢縱擊。比潮長，敵兵出不意，薄我師，我師被挫。敵兵由北而南，將逼大沽，抵新河，我軍禦之。敵兵先以七百人出戰，僧矚其寡也，麾勁騎馳之，敵兵退。乘勢蹴之，敵兵各執一槍，精利無前，數十步外，卽不能近。俄而七百人爲一字陣，每人相去數十步，陣長數里，漸圍漸迫，我軍不能退。突圍欲出，敵兵發槍無不中，我軍紛紛由馬上顛隕。戊子，敗績於新河。收合馬隊，出者七人而已。退保唐兒沽，英、法軍張甚，出全隊攻軍糧城，又攻副都統德興阿之營於新河，皆陷之。

敵船由北塘分嚮大沽，駕大礮擬我礮臺以扼我前，步騎踞新河以躡我後，大沽礮臺益危，礮穴外向，不能反擊。庚寅，我軍復退，敵兵進踞唐兒沽。辛卯，奉硃諭云：「僧格林沁握手言別，倏逾半載。大沽兩岸正在危急，諒汝憂心如焚。天下根本，不在海口，實在京師，稍有挫失，須退守津郡。自北而南，迎頭截勦，萬不可寄身命於礮臺，以國家依賴之身，與醜夷拚命，太不值矣。南北岸礮臺，須擇大員代爲防守。汝身爲統帥，固難擅自離營，今有特旨，非汝畏葸，若不念大局，只了一身之計，殊負朕心。

握管悽愴，諄諄特諭，汝其懍遵。」壬辰，特派侍郎文俊、武備院卿恆祺馳往北塘海口，伴送英、法二國使臣入都換約。

秋七月癸巳朔，命大學士瑞麟、尚書伊勒東阿防通州。丁酉黎明，敵兵攻大沽北岸石縫礮臺，一開花彈猋入火藥庫，礮臺失陷，提督樂善死之，惟南礮臺尚存。僧念屢挫之後，精銳傷亡，南礮臺孤立難持久，適奉密旨退防後路，乃撤營城及南礮臺防兵，次於通州之張家灣，與瑞麟軍相依護。庚子，以疏防故奪三眼花翎、領侍衞内大臣、鑲黃旗滿洲都統。敵兵至天津，會和議屢不就，遂逼通州。八月戊辰，光禄寺卿勝保率偏師邀戰於八里橋，勝保紅頂黃褂，騁而督戰，瑞麟軍宵潰。僧軍朝陽門外。己巳，文宗以秋獮巡幸熱河，敵兵縱火燔圓明園。甲申，僧軍亦潰。聞恭親王在長新店，與瑞麟等皆往從之。英、法按軍郭外，欲邀恭主和議。恭用恆祺居間排解，往復關説甚苦，浹兩旬，和約始定。九月壬寅，暨英人法人平。

當是時，曾文正公國藩督師祁門，胡文忠公林翼駐軍太湖，進勦粤寇，相持甚急。聞變，合疏奏請於兩人中簡派一人，率精兵萬人入援。會和議成，不果行。英、法軍以海口封凍爲虞，皆於初冬退去。

葉名琛勦粤寇

道光己酉，新嘉坡陳正成設三合會支部於廈門，命名曰匕首會，入會者數千人。咸豐癸丑，閩省官吏以強奪豪富黃姓之財，匕首會首黃威庇之，率一千餘人起事。隊長多新嘉坡僑民，奪廈門附近二鎮，附者至八千。遂進據廈門，威乃自稱明軍指揮官，盛抗官軍，卒以糧餉藥彈不足，啓城議款。明軍去，官軍入城市刼掠，殺戮及童稚，刀鈍而不血，則幷縛數人而投之河，英領事通牒勸止，亦無效。乃以兩軍艦泊香港，若將強制者。於是洋場及船埠四周俱免於禍，餘地則有一日斬殺至二千人以上者。

匕首會陷廈門時，上海亦有三合會起事。時廣東、福建兩省人之在上海者十四萬人，多三合會員。廣東人劉麗川、福建人陳阿連等，羣謀襲上海城。事未發，爲地方官偵知，捕粵、閩頭目七八人。粵、閩人乃益怒，致書地方官詰責。地方官大駭愕，返而謝之。其月二十日，祭孔子廟，黎明，麗川、阿連等六百餘人潛匿北門外，待啓城，卽突襲縣署，迫上海知縣袁某繳印。袁罵曰：「印爲天子所賜，汝欲印者，先取吾頭！」麗川黨人大叱，斬之。衆因圍道署，城中鼎沸。官吏指揮守兵，放大礮，衆仍不退。脅蘇松太道吳健章繳印，吳解綬與之，麗川取其印，縛健章，奪道庫銀無算，城亦陷。時其黨悉以紅巾爲號，因稱爲紅頭賊。後數日，麗川、阿連等欲殺健章而未決，衆議大譁。駐滬美總領事麥轄爾聞之，邀麗川，以吳付之，麗川不許。然有一洋人潛誘健章，自西門縋城逸，匿麥轄爾所。麗川大怒，將攻租界，租界防益嚴。鎮江官軍至上海，營跑馬場。時或嘲弄洋人而毆辱之，於是駐滬各領事請於江督何桂清，欲移跑馬場駐營。桂清猶豫未決，各領事又致書，令速移營，否則將以兵力奪取。時英、美軍艦之在上海者各一艘，合租界所有洋兵得三百餘人，戒嚴以待。桂清以爲仇洋人，則洋人必惡我而助敵，轉而攻我，則滬城胡以復？遂自至租界謝罪於洋人。時官軍集上海者萬餘，借洋人之力以斷糧道，復向城中礮擊。麗川聞洋兵之助官軍也，率死黨百餘人犯圍遁。

道光庚戌，三合會蜂起兩廣各地，見洪秀全勝，氣益張。咸豐甲寅，舉廣東各州及廣西全省，皆叛亂。其年，陷廣東之肇慶、佛山、東莞各地。自此官軍與三合軍顯有別。而官軍之運餉羊城，轉藉外人之助，懸外國旗，卽能安然過三合軍之礮臺與軍艦焉。

咸豐甲寅十一月，廣東豪商某備大艦，運兵至佛山，與三合會戰。三合軍大勝，獲官軍之弁四五十人，兵五百人，悉殺之。後又戰於珠江，卽以此艦隊破軍艦四十四艘。

廣東總督葉名琛之鎭懾三合會，爲法至嚴。然兩廣、江西、福建諸省尚時時暴起。方英、法同盟軍之占廣東也，粤寇石達開自湖南進兵廣西，欲攻據桂林。三合會乘之，咸豐戊午，陳清康率軍數千會集於廣東之北，隱有占領廣東之計，待同盟軍一退，卽起事。適攻擊桂林之粤寇遇精鋭之官軍，突圍逃廣東，更於中途脅從諸無賴加以三合軍，勢遂益盛，其主力軍乃再向廣西進發。

至是，而官軍乃逕向三合軍攻擊，並用賄通懸賞等法，潛約三合會副統領陳政及諸頭目，謀殺其統領陳清康，率衆降。陳政斬之，官軍大勝，並捕内應之三合會黨羽二千以上，斬殺之。

何桂清委蘇常於粤寇

兩江總督何桂清字根雲，嘗督學江蘇。值粤寇俶擾江南北，頗屬幕客草疏陳兵事，糾劾疆吏之退縮僨事者，持論多侃侃。文宗奇其才，改簡浙江巡撫，年未四十也。撫浙數年，通判徐徵枝其同官王有齡之驟遷道員，訐告巡撫奬薦不公。何奏陳顛末，語稍亢激，天子責之，引疾罷歸。已首途矣，適闕兩江總督，上語軍機大臣：「此官以籌餉爲命脈，孰能勝任者？」大學士彭蘊章奏稱：「何桂清在浙江，餉徽州全軍數萬人，未嘗闕乏。」上韙其言，授兩江總督。彭故與何同年進士，何頗謹事之。何復力薦王有齡籌餉精敏，擢江蘇布政使。

未幾，幫辦軍務提督張忠武公國樑攻克鎮江，何以籌餉功，加太子少保。咸豐庚申春正月，張總統諸軍攻克九洑洲，何又以籌餉功加太子太保。當是時，何渥承眷倚，慷慨談兵，聲譽翔洽，與湖北巡撫胡文忠公林翼相上下，時稱爲何、胡兩宮保。

張既克九洑洲，進克上關、下關，遂與欽差大臣江寧將軍忠壯公和春，濬濠築壘，爲長圍以困金陵。洪秀全告急於江北、皖南諸巨酋陳玉成、李世賢、楊輔清、李秀成等，秀成欲殺官軍之勢，與其黨謀曰：「官軍精鋭，悉萃金陵，其餉源在蘇杭。今金陵城外長濠已成，官軍内圍外禦，張國樑又嚄唶善戰，攻之，難得志。不如輕兵從間道疾擣杭州，杭州危，蘇州亦必震動。金陵大營懼我絶其餉源，必分師奔命以救之。我瞷大營虛弱，還軍急擊，進陷大營，則蘇杭皆我有也。」乃自率悍衆千餘，襲破涇縣防軍，遂陷旌德。二月戊戌，進陷廣德，攻陷四安防營，總兵李定泰跳而遁，寇由安吉、武康犯杭州，諸路同時告警。上命和春兼督浙江軍務，提督張玉良總統援浙諸軍，分大營兵勇五之二以畀之。玉良過蘇州，布政使王有齡留之二日，俾閱城垣。壬戌，陷杭州。三月丁卯，玉良兵至杭州，與將軍瑞昌内外夾擊，寇宵遁，官軍追復臨安、孝豐、安吉等城。何奏稱玉良受有齡密計，攻復杭州，上擢有齡巡撫浙江。

己卯，和春遣總兵熊天喜、曾秉忠率水陸軍攻復長興，寇詗知大營留兵愈單，由浙風馳而西，陳、李、楊諸酋各挾全部先後麇至，大會於東壩。己酉，攻建平及東壩，皆陷之。進陷溧陽，圍金壇。

先是，金陵大營兵勇七八萬人，月支餉銀五十萬兩，皆取辦於蘇、松、常、太及浙江之杭、嘉、湖、寧、紹諸郡。兩江總督駐常州，專主餉事，故能搘持八年之久。及和、張至，益募壯勇，增築長圍，需餉有加。浙江告警，大營分兵馳救，驟加行費，浙自顧不遑，餉亦不繼。糧臺收款驟絀，月短二三十萬金。何馳書告和、張，請自後閱四十五日發一月餉。是時頓兵日久，將卒雖習戰事，實已驕佚，酗酒狎妓，酣嬉無度，月支足餉，尚不敷用，及驟聞減餉事，則悵悵如有失。翼長提督王浚爲和所倚，把持軍政，藉勢侵尅，衆情蓄憾，互相傳播，謂「寇若來攻，吾輩堅勿出戰，任大帥翼長自爲之」。寇欲圖大營，詭若將嚮蘇、常者，以縻官軍，遣別隊由溧陽逼宜興，進躪武進之夏溪隍里埠。烽火去常州四十里，王有齡將之杭州。己丑，如常州議兵餉事，何奏令會辦軍務。

庚寅，有齡調駐蘇之威武振軍一千人至。辛卯，副將周天孚由浙江率數營至。大營新募潮勇數千，亦至自浙江。和先後調防守揚州之總兵馬德昭，及援浙之參將羅希賢，各以兵三千往援金壇。何檄令德昭等援常州，遣天孚及潮勇往金壇。寇俱退出武進界，盡趨金壇。閏三月丁酉，攻陷句容。自是大營後路斷矣。

戊戌，張玉良全軍至常州，中途迭接何檄，調援大營。及抵常州，和連馳羽書令箭調之。何曰：「彼不知我欲守常州邪？」留不遣。和復調德昭往援，亦不許。己亥，羅希賢一軍自宜興至。庚子，熊天喜一軍自廣德至。前後至郡兵勇二萬數千人。王有齡蒞官浙江，何如失左右手。有齡由驛日發一書，爲何規畫甚備，戒勿離常州一步。時常州無寇，何飛章報捷，奏陳常、鎮軍情，凡常州、宜興、鎮江、丹陽、金壇爲路凡五，需兵若干，統歸張玉良節制。自任力保蘇、常，其意在擁衆自衞，蓋已置金陵大營於度外矣。

辛丑，寇至金陵城外，進瞷大營，大半多空壘，環攻橫突，死咋不退。張激勵將士，搏戰七晝夜，寇來益衆，餉又不繼，外無援應，諸軍能戰者多留駐常州，九檄而不至。戊申，甚雨雷電以風，大雪厚尺餘，寒甚，人多僵凍。兵勇連日譟至王浚帳下，索餉不得，則肆掠通衢，將吏不能詰。己酉夜，諸營火起，王浚部下先遁，和部下繼之，全軍遂潰。和及幫辦軍務光禄寺卿許乃釗、翼長王浚等狼狽走鎮江，委棄餉銀鍋帳軍械無算。

張部衆尚未動，聞和退，頓足歎曰：「八年心力，墮於一旦！」憤而欲自裁，部將苦止之。明日，乃自殿其師，徐退至鎮江，寇不敢逼。何恐和、張劾己也，亟致書慰勞，請移守丹陽。和先至丹陽，遣熊天喜進營白堍，張招集潰衆。越二日，統一萬三千人抵丹陽，俾總兵馮子材以萬一千人守鎮江。張玉良自常州城西南五里袤至西北，結二十營。何奏稱丹陽以上軍務，和春、張國樑主之；常州軍務，臣與張玉良主之。俟布置稍定，進圍溧陽，實皆空言也。何趣和、張進援金壇，新敗之後，士氣不振，未及休養，寇已由金壇之珥村繞出丹陽南路。德昭迎勦於奔牛，寇趨吕城，隔絶常州、丹陽大道。熊天喜軍潰於白堍，自殺。癸亥，李秀成率衆十萬至丹陽，憚張威名，未敢輕進，步步爲營，以造城下。張開南門出戰，秀成望見徽幟，人馬辟易。既潰復集之軍，以連日索鍋帳軍械於常州，不能得，復大潰。寇按兵未動，張揮親軍奮馳鏖戰，潰卒塞途，蔽隔不得前。寇溷入潰卒中狙擊張，創甚，猶手刃數人，躍馬入尹公橋下，死之。

明日，和許以十二騎奔常州。何聞丹陽失守，大驚。總理糧臺前按察使查文經希何意，挈諸司道薛煥、王朝綸、英祿聯銜稟請退保蘇州。何得稟，大喜，卽拜疏言和春已至常州，軍務仍歸督辦。臣卽駐蘇州籌餉接濟。紳民耆老數百人卽夕執香赴轅門，請留常，文經諭之不解。執鞭之士出抶之，猶不退。何怒，遽令開槍縱擊，死者十九人。

先是，何密遣親軍護送其父及二妾至通州，特張榜，禁遷徙，並派兵嚴查諸門。紳民曰：「彼置吾輩死地，自示不走，無非便其獨走之私。毋寧留之，俾與吾輩同死。」四月乙丑朔，紳民復相聚遮留，聲勢益洶洶。何懼，微服由間道脱走。步行出東門，上馬，遇知府平翰在城外巡徼，疑其追己也，手槍擬翰以嚇之。翰退避，乃怒馬絶塵馳去，從者待十里外，檥舟運河之濆，遂率親兵五百赴蘇州。文經以護運餉銀爲辭，先一日登舟去，城中文武皆奔散。

諸軍聞總督已走，胥熸，悉奔蘇杭，縱火劫殺，爲寇前導。張玉良尚在城外，爲守禦計，先燔附城民屋，軍士因肆剽掠，丹陽潰兵繼之，寇踵至。丁卯，玉良赴西路，遇寇接戰，寇分隊由間道來襲，城守營兵叛應之。玉良率餘兵退營無錫之高橋。城外民屋被焚者，既無可居，皆入城助守。糧臺尚存銀七十四萬兩，米鹽薪油雜貨稱是。紳士中一舉人一醫士倡議擁通判諸穆歡布爲城主，苦守數日，庚午，常州陷，諸及二紳死之。紳民遺屠戮者尤衆，以何禁遷徙故也。

何至蘇州，巡撫徐莊愍公有壬不納，下令從總督者，毋許一人入城。遂劾何棄城喪師暨親兵在道焚掠狀，奉旨革職，拏解來京審訊。何次於滸墅關，和亦由常州奔至，自殺。何走常熟，紳民遞稟牘，謂常熟小邑，不足煩督府親駐，請免稅駕以召寇。何告以親兵乏餉，紳民致餉銀千兩，贐儀二百兩，約無逗遛。檥舟三日，宣言當借洋兵，遂之上海。

甲戌，張玉良禦寇於高橋，會合宜興守將劉季三退來之兵，苦戰一晝夜，兵敗復振，寇由間道繞出九龍山之西，襲陷無錫。玉良前後受敵，收餘衆退至蘇州。蘇州兵餉皆被何徵入常州，稍有存者，有齡又挾以赴浙。徐以撫標兵不可用，俾玉良入城助守，潰兵復爲內應，丁丑，蘇州陷，徐死之，玉良奔杭州。

何奏稱和春溘逝，兵勇解體，大局搖動，非臣書生所能支持。得旨：「平時侈談彼短，一旦決裂，不知認罪，猶以書生自居，可歎可恨！殊有愧書生二字。」

寇既據蘇、常，分黨長驅，數月間，連陷太倉、松江、嘉興諸州郡及杭、湖屬縣，惟鎮江、上海兩城孤懸賊中。越一年，浙江全境遂淪於寇矣。

何既失蘇、常，時議皆主以曾文正公國藩任江督，而近臣不欲也。肅順語王闓運，謂當時入對，力言江督非曾不可。而漢軍機大臣匡源則奏稱：「今日江南糜爛，非獨何桂清一人之咎，何既不能定亂，即曾亦必不能定亂。然何較曾尚明練，宜留任以觀後效。」上頷之。遂罷易帥之議，而責何以恢復。既而言者争論不已，始命曾開府於東流焉。

勝保勝英法人於八里橋

咸豐庚申，僧格林沁與英、法人戰於八里橋，西兵麕集，戰不利，大沽失守，近逼北塘。其地距通州八里，西兵長驅而入。至橋，勝扼之，礮彈破馬腹，頷受微傷，易馬與戰，卒敗之。厥後和議易成，未始非勝一戰小勝之力也。勝至京，裹創入見，文宗嘗奬之曰：「忠勇性成，赤心報國。」

李義堂勝粤寇於獨圩

李義堂，松江人。膂力過人，世業打鳥，故槍術絶佳。咸豐庚申夏，粤寇據松江，鄉堡大半遭搶掠，義堂乃召集數百人，於村之四圍列栅設阱爲守禦計，並練集善槍術者百人爲先鋒隊，鄰近之五厙西旺村、城隍村等處人民聞之，均望風響應。俟之十餘日，而寇始至打牲坱東之李塔匯鎮。義堂命偵者往探虛實，知寇在李塔匯淫掠婦女，乃率衆持鳥槍以争先，和者幾萬人，咸執梃從之。至李塔匯西之獨圩，與寇遇，衆氣方盛，寇望風遁。義堂乘隙環攻，多夷傷。稍後者，均爲村民所殺。騎馬之酋亦被槍中要害，踣地而斃。割其首，號令營中。李塔匯鎮之寇自此相戒，不敢再至西鄉一步。

馮婉貞勝英人於謝莊

咸豐庚申，英、法聯軍自海入侵，京洛騷然。距圓明園十里，有邨曰謝莊，環邨居者皆獵户。中有魯人馮三保者，精技擊。女婉貞，年十九，姿容妙曼，自幼好武術，習無不精。是年，謝莊辦團，以三保勇而多藝，推爲長。築石砦土堡於要隘，樹幟曰謝莊團練馮。一日晌午，諜報敵騎至，旋見一白酋督印度卒約百人，英將也，馳而前。三保戒團衆裝藥實彈，毋妄發，曰：「此勁敵也，度不中而輕發，徒糜彈藥，無益吾事。慎之！」

時敵軍已近砦，槍聲隆然，砦中人踡伏不少動。既而敵行益邇，三保見敵勢可乘，急揮幟，曰：「開伙！」開伙者，軍中發槍之號也。於是衆槍齊發，敵人紛墮如落葉。及敵槍再擊，砦中人又鶩伏矣，蓋藉砦牆爲蔽也。攻一時，敵退，三保亦自喜。婉貞獨戚然曰：「小敵去，大敵來矣！設以礮至，吾邨不齏粉乎？」三保瞿然曰：「何以爲計？」婉貞曰：「西人長火器而短技擊，火器利襲遠，技擊利巷戰。吾邨十里皆平原，而與之競火器，其何能勝？莫如以吾所長，攻敵所短。操刀挾盾，猱進鷙擊，徼天之倖，或能免乎。」三保曰：「悉吾邨之衆，精技擊者不過百人。以區區百人，投身大敵，與之搏鬬，何異以孤羊投羣狼？小女子毋多談！」婉貞微歎曰：「吾邨亡無日矣！吾必盡吾力以拯吾邨！拯吾邨，即以衞吾父。」於是集謝莊少年之精技擊者而詔之曰：「與其坐而待亡，孰若起而拯之？諸君無意則已，諸君而有意，瞻予馬首可也。」衆皆感奮。

婉貞於是率諸少年結束而出，皆玄衣白刃，剽疾如猿猴。去村四里有森林，陰翳蔽日，伏焉。未幾，敵兵果舁礮至，蓋五六百人也。挾刃奮起，率衆襲之。敵出不意，大驚擾，以槍上刺刀相搏擊，而便捷猛鷙終弗逮。婉貞揮刀奮斫，所當無不披靡，敵乃紛退。婉貞大呼曰：「諸君，敵人遠吾，欲以火器困吾也！急逐弗失。」於是衆人竭力撓之，彼此錯雜，紛紜挐鬪，敵槍終不能發。日暮，所擊殺者無慮百十人，敵棄礮倉皇遁，謝莊遂安。

胡文忠多忠勇復安慶

粵寇久擾東南，至安慶克復，爲東南一大轉機。曾文正公報捷疏，推胡文忠公林翼之謀，多忠勇公隆阿之勇，洵爲定論。其注意不撤安慶之圍，則同一老謀深算。雖值淀園之變，漢黃之警，而仍堅持如故，所謂智深勇沈者此也。

胡文忠之注重安慶，左文襄公宗棠之注重衢州，李文忠公鴻章之注重上海，皆謀之於豫，持之以恆，卒皆收其全功。若枝枝節節爲之，如向榮、張國樑之在金陵，終歸一敗而已。

蔣果敏平廣西粵寇

咸豐末造，粵寇圍廣西省城者三年有餘，與廣東、湖南音問阻絶，餉道不通，省城數十里以外，皆寇也。適蔣果敏公益澧以候選知府爲羅忠節公澤南營官，中道散去，勞文毅公崇光招之，赴粵西。蔣謂立功後，必保至實缺按察使。所需糧械，毋稍缺乏，然後願行。文毅許之。蔣乃募楚勇三千人，入粵擊平羣寇，克復諸府縣城，楚粵之路始通。

僧格林沁與捻戰

同治壬戌，穆宗特命忠親王僧格林沁以全力勦捻。捻，捏也。不逞之徒聚捏成隊，故曰捻子，蔓延於蘇、皖、豫、魯、鄂，黨衆且悍。袁甲三、勝保曾勦而無功，故命以全力勦之也。既而追捻寇於光、黃、汝、鄧之間，多山谷沮洳，騎不得騁，累中捻伏，喪其良將恆齡、舒通額、蘇克金等。王益憤，日夜逴一二百里，宿不入館，衣不解帶，席地而寢。天未明，傳爨畢，士皆橐糗糒，王手一鞭，上馬猋馳。一日，王先其大軍，自率親兵數千，與捻十餘萬夾水而營。捻久怖追軍，無所掠食，足皆腫裂，不能行。會薄暮，未測官軍虛實，願就撫。陳提督國瑞爲之關說，有成議矣。捻先遣二渠來謁，王見之，怒甚，語未半，趣命斲之。寇衆大驚，皆散走，迸入山東境，王益疾追。當是時，官軍與捻皆重趼羸餓，環寒暑不能息，勢且俱踣。捻揚言王少寬我卽降，則其窘迫可知矣。

易佩紳轉戰數千里

咸、同間，粵寇發難，龍陽易佩紳以書生率新募卒二千餘人，時湘撫駱秉章入蜀督師，易居幕中，旋奉命募湘軍二千人入蜀。轉戰數千里，破寇數十萬。當道負軍餉二十餘萬，若在他人，早兵變被戕矣，而易持之以堅忍，結之以恩信，崎嶇困阨，非人所經。忌之者復齮齕百端，使不能行其志，皆不以爲意。其在軍中，有詩云：「本來面目無人識，錯把孫吳作頌揚。」又云：「幾回殺賊翻流涕，賊亦蒼生大可憐。」撤軍後，又有句云：「未受人憐斯是福，能容我退卽爲恩。」又云：「兵事易言原有戒，書生輕出自無功。」亦可想見其襟懷矣。

鄧仁堃父子與粵寇戰

鄧仁堃，武岡人，官江西按察使。咸、同間，東南用兵，文武著聞。以嬀援贛州，失督師旨，假事劾罷。子繹，字保之，秉承家學，少好論兵。壯而遘亂，湘陰左文襄公宗棠督師浙、閩，奏辟營務，從征嘉應，收全功。

田興恕勦寇江西

田興恕，鳳凰廳人，在江西、貴州多有戰蹟。其行軍江西也，一日，偶率部下數百人出，突遇寇大隊至，圍之數重。田引兵入一地，四周溪水環流。田令四周站隊，而已臥吸鴉片烟。寇數喊殺，皆植立不動，寇稍怠。久之，或坐或立，田揮刀突進，衆從之。寇出不意，悉披靡，殺傷無算。

田之乘馬素馴。一日出戰，馬躍而人立，礮彈猝至，洞其胸，田跳而免。後以殺洋人，論戍伊犂，士卒感其恩，從之去者數百人。所至責供給，州縣甚苦其擾。時左文襄征回，攻循州，不能下，田至，一戰下之。文襄奏其功，得釋罪免戍，遂歸。

林夫人乞援保廣信

沈文肅公葆楨嘗守廣信，粵寇至，城被圍，夫人林氏，文忠公女也，嘗貽書饒廷選乞援，以保府城。書云：「將軍漳江戰績，嘖嘖人口，里曲婦孺，莫不知有饒公矣！此將軍以援師得名於天下者也。此間太守聞吉安失守之信，豫備城守，偕廉侍郎往河口籌餉招募，但爲時已迫，招募恐無及。縱倉卒得募，恐反驅市人而使戰，尤所難也。頃來探報，知貴溪又於昨日不守，人心皇皇，吏民商賈，遷徙一空，署中僮僕紛紛告去。死守之義，不足以責此輩，衹得聽之。氏則倚劍與井爲命而已。太守明早歸郡，夫婦二人荷國厚恩，不得藉手以報，徒死負咎，將軍聞之，能無心惻乎？將軍以浙軍駐玉山，固浙防也。廣信爲玉山屏障，賊得廣信，乘勝以抵玉山，孫吳不能爲謀，賁育不能爲守，衢嚴一帶，恐不可問。全廣信，卽以保玉山，不待智者而後辨之，浙大吏不能以越境咎將軍也。先宮保文忠公奉詔出師，中道賫志，至今以爲深痛。今得死此，爲厲殺賊，在天之靈，實式憑之。鄉間士民不喻其心，以輿來迎，赴封禁山避賊。指劍與井示之，皆泣而去。太守明晨得餉歸後，當再專牘奉迓。得拔隊確音，當執爨以犒前部，敢對使百拜，爲七邑生靈請命。昔睢陽嬰城，許遠亦以不朽，太守忠肝鐵石，固將軍不吝與同傳者也。否則賀蘭之師，千秋同恨，惟將軍擇利而行之。刺血陳書，願聞明命。」

多忠勇與捻回戰

欽差大臣西安將軍多忠勇公隆阿從征楚、皖，身經數百戰，料敵如神，其勳績尤在廬、桐之間。摧滅粵寇陳玉成，實能轉移當時全局。曾文正公嘗稱其智勇兼備，爲中興名將第一。

同治壬戌，陝回亂起，朝廷以勝保爲欽差大臣。及逮治入京，以多代之。渭北回巢凡三：最東曰羌柏，在同州；迤西有蘇家溝；再西爲渭城。蘇家溝、渭城皆在咸陽境，回於渭城建府治。多督師入關，徑趨羌柏，以親兵七十人解商南之圍，以二千人破捻寇五六萬之衆，伏尸四十里。山前巨壑，窈不見底，人馬層積，填與路平。驅勦回寇，萃而迫之山谷之間，大川之旁，所殺動以數萬計。陝回皆西走甘肅，大軍方欲上隴，適滇回藍大順由蜀竄陝，陷踞盩厔，城中老寇僅數百人，脅從人數亦不甚多，多引兵圍之。大順百計守禦，城小而固，久不能拔。

江蘇官紳乞師勦粵寇

同治壬戌，淮軍之赴上海也，由江蘇官紳至安慶陳乞，備極哀懇。倡其議者：官爲吴煦、吴雲、應寶時；紳爲馮桂芬、顧文彬、潘曾瑋；而龐鍾璐主之，以書陳於曾文正公。

時江南爲粵寇悍黨所據，惟上海獨存。上海故無備，而外又無援，文正甫克安慶，將東援吴越，無暇顧上海，沿途寇卡星布，兵亦不能達。上海官紳集議，求可以如皖乞師者，難其人。文正年家子錢鼎銘毅然請行，賫書抵安慶，謁文正，極言東南數十萬生靈待拯狀。且言上海爲商埠，華洋貨物充牣，一旦資寇，則全吴無收復機。文正慮地僻，孤軍深入，且無援。鼎銘力陳形便，繼以痛哭。文正許之，命李文忠公鴻章以淮勇移駐上海。鼎銘謀之吴人，僦洋舶五艘來迎，抵黄浦，人心始定。俄而寇大至，四面環攻。李迭創寇魁，與文正及左文襄三路夾攻，名城漸次收復，全省肅清。方其乞師也，蘇撫薛焕遣將募楚勇一萬二千人，將東旋，文正慮所募皆各營散卒，徒糜軍餉，命鼎銘往截散之。鼎銘行，遇於漢口，簡所募九百人歸，無譁者。文正大奇之，移師之議乃決。粤寇平，撤淮軍，北勦捻，文忠日夜逐賊不得息。鼎銘駐清江，主轉運，迄事平，餉無誤。文正旋薦鼎銘可大用，文忠亦力言之，遂移大順廣道，擢按察，遷布政。又二年，而河南巡撫之命遂下。既抵任，以緑營兵弱，請加餉練兵，行之有效，各省推而行之。

或曰，文忠東下，鼎銘采辦軍米，督治後路轉運，洊保道員，皆由乞師基之。其由道員而至豫撫，則曾文正所保。文正初不甚知鼎銘，及移督直隸，過清江，鼎銘在轉運局迎送，先後歷十餘日，官廚供應而外，日備精饌三五器，文正頗以爲甘。既辭，復進，流涕再三，述舉賢平吴之德，文正大感動，以爲誼切如此，必有忠誠報國。適奏調兩江官紳，爲直隸仕途矜式，舉錢首列，未及五年而開府矣。

李文忠敗粤寇於上海

蘇杭之陷於粤寇也，兩省紳民麕聚上海，恃西人爲之護持，寇在咫尺而不敢偪。薛焕以巡撫兼通商大臣，所任僚吏皆工趨避媚耳目者，軍事殆不可問。知府李慶琛爲統將，部兵數千，皆衣錦繡排刀斧，出入自耀，有同優孟。淮軍入境，則芒鞋短衣布帕，皆笑指爲丐。然李文忠公意氣甚盛，不受薛節制。初以敵體相見，薛不能耐，與李慶琛定計，乘淮軍未動，先復一二城，以奪其氣。益募至萬餘人，勦寇太倉，不一日，全軍覆没，李走死。寇窮追至上海，西人論和而退。

當警報之四至也，薛乞援於文忠。文忠報以奉旨保城，不與戰事。寇既大集，亦登陴固守，寇遂漠然視之。已而薛内召，文忠兼代其任。寇大舉圍營，文忠與程忠烈公學啓計，分兩路，迎伏以戰，大敗之於上海之虹橋，連克嘉定、寶山，寇狂走崑山而逃。軍聲彪起，收隊時，西人相顧，至以拇指示之。嗣又有七寶之捷，四江口之捷。於是各營增軍，分道以收浦東，而寇之迎降者絡繹不絶矣。

文忠於虹橋戰時，坐胡牀督戰。寇氛甚惡，張遇春敗回。及橋，文忠顧左右取其首，遇春馳馬反趣寇，各營皆奮勇直前不可當。而忠烈所部繞寇後，衝入寇陣，截爲二，遂獲全功。

是役也，寇數近十萬，淮軍留守坐營外，不過數千人出隊耳。自餘戰事，不甚關全局，惟常州守寇極悍，破城後，巷戰尤亟，兵將傷亡者頗多。

朱氏敗粤寇於龍華鎮

南匯朱祥保精技擊，鬻拳爲生。女能傳其學，能舞雙刀，開六石弓。及長，而侍固始劉松平中丞爲篷室。劉性任俠，亦善拳棒。初，以進士令上海，同治壬戌冬，粤寇擾滬，女騎而出，率親兵，與戰於龍華鎮，殺數十人，寇因之稍挫。乘騎忽蹶，女遂陣亡。

李文忠督水師攻粵寇

李文忠公鴻章平粵寇之時，嘗偕幕友督率水師進攻。自坐長龍舢板，幕友三四環列左右。聞紅旗報捷，卽顧幕友曰：「夥計，咱們搞啊！」搞，作也。幕友卽吮毫伸紙，立成奏摺。及收軍登岸，則礮聲隆隆，已拜疏矣。

僧格林沁平苗沛霖

咸豐癸丑春正月壬戌，粵寇東竄，安慶不守，江北州縣日夕數驚，盜蠭起。朝廷起前湖廣總督周天爵於田間，督辦團練，攝撫事。乃奏改廬州爲行省，行堅壁清野法。政尚猛厲，奸宄懾伏。九月丁巳，薨於潁州行營，兵科給事中袁甲三代之，營軍臨淮。乙卯三月，袁被劾去，捻寇龔得等擁張洛行爲盟主，踞雉河，四出蹂躪，境蕩爲墟，而苗沛霖遂萌孽其間。

沛霖字雨三，鳳台武家集人。世爲農，門單，鄉里弗之重。年三十，補弟子員。性猜忌，習貧攻苦，沈鷙有謀。丙辰春正月，洛行掠下蔡，沛霖避之壽州，鬱鬱寡合。四月，歸武集，偕同邑徐立壯、懷遠鄒兆元收輯散亡，築三寨，分五旗，積芻糧，明號令，自號義兵。是冬，以三百人敗龔、張數萬人於蒙城，由是四方響應。丁巳秋，勝保攻拔正陽關，袁以太僕卿起用，復來自亳，合軍潁口。欲用沛霖以禦捻，使某往說之，沛霖以衆來歸。俄勦捻蒙、亳，戊午正月，鄄圩捷聞，沛霖授知縣，加五品銜，予孔雀翎。意不屑也。自是累擊賊，積功至四川川北兵備道，賞巴圖魯名號，兼布政使銜。所居曰苗家老寨，練衆僉呼之爲老先生。

庚申秋八月，英、法内犯，文宗北狩熱河，欽差大臣勝保留守京都，統勤王兵。巡撫翁同書請以沛霖赴通州，備調遣，已不果行。當是時，粵寇據廬州，捻寇據定遠。官軍潰而粵捻合，長淮騷動，沛霖隱有專利之心矣。

先一年秋，勝保由五河復懷遠，檄沛霖規取臨淮、鳳陽。比合圍，以憂去。袁擢漕督領其軍，沛霖輕之。臨鳳既克，靳其功，愈怏怏不爲用。

立壯、兆元二人始爲沛霖所懼，勢相埒。嗣沛霖計殺兆元，立壯不自安，益不相下。翁自定遠退壽州，以立壯爲腹心，表授永固副將。是年閏三月，率練五千，與參將馬升平、副將于昌麟合營，北聯臨淮諸軍，進逼定遠。袁資以礮火，設圍五閱月。廬州援捻麕至，馬、于敗亡，練潰，臨淮軍遁。捻圍鳳陽，犯壽州，沛霖咎立壯，燬其家，掘其墓。貽書嚇勝袁，勝袁恐，尋劾立壯。繼以練衆譟餉，截糧艘，奪關税，袁奏請下蔡釐金贍其軍，事甫定。而壽州之釁起。壽爲淮南重鎮，鳳台析焉，城小而地險，漢、回雜處。内區十八坊，坊設團長二人，非吏胥卽無賴，陽尊孫家泰爲首。家泰，壽州巨族也。

十一月朔，沛霖遣都司李學曾等七人往瓦埠，日晡，過城，城團邀殺之。淪淪洮洮，舉國沸騰，泰與團長蒙時中等急召立壯以禦沛霖。辛酉春正月，沛霖誓衆下蔡，設七人位，哭三日。渡淮，總兵黄鳴鐸迎擊兩河口，失利，遂擾壽南，偪城而壘。翁解任未去，布政使賈臻署巡撫，幫辦軍務，駐潁州。家泰等因立壯以搆葛牛、王鰲、黄廷遠、戈名楝諸捻入城，沛霖亦由姚有志、孔提剛通於粵寇。兵練粵捻，内訌外鬨，則有張學醇者，以調停之説進。學醇，浙人，久從袁軍。袁患風痺，不視事，倚學醇爲左右手。學醇獨左袒沛霖，博崇、武慶瑞、尹善廷三鎮陰相附和。翁日懷去志，模稜唯諾。城中回民多漏師，於是路捻首葛牛等，縱之去。褫家泰職，下之獄。四月壬申，下令逮立壯。巷戰三日，並其黨三百人戮之。六月甲子，家泰飲藥死，學醇拘時中送於下蔡，冀平苗忿。糧罄民斃，而城圍未解。

皂口里保王舟有材勇，曩隨廬鳳潁道金光擊捻正陽，授外委，屢拒苗。壽南諸圩悉應，翁遣遊擊朱淮森、守備朱淮朋促舟赴援，八月庚申，舟進屯柏寨，使兄汝成、弟汝鴻夜襲周寨，徑抵南關。使淮森、淮朋築路營，輸糧於城。苗營東西，舟營南北，擊柝之聲相聞。苗率衆力争，淮朋兄弟棄營走，周寨路隔，舟更營鼇湖上，通東路水運。苗伐大木，立栅淠河要津，東道塞。舟又於苗營之西，自芍陂連營熨湖，潛通西路水運。苗亦自熨湖掘長濠，達東津渡。營壘銜接，舟勢絀，間道南來，乞援於肥練。

合肥久稽捻，鄉民争築圩自衛，捻最憚者曰解先亮。圩據青陽之西，南接舒城，後爲楚軍鄉道。其與之相角者，大灊山之劉圩，周公山之張圩，紫蓬山之周圩。推六紳李元華都轉總練務，軍隊埠寺，以禦捻爲名。限保劃段，糾衆斂穀。既，英翰權縣篆主解圩，李與諸練首勢不能容。英恃官威，李倚練衆，日事抄掠。撫軍檄某解之，李旋退歸，英亦調任。值苗勢日張，有志家於六，勾苗南來，守備趙春和爲之助，紛紛趨附。諸練首爲營窟計，覬覦英霍山寨，鼓行而西，破岡叉樓，諷人説知州鄒筍入屯六安。

當是時，鄂撫胡文忠公駐黃州，江督曾文正公駐宿松，遣將東征，收潛、太，圍懷、桐，捷音踵至，諸練首幡然思奮，遂援壽。九月庚子，會於三角寺。丙午，戰於柏寨，不利，淮朋陣亡。汝成等乘霧自周寨衝出，城圍益急。袁知苗事不可復遏，恐獲戾，始劾沛霖，令幫辦軍務江南提督降將李世忠偕其子翰林侍讀袁保恆耀兵懷遠。某飛書保恆，尅期並進。辛亥，世忠等舟師次石頭埠，是夜，回民趙森保、都司柏靈錦、游擊朱佩芬、千總吉玉成、外委朱淮朝密約知州任春和盟於城南隅，導苗衆，梯而登。壬子昧爽，南門開，沛霖入，戕泰及諸團長家。肥練回六，舟嘔血死。

沛霖泥首於翁，痛哭請罪，散粟譎衆，設公局，留紅旗總李萬春主之。自回老寨，分練衆爲十營：洞淄集吴正誼主之，曹家集朱品三主之，延陵集董志誠主之，太和諸砦杜維忠主之，肥河南砦鄧季山主之，潁上諸砦杜朗主之，懷遠諸砦張式端主之，霍邱諸砦湯貫金主之，三河尖則有潘四、朱蘭馨，迎河集則有趙春和焉。於是袁翁據壽州生員傅汝霖等聯名環保，復爲沛霖辨明心跡，騰奏申解，恩予自新。十月十日，翁出壽州，袁撤懷遠之隊，而楚軍至六安，駐肥練堵河口，訟言勦苗矣。

同治壬戌春正月，粤捻交煽，陷潁上，圍潁州。賈臻督民固守，羽書告急。復以勝保爲欽差大臣，督辦豫皖軍務，援潁州，並辦苗練事。師次太和，兵單乏食，勢不振，檄責沛霖。沛霖慚且畏，復以衆歸，退壽州，克潁上，潁州之圍頓解。

時淮軍新立，福建延建邵道李鴻章乘番舶赴上海，劉銘傳、張樹聲、樹珊，周盛波、盛傳等分隸其衆。李續宜巡撫安徽，統湘軍駐六。將軍多隆阿攻克廬州，僞英王陳玉成北竄瓦埠，勝保令沛霖截擊，沛霖使萬春賺之入壽城，檻送潁州，盡降其衆，江寧援絶。緣功請復沛霖官，朝議不行。

癸亥春，僧格林沁勦捻至亳，洛行東竄，沛霖遮於蒙城，洛行失勢，走李圩，潁州知府英翰擒之，龔得前爲楚軍殲於滋松關。張、龔既滅，諭沛霖散練歸農，沛霖佯諾之，疑愈甚。勝保之遷帥陝西也，調沛霖帶練萬人助剿回匪。得旨嚴飭，並諭各路堵截。未幾，勝被議，繫獄。教匪事起，王師北去。三月壬戌，沛霖反，遣其黨鄒長青取懷遠，方長華襲潁上，王永年據下蔡，朱萬隆入正陽，潘立勛蹂光固，王金魁薄太和，苗天慶犯五河，張逢科擾靈璧，李萬春圍壽州。中丞唐巡方軍臨淮，安肅道蔣凝學軍芍陂，兵屢挫，捻焰彌熾。六月己卯，壽州陷。後一月，勝賜死。沛霖念蒙城近於老寨，且多舊怨也，身率捍黨以困之，繞城爲牆，繞牆爲塹。塹深而牆峻，連營伺守。晝匿其中，夜則聯袂呼警，梭巡壁上。官軍更番輪攻，不能破。按察使馬新貽駐城中，七月，乘間歸臨淮。八月丙戌，渦河兩岸官兵退，練長李南華、李得勝居守，英翰屯小澗，勢益單，戰無虚日，猶時以騎兵齎糧濟城守者。

戊戌，僧命總兵陳國瑞督師援蒙城，至小澗，英翰建議環城爲營，築重垣，垣外掘地道，士卒蛇行而進。以捻之攻城者攻捻，一壘破，餘壘皆震，遂毁捻圩，斬慕玉宗。填王家窰河，阻捻水運。九月己巳，荊州將軍富明阿遣總兵宋慶、詹啓綸繼進。冬十月，大兵南下，丁亥，至亳，克蔣家集，斬陳萬福。庚寅，派翼長舒通額率馬軍覘捻。辛卯，復高爐集。癸巳，破楊家集。甲午，攻西陽集，未下，移軍北岸葛家樓。乙未，杭州將軍國瑞亦至。外援既合，捻糧中斷。丁酉，僧親督諸軍，戰於城下，擣蔡圩。戊戌，克之。捻衆爲重塹所限，猝不得出，計阻，西南營潰，蒙城解圍，沛霖猶陣渦水上。己亥夜，將越濠南逸，大兵合擊，礮火震天，捻衆内亂，自相踐踏，死者萬計。沛霖爲亂兵所殺，餘黨納地請降，妻徐氏、子連生皆伏誅。不二旬而淮北底定。

相傳沛霖將起事時，有漕督所委鹽務委員四五人在鳳陽，方宴之於私室，酒肴精美，主客甚相得。席散，沛霖詩興忽發，令各賦詩，爲評定甲乙。旋亦握管自爲之，面目忽猙獰可畏，衆賓戰栗不已。久之，乃詠曰：「要將頸血濺衣裳。」以足頓地曰：「反耳！」命盡殺諸委員於階下。有姚永平者，桐城人，亦與宴。至是，跽而乞命。苗曰：「姑念汝祖爲吾邑教諭，品行尚端，貸汝一死。汝回清江，爲我寄語吳仲仙，督漕使者。謂我已謀叛，彼須小心也！」乃授以免殺之據，曰：「持此以歸，途中可無患矣。」

僧格林沁擒張洛行

張洛行爲捻寇渠魁，跳梁十年，官軍無如之何。同治癸亥，洛行爲僧格林沁所敗，以五千人保於尹家溝，僧率大軍圍之。洛行自知勢不敵，以數百人突圍出，僧召騎將恆齡率數千騎追之，擒斬略盡。洛行以二十人奔西洋集。

圩主陳天保，故捻黨也。甫於是日降官軍，而洛行夕至，天保納之，陰遣人馳報宿州署中。時英翰署宿州知州，率壯丁二百人赴之，直至洛行臥所。洛行方吸鴉片煙，英呵之起，曰：「汝非張洛行乎？」曰：「然。」曰：「從我走！」乃併其甥姪數人皆擒以歸，解送僧軍，淩遲處死。

駱文忠擒石達開

粵寇内訌，石達開藉伐蜀名，率師西渡巫峽。或謂：「益州天府之國，守備完善，孤軍深入，刦之頗難。且大江南北有曾、左在，岌岌不可終日，旦夕防禦，尚恐不給，何得勞師遠征，置根本於不顧？」達開笑不言。蓋以時事不可爲，已有效諸葛亮西據巴蜀虎視天下之意也。達開且又偵知寧遠府山中有一鳥道，亙古榛蕪，未通人跡，由此北行，出山卽在成都南門外矣。遂決計伐蜀，以輕騎趨之。忽坐困，爲土司所獲，時同治癸亥四月也。

蓋川督駱文忠公秉章早知達開率大隊而至，已懸重賞示諸土司，使抄其後。及達開至紫打，地名。會川軍唐友耕等亦至，列營大渡河對岸。其地左阻松林河，右阻老鴉漩河，而土司復自後偃古木塞路，達開鏖衆戰而敗，遂奔老鴉漩，官軍追及，遂降。達開既入獄，自述平生事跡及秀全與官軍始終相持勝敗得失之由，爲日記四册，紀載至詳。後其書存四川臬署，蜀藩庫亦有副本。

或謂達開率師至爛石，病亡。有女綺湘在軍中，年十九，聰慧能文章。達開既死，軍無鬭心，部下有畏蜀道難者，悉持南返議。女誓於衆曰：「翼王之意，君等所知。翼王雖亡，其雄心固未亡也。諸君不問軍之安危，但求事之難易，且敵馬縱横，長江以東，我輩實無駐足地，寧謂返軍卽可復取江浙耶？況政府百事廢弛，其大臣又各樹門户，相水火，孤軍返旆，内外睽隔，何以自存？諸君雖惜命，人其謂我何？」力竭聲嘶，至於泣下。部衆感動，再揮軍而前。次瞿塘，天地晦冥，巨浪接天地，舟覆者十之八，全軍號哭，與狂飇吼聲相埒。殿軍畏葸，潰散而南，綺湘泣曰：「三軍之喪，其罪在我，天乎！何使我至於此極也？」乃奮身投水以死。

或曰，達開被磔於成都，雖見文忠之奏報，實未死也。某年，浙人李某游幕蜀中，一日，買舟往他處，將解纜矣，突有一老者請附載，舟子方力拒之，李見其鶴髮童顏，鬚眉甚偉，因許焉。老者既下舟，謂舟子曰：「頃刻當有大風起，勿解維也。」舟子亦老於事者，仰視太空，知所言不謬。談次，狂飈陡作，走石飛沙，歷一時許始息。少焉，雲散月明，命酒共酌，老者飲甚豪。酒半酣，推篷眺望，喟然曰：「風月依然，而江山安在？」李心疑之，叩其姓名，老者慨然曰：「世外人何必以真姓名告人？必欲實告，恐徒駭怪耳。」李遂不敢再詰，而老者已酣然伏几，鼻息雷鳴矣。破曉，欠伸而起，謂李曰：「老夫行將告別，同舟之誼，備荷高情，後如有緣，尚當再會。」遂舉足登岸，其行如風，瞬焉已遠。李既送客，比返舟，則一傘遺焉。恐其來取，爲之移置，則重不可舉。異之，視傘柄，乃堅鐵所鑄，旁有「羽異王府」四小字，始悟爲達開也。

或曰，當文忠撫湘時，粵寇下長江，以同鄉故，遇駱兵輒避之，以是遷轉甚速，蓋駱與洪同爲花縣人也。忌者謂其與洪友善，將有異謀，思中傷之。而竟無恙者，則其操守有以見信於人也。

岑襄勤平雲南回亂

雲南巡撫徐之銘貪淫昏懦，爲回人所箝制，因又挾回自重，怙惡不悛。及其黨殺升任陝西巡撫鄧爾恆於境上，總督張亮基有戒心，引疾求退。同治癸亥，朝廷乃起用潘忠毅公鐸署雲南總督。潘不避艱險，毅然入滇，道經曲靖，回弁馬聯陞來謁，面稱有人給信，令其設謀殺害總督。聯陞固回黨之黠悍者，或故爲恫喝之言，或徐之銘與省城回衆慮潘至，早欲害之，均未可知。潘置之不問。行至板橋，署布政使岑襄勤公毓英、總兵馬如龍排隊迎入省城。既視事，亟欲力振威權，安輯回、漢。而同僚異心，寇盜逼處，殊不易措手矣。

回人掌教馬復初者，名德新，以字行，昆明縣諸生，在回教中行輩最先，羣回皆聽令，徐之銘以下無不受其挾制。之銘嘗與德新遣回人武進士田慶餘招撫杜文秀，許割大理、永昌、麗江三府封之。德新復自至姚州議和，文秀在姚州偏貼僞示，謂德新已允分給迤西地矣。

馬如龍者，亦回之渠魁，慓悍好鬬，之銘奏署臨元鎮總兵。潘察知回黨內外盤結，之銘又從旁掣肘，滇事遂無可爲。然德新、如龍雖首鼠兩端，尚未顯露逆迹，頗欲覊縻勿絕。而署督標中軍副將楊振鵬亦陰與回通，德新使人示意，欲封平南王。潘嚴拒之，德新不懌。如龍恃其衆，欲兼併迤東諸郡，臨安土豪梁士美不服，以忠義激勵官紳，糾衆據險以抗如龍。如龍屢請勦士美，潘不許。如龍懷怨，徑率所部攻臨安。潘念如龍若踞臨安，則回勢益強，且士美忠義，宜保全之，密檄士美固守待援。又檄他郡練衆之素讎如龍者數千人，陽爲會攻臨安，實令與士美合圖如龍。蓋如龍去則回稍弱，而後滇事可籌也。

潘念之銘雖不足恃，究係同辦一事，嘗向之銘微露其意。之銘歸告其妾，之銘之妾多與回酋狎暱，酋以告德新。德新怨懼交并，密召武定營參將回酋馬榮率練黨二千餘人，即冒潘所調練衆旗幟，入居省城五華書院，日出騷掠，居民訟之督撫兩署。甲子正月十五日，潘親往書院彈壓。諭令出城，請期五日，不許，請期三日，亦不許，限以卽日出城。是時回衆矛戟森列，馬榮攘臂大言曰：「卽不出，當奈我何！」嗾其衆使前，潘大罵，身受七傷，死之。雲南府知府黃培林、昆明縣知縣翟怡曾上前救護，同及於難。中軍楊振鵬在側，默然無言。

是日也，潘約徐之銘同往，之銘陽諾之，不至，蓋早知其有變也。回亦不攻其署，毓英以兵練數百扼守藩署，自臬司以下官吏未死者，皆避入藩司官廨。之銘迎德新入居總督署，號令一切，陽稱請其彈壓回衆，德新以總督關防送交之銘。潘尸暴露三日，其家丁哀懇楊振鵬轉求德新發回字令旗，始得殯斂，面如生。

德新之召榮也，初意欲使官與回相持不下，己乃出而調停之，以市德於總督，並解如龍之厄，不意搆成大釁。且所忌惟潘，今潘已死，又欲討榮以示己無叛意。乃密召如龍率師赴省，毓英亦致書如龍，奬其忠誠，召之入援。如龍攻臨安數日，不克，得書欲退，恐士美追襲，乃以情告士美。士美登城謂之曰：「汝若奔援省城，盡心王事，當不汝追也。」如龍折矢與之盟。以二月一日夜回至省城，自南門入，與毓英夾攻，回死傷過半。振鵬登城勸止官軍，勿開槍礮。天明，送榮出城，遁回武定。

初五日，衆議之銘仍署總督，如龍署提督，疏通道路。厥後聯陞以叛聞。是年十二月，林鴻年奏稱聯陞伏誅，榮爲官軍所擒，解至省城正法。振鵬受之銘檄，往權鶴麗鎮總兵，與回匪通謀作亂，爲如龍所擒斬。

曾忠襄滅金陵粵寇

曾忠襄公國荃之圍金陵粵寇也，猛攻二年，盛暑鏖兵，迄不能下。自朝陽門至鍾阜門，開地道三十三處，篝火而入，地崖崩而窟塞，則縱横聚葬於其中。寇或穿隧以迎我，薰以毒煙，灌以沸湯，則趫者倖脱而慦者就殲。蓋每穿一穴，爲寇所覺，而將士須臾殞命者，率常數十百人。一日，穴地已過城根，寇尚未覺，會寇有以槍插地者，穴内軍士見槍首入地，疑寇已覺而刺之也，急以手引槍入地數尺，寇始知官軍在地下。復迎擊之，官軍或退或死。復開他道，或爲山石所隔，或將近城根，酋李秀成登陴遥望，見其上草色，知下有地道矣。

官軍既克天堡城，卽所謂龍膊子者也，在太平門外，高踞鍾山之頂，俯瞰城中。提督李臣典等與忠襄密商，排巨礮三層於其上，晝夜對城轟擊，無一息停，城堞皆頽，寇不能立足。忠襄始下令軍士各持柴草一束，擲之城下，高與城齊，示將由此登城者。寇併力嚴備，不暇他顧，又隔於柴草，不能瞭望。官軍於近城龍膊子山之下，覓得一隧，乃前數月所開，爲寇所覺而中廢者。忠襄知其不復防此道，派千人由此挖至城下，實火藥三萬斤於其中，封築完固，填以大石，口門留一穴，以粗竹數丈爲引綫，貫入穴。竹内用大布數匹，包火藥，實之。及期，各軍嚴陣以待。火始入時，但聞地中隱隱若雷聲，約一小時之久，俄而寂然，衆又以爲不發矣，忽聞霹靂砰訇，如天崩地坼之聲，城垣二十餘丈，隨煙直上，萬衆屬目，咸見是城聳入雲霄也。大石壓下，擊人於一二里外，死者數百人，諸軍遂由缺口衝入。時同治甲子六月十六日也。

是時，揚州營參將袁笏庭大升率五百人死守塌口，奮勇奪城，入僞天王洪秀全府，先取其國璽，僅餘十三人生還而已。

先是，咸豐癸丑粤寇之陷金陵也，募得一黔人善掘煤者，掘地道自儀鳳門入。及官軍圍金陵，黔人復在軍中，忠襄使挖地道自太平門入。得失係於一挖煤者之手，異矣。曾文正公既至金陵，修治缺口，鑱石識其處，銘曰：「窮天下力，復此金湯。苦哉將士，來者勿忘。」

方金陵之克復也，李秀成挾秀全子福瑱及一心腹童出奔。福瑱年十五六，以不諳騎，馬復劣，中道相失。秀成與童兩臂滿纏金條，別有金珠重物置於篋，以一騎負之。皇遽迷路，憊甚，小憩方山頂，遇樵者八人來，有識秀成者，問曰：「爾非忠王乎？」秀成曰：「若能導我至湖州，當以三萬金爲壽。」應之，相與下山歸澗西村，因匿秀成於複室中。

八人中有陶某者，欲執秀成獻之，又慮七人不從，將爲所害。以有族人在李臣典營，將往告之。道經鍾山，因至蕭孚泗營，訪其素識之火夫某，語及秀成事。火夫語親兵，親兵告孚泗，孚泗卽使一人留陶，自帥百餘騎往澗西村，執秀成以歸，且盡沒其珍寶，將并殺陶以滅口。火夫陰告陶，陶遁。孚泗竟以獲秀成功，封一等男。越數日，七人者先殺陶，復以計誘孚泗親兵火夫至村，寸磔之。曾文正聞其事，召七人至，詰之，皆自述無隱。文正獎其義，賞以白金七百兩，皆不受而去。

或曰，金陵克復後，秀成從福瑱走南門，馬足受傷，秀成以自乘馬進，曰：「臣老矣，不足惜，主上速行!」以是秀成遂被擒。

秀成既被擒,文正嘗親延之上坐,排日宴飲,尊以賓師。秀成日書其起事始末,可數千字,積十餘日乃畢。文氣浩瀚,字體雄偉。文正閲畢,聚衆傳觀,乃寶藏之,而令幕府諸人別擬,並張宴誌永別。宴畢,秀成退入一室,舉劍一揮,而頭墜矣。臨没之際,其應對仍和平自若,不亢不撓。

或曰,秀成尚有少子,兵燹後賣卜城南。蓋當時已獲而潛縱之者。

或曰,自粵寇卹王洪仁政、干王洪仁玕既偕秀全子福瑱就黄文金於湖州,此後遂不知福瑱之究竟。然仁玕、仁政實挾福瑱以就黄文金,而合爲一股,復自湖州返廣德,越寧國,出昌化。文金死,李遠繼、黄文英繼之,循徽歙邊,從建口趨績溪,由遂安走開化,入廣信,抵鉛山。道瀘溪,向雲際關,竄光澤,而更至石城。諸寇處處相僞以福瑱,官軍亦處處相驚以福瑱也。同治甲子九月九日,官軍蹙之於山谷間,在廣昌、石城之交,繞旁設伏,遂生獲仁玕、文英。二十五日,始聞所俘牧馬小兒之語,獲福瑱於荒谷中。諸俘皆稱爲果幼主,果者,疑詞也。蓋前此江南、浙、贛諸軍以幼主互相紛擾,忽無其人,恐干朝廷詰責,於是授意囚俘,於不知誰何所俘小兒之中,任擇一人而強名爲洪福瑱,更取年僅四歲不知人事之李其祥伴附之,聊以宣布證實。朝廷亦微知之,恐逋寇更僞挾以爲名,而後患永無已時,故謂么麽小醜,不值檻送京師,就磔於市。

或曰,美洲之舊金山有三合會,祕密結社之一也。其第一代始祖爲齊福天,隱號爲三水共合,而以排滿爲目的者也。

初，洪秀全曾遣洪仁玕使美，攷察外事。曾忠襄將克江寧，仁玕挾福瑱赴廣德，遂爲黃文金迎入湖州。仁玕，福瑱胞叔也。時浙軍攻湖州，大勢亟亟，旦夕且破，仁玕謀於黃文金、黃文英、李遠繼、譚體元、楊輔清等，欲令福瑱他適，以存洪氏一線之胤，爲他日恢復之漸。而知國中決不能容身，乃創避入美洲之議，衆均贊成。文金欲挾仁玕往，仁玕不可，曰：「美洲識我者多，恐機事不密。輔王堅忍有急智，盍以屬之。且東王與天王共首事，不可令斯滅無後。」衆又從之。輔王爲楊輔清，秀清弟也。仁玕有一西友，即前導之游美者，尚在左右，金石交也。仁玕以福瑱屬之，資以財賄，涕泣而別，時福瑱年僅十六也。間關道路，屢瀕於險，卒達上海而至美洲。輔清實從，遂爲美洲三合會開幕之始祖。三水共合者，洪也；齊福天者，即洪福齊天，隱指洪福瑱也。

或曰，曾忠襄軍初入城，福瑱逃赴徽境，就黃文金。然卒不達，走死江寧之牛首山，即方山也。牛首之峯爲銳角，忠襄以一礮擊平之，遂成方形，故更名方山也。

或曰，官軍圍金陵時，城中食盡，李秀成等知必不守，與各酋密議，令盡撤守城兵，各城皆不設備，並禁城中舉火，兵卒伏匿僻隘，不許少動。官兵見城無守兵，登臨瞭望，炊煙淨絶，初疑爲詐，仍未敢入。至三日，無聲息，意爲衆皆逃，所餘者空城耳，乃有兩營官兵入城。見路無行人，屋無居者，愈入愈深，伏寇突起，截殺，即脱官軍號衣。令各寇薙髮，冒作官軍，列炬夜出，其未薙髮者，隨之而逃。圍城外各營官軍，以爲入城之兩營復出，不疑其他。嗣見隨後衝出者萬人，乃知其僞，然倉猝間不能截擊，故福瑱幸得逃生焉。

鮑武襄劉壯肅勦捻

同治丙寅冬，捻寇任柱、賴汶光、牛洪、李允等由河南趨湖北，緣道驅脅，衆逾十萬，盤旋德安、安陸間，謀以一枝越襄河躪蜀疆；一枝屯湖北爲聲援；一枝闖武關，聯西捻張總愚。十二月辛卯，松軍統領提督郭松林被圍於沙岡集，受傷突走，其衆大潰。丙午，樹軍統領總兵張樹珊戰死於楊家河。是時捻騎數萬，勁疾慓悍，常以前隊挑戰，別選健騎繞出官軍後路。官軍憑村堡自固，罔敢與遻，捻勢張甚，連陷應城、雲夢、天門。旋棄城去，屯踞臼口、尹隆河，以闚安陸。於是鮑武襄公超總統霆軍二十二營，合萬六千人，劉壯肅公銘傳總統銘軍二十營，合萬人，皆從南陽南下。霆軍由襄樊，銘軍由隨棗，分路進勦，迭有斬擒。

時陝西回黨四擾，官軍又敗於西捻，二寇交訌，鮑疊奉廷諭及大帥疆吏急檄，趣令西征以援關中。然因楚軍敗績，東捻死咋不休，霆軍遂爲所絆，不得西。捻將北趨，遇霆軍，折而南遁，復踞臼口。丁卯春正月，霆軍、銘軍會於安陸，捻走踞楊家垟、尹隆河等處，於是霆軍駐臼口，銘軍駐下洋港，期以庚午日辰刻進軍夾擊。

先是，鮑、劉意氣不相下。鮑自謂宿將，殲勍寇，功最多，劉後起，戰績不如霆軍遠甚，意稍輕之。劉謂鮑勇而無謀，僅一戰將才耳，顧聞其威名出己上，尤邑邑不怡。然此時，鮑志在協力勦捻，無他意也。劉召諸將謀曰：「度我軍之力，可以破捻。若會合霆軍而獲捷，霆軍必居首功，人且謂我因人成事。

不如先一時出師，俟翦此寇，使彼來觀，亦當服我銘軍之能戰也。」乃於庚午日卯刻，秣馬蓐食，由下洋港逼尹隆河。捻隊盡在隔岸，劉分五營留護輜重，躬率馬步十五營，渡河壓之。任柱以馬隊撲左軍，牛洪撲右軍，賴汶光、李允合撲中軍。左軍劉成藻五營先遇捻騎，不能支，敗退渡河。任柱來攻中軍甚急，惟右軍唐殿魁擊退牛洪，來援中軍，中軍亦已敗退矣。羣捻萃於右軍，唐殿魁及其營官吳維章、田履安等力戰死之。殿魁，銘軍之良也，師大奔，捻益縱，渡河追擊，銘軍崩潰。適霆軍以辰刻踐期而來，勢如風雨，張兩翼以蹴捻，酣戰良久，呼聲震十餘里，大敗捻衆。剗毀楊家埄掩船埠、尹隆河捻館數百，生擒老捻八千有奇，殺萬餘，奪獲騾馬五千餘匹。救拔劉及劉成藻等於重圍之中，暨銘軍將士二千人。奪還銘軍所失槍四百桿，號衣數千件，一切輜重軍械，及劉之紅頂花翎，俱於次晨送還劉營。

是役也，銘軍不先期出師，則不敗。既敗，無霆軍救之，則必全軍盡沒。鮑彊自抑，若無幾微德色，劉内慚不可言。自以訾謷霆軍久，邂逅擊捻，一敗一勝，慮爲霆軍所笑，益恚，不能自釋。謀之主文案者，具牘報李文忠公，大旨謂霆軍既約黎明擊賊，未能應時會師，銘軍孤進，初獲小勝，忽後路驚傳有捻，隊伍稍動，不知實霆軍也。官軍抽五營過河，還保輜重，捻瞯瑕來撲，以致大敗。官軍復奮與相持，會合霆軍迎擊，遂獲全勝。李據以入告者如此。蓋歸咎他營，歸功本營，固咸、同間用兵以來數十年之積習，不獨銘軍爲然也。李新握兵符，亦頗慮鮑不秉節度，鮑疏陳獲勝狀，并據實咨李。李已先入劉言，幕府執筆者又稍有揚抑，軍機大臣左都御史汪元方謂鮑超虛張戰功，言盡不讎，彼既愆期貽誤，又驚動銘軍，以致大敗，若科以失機與掩飾之罪，鮑超可斬也。

先是，左文襄嘗密疏言鮑驕橫，已面折之，左方將入關勦回寇，屢請廷旨趣霆軍入關，其意蓋欲朝廷稍摧折之，然後羅爲己用也。汪不省左之權略，頗篤信其辭，又不知鮑實有大功也。故平生遇事，不甚可否，此次持議獨堅，且云不一懲艾，不足儆驕將，同列均以爲疑，乃僅擬嚴旨責之。

鮑自敗捻於尹隆河後，次日，即拔隊窮追，連蹙之於直河，於豐樂河，於襄河邊，殺一萬數千，生擒四千，解散脅從萬餘，拔出難民二萬，縶任柱、賴汶光、李允之妻，追至棗陽、唐縣界。鮑自念破彊賊，救銘軍出險，功高，冀邀褒獎爲榮。途次忽奉嚴飭，方悟銘軍之歸咎也。

會湖北巡撫曾忠襄公奏報軍情，誤謂銘軍所勦者任柱，霆軍所勦者賴汶光，故霆軍勝而銘軍敗。是時，捻勢任彊賴弱，其言與鮑自奏之疏又頗牴牾，鮑憤鬱成疾，引發舊傷，日益危篤，奏請罷歸調理。曾文正時已解兵符，還任兩江總督，聞之，馳書慰解。檄召總兵婁雲慶，乘輪船駛往接統霆軍，并派員攜遼東人蔘往問鮑疾。文忠旋奏鮑功高，請加獎護。曾忠襄亦奏推鮑之功，蓋皆已得文正手書也。於是溫旨稠疊，頒賞人蔘，并令俟疾愈後留勦東捻，暫緩入關。調治數月，疾未瘳，曾乃爲奏請解浙江提督，遣撤霆軍十八營，留十四營，改爲霆峻軍，隨同淮軍勦捻。曾諗知鮑與淮將不能相下，若不令歸休，恐遂一病不起。鮑既歸，則霆軍未必能得力。倘竟檄令西征，則金口之變，前鑒不遠。環顧大局，兼權統籌，不能不如是措注也。

鮑既養疴家居，十年不出。文正別遣大將劉松山率萬人入關，馳勦回、捻二寇，戰比有功。文襄之平關隴、新疆，得松山之力爲多。銘軍雖敗，卹死撫傷，簡卒補伍，峙糧敹械，休養半年，而後用之。文忠之滅東西捻也，銘軍功最。蓋古之將帥，必倚所習用之軍以集事，不自今日始矣。

捻寇中之最黠猾者，以賴汶光爲最；而慓悍善戰，莫如任柱，所統馬隊頗多。方諸軍劃運河而守，捻衆馬步約近十萬，盤旋濟青沂海之間，行蹤猋忽，官軍追逐往往落後，實未能制勝也。一日，銘軍逐捻於安邱、濰縣之交，獲一目曰潘貴升者，訊知爲任柱帳下健兒。將殺之，貴升呼曰：「赦我，我願投誠！」其甥有唐某者，在銘軍作哨官，亦願保釋之。銘傳聞之，乃語貴升曰：「汝能爲我殺任柱乎？」對曰：「能。」乃畀以槍一，曰：「此去若成功而返，賞三品銜花翎，白金三萬兩。如不能，亦不汝責。任汝相機爲之可也。」蓋劉意非望其必成，以爲卽不能成，不過棄一槍耳。貴升執槍馳馬而去，復歸柱，柱信而不疑，仍置帳下。明日復戰，貴升忽以槍擊柱，殞於陣前，縱馬奔向官軍，告劉曰：「我已殺任柱矣！」始猶不信，繼見捻黨不復耐戰，銘軍與諸軍連日大捷，追至贛榆沭宿境內，降捻供稱任柱實死，乃賞貴升如前約。

汶光既哭柱而埋之，其黨震懼，潰散略盡。汶光率敗衆千餘搶渡六塘河，南趨揚州。諸軍水陸窮追，捻至灣頭，手無器械，饑疲已甚，競入民家掠食。會大雨，吳毓蘭偵知其無去路，夜率所部華字兩營會水師急攻之，各勇丁爭取牛馬財物，懷挾甚富。吳恐爲捻所乘，急令撤隊，時已二更，歸營，各釋所負，復於三更出隊。諸捻冒雨淋漓，阻於河水，正徬徨饑窘時，官軍縛之，如執雞豕。生擒賴汶光，淩遲處死。東路捻股遂滅。

馮元佐禦回寇於渭北

馮元佐，陝西世家子。幼失怙恃，性慷慨，好武事，客有以技擊進者，無弗納，家爲之耗。一日，有老僧托鉢於門，面枯瘠，雙眸炯然，馮異之。延入，叩其寺，爲少林，遂師事之。年餘，盡得其術，由是以拳勇鳴一時。

中歲次渭北，從遊者幾千人。其後徙家渭南，學古兵法。同治丁卯，回人倡亂，渭北騷然。元佐急歸，號於衆曰：「有志自衞者，速來！」不十日，得三千人。募財饗士，分其衆爲五隊，以軍法部勒之。夜伏擊回營，焚其十三寨，斬獲千餘人。回大駭，然易其兵少，悉鋭來攻，復大敗。相持數月，回不能踰渭南一步，渭南人民得免蹂躪之苦者，元佐之功也。

時巡撫張某，書生也。以爲可招撫之，數遣使招回。回易之，欲藉以去元佐。乃謂使者曰：「吾輩食毛踐土，具有天良，其甘於起事者，與元佐積不相能也。若爲吾世仇，不可無所報。公欲使吾等歸降，其先去元佐，元佐去，卽率土來歸，非有二也。」張信之，令元佐退軍，元佐堅不可。回聞之，益縱反間，肆飛語，謂元佐擁兵，意叵測。張怒且懼，親詣其營，謂之曰：「吾爲天子命吏，軍旅之事，自有權衡，毋庸越俎爲也。」馮曰：「吾爲此舉，非要譽，非圖利，實欲全我渭南。公既怒我越俎，卽當檄師防賊，奈何一意使元佐退兵？元佐退，渭南之長城壞矣。有死，不敢奉命！」張怒，曰：「汝不聽吾言，一再抗命，豈以吾無尺寸之刃耶？」馮不得已，斂兵屯山谷，張目送之。

元佐既退，回又以張綱故事要張。張率輕騎往，回執之，説令降，張不可，回火而焚之。馮聞耗，歎曰：「張憒憒，徒身殉耳！然其心無他，我當有以信之。」捲甲疾趨，襲回之背，焚其資糧而還，渡河營故處，回不獲逞。戊辰十月，左文襄督陝甘，悉亂事，聞馮名，招之至，與語，大悦。益以兵，使當一面，屢獲捷。左將奏諸朝，元佐謝曰：「某集衆禦賊，爲父老身家計也。張公不察，卒墮賊計，元佐不得已，乃集衆復出，計得瞑張公，敢希利禄哉！」左乃不之強。

陳國瑞勝捻於陳州

同治中葉，捻亂未平，馳騁於皖、魯、豫、秦諸省，陳國瑞勦之甚力，善以寡擊衆。而桀驁不馴，時不受主將節制，甚至偃蹇朝命，一日，爲欽差大臣所劾。時國瑞駐軍豫境，朝旨褫其職，命河南巡撫拿問，解京交刑部治罪。巡撫奉旨，欲往逮國瑞，恐其不受命，急且生變，迺集司道會議，僉曰：「此人不可犯也。」皆侷儴無策。

有薦參將撒士忠者，曰：「此人勇，與國瑞有舊，試召而與之謀。彼若願往，事乃有濟。」巡撫從之。士忠者，以捻首降官軍，積功保至參將者也。既謁見，語以故，且就商焉。士忠難之，曰：「他人吾無懼，若陳大帥，則吾爲捻時，爲所困者屢矣。然公等有命，某不敢不往。苟有不測，敢以妻子爲託。」巡撫允之。撒攜精卒三百人而往。將至陳州，見國瑞策款段而至，意態閒雅，從親兵百餘人。撒以軍中屬禮見，俯伏道左，卑抑殊甚。國瑞下騎答禮，且勞之。詢何由至此，撒蘧然，謹對以「中丞欲請大帥共商軍事，故命某前來，恭迓虎節」。陳笑曰：「非迓我也，乃逮治我耳！吾旦夕自投到矣。」撒默然。國瑞又曰：「今且勿行，入城稍休！」遂各率其衆入陳州城。

時日猶未中，陳州太守出迎，偕入署，待以上賓禮，設宴相饗，儀甚恭。酒酣，忽於座上大言曰：「捻匪某支某隊若干人，於明日某時來犯此城，若等知之乎？」時絶不聞有此種消息，但捻匪往來蹤跡素飄忽，又不敢不信，則大駭。戰守一無可恃，實亦不及備，太守焦急無策，迺跽於國瑞前求助，且曰：「此城十萬生命，惟賴大帥一人耳！」於是國瑞掀髯大笑曰：「吾固知非乃公莫屬也。若毋慮！吾以被罪之人，本不欲過問，君待我甚摯，吾當盡力殺賊，以救一城生命。」太守拜謝，且問有所命否？國瑞曰：「殺賊，吾任之，若且多備酒食，令吾衆果腹，則君事畢矣。」太守敬諾。

終宴，日方旰，國瑞顧謂撒曰：「明日有事，吾儕盍早睡。」撒從之，同室而卧。寢未久，國瑞已鼾聲大作，撒且信且疑，不能成寐。未久，聞國瑞呼曰：「吾儕可起矣。」時初更，出視國瑞之衆，已食竟不見。國瑞令三百人速食，而己亦醉飽盡量，共食畢，將三更，令撒率三百人出城。行約十餘里，止焉。復令三百人圍爲圓陣，撒居其中。已下馬，休於樹下，且曰：「若等苟有所遇，慎勿驚！且勿稍離原位，違則必死。」時上弦，夜深月黑，星光閃閃。百步見人，隱約有百餘衆，若兩手各持一物者，羣伏於地，静默無聲。僅有一人，與國瑞隱語相問答者一，始知卽國瑞之衆在也。此外，四周則絶無所聞見。而撒之疑慮仍不稍減。

天初辨色，見遠處微有塵起。未幾，復見人且騎之形，果捻之馬隊至矣。來者百餘騎，就所駐之地繞行一周而去，國瑞與其衆熟視若無覩。又未幾，見塵埃大起，捻步馬大隊至，不辨人數，國瑞揚手一揮，百餘健兒均各持一矛一刀，迅速而前，疾若飛隼，瞬忽不見，已突入捻陣中。但見捻隊立時擾攘殊甚，倏分倏合，縱横盪決，欲前而又卻者三。相持兩時許，捻匪猶不退，百餘健兒尚未出。此時國瑞亦惶恐失色，詫曰：「兒輩受傷矣！」仍囑撒等毋妄動，躍馬馳入捻羣中，倏見馬倒人死者相繼。遥覩一乘馬執旗賊受刃摔下，蓋捻首也，匪衆遂大亂，遽回身奔竄潰退，遺屍二千餘具，斃馬八百餘匹。國瑞亦偕其衆出，僅死二人，傷者十餘人，餘均無恙。然自首至踵，恍如浴血，取衣揉之，血水且縷縷也。於是太守率父老子弟郊勞，拜於馬前，謝卻敵全城之功。沿途焚香炬燭，迎之而入，國瑞亦俯仰大樂。太守以其功申之巡撫，上於朝，免革職拿問之命，賞還原官原銜。

左文襄平新疆

光緒戊寅，左文襄公宗棠平新疆。是役也，以老湘營爲首功，故提督劉忠壯公松山舊部，其猶子新疆巡撫錦棠所統者也。

錦棠亦將才，有權略。嘗與將軍金順等擇地度歲，歌舞酣宴甚樂，而密使四出偵賊所至。既元夕後，謂將軍曰：「吾輩樂亦甚矣，曷一出勦賊！」率師即日行，不數日，大捷聞矣，而將軍等方集麾下，議論未定也。故改建行省諸大政，文襄粗立其基，經營部署，率錦棠成之。

左文襄出關以後，無大戰事。老湘一軍，號稱無敵，實著績於甘、涼一帶。

滇粵出師越南

廣西流匪輒走鎮南關外，值越南政苛，奸民從而和之。凡越屬毗連中邊地方，各據地爲雄，股數甚多。中、越會勦，無歲無之。文武將吏，利有保奬，亦不欲其根株淨盡，駐師邊上，觀望而已。光緒壬午，法人攻破越之東京，張佩綸以詞臣上封事，有滇粵三省水陸會師之議。詔下海疆督撫妥籌復奏。合肥張樹聲時督兩粵，從而申明其説。遣廣東水師出欽州，廣西陸師出太平、鎮安兩府，滇省陸師出蒙自，均至越南海防、宣光、諒山等縣，以爲聲援。仍假勦流匪爲名，以預杜中、法釁端。

越將劉永福者，本以邊匪入越受撫，官三宣提督，有衆三千，據保勝水陸要衝。嘗遇法將安得利探路輪船，截殺無遺，中外以爲異人，思借其力以寄藩籬。特簡岑毓英爲滇督，唐烱爲滇藩，徐延旭爲桂藩，資以集事，而三省會師之議行矣。滇師强弱不敢遥度，廣東水師乃紅蛋艇船之類，僅供捕盜，小輪船不禁出海。提督吴全美曾陳明未堪戰陣，駕駛員弁於風沙水線均未熟諳，以禦西洋兵輪，固兒戲矣。廣西陸師經營多時，淮將黄桂蘭、湘將趙沃分統二十營，兩路扼紮，直入越南各境，額數頗虛，餉項至薄，制流匪則有餘，當大敵則不足，路人固皆知之。然廟謨既定，中外從同，亦不暇切實考尋。此開邊之始也。

當永福之據保勝也，綰要設卡，收税以自封殖，本無爲越禦法之志。而法將探路遇害以後，頗有戒心。中外雖議借其力，然亦未有以發也。灌陽唐景崧奏陳邊事，奉旨交滇督差遣，滇督尼止之，而唐已先期至粤，謁署督曾忠襄公國荃，以招用永福自任。忠襄資以行裝，由海道繞赴劉營，曉諭大義，責令出兵。會法人連破河陽、懷德等府，越事日急，滇、粤兩路之師均已前進，永福遂至太平一帶，與桂師聯絡。時忠襄已奏陳始末，准留唐桂省差遣，即監視永福軍事。

未踰年，法兵大起，滇、粤之師退保邊境，永福亦徑回保勝。其於保勝之挫法將，實恃地勢。又其時法將探路，隨兵無多，且不意有中途之刼也。

三省會師議起，越南西南諸省久爲法人所據，移都東京，私與訂約，疆吏實未過問。倉卒興兵，至海疆數省震動潰喪，耗費帑金二千餘萬，卒并越南藩屬付之法人矣。

王鎮邦與法人戰於河口

河口失守一役，主動者爲攻鎮南關之遊勇，助動者爲安南境内外之革黨，而實發其動機於十六七歲之一童。童夙爲河口督辦王鎮邦所寵愛，後厭棄之。童大恚，時至各營，言王督辦富藏金，遂聞於蘭溪河南盤踞山中之祕密社會，發其素蓄之軍械，乘夜渡蘭溪河，潛伏鎮邦署之附近。署在山巔，前臨蘭溪河，後臨紅河，地少瘴癘，與兵營不相聯續。時安南總督偵知之，遣使告鎮邦，勸其繳械納降，王不允。送法人出，與之戰，山下排鎗紛集鎮邦之身矣。童首先登山，梟其首。遂進下蠻耗，規圖蒙自。後以軍械不足，始遭擊而退。

劉壯肅勝法人於基隆

光緒甲申，法人擾臺北，提督劉壯肅公以巡撫銜奉詔督辦臺灣軍務。閏五月，抵基隆，法人來犯，毀礮臺，劉以我國無軍艦，海難制勝，欲誘敵陸戰，俟其登岸，迎擊之。六月，率曹志忠、章高元、蘇德勝、鄧長安四提督與法人戰於基隆。

是役也，死法軍官三人，法兵百餘，奪獲旗幟二面，槍數十桿，帳篷十餘架。又以滬尾離臺北三十里，離基隆八十里，兵力單薄，恐後路稍疏，則基隆之兵不戰而潰，於是朝戰勝，夕即退軍入山後，使法人聚於基隆，則沿海邊境，不至處處窺伺，其形似弱而其策萬全。後法人三犯滬尾，皆受創而遁。滬尾守將孫開華亦善戰，劉既退回淡水，則策應滬尾益靈。然礮臺既毀，全恃兵卒血戰，故猶相持至八閱月，而孤島獨全。

是時馬江已挫，匯利、萬利、華安三船皆不克濟師，劉卒能盡力支持。十二月，法人又增兵犯月眉山，拒戰五日，法兵皆服雨衣，更番迭進。我軍力薄，無可更換，各將士皆忍飢冒雨，月眉山卒得保全。

章高元勝法人於基隆

章高元爲淮軍後起名將，髮捻諸戰，功績至偉。法、越之役起，光緒甲申正月，以淮、湘軍各千名渡海守臺灣，署臺灣澎湖掛印總兵。六月，法兵攻基隆，守將孫開華戰既不利，基隆遂陷。時章所部僅二千兵，分防各地，在麾下者五百耳！聞耗，誓於所部，率以進。將抵基隆，復戒其衆曰：「國土失陷，吾將兵者之恥也！與諸君約，今夜必復基隆！若及明而不復者，吾寧自剄，不與諸君相見矣。」

章爲鎮將多年，不營私殖，所得財，悉以養死士，故深得士心。令既下，士卒咸鼓勇而進。將抵礮壘，使部將李世鴻、章保勝分兵由小徑抄其後，章則率兵士百人，提刀直擊法營，途遇邏者，縛之而前。此時法兵忽覺章來襲，鎗礮如雨，海中法艦復以大礮榴彈擊章軍，章之帽簷被礮彈擊去其半，左耳受礮震，終身失聰。然是時袒臂大呼而進，不用鎗礮，挺短刃，直斫法兵，法兵大敗，死者二千餘，折其兵官二人，餘衆鳧水逃入艦，艦於夜中引去。

時他將聞章短兵進戰，咸震慄失色。遲明，率兵來援，則見基隆早易法幟樹章幟矣。

寧裕明王德榜勝法人

光緒甲申，法使福裕諸將回國，言於李文忠公鴻章，謂將派兵巡越南。文忠未上聞，奉旨申飭，而法人旋以巡邊爲名，攻越南之諒山。粵督張樹聲、滇督劉長佑暨沿江沿海督撫聞警，各徵兵出廣西龍州之鎮南關爲中路，桂撫徐延旭督師諒山。樹聲所遣提督黃桂蘭、董履高等多淮軍，延旭所用黨敏宣、陳朝剛、陳得貴等皆廣西人，延旭倚桂蘭，俾盡統諸軍，凡四十二營，當前敵，駐北寧，自統二十餘營爲後路。桂蘭在北寧，日夜酣酒，奪民女，恣爲荒淫，軍無紀律，越人痛恨之。

教民某賄敏宣，請給軍裝助戰。敏宣白桂蘭，從之。教民遂助法攻我軍，我軍潰。延旭逮問，朝命潘鼎新代之，以布政使王德榜署提督，代桂蘭。且以敏宣退縮，得貴首失扶良礮臺，命悉斬之。敏宣，桂蘭之營務處也，猶領三千五百人屯諒山，合所節制者計之，尚二萬餘人，得貴亦領千人。德榜懼其叛，祕不發，令部將寧裕明往誘之。裕明挈幕僚一卒一騎而往，迎敏宣，聲言籌軍食，邀與同往大營。敏宣隨入關，遽就縛。搜其身，得已上藥之雙響手槍二，遂斬之，並斬得貴。得貴抗稱退礮臺實奉將令，裕明復詰其尅扣軍餉，始俯首就誅。桂蘭夜餌金死，朝剛亦當斬，亡命走。

是役也，善戰者首推裕明。裕明，衡陽人，初在劉武慎公部下。甲申春，淮軍敗，廣東陸路提督楊玉科領廣武三營屯觀音橋，調裕明領右營。閏五月丙午黎明，法軍自郎甲進攻觀音橋，橋南北皆山，北嶺尤峻，萬葉率四千人屯橋南，裕明從玉科，與提督王洪順屯橋北。薄暮，萬葉戰敗，退俯北嶺而陣。法軍從之入，裕明亟出萬葉後，登北嶺絕頂，發礮下擊，別伏兩哨於山之左右麓，橫截法軍。法軍悉力禦嶺上軍，不意山麓之驟出伏兵也，大驚，潰走，諸軍窮追之。至郎甲，殲數百人，於是法人始有求和之舉。

洪順者，亦淮軍良將。率所部屯山下平地，幾爲法軍所乘。然不以萬葉之敗退而少卻也，萬葉部伍亦井井，卒能轉敗爲勝。會奉電旨令退師，毋礙和議，我軍退入關，法人約退東京，乃止退北寧。裕明以法人詐和，宜乘機進兵説玉科，旋奉旨派員潛赴敵境偵探，遂以屬裕明。六月乙酉，裕明發觀音橋。七月癸卯朔，歸龍州。説鼎新宜進兵，於是遂決二次大舉之議。

八月庚寅，我師敗於郎甲。其地南距諒山十五里，北距觀音橋八十里，東船頭、西太原各百里。先是，越南教民犒軍，報法人且至，提督方友叔答曰：「我械未集，壘未固，未易速戰。」教民去。不二日，法兵大至矣，倚森林以自蔽，我軍不知也。黎明，忽聞礮聲，友叔以爲兵勇打冷礮也，俄而開花彈落營中，十餘人被炸死，始大驚。時築壘未畢，士卒方就食於空村，提督周某率二千五百人而疾奔，友叔亦率千人從之，法人乃圍玉科營數十重。

初，裕明令軍中：「即不戰，亦戒備。」故獨整暇。至是，則憑牆發槍，法人死傷如積。牆猝倒，則令親軍三百人且戰且掘坑。及暮，法人數萬衝突數十次，卒不得入。左右促裕明出，裕明回顧，則積尸縱横，裹入法兵中，不見一援兵，望玉科中軍，圍尤厚，乃曰：「戰死槍，走亦死槍，寧戰死耳！」左右曰：「統領猶在。」裕明曰：「即出，亦必殺敵！」時已曛黑，裕明口銜匕首，右手縱火彈，左手持馬刀，馳而斫。左右二百餘人亦隨而馳斫，法兵皆披靡，竟入中軍。玉科從者數十人，方據內濠力戰，裕明乃衞玉科出，士卒又死五十人，傷四十餘人。是役也，玉科懲敏宣前事，拒教民不見，而友叔不知教民爲法諜，語以實，遂及於敗。我軍死千餘人，然法軍死者亦相當。

乙酉正月，諸軍以諒山失守，退屯關内。玉科駐文淵，猶在關外十五里也，距法軍所駐，僅五里耳。己酉黎明，法軍進犯，裕明以當前敵，陣中嶺，左嶺以徐占魁當之，右嶺以廖應昌當之，玉科督戰，駐大塘嶺。俄而礮傷占魁足，遽返，應昌懼而亦奔。裕明率師力戰，而法兵遽從右嶺入，玉科遣提督劉思河率中營親兵助裕明。思河手馬刀，裕明使棄之，思河乃蹲而發槍。方燃火，思河已爲礮彈穿胸矣，玉科之頭太陽及腹亦中傷，死矣，裕明不知也。方遣紅旗索子藥於玉科，紅旗返，報玉科陣亡，裕明痛哭曰：「主帥死，我何生爲？諸君不能戰者行，否則請隨我，爲主帥復仇！」衆皆願從死。裕明乃率之衝法軍，擊殺一軍服有五金線者，蓋上級軍官也。俄有彈中裕明，洞右頰，裕明猶持刀，督軍士前進。從者曰：「大人戴花矣！」戴花者，軍人隱語，謂中彈也，掖以行。裕明怒，謂死亦當在關外。從者紿以主帥未死，乃強舁入關。

二月戊寅，法人陷關前隘。隘北五里曰小南關，其地有三山，馮子材所統十營在焉。山上營三，山下營七。法人遽出奇兵，趣鎮南關東嶺以來襲，礮聲如雷霆。裕明方養創憑祥，聞之，裹創飛騎，自山北衝上，手馬刀亂斫，法人披靡，於是諸軍相繼登。

德榜屯油隘，遣都司陳得勝間道赴援，自張疑軍待之，並潛率精鋭扼要地。別築土墉爲障，三小時而事集。法軍望見我疑軍也，以爲主將中堅所在，即發鎗礮力攻之，鋭不可當。歷一小時許，見我不回擊，乃以騎偵之，知爲空壘，遂分軍爲二，鼓鋭以進，兼取包抄搜索之方略。德榜躬率一隊至，直向法軍挑戰，法軍乘之，德榜乃退至障畔，戒所部曰：「法人勢雖鋭，難持久，當以忍勝之。」遂令軍士伏障下，不輕發鎗礮。此時彈如雨，德榜草屨布服，坐土墩，從容指揮。及見法軍氣將竭，乃發令曰：「可出戰！」遂風馳而前，以鋒刃相接。此時他隊伏軍備夾擊者，亦突至法軍陣後，法軍出不意，大敗奔北，死者數千人，遂獲全勝。是役也，法兵萬餘，而德榜所帥偏師不乃三千，殺敵數千，我軍死傷不及百也。

或曰,鼎新總兵權,而遇敵即退,兩日夜馳數百里,遁回南寧,法人躡蹤而來,鎮南關遂失守。鼎新復詭詞入報,謂子材、德榜兩軍不聽調度,坐視不援,致有此敗。廷旨著將馮子材、王德榜軍前正法,幸督辦廣東防務彭剛直公玉麟、兩廣總督張文襄公之洞悉其寃,合詞電奏,謂鼎新調度乖方,且力揭其隱,由是廷旨褫鼎新職,子材、德榜釋不問。德榜軍方在關外,聞詔,益奮勇效命,截擊法兵,法軍卒潰,乘勢追逐數百里,殺戮敵軍官及獲馬匹糧食無算。

張春發勝法人

馮子材、蘇元春、王孝祺等與法人戰於鎮南關外也,其初固常敗,而後之反敗爲勝,實出於張春發所率之三百人。春發者,孝祺裨將也。孝祺初與敵戰,屢失地喪師,節節退守,已奉褫職拿問之諭,尚未離營也。潘鼎新不知軍事,始令孝祺營於某所,既而更之,一日九易其地。孝祺不知所從,則窘甚。適子材奉命督師,率所部來會,孝祺迺距子材營若干里而駐焉。

大戰鎮南關之日,將戰,孝祺聞有槍礮聲,令春發率三百人巡哨。行經大森林,忽聞人馬鼓角聲甚盛,知他隊敵兵且大至,懼甚,迺令此三百人者匿於林中,以俟其過。時兩軍前敵已開戰,法軍預調別隊二千人及大宗子彈由間道前往濟師。見森林,懼有伏,不進。張匿林中久,既不聞聲,以爲法軍過且盡,亟欲返命,率衆奔而出,猝遇法軍,驚且愕,當時進退皆不可,張顧謂三百人曰:「今日戰,死。不戰,亦死。然力戰,或可不死。且敵人欲進而反止,是中餒也,不如因其餒而乘之。」三百人哄應曰:「然。」

則一鼓作氣，逕前搏戰，衝其中堅。法軍之行也，氣張甚。及遇林而疑，既稍稍衰矣。又不備即有戰事，突見春發衆奮勇前，猝不知多寡，大駭，以爲果遇伏中計。彼此距離近，礮彈無所施，氣愈竭。三百人者，東馳西擊，短刃相接，法軍陣動而潰，死傷過半，子彈盡爲春發所有。乘勝前進，於是前敵戰正酣，我軍氣益發揚，拒戰益力。敵知別隊已失利，子彈告罄，接濟又絶，兵氣大渙，遂大敗，並摇動大本營，一日夜，退百數十里。於是我軍大勝於鎮南關，即日克復諒山。

馮子材勝法人

鎮南關之役，馮子材督兵力戰，遂獲大勝。先是，行軍屢失律，盡喪關外地，桂邊亟亟。時張文襄督兩粵，請於朝，命馮子材督師，率舊部援桂。文襄與子材結爲兄弟，臨行，文襄設宴，以金卮三，跽而酌子材，且曰：「公飲此，以祝公勝利，努力殺敵！不然，無相見期。」子材飲盡，謝曰：「此行不勝，無面目見公！」遂行。

鎮南關在兩山之間，子材與某將各踞一山，中築長牆以爲守，蓋猶舊法也。子材初練有藤牌隊數百人，皆百戰精卒，待之素厚。將戰，隊長請於子材曰：「法軍槍械殊利，若與之礮火相見，勢必不敵。盍先以藤牌隊衝其陣，而後以大軍繼之？果得近身搏戰，則吾事濟矣。」子材嘉之，且曰：「若毋怯乎？」對曰：「平時受公豢養之謂何？今事亟矣，吾儕有不循是而行者，當自刎以謝。」子材曰：「敬諾。」及法軍來攻，子材初令軍中伏毋動，藤牌隊均踰牆下，瞬息不見，已入法軍矣。踰時，見法軍陣微動，槍聲稍稀。相持一時許，無耗。子材恐藤牌隊有失，令軍士亦踰牆出戰，法軍以槍礮猛擊之，不能前，勢殊迫，將卻退。子材見之，急踰牆出，某將從，公子輩力阻，不聽，亦隨之出。子材布衣草履，持刀陣前，並手刃退卒數人。軍士見大將親臨督戰，爭先效死。會法軍中堅大動，甚囂塵上，馬倒人死者甚衆，知藤牌隊已得利，我軍益前，殊死戰。法軍彈罄，接濟不至，遂大敗，死傷數千人，乘勝復諒山。法人既受此創，自谷松而威坡，而長慶，而船頭，由北而南，日夜退走。我軍將士額手相慶，謂北圻、東京可冀恢復矣，而孝欽后忽詔令停戰。至四月，越南且爲法有，而我失藩屬矣。

張佩綸與法人戰於馬江

光緒乙酉中、法一役，督兵者爲豐潤張佩綸。張初爲御史，貧甚，至不能具炊，京人稱之曰「黑都老爺」。以疏劾李文忠公，名震都下。且好大言，遂有知兵之稱。及中、法釁起，羣以爲非張督兵不可，乃被簡。既至閩，綸巾羽扇，談笑自如。諸將請備戰，則卻之，笑而言曰：「君等且弗喧，自有奇兵勝之。」及法人貽書約戰，置不答。至期而法進兵，諸將大懼，請方略，則命記室書「免戰」二字於木牌，令懸座艦之檣。法人大發礮，兵敗，張棄艦，足不及履，乘小舟而逸。事後語人曰：「法國人果知兵者，何并免戰牌而未之識耶？」閩人於其遁走之地，磨崖鐫大字，曰「張佩綸隻靴逃至此」，蓋羅星塔石上也。

先是，閏五月二十一日，法軍有兵船一艘進港。二十四日，其水師提督孤拔座艦又進口，泊羅星塔上流。自此以後，日有一二船至，至二十八日，共得八艘。而我船之在港内者，僅六艘：曰揚威，曰福星，曰藝新，曰琛航，曰福勝，曰建勝，駐船廠者惟陸軍四營而已。其後又得濟安、飛雲、伏波、振威、永保等五艘，增調閩安平海師船八艘，翦鎮炳南礮船十艘，添募陸軍數千。相持匝月，至七月初三日而難作矣。

是日晨，法船升火起椗，學生魏瀚倉卒馳告，而法人已牒告未刻開戰。佩綸大恐，遣瀚向孤拔乞緩。比登舟而礮已發，我船猶未起椗也。三船在羅星塔下流者，先被擊沈，振威管駕許壽山死之。其在羅星塔上流者，揚武先沈，管駕坐舢板而遁。伏波、藝新隨之，福星欲斫椗赴救，已不及。法軍礮彈如雨，福星管駕陳英屹立望臺，傳呼開礮，其僕請曰：「伏波、藝新已駛向上流矣，我船亦宜相機行事。」英瞋目曰：「爾欲我走耶？」叱之退。遂令於衆曰：「今日之事，有進無退！我船既鋭進，當有繼者，安知不可轉敗爲勝？」於是鼓輪掌舵，貫法陣而前，開邊礮左右擊。惜礮小，未能中法艦要害。我船雖被彈，而尚無大礙，復在下流裝足子彈，貫敵陣而回擊之如前。隨其後者，雖有福勝、建勝二船，顧小而行遲，僅遥爲聲援而已。福星至此，遂成孤立之勢。孤拔見之，乃以三船合圍，管駕陳英中彈殞於望臺，三副王漣開礮奮擊，亦被彈洞胸而死。船上尸骸枕藉，而猶力戰不退。迨火藥艙中彈，軍士始紛紛赴水，船額配九十五名，存者僅二十餘。是役也，誠可謂血戰矣。

福星既沈，建勝亦被轟沈，管駕林森中彈殞。福勝督帶呂翰亦及於難，蓋呂方在其船也。是時全隊盡歿，僅餘福勝一船，船尾已受彈火發，而尚燃礮猛擊。管礮翁守正發數鎗，殪二法人，彈貫其胸而踣。管駕葉琛方在望臺指揮，忽一彈飛至，貫其頰，仆矣，復躍而起，傳令裝礮，彈復集其脅而亡。於是全船所存，僅學生二，船亦沈半截。二學生見孤拔方植立督戰，乃從容裝藥，瞄準孤拔而擊之，殪其左右二人，孤拔亦受傷。計各船管駕力戰陣亡者，共四人。

或曰，有徐某者，上海人，年十歲，失怙恃，家貧，流爲丐。丐中之強有力者多欺之，以故不慣與羣丐伍。夜無所歸，恆號泣於天主堂前，法教士哀而收養之。徐固世爲教徒也，命之讀，琅琅上口。性穎悟，不數年，通法文，教士愛之。返國，攜以去，使入中學校。及中、法戰時，教士攜之入軍，隨孤拔來寇，因利徐以謀我焉。

徐居軍幕，爲虎作倀。孤拔率兵艦寇臺灣，知福州防禦嚴，不利深入也，徐曰：「福州艦小兵懦，長驅直入，不足敵也。」孤拔頷之。笑問教士曰：「徐，華人也，保無意外乎？」教士曰：「徐家世奉教，依吾爲生，庸何傷？」翌日，徐又謂孤拔曰：「臺民強暴，恐將不利於將軍。」孤拔然其言，將輕舵西駛，先鋒已報失利，急鼓輪向福州行，窺馬江。福州水雷艇數十方防堵海口，孤拔以遠鏡窺我軍，乘未備，發礮先擊。我軍亂，不及整師，倉皇出，法軍礮彈紛至，已洞穿我鐵甲，漸下沉。徐又乘機語孤拔曰：「必盡殲之，毋貽他日憂。」又連發數礮，而我軍僅一艘矣。有一軍官躍出曰：「我軍還擊固死，不還擊亦死，何可束手待斃耶！」強令發一彈，中孤拔腰，立仆。法兵見主將被創，已停戰，徐仍促之還射，我軍遂全沒。

孫開華勝法人於臺灣

孫開華，字賡堂，湖南人。咸、同間，從鮑超轉戰楚北、江南、江西，有功，累遷至總兵。光緒初，調臺灣。甲申，法人來犯，時督辦臺灣軍務者爲劉銘傳，劉故淮軍宿將，多謀能斷，部下將士皆精鋭善戰。劉知孫可大用，令守淡水礮臺。

劉嘗於酒半語客曰：「吾有四提督一總兵，謀勇兼備，何憂敵之不破，功之不成哉！」四提督，謂曹志忠、章高元、蘇德勝、鄧長安，一總兵謂孫也。既而孫以火藥不足，不用大礮，令軍士盡伏臺後。法兵官從鐵艦開放大礮二百餘門，臺上寂無聲息，相戒不稍動。法人以爲我守兵已潰走，立放舢板，驅兵登岸。伏驟起，奮勇直進，肉薄移時，斬級數百，呼聲震天，法人驚出不意，入海死者不可悉數。擊沈舢板四，軍中莫不稱賀。孫曰：「敵雖經此鉅創，然心不甘服，必且復來。吾等防務不宜稍懈，如有解甲休息者，罪以軍法。」未幾，法人謀襲擊，孫率士卒，賈其餘勇，冒死抵禦，三戰三捷。法人懾其威，自是遁。

孫強毅而寬和，得士心，故能搴旗斬將，力遏凶鋒，相持數十日，而淡水卒無恙。當時無水師以爲援助，而礮臺軍械又遠不如敵，乃竟能轉敗爲勝。劉奏陳戰績，擢福建陸路提督。光緒癸巳，以疾卒於淡水。舉殯之日，士民爇香會送，至爲泣下，亦有繪像以祀者。

張李成與法人戰於臺北

張李成，臺灣內山人，美風姿，操俳優業，媚目巧笑，傅脂粉登場，初不審其爲勇士也。光緒乙酉，法人攻臺北，觀察李某以劉省三中丞命，練土兵拒敵。張忽舍所業應選，李呼張小字曰：「阿火，汝胡解兵事！」張慷慨言曰：「火生長是間，不欲變服飾爲西人奴也。」山中善火者可千人，招之立集，善獵能鎗，可應敵。李善之，易其名曰李成，謂李氏所成就者也。時擢勝軍二千衆，屯滬尾礮臺坡，李成則率新卒五百，分爲兩隊，承其後。擢勝軍一與敵接，立敗，張以二百五十人出，散髮赤身，嚼檳榔，紅沫出其吻。時潮上，法人争以小船抵坡下，坡上草深没人。此二百五十人者見敵皆仰卧，翹其左足，張趾架鎗以待敵。敵近，二百五十鎗齊發，法人死者百數，大駭而遁。山後復出二百五十人，作圓陣包敵。時潮落舟膠，有巨賈購得法華戰事股票，從軍觀勝敗，時亦陷足泥中。船上張白麾，請以金贖，張不可，作俳優聲曰：「吾不欲仇人金也！」殺而烹其尸。

李世鴻與法日戰

李世鴻，字海珊，合肥人。夙秉母虞夫人訓，明大義，死綏蓋平。時母猶在堂，前一夕，手書戒子，不以生還爲念，僅屬善事祖母，求自立而已。咸豐己未從戎，時粤捻兩寇已熾。克復壽州、六安之役，與焉，積功至守備。同治甲戌，臺灣與日本人鬨，從福建提督前往鎮撫。由竹坑山進兵，收復大龜紋溪、内外獅頭等番社，擢都司，加游擊銜。内渡，駐軍江陰，督建礮臺。光緒癸未中、法之役，防堵臺南，援臺北。嘗夜半率兵，由菱山繞小路攻敵後營，踏破之，奪還礮壘，獲法軍旗器械。法人攻滬尾，守軍幾潰，復赴援，傷敵無算。和議成，擢游擊，守臺南，辦開山撫番事。丁亥，總兵章高元赴山東，初檄管帶廣武營。壬辰，移駐青島，督建礮臺，未就。甲午，日本在朝鮮與我開釁，章援旅順，世鴻幫統新募福字兩營。未出，旅順陷。時日本海軍方逡巡渤海，不易渡，乃率師冒險，由登州茅家口乘海舶，往大營口登陸。宋忠勤公慶檄守蓋平，爰相度形勢，以牽馬嶺爲要隘，設戍甫定，日本將率軍來襲，戰屢勝，殲敵不可勝計。敵還攻析木城，宋仍檄守蓋平。一夕，敵麕至，楊壽山守東北隅，李仁黨守東南隅，世鴻守西南隅。西南當敵之中堅，兩軍交綏，敵忽向偏東抄擊，而東南敵亦猝集。時我軍不及八營，敵馬步兵數萬，彈丸如霰，東南隅陷，仁黨死之。東北隅繼陷，壽山死之，西北隅遂孤立，矢盡援絕，猶抽鞾刀搏戰，剸數人，衝入敵陣，世鴻死之。時光緒甲午十二月十五日也。同時陣亡將校凡二十餘人。

唐景崧遣將與日人戰

光緒甲午，朝廷以臺灣割讓日本，臺人不懌，自立民主國，舉護撫唐景崧爲總統，以邱逢甲副之。而日本所任臺灣總督樺山資紀知臺人之反抗也，率師來攻。先攻基隆，景崧命吳國華守三貂嶺，復命營官包幹臣馳往助之。偶與日軍偵探隊遇於途，奮勇擊之，斃日兵官某，日軍大潰。幹臣適馳至，遽奪日兵官首級歸，冒爲己功，報大捷，吏民皆賀。國華方追逐日軍，忽聞幹臣奪己功，大憤，遽舍日軍回兵追幹臣。日軍瞰之，亟返旆，遂奪三貂嶺。時基隆危急，分統李文忠等會師援之，日軍已密布，文忠等屢戰皆敗北。景崧復命黃義德屯八堵爲後援，逢甲乃請於景崧遣他人代之，景崧弗許。義德至八堵，聞日軍勢盛，膽幾喪，遽舍八堵，馳歸，詭言獅球嶺已爲日據，八堵逼近敵營，不能駐軍。日人懸金六十萬購景崧頭，故亟馳歸以防内亂。逢甲知其詐，面斥之，景崧莫敢詰。其實獅球嶺尚未失，自義德駛歸，其地空無一兵。翌晨，日軍遂不折一矢而得之矣。

是夕，義德所部軍索餉，大譁，逢甲請斬義德以謝臺民，並嚴懲一二亂兵爲首者，景崧不從。逢甲歎曰：「禍患之來，迫於眉睫，尚不能整飭軍紀，徒畏葸遊移，坐令譁變，天下事尚可爲乎！」次日，城中聞日軍將至，相驚擾，軍士蠢蠢有變志，景崧束手無策。薄暮，潰兵争入城，沿户淫掠，客勇、土勇互相鬭，積尸遍地。中軍護勇爲内應，總統府火發，光燄燭天，景崧大駭，亟微服，挈一子而逃，妾易男服隨之，雜難民中出城，疾附英輪至廈門，置臺事於不顧矣。逢甲聞之，哭曰：「吾臺其去矣！誤我臺民一至此極，景崧之肉其足食乎！」時游兵淫掠無厭，居民遷避一空。逢甲急舉義兵，然府庫軍械盡入游兵手，義兵勢不支，大敗，逢甲孤身遁鄉間。游兵大掠三日，日軍尚未至。德商畢狄蘭以書告日軍，乃從容以兵來收城。逢甲收拾散亡，義師復集。聞日軍至，伏於途而擊之，顧日軍勢張甚，逢甲又大敗，全軍盡喪，逢甲僅以身遁，復匿於鄉，臺北遂爲日有。是時劉永福尚堅守臺南，日軍攻之，數月不能下。逢甲思往依之，道中梗，不能行。而臺北已陷之城邑，聞臺南義聲，咸躍躍思奮，逢甲復與之約，定期起兵，圖恢復。爲日軍所偵知，防備周密。日軍復以臺灣自主事爲逢甲所首倡，嫉之甚，嚴索之。逢甲竄身深箐窮谷間，幸脱於禍，而恢復之志不稍替。未幾，永福力不支，臺南亦失守。逢甲知大勢已去，乃亦痛哭而行，臺灣遂亡。

孫子堂與日人戰於臺灣

孫子堂爲賡堂總兵開華之子，好讀書，不求聞達。時究心戚繼光兵略，賡堂詔之曰：「吾自從軍以來，大小百數十戰，其中布置得諸兵法者十之四，參以己意者十之六。蓋泥古而不知變通，未有不致敗者。爾能研究古兵略以求其變，按之時勢以爲其通，用兵之道，不外是已。」子堂謹受教。

光緒甲午，中、日釁起，海陸軍屢戰屢北，乃割遼東半島、臺灣、澎湖以和。臺人不肯讓，知子堂爲名將之後，深諳兵法，遂推爲義師首領。子堂奮袂起曰：「國家土地，不可以尺寸與人！臺灣北通吳會，南接粵嶠，乃東南之保障。又況物産豐腴，魚鹽充足，正多天然之利。而朝廷視若弁髦，委諸敵人之手，是誠何心！某雖無能，然不忍覩此大好海疆淪於異域，重辱我先考也！」即日募壯士，墨絰視師。購器械，立旗幟，不數日而戰守之具悉備。當操練時，以黑布抹額，足著草屨，往來指揮，驍勇異常，咸謂孫開華乃有此兒也。

已而日兵抵臺，示威於衆，揚言有反抗者，立予屠戮。其家人聞而懼之，謂之曰：「將軍死未幾，後事方殷，公子宜自愛重。且朝廷既允割棄，力復不敵，幸毋以千金之軀，輕於一擲也！」子堂曰：「不然。今日之事，先考之靈，實式憑之。卽不成，亦可告無罪，正不得以其必敗而遂懷退志。人孰無死？死貴得當耳！」乃與諸壯士枕戈待旦，誓以死拒。未幾，日兵來犯，奮勇擊卻之。翌日，日兵來者愈衆，自辰至午，肉薄相當，傷夷略等。顧敵源源繼進，而子堂則無後援。移時，壯士死者幾盡，子堂亦身受數創，大呼曰：「吾可以見先考於地下矣！」復策馬陷陣，力竭死之。

聶士成勝日人於連山關

杜振卿以佐貳需次北洋，光緒甲午之役，奉檄解軍需，赴宋慶營，宋留振卿辦糧臺，節節退守，直至遼陽。同事故有十數人，至遼陽，僅四人矣。聞日軍且至，大震。某日晚餐，有一人與三人約曰：「若輩皆懼死逃矣，吾儕無論如何，當誓死弗去。」衆唯唯。翌晨視之，則此三人皆逃，昨發言者亦在其中也。振卿固有膽，且主管軍需，思職守所在，逃且獲嚴譴，遂決留。時城外駐有聶士成軍，朝鮮平壤之戰，聶初隸葉志超，蓋朝陽先有匪亂，聶、葉共往平之，聶功至高，爲葉所冒，葉遂居聶上。及敗於牙山，葉獲罪，聶乃以偏師千人扼摩天嶺，日軍屢犯之，皆擊退，奉天得無恙。至是，與日軍激戰，遼陽牧許某亦登陴死守，城中流彈如雨，恆卧地避之。日兵忽停戰三日，聶疑之，蓋遼陽城外有山曰連山關，慮其登山俯擊也。募樵夫探之，得報，日軍果至山頂，山上下節節爲營，其不施攻擊者，礮未至也。

是夕適大雪，聶下令，募死士，得三百人。人給五十金，羊皮衣褲各一，令反著，遠望之，與雪同色，不知其爲兵也。又令樵夫爲導，至山腰，分三百人爲二組，一向上，一向下。各放鎗數排，聞敵鎗聲起，卽潛伏山谷中，天明，再突出激戰。令下，衆奮勇前進。我軍潛登之處，爲日軍斥堠所不及。至山腰，如令行之。時大雪蔽天而下，瞭望俱窮。日軍在山巔者，疑山腰以下爲我所得；在山腰以下者，又疑山腰以上爲我所據。大雪不敢出戰，各用鎗礮轟擊，實則自相殘殺而已。天明，我軍突出，聶自帥大軍從山下掩至，遂獲全勝，收復連山關。及和議成，聶奉命練一軍，參用德國兵制，召募精壯，日訓練之，躬與士卒同飲食卧起。知東三省將有戰禍，率兵躬履其地，詳繪地形，至晰至備。

孫鈺勝日人於關外

壽州孫鈺以拳勇名。其村前有石龜，重八百斤，能抱之行百步，人號曰「孫八百」。吳大澂家居吳，以重金聘之，任扞掫。光緒甲午之戰，吳在湘撫任，帥師出關，鈺願挈其徒百人從，許之。

吳師甫出關，未戰而潰，鈺獨率其徒求主將，不期反與日軍遇。時日軍來者近千人，鈺度勢不敵，退入林中，與其徒舍騎登木，擇樹枝之陰翳者踞之。日軍以大隊圍林，而分騎搜索，輒自上槍斃之。日軍發槍，皆格於林，不能損也。久之，日軍亦不動，鈺與其徒謀曰：「日軍不來，知林戰不利也。不去，豈必待其運礮至耶？礮至，吾儕死矣。」

鈺徐按轡至林側，猝一躍而入，日兵不及備，倉猝短兵接。日兵用槍上刺刀，鈺軍則以腰刀奮斫，日軍不能當，皆紛紛退。鈺度相去稍遠，必爲火器所困，乃與其徒力撓之，彼此錯雜，紛紜拏鬬，日鎗不得發。其大佐某以柔術鳴，自躍馬當鈺，鈺揮刃一擊，人馬皆中裂。日暮，手斫殺且百人。會章高元軍至，遂得脱。鈺失其徒十二人，而殺日人數百，日軍爲之奪氣。然以吳敗故，竟不敍功，惟以白衣歸耳。

馬玉崑勝日人於大同江上

光緒甲午中、日之戰，馬玉崑奉檄禦日本軍於大同江上。初以輕騎來，嘗一戰敗之。繼而大隊畢集，數逾二萬，馬所部可八千，先使一游擊以千人迎戰，戒曰：「寧死毋歸！」戰一時許，使來告急，馬問使者曰：「死若干？」曰：「死者可二百。」馬怫然曰：「死及五百告我，我當來助。」遊擊遵令，乃掘長濠，伏師之半於中爲左，以其半伏林中爲右。戰五時，日本礮隊至，悉力攻林。礮丸著木，聲若裂山，林木盡折。馬度其少疲，亟揮全軍乘之，日人大敗。馬方逐北，而衞汝貴已逃，歸路爲日所斷，馬親突陣，中貫之，竟冒圍以走。

是役也，殺日人數千，我師亦喪數千人。自是，屢轉戰於奉天、牛莊間，互有勝敗。聶士成亦敢戰，而宋慶以統帥臨二人上，既不能戰，又時掣二人肘。馬歎曰：「使我與功亭士成字。並主戰事，不使祝三宋慶字。扼我，日人不足敗也。」然當道竟不之察。和議成，馬仰天大哭，不食者數日，全軍皆感動。

庚子之役，馬帥師禦敵於京津之間，前後十餘戰，多所斬獲。以大事不支，乃扈兩宮西狩。列國皆憚馬，不敢迫。獨俄人怙其慓悍，尾而窮躡。馬以三千人發覆，大敗之。

章高元與日人大戰於蓋平

光緒甲午，章高元統廣武、嵩武及新募之福字軍共八營，奉李鴻章檄援旅順，未發而旅順陷，遂奉旨會同宋慶赴前敵，守牽馬嶺。屢與日兵戰，殺敵甚多，迭獲勝，敵不敢犯，引去。宋慶嫉章聲威功績將出己上，則其屢次退師失地之罪，必相形而不可掩。會召章議事，章請合兵決一死戰，以摧強敵，宋不從，且以危禍怵之。章大呼曰：「我章迂子豈畏死者乎？曷爲不可戰！」蓋章臨陣，率騎馬前行，以率士卒，視彈子如無物，人皆以迂子目之也。於是宋益嫉之，乃檄其棄牽馬嶺以守蓋平。蓋平無險阻可扼，絶地也。章知宋陷己，迫於上將命，不得不行。

章抵蓋平，敵兵大股數萬，四面來攻。乃戒所部無妄動，俟敵近，乃發槍，殲其將三人，敵軍死傷甚衆。知敵將大至，請援於宋，宋不許。十二月十三日，敵大舉環圍，榴彈如霰。復馳使求救，時宋駐析木城，竟不赴援。章搏戰一日夜，子彈告竭，則以鋒刃突擊，日軍死傷山積，終以衆寡懸絶，部將楊壽山、李仁黨、李世鴻、賈君廉、張世寶等皆陣亡。章見彈盡援絶，乃率殘兵衝出重圍，退往營口。是役也，爲中、日戰事中第一惡戰，日本軍人嘗稱之。

丁汝昌與日人戰於旅順

光緒甲午五月，中、日初開戰時，日本艦隊在朝鮮仁川港，丁汝昌電達總理衙門，請封其港。集議二日，始覆電，令相機行事。丁率軍至仁川，而日本艦隊已出口，此我之失機也。其後八月，北洋海軍雖被困於威海港，然陸路礮臺未失，且離榮成三十里，有一小山，爲軍港後路要地，山東巡撫李秉衡乃派一典史率兵二十人守之。是以日軍至此，坦然進兵，絶無艱阻，掠奪礮臺，以我之礮，攻我之船，遂至全軍覆没。

先是，六月杪，北洋海軍濟遠等艦護高陞運兵船赴朝鮮之牙山，遇日本兵艦於豐島西北，開戰，廣乙受重傷，自焚，擱海岸淺灘，濟遠遁歸威海。時丁率全軍在威海衛，堵塞口門，爲自守計。廷旨屢令巡弋洋面，丁則以出巡未遇敵艦爲答，而日艦亦時來窺威海。八月十三日，丁率全軍抵旅順，朝命以銘軍十二營濟師平壤，自鴨緑江登岸，以商輪五艘爲運船，海軍全隊十二艘翼之。十七日，抵大東溝，陸軍既登岸。十七日，海軍將返旅順，巳刻，與日本海軍全隊遇。

戰艦十艘，分五隊：鎮遠、定遠兩鐵甲艦爲第一隊；致遠、靖遠爲第二隊；經遠、來遠爲第三隊；濟遠、廣甲爲第四隊；超勇、揚威爲第五隊，丁居定遠督戰。平遠、廣丙始於開戰後來會。日本兵艦十二艘，海軍中將伊東祐亨爲司令官。丁遥望日艦將至，突開巨礮攻之。致遠管帶鄧世昌，粤人也，素忠勇，乃進言曰：「今吾艦距離日艦，以某測之，猶有九里之遥，礮力實不能及，徒費藥彈，無益也。不如俟其既近，而後擊之，庶於事有濟。」丁不從。然日艦固未發礮，而其遊擊艦忽從左側抄襲於後，與本隊前後夾攻。未幾，揚威、超勇先中彈，火起，超勇沈，黑烟蔽天。我軍節節分離，彼此不相應，陣漸亂。致遠彈盡，鄧度勢不支，以爲日艦惟吉野速率最大，苟沈之，足以奪敵氣，遂開足汽機，向吉野衝突。吉野駛避，而致遠反中其魚雷，遂炸沈，世昌死之。濟遠遁，撞傷揚威舵葉，沈之。廣甲亦逃，擱淺沈没。靖遠、經遠、來遠不能支，亦駛出陣，日艦來追，經遠亦沈。時敵礮萃於鎮、定兩艦，定遠受重傷。日暮，日艦懼吾魚雷襲擊，解而南去，我軍亦歸旅順。二十四日，以臨陣先逃，斬濟遠管帶方伯謙。

是役也，我軍失艦五，存者惟鎮遠、定遠、來遠、靖遠、濟遠、平遠、廣甲七艘，然受創甚，不能軍。

何占標勦隴回

何占標，甘肅平番縣人。家貧尚武，以保鏢爲生。同治朝，隴回亂起，何與董福祥、張俊共起兵，築堡衞鄉里。旋爲左文襄裨將，從之出關，定新疆，積功至總兵，署河州鎮。光緒甲午，隴回再亂。乙未正月，何與固原提督鄧增相約赴西寧城外猴子河耀兵，何率數營先至其地，不虞回衆潛伏突起，圍之，數殆十倍，何苦戰竟日，不得出。迨暮，罷戰，斂兵自守。何神志暇豫，密令軍中曰：「具餐。」餐已，乘夜突圍，潛師襲回，回衆崩沮。天甫明，鄧軍亦至，内外合擊，大破回而歸。

聶士成馬玉崑與洋人戰於畿輔

光緒庚子五月十五日，日本書記生杉山彬道出京師永定門，董福祥遣兵殺之於道，裂其尸。十七日，義和拳匪火右安門内教民居，無老幼婦女皆殺之。數十百人爲羣，一僧爲之長。十八日，縱火焚教堂，雖有旨令勦，而勢愈熾。二十日，焚正陽門民居四千餘家，延及城闕，三日不滅，乃召大學士、六部九卿入議。吏部侍郎許景澄言：「使館苟有不測，未知宗社生靈置於何地？」太常寺卿袁昶言：「衅不可開。」慷慨欷歔，聲震殿瓦，孝欽后目攝之。太常寺少卿張亨嘉言：「拳不可恃。」倉場侍郎長萃在亨嘉後大聲曰：「此義民也！」載漪、載濂等和之，並謂人心不可失。德宗曰：「人心何足恃？徒益亂耳！朝鮮之役創鉅痛深，諸國之強，十倍於日本，協以謀我，何以禦之？」載漪言：「董福祥善戰，勦回有功。以禦洋人，當無敵。」孝欽曰：「福祥驕，難用。洋人器利而兵精，非回比。」翰林院侍講學士朱祖謀亦言福祥無賴。載漪語不遜，孝欽嘿然，廷臣皆出。而載漪、剛毅遂合疏，言義民可恃，其術甚神，可以報仇雪恥。是日，遣那桐、許景澄往楊村，說洋兵，令無入，遇拳，劫之歸，景澄幾死。洋兵援使館者，亦以人少，不得達，至落垡而還。

二十一日，又召見大學士、六部九卿。孝欽曰：「皇帝意在和，不欲用兵。有言和便者，今日廷論，可盡之。」德宗曰：「非不可戰，顧我國積弱，用亂民以求一逞，寧有幸乎？」載漪曰：「義民起田間，出萬死以赴國難，今欲誅之，人心一解，誰與圖存？」德宗曰：「亂民皆烏合，洋兵利，能以骨肉相搏乎？奈何以民命爲兒戲？」孝欽度載漪辨窮，而户部尚書立山以心計，侍中用事，得孝欽歡，乃問山。山曰：「拳民雖無他，然術多不效。」載漪色變曰：「用其心耳，何論術乎！立山敢廷爭，是且與洋人通。試遣山退兵，洋人必聽。」山曰：「首言戰者，載漪也，漪當行！臣主和，又夙不習夷，不足任。」載漪詆立山爲漢奸抗辨，孝欽解之。罷朝，遂遣兵部尚書徐用儀、內閣學士聯元及立山至使館，曰：「無召兵，兵來，則失好矣。」

二十二日，又召見大學士、六部九卿。載漪請攻使館，孝欽許之。聯元亟言不可，謂「使館不保，洋兵他日入城，鷄犬盡矣」。載瀾曰：「聯元貳於夷，當殺！」孝欽大怒，命立斬之，以左右營救而止。協辦大學士王文韶言：「我國財絀兵單，一旦開衅，何以善後？」孝欽大怒而起，以手擊案，厲聲曰：「若所言，吾皆習聞之。若且往令洋兵毋入城，否者且斬若！」文韶不敢辨。德宗持景澄手而泣曰：「朕一人死不足惜，如生靈何？」孝欽陽解之，不懌而罷。而載漪、載勳、載濂、載瀾、剛毅、徐桐、崇綺、啓秀、趙舒翹、徐承煜、王培佑力贊之，遂下詔，褒拳匪爲義民，予内帑銀十萬兩。載漪即邸爲壇，晨夕必拜。於是城中日焚劫，凡拳所不快者，即誣爲教民，殺之，死者十數萬。而孝欽方日召見其黨所謂大師兄者，慰勞有加。士大夫諂諛干進者，又以拳爲奇貨。如候補知府曾廉，翰林院編修王龍文、彭清藜、吴國鏞、蕭榮爵，御史徐道焜、陳嘉言、劉嘉模，刑部郎中左紹佐，户部主事劉秉鑑等，皆上書附和。時王公邸第、百司廨署，拳皆設壇，謂之保護。而兩廣總督李鴻章、兩江總督劉坤一、湖廣總督張之洞、四川總督奎俊、閩浙總督許應騤、福州將軍善聯、巡視長江李秉衡、江蘇巡撫鹿傳霖、安徽巡撫王之春、湖北巡撫于蔭霖、湖南巡撫俞廉三、廣東巡撫德壽，合奏言：「亂民不可用，邪術不可信，兵端不可開。」山東巡撫袁世凱亦極言：「朝廷縱亂民，至舉國以聽之，譬若奉驕子，禍不忍言。」皆不聽。遂派載勳、剛毅爲總統。然拳匪專殺自如，勳、毅不敢問也。

二十三日，諭各國使臣入總理衙門議事。德使克林格葦而先，載漪伺於道，令所部虎神營殺之，後者皆反。徐桐、崇綺聞之，皆大喜，謂我國自此强矣。

二十四日，詔遣董福祥及武衞中軍圍攻交民巷，欲盡殺各使，礮聲日夜不絶。拳助之，巫步披髮，升屋而號者數萬人。洋兵僅四百，攻之逾月，董軍、武衞軍死者無慮三千人，拳亦略有傷亡，遂不敢復進趨戰。而剛毅、趙舒翹方坐城樓，張羽旗，毅曰：「使館破，洋人無種矣！自是當太平。」舒翹起爲壽曰：「自康有爲倡亂悖逆，喜事之徒雲合而響應。公幸起而芟夷之，略已盡矣。上病且死，又失天下心，不足以承宗廟，幸繼統有人，定策之功，公第一。今義民四起，上下同仇，非太后聖明，公以身報國，盡除秕政，與海内更新，亦難以致今日之效也。」毅大喜，自行酒，屬舒翹曰：「公知我。」啓秀奏言：「各使不除，必爲後患。五台僧普濟有神兵十萬，請召之會攻。」曾廉、王龍文請引玉泉水灌之。彭述謂礮不燃，其效固驗。御史蔣式棻亦請斬李鴻章、張之洞、劉坤一。朱祖謀請毋攻使館，不報。時拳既不得志於使館，乃往攻西什庫教堂。毅帕首韡刀，自督戰，拳死者數百人，毅逃而免。其後崇綺又三往攻之，迄不能入。而載漪爲拳論功，除武功爵者數十人，車騎服色，擬於乘輿，至自稱九千歲，出入大清門，呵斥公卿，無敢較者。

二十五日，下詔宣戰。以法領事杜士立索大沽礮臺爲辭，其實礮臺先於二十一日失守矣。時有詔徵兵，海内騷然，羽書相望。乃以載漪、徐桐、崇綺、奕劻主兵事。奕劻枝梧其間，不敢發一語。桐以暮年用事，尤驕横。

六月初四日，遣倉場侍郎劉恩溥至天津招拳，裕禄亦盛言拳敢戰，連敗夷。初，洋兵攻西沽，聶士成棄不守，其鄉人移書責之。士成笑曰：「豈怯我耶？」遂連戰八里台，陷陣而死，馬玉崑代之。

十八日，馬玉崑敗於紫竹林，天津陷。裕禄走北倉，從者皆失。久之，乃上聞，京師大震。彭述曰：「此漢奸張洋勢以相恫喝也。姜桂題殺洋兵萬，勢日蹙，行求和矣。」不知桂題在山東，未至天津也。

二十二日，有旨保護教士及各國商民。殺杉山彬、克林格者議抵罪，大學士榮禄意也。載漪大怒，不視事，孝欽强起之。

二十九日，李秉衡至自江南，主戰，言義民可用，當以兵法部勒之。孝欽詰以李鴻章等聯奏，秉衡言：「此張之洞私入臣名耳，臣不知。」孝欽聞天津敗，方旁皇，得秉衡言，乃決，遂命總統張春發、陳澤霖、萬本華、夏辛酉四軍。

七月十一日，北倉失，裕禄自戕死。洋兵方得天津，畫地而守，兵久不出。一夕大至，攻北倉，玉崑力戰三晝夜，大敗。事聞，孝欽泣，問計於左右，無敢言者。

十三日，以鴻章爲全權大臣。時停攻使館，使總理章京文瑞齎西瓜問遺之，而以桂春、陳夔龍送各使至天津。各使不欲行，覆書甚慢。彭述請俟其出，張旗幟爲疑兵，數百里皆滿，可以怵之。是日，李秉衡出視師，以拳三千人從。秉衡親拜其長，人各持引魂幡、混天旗、雷火扇、陰陽瓶、九連環、如意鉤、火牌、飛劍，謂之八寶。

十五日，張春發、萬本華敗於河西務。陳澤霖軍亦潰，秉衡走通州。

十七日，通州失，秉衡死之。

十八日，御醫姚寶生下獄，蓋載漪將行大事，寶生洩之，欲殺以滅口也。城破，與龔照瑗、徐致靖、何隆簡、黄思永、席慶雲皆逸出。孝欽聞秉衡軍敗而哭，顧廷臣曰：「余母子無賴，寧不能相救耶？」廷臣皆莫對。議遣王文韶、趙舒翹至使館，文韶以老辭。舒翹曰：「臣資望淺，不如文韶。且拙於口，亦不能引故事而争也。」榮禄曰：「不如貽書以覘其意。」遂遣總理章京舒文持書往。書達，約明日遣大臣往，以食時相見。及期，皆不敢出。時復攻使館，舒文至，董福祥欲殺之，稱有詔，乃免。

十九日，洋兵自通州踰時而至，福祥戰於廣渠門，大敗。

二十日黎明，洋兵自廣渠、朝陽、東便三門入，禁軍皆潰。董福祥出走彰儀門，縱兵大掠而西，輜重相屬於道。彭述猶徧諭五城，謂我軍大捷，洋兵已退天津矣。

二十一日，天未明，孝欽率德宗徒步而出，至西華門外，乘贏車，從者爲載漪、溥儁、載勳、載瀾、剛毅。宮人皆委之而去，或走出安定門，道遇潰兵，被劫，多散。是日，駕出西直門，馬玉崑以兵從。暮，至貫市，德宗及孝欽后不食已一日矣，民或獻麥豆至，以手掇食之，須臾而盡。時天寒，求臥具不可得，以村婦布被進，濯猶未乾也。甘肅布政使岑春煊自昌平來，孝欽對之泣，春煊故以勤王兵往察哈爾防俄，未至而京城破。貫市李氏者，富商也，從取千金，因易驘轎以抵西安。

孝欽后命德宗與八國聯軍宣戰

光緒庚子，拳匪肇禍，孝欽后袒之，發兵攻京城使館。五月二十五日，下詔宣戰，雖爲德宗諭旨，孝欽實主其謀。詔曰：「我朝二百數十年，深仁厚澤，凡遠人來中國者，列祖列宗，罔不待以懷柔。迨道光、咸豐年間，俯准彼等互市，並乞在我國傳教，朝廷以其勸人爲善，勉允所請。初亦就我範圍。詎三十年來，恃我國仁厚，一意拊循，乃益肆梟張，欺凌我國家，侵犯我土地，蹂躪我人民，勒索我財物，朝廷稍加遷就，彼等負其凶橫，日甚一日，無所不至。小則欺壓平民，大則侮慢神聖。我國赤子仇怒鬱結，人人欲得而甘心。此義勇焚燒教堂、屠殺教民所由來也。朝廷仍不開釁如前保護者，恐傷我人民耳。故再降旨申禁，保衛使館，加卹教民，故前日有『拳民教民皆我赤子』之諭，原爲民教解釋宿嫌，朝廷柔服遠人，至矣盡矣。乃彼等不知感激，反肆要挾。昨日，復公然有杜士立照會，令我退出大沽口礮臺，歸彼看管，否則以力襲取。危詞恫喝，意在肆其猖獗，震動畿輔。平日交鄰之道，我未嘗失禮於彼，彼自稱教化之國，乃無禮橫行，專恃兵堅器利，自取決裂如此乎！朕臨御將三十年，待百姓如子孫，百姓亦戴朕如帝天。況慈聖中興宇宙，恩德所被，浹髓淪肌。祖宗憑依，神祇感格，人人忠憤，曠代所無。朕今涕淚以告先廟，慷慨以誓師徒，與其苟且圖存，貽羞萬古，孰若大張撻伐，一決雌雄！連日召見大小臣工，詢謀僉同，近畿及山東等省義兵，同日不期而集者，不下數十萬人。至於五尺童子，亦能執干戈以衞社稷。彼尚詐謀，我恃天理；彼憑悍力，我恃人心。無論我國忠信甲冑，禮義干櫓，人人敢死，即土地廣有二十餘省，人民多至四百餘兆，何難翦彼兇燄，張國之威？其有同仇敵愾，陷陣衝鋒，抑或仗義捐資，助益饟項，朝廷不惜破格懋賞，獎勵忠勛。苟其自外生成，臨陣退縮，甘心從逆，竟作漢奸，即刻嚴誅，決無寬貸。爾普天臣庶，其各懷忠義之心，共洩神人之憤，朕有厚望焉！」聞此詔實爲軍機章京連文沖所擬也。

翠雲娘與八國聯軍戰

翠雲娘，山左產，年十七八，貌殊可人。雙趺纖小，而騰躍上下可丈許。幼業賣解，隨父流轉江湖，行蹤遍南北。意氣驕甚，謂所見男子無當意者，自矢終身不字人。曾至上海奏技，其父爲人誣陷，被拘入租界捕房。女隨往，有所剖白，而捕房例，嚴禁華人有所陳，遂被囚，不勝其苦。罰鍰，乃得釋。女憤然曰：「吾國官吏往往不免寃誣人，吾每謂之暴，然尚容人辨訴也。不意西人乃如此！」自此，遂有仇外意。

光緒庚子，義和團起。女喜，請於父，往投之，蓋卽團中所謂紅燈照者。女得隸某大師兄麾下，甚見信任，錫以翠雲娘名號，書之旗幟而賜之。所至，恆揭以行。自是妝束頓易，周身綾綿，衣履一碧，而貌益豔麗。女日見團中無紀律，行事類盜賊，頗憂之，然獨力亦莫能挽。尋八國聯軍長驅入京師，團衆逃無蹤，女憤甚，激勵其部下，人咸願效死，遂與聯軍巷戰竟日，洋兵死傷者多，女部兵亦傷亡略盡，乃聳身登屋逸去。其後團中領佐大半爲洋人嚮導，或爲僕役，且藉洋兵之勢，劫奪搶殺，無惡不爲。女慨然曰：「吾誤與若輩共事，事胡能成？然此恥不可不一湔也！」乃約會飲於某處，衆素傾慕女，是日到者衆。女宣言曰：「吾向謂若輩人也，不意乃狗彘之不若！」劃然出長劍，駢戮之，遂去，不知所終。

某巡士談庚子拳匪戰事

揚州巡士潘姓者，天津人也。嘗在武衞軍統領張某麾下，爲人言光緒庚子戰事曰：「吾家實以技擊爲業者也，兄弟輩日走四方，爲擲塗距躍之戲。既從軍，每歲大操，吾輩輒荷戈而往，坐作進退攻守擊刺，咸嫺熟可觀，統領輒給錢千百文，而吾輩得數日醉飽。庚子之役，戰釁已開，吾輩猶以爲大師兄法力通神，區區外人，固無足當一擊。已而令下，檄吾儕入伍，使當時明言與洋人戰者，則吾儕亦將爲豫防趨避之謀，而統領但云大師兄閱操而已。比往，則令舍刃而執毛瑟槍。吾之槍法，嘗肄習於白河之渚，以擊鳧鷖，無不中者，是固未足以相難也。於是荷槍從統領令旗所指，陣於海濱。一軍三千人，背邱而面水。統領令曰：『今日大師兄命我師爲先鋒，與洋人戰，毋退卻！毋畏避！』吾儕大驚，汗流浹背。然求洋人，洋人固不知何往，惟巨艦數艘，巍峨若城，泊處距岸可半里，上有十字之旗，與烟筒中縷縷之烟，飄搖空際而不見有人也。統領又令曰：『此兵艦卽敵人也，速擊之！』時吾儕已審知無他，膽稍壯，於是火槍大礮，併力轟擊。砰訇良久，敵艦仍不見人，亦不還擊。吾儕方痴望，而背後鎗聲忽起，勢若風雨。方迴顧，則敵軍已布滿邱上矣。倉猝轉身，陣中死傷無數。欲奔逃，則敵人三面蹙我，不得已，舉鎗力戰。此時神智已亂，鎗惟妄擊，無準的。已而邱上敵兵槍聲稍輟，分左右排開，吾儕急於脫命，卽乘間冒死，直突而前。登邱甫半，忽紅光一閃，兵艦之大礮發矣。我兄與我同伍，立爲礮碎。礮再發三發，吾左右死傷盡矣。吾獨存，駭甚，乃閉目不敢視，而舉鎗亂擊。忽爲積屍所絆，仆地。久之，無聲，張目起視，則海中之艦已去，而陸上之兵亦無，乃急逃出。聞人言洋兵入天津矣。吾一家皆死，孑然一身。事後乃知吾軍未至之先，敵人已從高粱叢中登岸，人馬皆自田中徐行，而吾人不覺也。統領有良馬，發令畢，卽乘之去，故不死。』

奉黑將軍征多艾女寇

齊齊哈爾之南有一部落曰多艾者，道與吉林通。當光緒甲辰日、俄戰争時，此部落之附近有女寇三：一花胡蝶，年二十八；一花春鶯，年二十一；一丈青，年十九。皆艷麗無匹。夙隸於高天高海天河馬賊之部下，率二千餘人出没於滿、蒙閒，所向皆鋭不可當。屢渡嫩河以襲擊齊齊哈爾，黑龍江將軍聞而怒，命統領紀某星夜馳討，接戰數次而敗。女軍有新式兵器，蓋日、俄戰時，曾以輕騎襲俄營而掠奪之，俄兵不能抗也。黑龍江將軍乃乞救於奉天，奉天將軍命駐八面城之統領瑞某任征討，率馬隊三營，兵六百騎，過山礮一尊，經北鄭家屯洮南府向齊齊哈爾出發，數年始絶其跡。或言一丈青者，因其夫萬永勝素通馬賊，被官處死刑，急於復仇，遂憤然執戟而起也。

桂撫征女寇

廣西女寇王九姑，某鄉總董妻也。光緒朝，有游匪大股入鄉，董自揣力不敵，則饋以銀米，使安然自返。其後有人誣指董通匪，某令率兵赴鄉，捕董及其子。禁押久，嚴訊無實據，欲釋之，勒令捐銀三千兩取保回鄉。九姑聞之，告其姑曰：「良民無辜幽囚，王法何在？」即日負姑赴省上控，半途，乃聞其夫及子均已枉殺，則又負姑歸里，變産集資，招亡命，至上海購毛瑟鎗三百枝，糾衆倡亂，所向無敵。平日不戮一人，亦不擄掠百姓財物。凡遇官兵，奮勇直前，率衆衝陷，勢不可遏。女黨魏五嫂、曹三娘，其部將也。五嫂、三娘皆悍猛無比，每戰必勝。提督患之，使人勸之投誠，九姑對使曰：「無所謂投誠，但使我夫及子生，卽順從矣。」大吏屢招降，每對皆如是。時右江道王某屢與王九姑戰，皆北。一日，王督兵列陣，九姑鼓噪其黨，圍王於垓心，凡一晝夜。

清稗類鈔

武略類

有武略者得巴圖魯

國朝以巴圖魯爲勇號，獲賞者榮，得清字者尤榮。巴圖魯之稱始於元代，致死疆場之義，蓋奬其爲勇士也。有武略者始得之。

漢族將才

國朝從龍諸佐，蔚起關外。及聖祖平三藩後，則漢族名將西北爲多，如提督侯爵張勇及子雲翼；提督男爵梁化鳳及子浙閩總督鼐；提督子爵王郡及子總兵守乾；提督陳福及子提督大用；廣東提督殷化行；貴州提督楊天縱；提督副將軍董芳：皆陝西人。雲南提督伯爵趙良棟及子廣東總督宏燦；巡撫加總督銜宏燮；提督將軍王進寶及子總兵用予；提督岳昇龍及弟提督超龍子威信公大將軍鍾琪；提督鍾璜孫巡撫濬；提督馬際伯及弟提督見伯、總兵覿伯、副將顯伯；提督潘育龍及姪孫提督元善；提督韓良輔；總兵師帝賓及子提督懿德；提督樊廷及子總兵經文；又兄弟總兵康泰、康海；總兵圖形紫光閣高天喜：皆甘肅人。及三省教匪靖，而蜀將競興。東南海賊横，而閩帥繼起。至於粤寇盪平，凡著名將帥盡隸湖南。勦捻之役，參以皖將。二百餘年以來，以一省人材備五等封爵者，前惟四川，嘉慶中，十七省提鎮，四川居十之九。後惟福建，湖南耳。

丹竹勇冠一軍

丹竹者，江西安仁某寺僧，羅山王起師時三十六將之一也。勇冠一軍。嘗從揭重熙襲撫州，猝遇將軍王得仁，丹竹以步逐馬，刃及得仁面，幾獲之。後金聲桓過安仁，聞其病，遣九騎往縛之，丹竹力疾起，呼所部十餘人伏於隘，而單身入酒肆。金騎雖知其爲僧，然不知其即丹竹也。因問：「識丹竹乎？」遽應曰：「我是也。」拔劍殺二人，七騎者上馬馳，遇伏，獲其二。再前，又獲其三，得歸者纔二騎耳。金過廣信，丹竹以木樁置水中，舟盡碎，多泅水死，丹竹盡其所獲而返。

轉菴和尚説韓大任就撫

轉菴和尚俗姓孫，名旭，餘姚人。嘗中順治丁酉武科。有盜邱甲聚不逞數百人，爲閭閻害，邑令不敢攖。慨然曰：「目覩鄉里受害而不捄，非人也！」因選强弓利矢，命壯丁負韊夜攻其巢，咸射殺之，獨邱甲潛逃。隱恨刺骨，挾蜚語，訟諸邑中。邑令與之素有隙，因誣其通海，置之獄，乃夜毁梏踰垣出，亡走滇南。吴三桂叛，僞將軍韓大任招至帳下，極賞之，曰：「奇男子也。」大任屢寇萍鄉，爲安親王軍所阻。

吴促其師期，大任爽然曰：「吾竭力以事吴王，何相迫若是之急？」孫聞而悦曰：「此丈夫報國時也。」因説大任曰：「將軍之事吴王，已至矣。爲之闢地攻城，戰無不克，數月之間，招徠數郡，未聞王有尺寸之獎。今一旦偶愆師期，卽肆意辱詈，待以奴隸。兵戈方始，其慢士已如此，吾恐鐘室之禍，復見於君也。」韓色沮。會姚啓聖往招撫，大任疑未決，復進曰：「今大清恢復閩越，事業已成，吴王之敗，在於目睫，將軍何尚作兒女之態也？」大任乃從撫。旋薙髮爲僧，居杭州侶雲菴，號轉菴和尚，年八十餘始逝。

王文靖疏請誅吴應熊

康熙癸丑十二月，吴三桂反書至，一夕，都城内外所在火起，蓋三桂子應熊方以尚主在京師，其黨爲之也。王文靖公熙疏請將應熊速正法，傳首楚蜀，以寒老賊之膽，絶羣奸之望，而激厲三軍之心。應熊尋伏法。始，三桂恃鴟張之勢，子又戚懿，朝廷必不殺，以爲之招。及聞應熊死，驚悖氣奪，遂底於亡。

圖文襄才略出衆

圖文襄公海，馬佳氏，輔翊世祖、聖祖，功業卓然。初，爲中書舍人，負寶從世祖之南苑，上心識之，立授内閣學士。不數年，洊至大學士。康熙初，奏茅麓山之捷。甲寅冬，吴三桂既叛，察哈爾復蠢動，事聞，聖祖憂之。孝莊后曰：「圖海才略出衆，曷任之。」乃卽召見，授以將印。時諸禁旅皆南征，宿衛盡空。因奏請選八旗家奴之健勇者，得數萬人，令翌日聚德勝門。是日黎明，至教場檢閱畢，疾趨以行，不許夜宿。每至州縣村堡，命衆奴掠之，獲金寶無算。不數日，抵察哈爾，下令曰：「前此所掠，皆士庶家，不足爲寶。今察哈爾承元後數百年之基，珠玉貨寶不可勝計，汝等終身富貴也。」衆踊躍，夜圍其穹廬，察哈爾部長布魯額不及備，擒之。圖分散財帛，獎勵士卒而歸。陛見時，聖祖責其擄掠宣府等郡縣，以有司劾章示之。圖謝曰：「臣實無狀，惟以輿儓之賤，禦方强之敵，若不以財帛誘之，何以得死力？然上待臣奏績而後責之，實上之明也。」聖祖大悦曰：「朕亦知卿必有所爲也。」復命西征，因請豁所過租税，以恤邊氓。

許氏精韜略

許氏，奉天鐵嶺人，爲鎮平將軍一等男、謚襄毅徐治都夫人。精韜鈐，善騎射。偕襄毅出兵，每自結一隊，相爲犄角，以故戰功居最。康熙甲寅，吴三桂犯湖南，襄毅往援彝陵，夫人駐防江口。丙辰，鎮將楊來嘉叛應譚洪，夫人脱簪珥犒師，曉以大義，沿江勦殺，屢卻之。八月，猝犯鎮署，夫人中礮歿。將軍蔡毓榮等具狀以聞，特旨優卹，予雲騎尉世職，以次子永年襲。廕襲自母氏得之，殊僅見。

蔡毓榮夙有將略

乾隆初，宗室杜某任安徽按察使，有畫士年九十餘，貌奇偉，自號衣衣道人，杜善遇之。一日，泫然淚下曰：「某本滿人，康熙丙辰，初從滿洲某將軍征吴三桂，將軍以軍降，某恥爲其下，乘夜潛出，流落江湖，以賣畫爲活。」因言：「當日滿洲諸將，自貝勒尚善一路外，皆懷二心。有欲舉襄陽以北降者，賴夙有將略之蔡毓榮持之以免。故屯兵岳州城下，八年不戰，諸將皆閉營壘而已。後幸吴死，其黨自潰。又聞東西兩路屢次奏捷，始不得已進兵。東路爲康親王，西路爲馬文襄公。及賊平，諸將皆蒙上賞，而東西兩路反以敗亡致罪，良可慨也。」

于清端勦撫兼施

吴三桂之變，全楚震動，土匪蠭起。時于清端公成龍守武昌，勦撫兼施，計擒大冶賊黄金龍，斬之，降其衆數千。捷聞，巡撫張朝珍持露布示僚屬曰：「人謂我不當用醉漢，今定何如？」蓋清端嘗襄事秋闈，陪大吏觴兩使者，抵掌論時事，飲數十巨觥，闈中皆笑其酒狂，故張及之也。

希佛奇謀致勝

三藩之叛，諸將率多逗遛不戰，擁兵自衛。惟護軍統領希佛累戰有功，多以奇謀致勝，軍中呼爲賽諸葛。康熙庚申元夜，統軍攻衡州，賊將夏國相、胡國柱擁重兵守之。希謂衆曰：「衡州爲吴逆僞都，防禦極嚴。若使豫爲治具，難立克。頓兵堅城之下，最爲兵家忌。不如乘今夜令節賊踈懈時暗襲，此李愬入蔡計也。」因連夜趨兵抵城下，賊果皆酣飲，一鼓下之，夏胡倉皇跣足遁。乃撫恤殘黎，湖南都郡傳檄而定，爲南征第一戰功。

半邊紅饒將略

吳三桂兵之直逼長沙也，滿洲某鎮將，年老而性怯，即欲以城歸降。時有張遊擊者請戰，數有功。張饒將略，喜著羊絨絳袍，單馬入陣，戰酣，輒袒露半袖，驍勇絶倫，軍中號曰半邊紅。後鎮帥忌之，誣以他罪而置之法，一軍皆哭。

黄性震密陳平臺方略

康熙癸亥，平海寇鄭成功，發蹤指示，以姚啓聖爲首功，而實多出於漳浦黄太常。方啓聖奉命入閩，太常謁軍門，條平海十便。啓聖用其策，相與密謀，伺間出奇，先收諸要地以蹙其勢，乃大開修來館於漳州，來降者予官服車騎，即亡，無所問。卒有亡入賊者，皆誇示所有，賊心動。諜至，密使諸嘗厚款之，諜即以情輸。戰有日矣，或塓館舍，盛供具，大書某鎮某官公館，聲言某月日某將當來降。賊互猜貳，歸者日衆，賊黨日孤，乃一鼓而下十九寨，遂復海澄，克厦門。澎湖一戰，鄭克塽面縛求貸死，海寇以平。方諸將克厦門時，議悉誅賊黨，而以其子女資財犒軍，啓聖申禁令，全活數十萬衆，亦由太常密請也。太常總藩湖南時，適武昌夏逢龍亂，已陷四府，廷議出京軍，聖祖曰：「湖南有黄性震在，彼佐平數十年海氛，何愁么麽跳梁輩。」時撫臣亦擬請兵，太常第主静鎮。未幾，逢龍果誅死。

施琅善水戰

施襄壯公琅少有識度，膂力絶人。通陣法，尤善水戰，諳曉海中風候。明末從軍，討山寇有功，授游擊。嘗隸黄道周麾下，道周不能用，乃謝去。鄭成功託明遺民棲海上，以琅爲左先鋒，而心忌其能。琅以法誅逃將，成功怒，執琅，囚其家屬，琅脱身歸本朝，父與弟皆遇害。成功後悔之，嘗曰：「楚國之禍，其在子胥矣。」康熙癸亥，琅平臺灣，成功孫克塽率其屬迎水次。人謂琅必報仇，琅曰：「絶島新附，一有誅戮，恐反側不安。吾所以銜恤茹痛者，國家事重，不敢顧私也。」宣布詔書，撫納降附，遣克塽等次第渡海，至内地待命。

漳浦藍氏多將才

澎湖之戰，漳浦藍理實爲前茅。敵艦蔽江迎戰，礮中過腹，腸出矣，血淋漓，族子法爲掬而納諸腹，四弟瑗傅以衣，五弟珠持匹練連腹背交裹之。理大呼殺賊，不暇顧也。有荷醫治之，卒無恙。臺灣平，入都，抵趙北口，遇聖祖車駕出水圍，馬凝立，不及避，乃舍騎，步入粱園中。駕至，遣侍衛問誰騎，藍乃出曰：「臣藍理從福建來。」聖祖問：「是征澎湖時拖腸血戰之藍理邪？」奏曰：「是。」召至前，問血戰狀，解衣視之，爲撫摩傷處，嗟歎良久。嗣專閫浙省，每遇南巡迎謁，聖祖輒指其面，語諸王公以拖腸血戰狀。又引見皇太后曰：「此破肚將軍也。」理之諸弟，皆以平臺功加都督。瑶功最多，未仕卒。瑗至金門鎮總兵，與理皆喜書擘窠大字，揚盾一躍三四丈。珠官參將，勇不讓諸兄，而性敏嗜學，能背誦《通鑑綱目》，不遺一字。

宋犖鎮撫譁兵

康熙戊辰六月，商邱尚書宋犖奉命撫江西。舟次蕪湖，聞楚北兵譁，西江震恐，亟鼓棹入南昌，撫慰之。蒞事未十日，突有奸徒李美玉、袁大相勾結，以酉字帖授其黨，將以詰朝謀不軌。既偵知奸謀，乘夜計擒二元惡，旦即懸首藁街，餘黨遂散。

韓傑殷用兵合六韜

韓傑殷，朝鮮忠臣明璉孫也。康熙時，任正紅旗護軍統領，隨經略莫洛西征，分防延安花馬池。副將朱龍既叛，進攻吳堡，韓往救之。見賊營河西，乃曰：「不入虎穴，焉得虎子？黄河巨浪浸天，賊不防我飛渡，可出奇致勝也。」因命偏將造筏，若計日渡者，夜率健卒五百，抱馬鬣而涉，暗襲賊壘。朱龍倉迫授首，三邊底定。又於通渭、伏羌等處偕張勇奏捷。後馬文襄公督師，面奬之曰：「君素不識字，何以用兵頓合《六韜》若此！」

王進寶降保寧賊

王進寶下保寧，賊將據邑不降。進寶披襟而語之曰：「何不射我？」賊衆愕然。因說以順逆，賊開關延入,井里不驚,曰:「此仁義將軍也。」

高文良撫鄧橫苗

康熙庚子,漢軍高文良公撫粤西。鄧橫苗叛,單騎入寨,宣布朝廷威德,苗衆投刃拜馬前,受約束而還。雍正初,遷雲貴總督。高爲人淵深,勤於治事,胸摩文案,肉胼起。累任盤錯,不喜功,不釀亂,奏刀砉然,關節開解,所至,人咸懷之。

年羹堯兵法

雍正癸卯,年羹堯征青海,營次忽傳令云:「明日進兵,人各攜板一片,草一束。」軍中不解其故。比次日,遇塌子溝,蓋淤泥深坑也,令兵士各將束草擲入,上鋪板片,師行遂無阻。番人方倚此爲險,不意大兵驟至也,遂破之。

征西藏時,一夜,漏三下,忽聞疾風西來,俄頃卽寂,急呼某參將領飛騎三百,往西南密林中搜賊,果盡殲焉。人問其故,年曰:「一霎而絶,非風也,是飛鳥振羽聲也。夜半而鳥出,必有驚之者。此去西南十里,有叢林密樹,宿鳥必多。意必賊來潛伏,故羣鳥驚起也。」

岳鍾琪謀定後戰

岳鍾琪，字東美，號容齋，甘肅蘭州人。著有《薑園》、《蛩吟》二集。身長七尺，駢肩善射，飲食兼人。性嚴毅，善將兵。每登壇，將弁股栗，部伍整肅，無敢譁。士卒疾苦，必躬自拊循，以故人争效命焉。康熙己亥，西藏達哇藍古巴等叛，從征至察木多，偵知有準噶爾使者在其地，誘各番酋守三巴橋，遏官軍。三巴橋者，進藏第一險也。乃選能番語者衣番服，馳至落籠宗，擒其使者五人，殺六人，諸番以爲神，相與匍伏降，無梗道者。番中有黑喇嗎者，號萬人敵，岳以計手擒之，遂下喇哩。

雍正癸卯，青海羅卜藏丹津寇西寧，撫遠大將軍年羹堯奏授岳參贊大臣，飛檄行調。岳沿途相機勦撫，自松潘至西寧，五千餘里，烽煙肅清，青海爲之奪氣。年命征爾格弄寺喇嘛羅酋黨也。於華里，華里有山甚險，其下五堡環峙，寂無人聲，岳曰：「是有伏也。」遣騎搜之，堡内賊果起。岳以三千人分爲三，追殺賊萬餘。甲辰，出塞，抵喀喇烏蘇，斬賊千餘。尾追一晝夜，乘勝前進。路見野獸奔逸，岳曰：「此前途有放卡賊也。」蓐食疾馳，果擒百餘，自此羅黨探信者爲斷。

岳之用兵，嘗謀定後戰。定西藏，平青海，率以謀略爲先。有邸在京師正陽門外，其建築悉按奇門法布置，居者動之，則災患立至。固可想見其規畫也。

陳仙掌縱論形勢

陳載華，字仙掌，乾隆時，嘗以武舉充洞庭標弁，曹耀珩屢訪之，時陳年已四十有四矣。見其晨繫刀劍上馬謁大府，夜則燒燭坐談，縱論形勢及西征戎馬事，指畫掌上。偶彎强弓，雄傑自喜。曹笑而撫其背曰：「此固吾十年前之仙掌也。」

策零知兵法

超勇親王策零面白皙，髭數莖，狀不類蒙古人。饒將略，有元臣木華黎所著兵法，世藏之，故用兵多合古法。掌大將軍印幾四十年，未嘗戮一偏卒，曰：「三世爲將，道家所忌，吾敢恣意殺戮，貽禍後人耶！」弟郡王車克登布以勇捷稱，高宗嘗以霍去病、曹彬比之。孫拉旺多爾濟有祖風，尚和静公主，掌宿衞四十年，所領將卒，無不用命。和珅當權，諸臣奔競其門，王獨與之梗。嘉慶癸亥春，有成德之變，喀拉沁貝勒丹某爲刺傷，王以手挼其腕，德莫能支，遂被擒。

鄂文端善將將

鄂文端公爾泰節制滇南七載，相從者多智勇之士。嘗命張廣泗征花苗，開筵設樂，談笑竟日，而不及兵事。及暮，張不得已，請將略。愀然曰：「老夫誤用人矣！夫轉運糗糧，整備甲仗，惟老夫是問。至於兵機難測，轉瞬變易，惟在臨事處決，安有預定機謀而能勝人者哉！」張懾服。哈軍門元生、董將軍芳皆出其幕，爲一代名臣。此數人者，至其家，皆執洒掃賤役，其家亦傭僕視之，如郭汾陽之於李西平、馬北平，蓋善將將者也。

海蘭察進殲敵而退全師

乾隆朝名將，以超勇公海蘭察爲冠。結髮即從戎，每臨陣，輒微服，率數十騎，繞出賊後，知何處有隙可蹈，輒衝入賊隊，左右疾射，使其陣亂而官兵乘之。且能望雲氣，以決賊勢之盛衰，戰事之勝負，而又察山川脈絡，知安營汲水之宜。聽地窖，識賊馬之多寡；驗馬矢，料敵去之遠近。即倉猝間手彈弓弦，亦能預測利鈍。以故進必殲敵，退亦全師，操縱神奇，誠不可及也。

賽沖阿紀律嚴明

高宗建立健鋭外火器二營屯郊圻，命綜理王大臣勤加簡練，賞罰嚴信，故滿洲武臣多出其間，如德楞泰、賽沖阿其尤著也。賽本寒族，膺健鋭選，屢建功績，洊至吉林將軍，德倚之如左右手，與楊時齋少保名相埒。後以積勞内遷御前大臣、領侍衛内大臣　實行伍中所僅見者。行師紀律嚴明，家無餘貲。文員間有饋遺，皆立賞士卒，云：「此皆汝等之勞瘁所致，余何敢厚蓄也！」仕至極品，惟藏皮裘數笥，屢顧之曰：「微末士卒，宦囊殊可觀。」性雍容，不問家人生產。紀綱以簿書進，即麾之去，曰：「有汝等何用？此瑣事，尚煩乃翁耶！」

黄文襄運糧之法

乾隆中，漢軍黄文襄公廷桂督陝，時西域用兵，勦撫並用，糧運維艱。黄以爲當先安内而後攘外，外夷跳梁，國無大損，若因軍需驛騷，致内地有事，則所繫者大。乃命運糧車十家抽一，厚其值，許乘便鬻物，民踴躍争先。又以糧待盡而後運，則士飢；馬待缺而後補，則戰衄，命安西至哈密沿途開池畜豆，馬行且餵，故馳千餘里愈壯。臺站有缺米者，曰：「吾撫蘭時，曾買穀三百萬石，分存河東西，正爲此耳。」蓋久知高宗之欲西討也。

宋元俊獻三路進兵策

宋總兵元俊，字甸芳，以武進士任四川阜和營遊擊。乾隆辛卯，金川酋索諾木襲殺革布土司，其黨小金川酋僧格桑亦發兵侵明正土司，據班斕山，阻官兵進路。被害者相繼告急，總督阿爾泰知其素得夷心，命抵賊巢，責問原委。至刮耳崖，索諾木迎謁，詭以革番内變爲詞。宋知其詐，歸告阿曰：「兩酋犄角爲姦，陽順從而陰怙惡，非大創不可。如興師，當先取小金川。」獻三路進兵策：一從班斕山直掠小金川門户；一從賨磧截取甲達金山梁，救達圍而趨美諾；一繞小金川尾閭，由約查進攻遜克宗。阿奏聞，高宗命副將軍温福、提督董天弼分路進兵，總督阿爾泰駐後路，居中控制。

阿文成獨操神算

阿文成公之在軍也，恆獨坐帳中，秉燭竟夜，以飲酒吸淡巴菰自遣。有時拍案大呼，間以長嘯，則翌日輒有奇謀，而出陣必奏凱矣。文成固神算獨操也。

阿文成移營先見

乾隆壬辰，阿文成公征金川。一日，安營已定，忽傳令遷移，諸將以天暮，力阻。隨發令箭云：「違者立斬！」軍人雖從之，而不免怨誹。迨昏夜大雨，前此營基，水深丈餘，幾可漂没，咸詫爲神奇。阿曰：「我有何異術？特見羣蟻移穴，知地熱將雨耳。」

梁朝桂鬭才不鬭力

提督梁朝桂少爲黔中步卒，從征金川，勒烏圍爲賊壘之險歧處，兩次皆不能進，阿文成公圍之經年。梁奮然進曰：「朝桂聞之，將恃鬭才，不鬭力。今賊壘堅碉叢立，我兵仰攻，彼據建瓴之勢，人非木石，焉能抵槍礮？是殃民也。不若覓他嶺嶂賊所不守者，繞道攻其後。賊進退失險，我兵合擊，狄武襄所以下崑崙也。」阿奇其言，與卒數百，竟殲賊殆盡。

張芝元計除金川賊諜

總兵張芝元，川中人。從明亮征大金川，有番僧某，爲賊偵洩軍中事，張進言於明曰：「軍中機宜，動爲賊覺，兵家大忌也。今番僧某受我封號，陰爲賊諜，非翦除之，賊無滅日矣。」明韙其言。會大風雪，命張率數十人爲出差狀，宿寺中。張故通番語，自取囊中脯鮓，與僧鬻酒痛飲，情甚歡洽。僧醉眠，張出寺聚柴焚之，僧皆爇死，賊諜乃斷。

陸朗夫靖人心

陸中丞燿，字朗夫，吴江人。乾隆壬申舉京兆，補中書，入軍機，傅文忠公倚爲左右手。遷州郡，以廉直稱。風骨秀整，静氣迎人，雖恂恂謙謹，而臨大事則屹不可動。甲午，壽張王倫作亂，距運河甚近，人情洶洶，争欲閉城。陸不可，曰：「寇未至，先閉城，是示怯也。且鄉民争入城，何忍棄之？」乃募鄉兵拒守，而身坐城闉，彈壓稽察。賊知濟南有備，乃不敢南向。

鄒湘爲年羹堯運籌

山左鄒湘，貌突兀，有韜略。初，讀書别墅，某夕，聞門外有鼾聲，出燭之，則一皤髮叟方卧門側。聞啓門聲，驚醒，謂夜深迷途，願假宿於此，許之，延入耳舍。黎明，叟已逸，不知其從何出也。壁有題字，則約湘會於郊野之期。如期往，叟方據溪石坐，怒曰：「孺子何後期？當以後五日來。」又至期，夜半即往。少選，叟至，跽而求教，叟與以一書，曰：「子歸而熟讀之，王者師非異人任矣。第子非青紫中人，毋戀戀仕途也。」叟言訖而去。

書中所言，爲奇門遁甲之方法，山川關塞之形勢。於是思遠游，挾策干當路，豫、晉、秦、蜀悉周歷焉。先投岳鍾琪，語不合，乃去而謁年羹堯。年禮賢下士，相得甚。一日，預宴，方拇戰，湘亟索巨觥，吸盡，噴之地。年大詫，湘曰：「秦城火方熾，以此滅之。」年馳檄詢之，果於是日火，有傾盆之雨，挾酒氣，火遂熄。自是奇之。逾月，而年遣校運輜重赴邊，首途久矣。一日，年坐廳事，議軍務，湘侍坐，忽起立鞠躬，作蹇裳拯溺狀。年大惑，意其驟得癡疾也。詰之，湘曰：「校歸，當知其故。」未幾而校至，言：「舟覆中流，彷彿若有神援之者，因得免於溺。」年咋舌稱歎。時金川賊猖獗，王師屢敗績，求計於湘，湘曰：「賊雖飄忽善戰，特多方以疲我耳。軍無宿糧，勢已窮蹙，惟當堅守堡塞，徐伺其敝而亟乘之，鮮不濟矣。」年從其計，乃一鼓克之，金川於是遂平。湘運籌幃幄，灼知敵情，殆亦天眼通之流亞歟？年以湘有功，欲奬以官，湘固辭不受。時乾隆丙申也。

阿文成能使部將用命

乾隆辛丑夏，阿文成公方視浙江海塘，高宗遣和珅往代之，命其征撒拉爾之回。和至，語文成以諸將驕蹇不用命以至失機。旋問文成進兵狀，文成默然，惟傳令諸將，期以次日黎明集轅門。和坐其側觀之，每呼一將，授以方略，諸將皆唯唯。海蘭察夙以權謀自負，獨於文成受命惟謹，無敢忤也。

趙翼知城不可棄

乾隆丙午，陽湖趙雲松觀察翼乞養歸，值臺灣林爽文作亂，浙閩總督李侍堯自浙赴閩，治軍事，趙偕往。臺灣鎮總兵柴大紀以易子析骸入告，諭鎮臣以護遺民内渡，命李拆閱，仍封發。李示趙，趙曰：

「柴總兵久欲内渡，畏國法，故不敢。一棄城，則鹿耳門爲賊所有，全臺休矣。且以快艇追敗兵，澎湖其可守乎？大兵至，無路可入，東南將不可問。宜封還此旨，某已代繕摺矣。」李悟，從之。翊日，接追還前旨之諭，及批摺回，李膺殊賞。

福康安能用海蘭察

乾隆丁未，臺匪林爽文平，高宗召見德少司空成，以福康安視阿桂何如詢之。德奏云：「阿桂能指撝海蘭察，福康安則極力周旋之，方得海蘭察之力，以此不如阿桂。」上云：「汝所言亦是。但阿桂出師西域，海蘭察係末弁，夙感阿桂拂拭之恩，故願效驅策。海蘭察爲金川參贊，福康安尚係領隊，一旦驟臨其上，不能不謙謙自下，倚爲干城。兩人境地不同。福善周旋，是以平賊。」

和琳濟軍食

乾隆庚戌，用兵廓爾喀，制府和琳督糧餉。以久戰荒徼，艱於轉運，乃命驅羊負米以濟軍食。

海蘭察用兵善思

海蘭察生有神力，矢無虛發，中者輒死。用兵由天授，善以少擊衆。乾隆壬子，從征西藏科爾喀時，至吉龍，兩大山間阻深溪，溪岸可容一足。駕橋，則敵争之，石礧雨下，聲若雷鳴。將軍福康安計無所出，問策於海，海笑曰：「此易攻耳！予我人五百，八日糧，勿問我所往。」乃囑翼長某速備橋材，八日後駕之，當無一人敢争者。海令故嚴。及駕橋，敵争如故，皆曰：「不意海蘭察今乃妄語，賊滿山來，何謂無一人？」正疑慮間，敵亂，左右奔。山上火發，見我兵矣，羣指曰：「彼巖間端坐者，非海耶？」急渡，合而殲之。福康安設酒問其故，曰：「用兵無他，在善思耳！此澗水也，非江非河，源近，發源之山必相連。沿澗行，流漸細，百里外果得山梁。踰梁行兩山，望見賊營，衆伏草間待期，如獸遇獵，不敢動。戒士卒勿語，恐邏者聞。五百人塊然如木石，顧度長日如年耳。糧盡而期至，賊空營以争，吾據其營，斬守營賊，以上攻下，雖賁育不敢抗，况驚蛇亂竄乎！」福歎服。

海貌恂恂，訥於言。然負氣好勝，與權貴齟齬。和珅嘗訐其在隴西收受皮毛等物，高宗笑曰：「海蘭察能殺賊，收皮物以禦寒，何必詰責？汝輩不能殺賊，亦豈能謝絶人情耶？」和大慚沮。

陶世鳳安反側

乾隆中，陶世鳳知新興縣，監生趙箾祥合七邑匪徒，歃盟爲不軌。世鳳躬率壯勇，猝擒其魁，獲逆名簿，佯笑曰：「封官授職，是優伶演劇所爲，詎可呈上官耶？」當衆焚之，反側乃安。

楊芳善謀

楊誠齋軍門芳，貴州人。入行伍，藉軍餉贍家。乾隆乙卯，楚苗竊發，毗連黔境銅仁諸苗，亦乘時蠢動，攻銅仁寨。遊擊孫清元欲棄寨避之，楊奮然曰：「芳聞尺地寸土，莫非爲天子所守，奈何委於賊？」孫壯其言，戰敗。

時福文襄王督師，命諸將移寨。聞敗，怒，欲置孫於法。孫叩首曰：「非卑將之過，皆楊芳一人意。」王召楊至，詰曰：「汝何人？敢抗吾法！」楊大聲曰：「芳幼讀聖賢書，惟知忠孝。今寨雖小，天子所付畀，若輕棄，是違君命也，故芳欲一戰以揚士氣。其勝與否，自有主之者，非芳之罪。如使芳執殳效命，早馬革裹屍矣！」王異之，命爲親軍，日見委任，不數載，官至專閫。芳與楊時齋軍門遇春爲布衣交，遂通譜。芳善謀，時齋善戰，二人如左右手，不可須臾離。鎮陝安，政令寬洽，民感其惠。嘗陛見，署篆者暴虐，激變營兵，亂軍蒲大芳揭竿起。然感楊舊德，曰：「楊夫人在鎮，勿殺害。」乃共舁夫人轎送出南山，叩拜去。

劉清降川賊

劉清，貴州撫順人。以拔貢起家，官蜀，有「青天」之名。嘉慶丙辰，教匪王三槐倡亂，劉方由縣丞遷知縣，賊知其名，遇戰輒逃。川督宜綿嘗命招撫三槐，三槐隨至總督營，約率所部出降，然實詭覘虛實，無降意，還營復叛。丁巳，劉復至羅其清營，其清故部民，甚德劉，劉望之大哭，其清亦哭，即請罪，留宿其營，奉牛酒，聽約束惟謹。復遣卒導之徧入徐冉、王冷各賊營，皆開壘列隊，迎送如禮，惟孫士鳳戎服踞坐，劉望之拱手，亦即下座，語多桀驁，然終不加害。翼日，檄使鄉勇羅思舉持諭其清，其清恃其衆，終無降意。及戊午，川督勒保攻三槐於安樂坪，數日不下，策無所出，乃復令劉赴賊營招撫。時劉已由南充令驟遷建昌道，三槐恃前此出入大營無忌，約重質，始出。勒乃令前隨劉至賊營之貢生劉星渠及都司某質賊營，三槐遂詣軍門。後俘至京，廷訊，供「官逼民反」。上曰：「四川一省，官皆不善耶？」三槐曰：「善者惟劉青天一人耳！」自三槐被擒，他賊首疑懼不敢出，故功不時就。而賊卒深信劉，前後招降川東賊二萬，皆遣散歸農。

百菊溪降張保

百菊溪尚書齡再任粤督，時海盜充斥，遣臬使温承志、朱白泉入盗艦，説匪首張保降，保觀望未決。朱覘知其妻鄭一嫂頗勇健，爲保所畏，乃設法説之。鄭慨然曰：「同輩中幾見有白首賊耶？」遂謂保曰：「向來海上諸雄所以能肆掠者，因督臣懦弱。今百公健吏，反前所爲，必欲盡殄黨類，以報天子，若不及早稽首軍門，其兵朝暮下，妾不欲與君同爲虀粉也。請斷決，各行其志。」保懼，遂降。

龍么妹有將略

龍么妹者，貴州水典土司龍躍妹也。文襄公勒保征仲苗，檄調土兵，躍病，命么妹馳抵軍門。么妹年十八，長身白皙，有將略，出入矢石間，每戰必捷。時大興舒位爲勒記室，勒爲么妹執柯，將歸舒，舒婉辭，因作詩以紀其事。

強忠烈首破李文成逆謀

嘉慶癸酉，有天理教匪林清之亂，滑縣令強忠烈公克捷實有社稷功。強初蒞滑，有退吏方頌繫，白其誣，出之。吏感激，思自效，詗逆謀以白強。強密申太守，請調兵爲備而後擒之，太守不應，且屬毋張皇生事端。再申，又不應。九月，匪載兵二車入滑，強知事急，又以申於守，答如前。強曰：「兵不得調矣。」顧其下，「吾欲遂擒之，何如」？吏役多感強，願盡力。遂突入李文成舍，縶而歸。文成，賊中渠惡，主滑事者也。強坐堂皇，嚴詰謀叛狀，暴笞，斷其脛。文成及其黨二十四人皆具服，乃錮之獄。賊夜刼文成出，遂舉事，強聞變，率吏役禦賊。巷戰良久，賊益衆，吏役爭擁强出城，將奔開封，求援兵。旦至封邱，封邱令全福勸少休，飛騎白太守。守曰：「吾聞滑破，謂令死矣。已申省，強君義當死。」全福匿郡檄，從容語強：「聞賊據滑，勢張甚，非厚集兵力不能擊。滑旦夕不得復，奈何？」強大慟曰：「城不得復耶？吾死後矣！」起立，問：「有朝服乎？」曰：「有。」朝服至，乃望闕北面再拜訖，爲書致其同年席元榜，屬善教二子。諭二子事席如父，賦詩一章，謂吾必爲厲鬼殺賊，乃縊。時後城破三日也。

楊忠武用兵心術專一

楊忠武公遇春，髯長三尺許，經大小二百八十餘戰，無不身先士卒，未嘗受創。嘗云用兵須心術專一。平張格爾凱旋，兵初過州縣，橫甚，毆知縣。報聞，反見責。楊意不謂然，比至，捆責帶兵官各四十，受責者五十餘人，斬毆官者以徇，兵不敢復譁。在固原任二十餘年，每營簡練精壯三百名，以擡礮列前，繼以鳥鎗，十人一長，習進步連環鎗，以次弓箭刀矛，噴筒火彈，層層護之，用馬隊翼於左右，曰「速戰陣」，稱勁旅焉。

楊巖於訓子，其諭大兒國佐云：「現在川中永北，保夷不靖，將來制軍必然前往邊界，督兵勦辦。如有此信，我舉家大小受恩深重，爾自應告請帶兵，跟隨前往。爾此時年正强壯，正可操練本事，學習見識，萬不可賦閒。卽如帶兵打仗，全在鼓勵士卒，駕馭得宜；籌糧散餉，時時調劑；賞罰公正，同受甘苦，方能收攬其心。對敵打仗時，旋探旋進，切不可大意。若能平日恤兵，兵亦顧將，同心協力，自然所向無敵。至於打仗之法，務在迅速，隨機應變，不可遲疑。爲將領者，首以地利爲重，次要眼力照料得準，脚跟跕立得定，切不可少有畏怯。必須身先士卒，人人自必奮勇直前，一鼓作氣，斷無不制勝之理。若一味自恃勇敢，敵一人者也。此中機宜，要爾審度，切不可看奇門及行軍寶鏡，拘定時日，坐失事機，關係甚重。吾一生全不講究此等學術，全靠心術專一，上可以對天，下可以對家，此係我平生得力之要法，未嘗不屢戰而屢勝也。要爾領略諸事，謹慎而行，方可以仰報聖恩，並可以副我期望之苦心，爾亦不枉作將門之子也，爾其勉之！」

王廷贊以石子擲回

回人蘇四十三之亂，攻蘭州城甚急。西門外卽黃河灘，多石子，布政使王廷贊預令運城上，回至，擲之，故不得近。回又於西門外關帝廟神座下掘地道，已至城內矣，實火藥其中。方燃藥線，忽大雨如注，線溼不能發，遂止。於是恨神不佑，盡拔其鬚而去。

長齡勾攝張格爾

回匪張格爾作亂，陷四城，以大學士長齡爲揚威將軍，率兵征之，收復四城，擒獲張格爾時，適爲道光丁亥除夕。長奏凱，有句云：「開九重之閶闔，歡傳鳳閣椒花；聽萬里之鐃歌，喜溢鰲山燈火。銀縩勝，祥光争耀於紅旗；玉燭金甌，瑞氣常凝於紫陛。」

先是，格爾潛逃，有議請割棄四城者，有議屠戮叛衆者。長以四城失守，援兵未至，且出卡即外夷部落，脱使羣起疑懼，是爲張添羽翼，而與四城爲勁敵矣。於是脅從者使出卡，眷屬得免緣坐，藉以勾攝張，卒入卡就擒，人莫不服籌畫之善。

王廷蘭獻策

鴉片之役，鬨於廣州，英船乘潮進港，擱淺數日，不能動。王廉訪廷蘭請以快蟹艇四面圍燒，必無所逃命，大吏韙之而不從。他日，義律乘輿出入廛市間，王曰：「及此，遣敢死士十數輩，直前擒之，特囊中物耳。」當事以時方議和，止之。英人之趨烏浦獵德也，列艦六十有九，香港氈帳，去其大半。王欲乘香港空虛，以一軍襲其巢穴，而別用重兵守泥城，俟其進省河，游兵與戰。急選精鋭，由花地斷其後路，使其四面受敵，首尾不相顧，可一戰而破也。大吏復斥爲書生之見，不聽。王有寄閩督顔制軍書云：「提庫中之黄鏹，惟有心酸；樹城上之白旗，能無髮指！廷蘭承乏此地，想亦在衆人清議之中。然實有不可活、不得死、不敢病、不能去之苦衷，袖手捫心，可爲痛哭。所慮者，一蹶不振，從此爲外夷所輕。更恐無賴匪徒，漸生内地，側身四望，天下當重任者更有幾人？」後數年，竟有粵西之變。

葛壯節緝賊神算

葛壯節公雲飛治水師時，捕海賊最力，以海爲家。某年歲除，將士方休息，忽下令巡海，揚帆掩旗鼓，直擣某山，圍其島，盜方酣飲，盡縛之以歸。歲旦，僚屬集署賀歲，聞入海捕盜，皆大驚。已而葛至，馬前縶大盜數十，付有司詰問，斬之，而以所得器用財貨散士卒，皆叩頭轅門，懽聲雷動而去。或請其故，則曰：「海船最細者出某山下，近吾訪諸市而無之，此必賊藪，故漁船不敢前。異時捕之，徒多苦我將士，又散走，難盡獲。歲暮，海賊必聚窟中，且料我必不出，不設備，故可揜而盡也。」

葛嘗僞作商舟以誘海賊，擒刈極多。賊中爲之謡曰：「莫逢葛，必不活。」子以敦，征粵寇有功，能以匹馬出入賊陣，賊屢披靡，呼之曰「銀鎗小葛」。後亦殉難。

葛壯節妾有膽略

葛壯節公多姬侍，其一亦山陰人，貌尤美，容止閑雅，有膽略。聞壯節陣亡，集諸妾，率殘兵，乘夜入英壘，奪尸還，葬之。

齊慎爲將帥才

嘉、道名將，楊忠武而外，必推新野齊勇毅公慎。回部之役，回人讋楊齊威名，稱忠武曰「哈薩諳班」，而稱齊曰「巇龍諳班」。「哈薩」，漢言美鬚髯，「巇龍」，漢言虎也。忠武請老，宣宗從容問異日如有軍務，武臣中誰可繼卿者。忠武奏：「齊慎，將帥材也。」道光辛丑，爲參贊大臣。聞命，卽率親兵馳赴廣東。比撫夷議成，他將多以軍士積勞呈請獎勵，獨自憾無功，不爲麾下請一錢賞。其得勇號也，御筆親改爲謙勇巴圖魯，世以爲謙字尤不媿焉。

琦善用兵有神算

粤寇之役，琦善以勳貴督師，而頗能用兵，有神算。一日將戰，夜召一將至，授以函，曰：「率兵五百赴五里外某地古廟中開看，限三鼓必到！」將如其令，至廟開視，則片紙書廟後有火箭數箱，運至某地卽回，不得久停。將如令，事竣而回。又召數將，各授以函，均限以時地開看。最後，召一將至，令曰：「汝明日率兵五百赴某地，與敵戰，惟宜敗，不宜勝。俟退至某地，聞砲聲起，方許奮勇殺賊。」將亦承令去。明日午前，琦令親軍差弁數十人攜銅砲一，赴距營數里外之一高阜，支胡牀而坐，旁列銅砲，軍弁隨其後，琦時以遠鏡窺視。日將午，衆遥見一將率數百人與寇戰已敗而退，距高阜且不遠，羣至一窪處，兵乃立定，寇圍之數重，漸逼漸緊，衆咸慄慄。琦乃徐下令曰：「開砲！」衆應之，迨銅砲轟發，忽見窪處煙火突起，火箭四發，圍中將卒勇氣百倍，突圍欲出。寇圍外伏兵盡起，内外夾攻，寇遂大潰，官軍獲全勝。

江忠烈主截擊

新寧江忠烈公忠源，初知浙江秀水縣事，卓著循聲。丁憂歸里，會粤寇勢日張，江出，參副都統烏蘭泰軍事。所率團練兵皆散募，激以大義，咸奮勇願死敵。時朝命協勦廣西，諸將怯懦，皆主尾追，雖向忠武公榮亦如是。江獨曰：「隨賊東西，將無已時，此非截擊不可。」諸帥皆曰：「寇勢盛，不宜藐視。」皆不願行。江再三言之，乃曰：「君等既如是言，請自爲之。」惟烏深韙江説，遂與之同繞出寇前，截諸蓑衣渡。時兵僅數百，烏兵亦不多，而寇勢方盛，一戰，烏歿於陣，江爲鐵桿傷腕，墜馬，兩親兵掖之去。江復追扼道州，道州已陷。又至省助守，俄而寇又至。時城外石馬鋪，有河南、陝西兵各數百，寇掩至，不及戰，悉降，咸被屠。前隊至，城中猶未覺，羅繞典乘肩輿出城，數十武，始覺，乃倒抬而入。時城中大帥多而不一，江請於諸帥曰：「南城外有小山，尚可守，宜速扼之，則西北角運糧猶可通。如被合圍，則難守矣。」衆帥相顧，莫肯往，因卽委江。江率所部兵三營前往，城由是得固守。

某學使運石填城

咸豐壬子，粵寇圍長沙，令礦丁掘地道，道成，轟坍城十餘丈。鄧某時率鎮筸兵六百人馳往堵禦，屢遏退之。缺處近學使署，署中積錢可數千緡，學使急募人運石填城。運石一塊，給錢千文，於是人爭運石前往。時鄧軍與寇抵拒，兵寇扭合持戰，猝不可分，或陷入缺中。築城者不暇問爲兵爲寇，卽并築其中，卒不得還。後修城，得骨甚多，乃并葬一壙。

温壯勇能用民團

咸豐癸丑，粵寇陷金陵，分黨攻六合，知縣温紹源徇於民曰：「吾聞粵賊所至，殺掠甚慘，與其束手受屠，不如殺賊而死。今與諸君約：能殺賊者，奪得賊所掠物，任自分之。」六合民素悍，一呼而集者數萬人，是爲民團。寇以六合下邑，不設備，大敗而去，温以所獲輜重頒之於民團。團既獲利，又知寇伎倆，氣益壯，每至，民團輒敗之。一日，偃旗息鼓，乘黑夜薄城，而民團未之知。豎雲梯，將登城矣，居民登城視之，始知有寇。出追之，大得所棄財物軍仗。前後六犯六合，皆不克。温擢至道員，加布政使銜，仍權六合縣事。既而託明阿忌温威名，疏劾温縱民團肆掠，坐革職，發往軍臺。何桂清方督兩江，疏言温實有功，請免發遣，仍令守六合。

李素貞諳兵法

唐縣李方伯孟羣有女弟素貞，知書工騎射，熟諳孫吳兵法，窮究天文占驗之學。咸豐乙卯，方伯以知府奉楚撫胡文忠公檄，督師討粵寇，招素貞至軍，畫策決勝，累建奇功，殺賊踰萬。方伯常勦寇失利，被圍十數重，他將瞠目束手，不能相救，素貞怒馬獨出，突圍而入，手斬數十人，護方伯歸，甲裳盡赤，羣寇注視，驚爲天神。後某中丞攻漢陽，城堅不能下，素貞與方伯謀，欲夜襲之。孤軍深入，中伏，救兵不至，遂戰死，年二十餘耳。後二年，方伯亦戰歿於安徽。

塔忠武論兵事

塔忠武公齊布初官湖南守備，以粵寇北犯，知湖南必首受其禍，上書駱文忠公秉章，論兵事。文詰倔，幾不可句讀，駱不解，揮之去。明日又上之，適曾文正公國藩至，亦不解，異而呼問之，則言之了了。曾知其可大任，乃勸駱，姑付以一軍。既奉命，卽赴校場，植四旗於地，令曰：「有能先奪此旗者爲哨官！」果有四人起奪之，卽授哨官。又植八小旗，令曰：「奪此者爲隊長！」頃刻而布署定，遂於是日率其衆，就校場操之。不逾月，寇至，出戰，卽報捷。駱賞其功，延飲於節署，親爲執控以謝過，自是而塔名遂振。

周天爵爲真將軍

東河周天爵以縣令起家，洊至湖廣總督。緣事鐫級，再起漕督。辭皖撫，以兵部侍郎銜專辦團防，積勞卒於潁州途次，予謚文忠。

陸遐林之變，省垣失守，全皖搖動。周不動聲色，四面兜圍，未十日，渠魁授首。嘗使主簿包曜升、游擊劉玉豹往東南一帶會勦，包奉檄，不俟劉，領百餘兵先行，甫半途，猝遇賊伏，大駭，棄輿奔，鄉兵陣亡二十餘人。周聞，大怒，立縛包至，命正法。包叩頭乞哀，周怒不解，命人弛包裩，重責五十，逐之。時侍立文武員弁數十，咸股慄舌撟，曰真將軍。

張忠武用兵神化

張忠武公國樑在軍日久，其用兵神化處，遵古而不泥古，雖老將莫測。當金陵長圍初成之時，兵多調援在外，不敷防護。圍東角爲粵寇所必爭，以副將馬得昭守之，馬又赴援揚州，大帥以此地爲憂。張笑曰：「某往駐三日，可無虞矣。」即率親健五百人往，別遣將馳太平，聲言調大礮，令諸將三日毋見，以大黑布幃里許。四日，幃撤。及返，羣視之，乃於幃中又濬一深溝，架以竹浮橋。距溝十餘步內，築一高土臺，上設萬餘斤大礮三尊，旁羅數百斤礮十尊，覆以草屋，蔽以草簾，令心腹將守之，授疲卒三千，凡傷老者，須歸此營。旗幟亦敝，寇瞯之，疑而返。及大軍潰，四圍皆破，此地獨全，寇仍不敢近。久之，黠者自礮後撼之，隨手而落，始知其爲土砲也，大歎服。

包立身避實擊虚

咸豐庚申，紹興全郡悉爲粤寇所據，而諸暨之包村，獨堅守不破，則包立身守之也。初，包既被困，求救於蘇松太道應寶時，應謀於屬，誰可使者，馮某自白，與包有雅故，願受命。時粤寇圍包村者十重，馮歷數險達包所，包甚喜，留之，爲言「大兵急至可救，吾力可十日守耳」。乃導馮觀其營壘，略似八陣圖，爲指畫攻守。方語未畢，急勒馮倒地，則飛彈簌簌掠面而過。包曰：「是敵中某酋號神槍者也，謀吾者數矣，惟吾能避之。」馮宿其營，一夜凡數徙。一夕倏起，令軍中急備，謂西北有非常。俄寇果衝西北，有備而返。其營外環之以濠，設機穽其上，有探者入，輒覺，往往殺其人。擇面似者教以術，即使探敵情，得其虚實，避實擊虚，無不得利。一日召馮，泣曰：「吾事不濟矣！寇嘗啗我重利，欲我不爲梗，吾不許。茲空紹興一府衆來，決一戰，吾力已疲，且不忍重傷我鄉人。吾去矣，兄欲去，則請今日即出。」馮效寇裝，指其途而别，遂不知包所往。

洋將亦爲我用

咸、同間，粤寇擾江浙，大軍有參用西法訓練兵士者，如常勝軍等是也。戈登、華爾、呑樂德、買忒勒等，皆戰功卓著，有聲於時。華爾陣亡，遺命以我國官服入殮。買忒勒頗讀我國古書，同治壬戌，攻紹興，亦殞於陣。買在營時，一日，寒甚，某牧冒雪訪之。入門，買循西例，與之握手而言曰：「北風其涼，雨雪其雱，惠而好我，攜手同行。」

劉忠壯從軍十八年

咸、同間，湖湘多將才，顧求其結髮從戎，轉戰十四行省，平粵、捻、回與亂事相終始而功尤獨偉者，則湘鄉劉忠壯公松山無與比矣。

劉自隸老湘營，百戰江皖，及保垂危之秦，救不支之晉，又宿衛畿甸，以步當馬，爲天下先。凡從軍十有八年，僅歸省親一次。年逾三十聘婦，二十餘年未娶。婦家議送女至軍中，而又馳驅無定所，妻父乃攜女歷西江皖楚，居二年，皆弗值。及後，僑中州以待。劉既平捻賊，以回亂援陝，道出洛陽，始成禮。會羽檄日數至，居旬日，卽投袂行。自是遂靖節西陲，不復與家人相見矣。

僧忠親王行軍得民心

忠親王僧格林沁本蒙古科爾沁郡王，以功晉爵。軍行所至，深得民心。咸、同間，捻匪爲亂，駐兵山東數年，捻所至，必追蹤及之。首令保護百姓，故民皆仰之如父母。中丞某設筵饗之，甫入座，忽喧聲沸於門外。命視之，云：「某村因捻至，赴訴於王。」王自座起，呼馬，中丞請稍餐，王不及待，卽於席次懷饅首數枚而去。

歐陽小岑主移營東流

湘潭歐陽小岑與曾文正公同年至契，以文章幹略，聞於當代，著有《兵要輯覽》。文正困於祁門，强請小岑至營，商搉要政。小岑問道訪之，適朝旨切責文正勞師糜餉，致休寧久不能下。文正愧奮，將自攻之，而以大營事屬小岑管攝。已而文正被圍，募人賫密書乞援。小岑爲急調鮑超兵救之，遂主張移營東流，俾可遥制安慶，文正從之，得奏大捷。

王壯武善以少擊衆

王壯武公鑫精通戰略，屢以數百人破湘、粵間之粵寇數萬，寇號爲「王老虎」，望見王幟，卽驚呼曰：「王老虎至矣！」咸散去。

其治軍，以訓練爲急。所部壯丁，習刀矛火器之暇，以《孝經》、《四書》轉相傳誦。每營門夜扃，書聲琅琅出壕外，不知者疑爲村塾也。部勒營陣，皆用己意。點名時，輒鼓吹升座，軍麾所至，恒以忠義風動其民，能使頑懦感悟。江西撫、建各屬士民，稱爲恩人，呼爲青天。臨戰則自相糾集，負荷裹糧，候指撝。每當敵至，先一日，傳各將弁席地坐，出輿圖指示：某路宜迎，某路宜伏，某路宜守，某路宜抄，各聽其意自任之。明日無一違者，往往獲勝。軍行嶺嶠間，仄徑崎嶇，王喜乘二人肩輿，每疾行出寇前。登山嶺，手一旗以指揮，分路進攻，無不如志。嘗曰：「舁吾之四大轎夫，親見吾之指揮應變，日久遂習知戰略，他日此四轎夫，必爲一代名將。」後果如其言。四人，即張忠毅公運蘭、蔣果敏公益澧、劉忠壯公松山也，其一則佚其名。

王爲羅忠節公澤南門下士，羅嘗講學湘鄉山中，專言性理，聚生徒數十人，暇則教以戰術，及技擊、劍術、超距之屬，整隊爲戰陣，以時演習。時人咸訝爲狂，羅曰：「不然，不出數年必大亂，不可不先修武備。」王時年少，而性最剛猛，習之尤勤。羅曰：「吾門下能爲名將者，其王生乎！」曾文正公治團練於湘鄉，湘軍大興。羅率王及李忠武公續賓、李勇毅公續宜諸人出，部勒軍伍，始議東下。王時在軍中負氣，好大言，文正懼其浮夸僨事，不欲多予兵。而曾所拔用者，争自請隸門生籍，文正尤欲得王爲弟子，王獨不肯，曰：「吾師惟羅山一人耳！」文正大恚。王初出，輕敵軍，又不素練，獨率千餘人，先進屯岳州。會粤寇前軍大舉上犯，衆至數萬，王接戰不利，援兵又不至，不得已，棄城去。中途遇伏，大敗，部卒略盡，僅以身免。文正大怒，欲戮之，左文襄、郭筠仙力救，乃止。

岳州屢失守，文正未措意。王獨奮然曰：「岳州爲湖南門户，何得置之？」遂毅然以二營兵駐守其中。俄而寇大至，兵少糧絶，幾瀕於危。文正遣礮船往，欲援之使出，營哨官欲請遷避，而憚王不敢發，兵衆稍稍移就東城。王怪詢故，部下白言兵衆飢疲，欲就船狀。王知不能强，而恥於前説，急拔刀欲自刎，部下救之，得不死，遂登船去。後文正督師出征，王請從，不允，曰：「是好爲大言者，必無用。」因汰王軍，王曰：「渠以我未隸門生籍也，故齮齕至此！」左文襄言於湘撫，以王別領一軍，討土寇。每戰必捷，左欲增其軍爲萬人。王笑曰：「吾得三千人，可横行天下矣！焉用多爲？」王用兵，善以少擊衆，所向克捷，聲施赫然，出文正軍上。文正方困於江西，前後被重圍，急召王赴援。王辭不往，以書報之曰：「吾不復爲公所屬。」文正歎曰：「有良將而不知用，吾之過也。」

黎太守母指授方略

同治初，粤寇擾江右，南安戒嚴，知府黎兆棠請其母馮氏出城暫避，馮怒叱之，出簪環犒士，並指授方略，命兆棠登陴死守，寇攻益急，則率鄉兵開城出擊之。屢挫狂寇，郡城獲全，馮力也。巡撫沈葆楨以聞，得旨旌獎。

胡文忠論捻

胡文忠密陳河南捻匪情形一疏，有云：「計近二年來，每年春仲秋季，兩次出巢，大掠河南。本年秋冬，將及湖北之襄陽、漢陽、德安等府，又必擾入陝西、山東、山西等省，再一二年駸駸而及於附畿州縣矣。腹心之患，此爲最大。」又云：「臣非僅爲襄漢等府作自保之計，爲憂危之詞也。臣極知所言越分，特以臣今日言之，已無救於河南，臣再默而不言，則五省均將受害。使臣言而不中，則固北路五省之福也。」

胡文忠用多隆阿

胡文忠公權謀機警。當楚、皖危急，粤寇陳玉成糾合捻首張洛行等十餘萬人圍擾太湖諸軍，念前敵無統率，號令不齊，而自駐英山後路，兼籌糧運，勢難前行，特奏派都統多隆阿爲總統。曾文正公時駐宿松，甚不然之，以書力争者，日凡三四，文忠卒持之。嚴飭諸軍統領，遵多調度，違者有功亦罪。時統領鮑超尤驍悍，唐訓方、金國琛才望亦不相上下，卒賴多四面經營，大破粵捻於太湖潛山一帶，追至安慶、桐城，兩路分駐重兵，皖事大定，楚邊始得稍息，文正亦甚服焉。文忠嘗笑謂僚友曰：「滌帥之意，恐驕多而失衆心，實則事定後，行止在吾，吾假此濟急耳。」其後多駐桐城，仍統所部，與諸軍絶不相關，然感文忠特甚。

孫紹襄以兵法部勒鎗船

孫金彪，字紹襄，吴江之盛澤鎮人，張勤果公曜部將也，少以勇俠稱。父曰孫七，精拳技，恃博爲生，有鎗船四五十艘。七死，奉金彪爲主，能以兵法部勒其衆。咸豐庚申四月，粵寇踞蘇城，盛澤鎮有富人黄某者，慮寇掠鎮，密款嘉興之酋，得檄保民。時江浙商販自上海出入寇中者，輒以盛澤爲中樞，鎮益富。鄰鎮有巨猾名法大者，聞盛澤繁盛，率鎗船百艘至，冀大掠。黄大恐，沈玉叔謂黄曰：「欲除法大，非金彪不可。」黄設筵款金彪，金彪諾。

會有巢湖幫千人，以避亂至鎮，金彪得其助，以與法大戰，擒而磔之，盡奪其舟，於是設保衛局，集鎗船團練爲戰守計。金彪勢大盛，在蘇之粵寇亦莫敢犯。同治壬戌，李文忠公克吴江，金彪以保衛功授千總。旋從張勤果至陝，積戰功擢提督，授陝西漢中鎮總兵。

程忠烈用兵能相地勢得士心

同治癸亥十月，程忠烈公學啓攻圍蘇城時，所部三十餘營，人數不足二萬，而粵寇在城者二十餘萬。忠烈於城外諸山聯翩立營，樹以旌旗，令各營將士分番出入，或分日移駐，時見竈煙突火，寇瞭望，不知多寡，震懾，約降。往來其間者，提督鄭國魁也。寇必欲要忠烈面議，忠烈慨然往。要以三事，亦允之，降計始定。李文忠公期以五日後納忠烈所部襲副將營中，至期，忠烈密布方略，逮寇魁六人至營，文忠接以温語。將入宴矣，左右報有廷寄，文忠起曰：「速請程軍門陪客。」文忠起，忠烈入，麾勇士直前擒斬。其一縱步出帳，追至濠邊，始獲之。忠烈旋鳴鼓統師入城，駐守各門，派諸卒分走街衢，大呼曰：「逆首詐降，已伏誅！脅從無罪，各閉門守，出卽殺！」令下，無一人探首出聲者。旋呼男子投器械，分門出，各以將士監之，留營者入伍，歸籍者資遣，悉聽其便。未踰三日，城中無一寇蹤，所餘者婦女五六萬而已。當寇魁五人之伏誅也，計甚祕，國魁亦不知。

忠烈初隸曾文正公部下，從克廬江、三河，聲績已著。一日，文忠將援上海，議招忠烈同行，屬孫雲錦探之，忠烈慨然曰：「某受曾公厚恩，義當終始。然下游亦國事，且熟習下游情形無如某者，曾若允行，願從之。吾輩皖人，入湘軍，終難自立。丈夫當別成一旅，豈可俯仰因人？」孫領之。文忠遂商於文正，舉爲前鋒。文忠問入吴方略，答曰：「下游水鄉多橋，有一河卽須一營，有一橋卽須一將。得營得將，何事不成？」及功績大著，或問其學何兵法，答曰：「先有事，後有法。何今何古，在相地勢得士心而已。」

忠烈軍法極嚴，入蘇時，禁當街馳馬，犯者立斬，卽文忠親軍亦不恕之。其謀斬蘇城降寇，文忠踟躕三晝夜，不能決。忠烈以去要之，始定。惟性嗜殺，論者少之。然蘇城降寇所約三事，曰留半城屯其餘衆；曰編定百營照給餉；曰受翎不薙髮。此何可從？蓋寇自有取死之道也。

鮑超善用游勇

鮑超，四川人，短小精悍，膽略過人。咸豐初，入礮船爲兵，一日，某撫軍失利，危急，偪江干，負而渡之，撫軍記其姓名。又一日，巡水營，招之曰：「誰是鮑超者？」鮑對曰：「小卒是。」始知前所渡者撫軍也。保以營官帶陸路兵，臨大戰，身先士卒，所向無前。自楚皖達三江，復城池及諸隘口以百數，粵寇聞風披靡。他軍假其旗號，隔數百里卽逃矣。

鮑與將軍多隆阿齊名，軍中呼爲「多龍鮑虎」。鮑善用游勇，凡克一城，慮有伏，輒遣游勇先入，啖以重利而得其死力。兵勇稍不符數，卽收游勇以補其成，故兵常足，而游勇樂爲之用。同治甲子秋，金陵餘寇挾洪秀全子福瑱竄江西，蔓延閩粵，一鼓擒之。

鮑本胡文忠部曲，其鄉人李申甫，曾文正門人也，爲薦之於文正。未幾，由文忠給咨，詣文正大營。初進見，文正以兩營相屬，鮑少之，退而言於李曰：「曩胡帥之遇我也，推心置腹，視諸將佐有加。兵若干，餉若干，凡吾陳乞，不吾稍靳也。吾兵有功，則賞賚隨之；有疾，則醫藥立至。吾乏衣甲，帥解衣衣我，吾闕鞍馬，帥易騎騎我，以是感激，遂許吾帥以馳驅，而所向亦往往克捷。今曾帥，未若胡帥之待人以誠也。且兩營，何能爲役？君愛我，速爲我辦咨文，願仍歸胡帥。」李温語慰勸之，爲言於文正。文正曰：「鮑某未有尺寸功，何遽嫌兵少？姑先率兩營。儻稍著成效，雖十倍之，吾何吝？」李再三言之，乃得加一營。覆於鮑，且語之曰：「吾師待人，未遽不如胡公，特初至，未款洽耳。姑少安，觀其後。」鮑意未慊也。

明日，文正招鮑飲，延之上座。文正嗜豬脾，讌客則設之，而佐以鷄鶩。席間，鮑屢言兵少，文正輒曰：「今日但圖飲，且食豬脾，勿言兵。」於是舉杯相屬，殷勤勸進，鮑竟不得復言。退而又謂李曰：「曩胡帥讌我，皆盛饌。寧爲口腹之欲？禮重也！今顧以豬脾佐酌，此固養賢之大烹耶？幸賜晤對，又不令盡言，僕武夫，安能鬱鬱久居此？君速爲吾辦咨文，願仍歸胡帥！」李又慰勸之。俄警報至，粵寇撲某城急，文正檄鮑赴援，大勝而歸。文正亟獎藉之，立加數營，禮貌優異。自是始絶口不言去，而文正亦甚倚重之矣。

蔣果敏軍用五色幟

同治甲子，蔣果敏公益澧之復杭州也，其駐師，西南則清波門外翁家山，東北則錢塘門外寶石山。時城中粵寇尚十萬，蔣僅二萬人，亦號十萬。爲五色幟，衣亦異色。使二萬人繞蘇堤，自北而南，日二番，番必易衣幟，若爲有十萬人者。粵寇不審虚實，且日憂無給，遂潰。

唐忠壯日巡諸營

唐忠壯公殿魁身長八尺餘，威稜可畏，終日不言笑，坐帳中，所部出入，無敢直行者。與部將議事，是則温言慰之，非則怒目斥之，頃刻而恩威互變。然洞悉艱苦，體恤隱微，人以是畏而感之。日巡視諸營，或馬或步，無定時。至則與將弁勇夫雜坐同餐，有如家人。見槍礮刀矛器械，必反覆省視，損者立修補，不齊者立責斥，或自爲磨治以導之。將弁有臨陣勇往者，立言於主帥，超拔之。暇日與談家事，時有緩急，別資之，不留私財。

唐初充營官，李文忠督諸軍圍常州時，值程忠烈初亡，粵寇悍黨麕聚，則分數營奔牛以遏其援。忠壯任其事，而洋將白齊文忽反助寇，以輪船入內河攻奔牛營，忠壯固守十數日，糧米子藥幾盡。募健卒，泅水乞救，文忠派營將黃桂蘭裹糧攜藥，與忠壯會合，亦入圍，不得出。忠壯懸重賞，得死士，乘夜懷巨釘，潛赴輪船釘礮眼，卽大出隊，以火箭噴筒環燒之。白齊文不知所爲，棄輪舟而遁，寇驚退。不數日，常州克矣，時同治甲子四月也。文忠奏褒其功，以唐、黃百戰之將並稱。然黃非唐比，略與多隆阿相似耳。

陳國瑞以少擊衆

陳國瑞戰術，善於以少勝衆。每率數百人擊寇，寇見其寡也，圍之數重，國瑞乃號於衆曰：「拉起來！」所部遂列成一長方式，人各向外，己居中，指揮刺擊。使圍漸逼緊，復號於衆曰：「衝！」於是數百人面面突圍而前，悍不能禦，寇每潰敗。

陳每戰，則短衣草履手械，與所部同。手自殺寇，寇從不知其所在。惟喜以紅色臨敵，輒令士卒多擎紅旗。寇與戰久，見紅旗，即辨爲陳軍，恒有未戰先卻者。

鄭紹宗方曜勇悍善戰

光緒初，粤有兩福將之稱，一謂陸路提督鄭紹宗，一謂水師提督方曜也。鄭初從粤寇，爲陳金剛部下之健將。有軍師孫某，詭譎多智術，至爲陳所信任，陳破廣西賀縣後，以李氏宗祠爲王府，門前署聯云：「王者命自天，誰敢化蛇當道；英雄居此地，何妨捫蝨談兵。」即孫所撰。與紹宗素不睦。城破後，争一女子，卒爲紹宗所有，愈不能平，時媒孽之。紹宗屢立功，不得賞，心已怏怏。會因言事争執，孫嗾陳鞭之，紹宗益憤，遂乘間刺殺陳，並殺孫，以降於官軍，隸金統領麾下。主將愛之甚，乃易從主將姓。積功，官至提督，始奏請歸宗。

鄭居官久，立功甚多，尤長於捕盜。嘗練兵一營，曰綏靖營，約束極嚴，尤能與士卒同甘苦，故士卒樂爲所用。時水師提督方曜之部下多潮勇，無紀律，時出肆擾。然其勇悍善戰，乃與綏靖營同。

馮子材諳悉邊事

馮萃亭宮保子材，嘆喈宿將，諳悉邊事。自平李揚材之亂，久鎮邊關，衆心積附。張靖達公撫桂省時，奏令回提督本任，與提督黄桂蘭代統防營。光緒甲申、乙酉間，法、越事起，馮告病回籍，黄補提督缺，而邊事益不可問，黄亦坐罪自斃矣。

吳大澂撫韓邊外

吳大澂嘗以奉吉林平寇之命，至吉林，以單騎入韓邊外寨中，曉以大義。晚宿韓所，約同至官軍營，韓有難色。吳曰：「吾孤子一身，入君寨不懼，君獨懼我，是疑我也，請嘗白刃！」韓感其誠，許之。又越日，偕至官軍營，遂釋怨息兵。在吉久，見寧古塔草深丈許，向不産五穀，吳曰：「穀，草木類也。草木蕃殖，五穀當亦然。」招河朔老農，摟其農具而墾荒焉。

李文忠論以毒攻毒

李文忠之將薨也，嘗言曰：「俄之伸勢於滿洲，不妨袖手觀之，蓋日本必不甘默視此封豕長蛇之侵略者。時機既至，勢必起而相戰。兩虎爭鬬，彼此皆疲，是卽可乘之會也。宜借歐美之力以恢復之，此卽以毒攻毒之妙法也。」

馬玉崑論外兵

馬玉崑嘗與於光緒甲午中、日之戰，遂習知外人堅脆。嘗曰：「列國軍士之有智慧有法紀，雖其將死而指麾自如者，以德、法爲最，英、日次之，俄乃最下。俄之軍士，其能力無以加於我國，惟將校稍勝耳。倉猝遇伏，將校既殲，行列自亂。又克城以後，往往四出擄掠，大將本營或空虛無人，出不意襲之，往往轉敗爲勝。日本之兵，果鋭爲諸國最，其耐久戰之力，德、法、英、俄皆不及也。而器械之鋭利，動作之敏捷，遠不如德人。故論列國之兵，法人詘於體，久戰先倦；俄人詘於智，失將先亂，皆非不可勝者也。今日我師雖非甚精，然以抗俄人，尚足取勝，惟俄人兵數多而鐵道便，彼以衆來而我以寡當之，此其所當躊躇者耳。」馬嘗以此言力陳於當道，皆不省。後卒有日、俄之戰，其勝敗，一如馬所預料。

黑丫頭負殊勇

齊王氏有先鋒曰黑丫頭，負殊勇，每戰必先。某監司之從僕皖人裴某，能手舉五百斤，常以自豪。一日，川督勒保議出隊，裴出，跪帳前，願殺賊自效。勒壯其膽，令帶百人往，及獲勝而歸，則賞六品頂帶。越月，方出隊，遥見一女子單騎持槍至，裴以其女子也，漫視之，策馬直前，舉矛刺之。女略一舉手，裴已墮溝，見女下騎搜覓，亟躍起，以矛刺其喉，女乃仆地死，旋斬其首以歸。同列見之，驚曰：「此即一日手斬兩總兵之黑丫頭也！乃爲若所斬！」獻首於勒，勒大喜，超擢參將。

蕭三娘能馬上指揮射

粵寇軍中有蕭三娘，號女元帥，或云卽朝貴妹也。年二十餘，長身猿臂，能於馬上指揮其衆，且能左右射。咸豐癸丑三月，陷鎭江時，嘗率女兵數百登城，勇悍過男軍，當者無不披靡。洪秀全妹宣嬌，亦嘗騎馬臨陣，與三娘同，惟從壁上指揮，不能交鋒。